Die Dresdner Frauenkirche
Jahrbuch 2022

Die Dresdner Frauenkirche

Jahrbuch zu ihrer Geschichte
und Gegenwart

Band 26

Herausgegeben
von
Heinrich Magirius (†)
im Auftrag der Gesellschaft zur Förderung
der Frauenkirche Dresden e. V.
unter Mitwirkung der Stiftung Frauenkirche Dresden

2022

schnell + steiner

Anschrift der Schriftleitung:
Gesellschaft zur Förderung der Frauenkirche Dresden e.V.,
Georg-Treu-Platz 3, 01067 Dresden

Schriftleitung: Prof. Dr. Dr. h.c. Heinrich Magirius (Leiter) (†),
Dr. Ulrich Hübner, Dr. Hans-Joachim Jäger, Dr. Magdalene Magirius, Andreas Schöne M. A.
Bildbearbeitung: Jan Weichold

Redaktionsschluss:
30. Juni 2022

Für den Inhalt der Beiträge zeichnen die Autoren verantwortlich.

Auf dem Umschlag:
Jörg Schöner, Frauenkirche Dresden und umgebende Bebauung am Neumarkt. Fotografie Juli 2008.

Bibliografische Information der Deutschen Bibliothek

Die Deutsche Bibliothek verzeichnet diese Publikation
in der Deutschen Nationalbibliografie;
detaillierte bibliografische Daten sind im Internet über
<http://dnb.ddb.de> abrufbar

Dieses Buch ist aus säurefreiem Papier hergestellt und entspricht den Frankfurter Forderungen
zur Verwendung alterungsbeständiger Papiere für die Buchherstellung.

ISBN 978-3-7954-3755-8
ISSN 0948-8014

Alle Rechte vorbehalten. Ohne schriftliche Genehmigung des Verlages ist es nicht gestattet, das Werk unter Verwendung mechanischer, elektronischer und anderer Systeme in irgendeiner Weise zu verarbeiten und zu verbreiten. Insbesondere vorbehalten sind die Rechte der Vervielfältigung – auch von Teilen des Werkes – auf photomechanischem oder ähnlichem Wege, der tontechnischen Wiedergabe, des Vortrags, der Funk- und Fernsehsendung, der Speicherung in Datenverarbeitungsanlagen, der Übersetzung und der literarischen oder anderweitigen Bearbeitung.

© 2022 by Verlag Schnell & Steiner GmbH Regensburg
www.schnell-und-steiner.de; info@schnell-und-steiner.de
Satz: typegerecht, Berlin
Druck: Gutenberg Beuys Feindruckerei GmbH, Langenhagen

Inhalt

Zum Geleit 7

*

Zur Bau- und Kunstgeschichte

Heinrich Magirius (†), Mittelkanzel und Chorbalustrade in der Dresdner
Frauenkirche. Werke von George Bähr und Johann Christian Feige d. Ä. 9

Steffen Heitmann, Ein Solitär in Dresden-Tolkewitz. Löschckes Villa Emmaus 19

Cornelia Reimann, Richard Schleinitz (1864–1916) und die evangelische
Kirche in Moritzburg 51

Torsten Kulke, Herz und Seele der Stadt – die Planungen und der Wiederaufbau
am Dresdner Neumarkt in den Jahren 1990 bis 2000. 83

*

Zur Rezeptionsgeschichte

Andreas Schöne, Dresden und die Frauenkirche im Guckkasten des 18.
und frühen 19. Jahrhunderts – ein Beitrag zur populären Rezeptionsgeschichte 125

Ulrich Hübner, Die Frauenkirche als Inspiratorin für die Kunst 145

*

Zur Bürgerinitiative und Förderung des Wiederaufbaus

Ludwig Güttler, Musizieren für die Frauenkirche – ein persönlicher Erfahrungsbericht 155

*

Personalia

Hans-Joachim Jäger, Im Dienste des Wiederaufbaus der Frauenkirche.
Heinrich Magirius (1934–2021) zum Gedenken 181

Thomas Kübler, Patrick Maslowski, Heinrich Magirius im Stadtarchiv
Dresden. Eine Geschichte vieler Begegnungen 215

*

Vereinsbericht

Andreas Schöne, Bericht der Gesellschaft zur Förderung der Frauenkirche
Dresden e. V. von Juli 2021 bis Juni 2022.. 225

*

Bibliographie

Andreas Schöne, Die Dresdner Frauenkirche. Jahrbuch zu ihrer Geschichte
und Gegenwart. Bibliographie des Inhalts Band 21 (2017) bis Band 26 (2022) 245

Autorenverzeichnis 255

Berichtigungen zu Band 23 (2019), Band 24 (2020) und Band 25 (2021) 256

Zum Geleit

Sehr geehrte Leserinnen und Leser,

in Ihren Händen halten Sie den 26. Band unserer Jahrbuchreihe zur Geschichte und Gegenwart der Dresdner Frauenkirche. Die Konzeption dafür stammt, wie bereits die zu allen vorherigen Bänden, von unserem Herausgeber Prof. Dr. habil. Dr. h. c. Heinrich Magirius, der am 13. Juni 2021 verstorben ist. Sein Tod, aber auch immer noch die Corona-Pandemie, machten es erforderlich, die von ihm hinterlassene letzte Konzeption in zwei Bänden 2021 und 2022 umzusetzen. Einige Beiträge sind noch hinzugekommen, insbesondere zur Würdigung von Heinrich Magirius. Ihm widmen die Autoren dieses Bandes ihre Beiträge in dankbarer Hochachtung.

Seit 1995 haben Schriftleitung (in unterschiedlicher Besetzung) und Herausgeber mit höchstem Anspruch mittlerweile 26 Bände unserer Jahrbuchreihe erscheinen lassen. Ihren Anspruch formulierte Heinrich Magirius am Ende des Wiederaufbaus der Frauenkirche 2005 wie folgt: *„Unser Ziel war es, mit den Jahrbüchern in erster Linie [...] über die Ergebnisse des Wiederaufbaugeschehens zu informieren. Mehr noch, es sollten die Antriebskräfte davon veranschaulicht und die wissenschaftlichen Erkenntnisse zur Geschichte, zur Konstruktion des Bauwerkes und zu seiner Ausstattung vorgestellt werden. Es ging uns darum, etwas von der Aufbruchstimmung der Zeit der ‚Wende' und der deutschen Wiedervereinigung, die die Rekonstruktion überhaupt erst ermöglicht hat, einzufangen. Dabei sollten die Methoden wissenschaftlicher Redlichkeit verbindlich sein. Das Ziel, Zeitgenossenschaft mit Wissenschaft zu verbinden, führt allemal zu Konflikten. So waren wir bemüht, unterschiedliche Auffassungen zu bestimmten konstruktiven und gestalterischen Lösungen zu Wort kommen zu lassen, sahen allerdings eine Grenze dort, wo Meinungsverschiedenheiten dem Prozeß des Wiederaufbaus schädlich zu werden drohten. Von der Glorifizierung von Personen und Personengruppen suchten wir uns fernzuhalten, ohne zu verschweigen, daß sich selbstverständlich bestimmte Persönlichkeiten besondere Verdienste um den Wiederaufbau erworben haben. Der Gedanke der Versöhnung, der uns nicht zuletzt durch die Beteiligung ausländischer Freundeskreise als für den Wiederaufbau maßgebend nahegelegt worden ist, bedeutet mehr als ein Schlagwort. Er stellt sich nicht automatisch ein, sondern muß unter nicht fehlerfreien Menschen und Menschengruppen ziemlich mühsam, nicht ohne ‚Passion' vollzogen werden. Jeder Alleinvertretungsanspruch an der Frauenkirche vergeht sich an den Werten, die im Prozeß des Wiederaufbaus zutage getreten sind. Möchten sie der Frauenkirche erhalten bleiben!"*[1] Kann dies noch als eine Art Zwischenbilanz nach dem Abschluss des Wiederaufbaus gedeutet werden, so wiegen die seither erschienenen weiteren 15 Bände des Jahrbuchs mindestens ebenso schwer wie die vorherigen, wurde in ihnen doch der Blick zunehmend über die Frauenkirche hinaus auf das mit ihr untrennbar verbundene räumliche und inhaltliche Umfeld ausgeweitet. Unsere Jahrbuchreihe enthält fast 460 Aufsätze, Miszellen, Berichte, Rezensionen, Nachrufe und Bibliographien von mehr als 200 Autoren. Damit liegt eine umfangreiche wissenschaftliche, aber auch dokumentarische Leistung vor. Zu danken ist hierfür in erster Linie den fast immer ehrenamtlich tätigen Autoren, den Mitgliedern der Schriftleitung, dem langjährigen Herausgeber und den zahlreichen unterstützenden Personen und Institutionen, die unsere Jahrbuchreihe stets bereitwillig und in unbedingter Kollegialität befördert haben. Die ersten elf Bände erschienen im Verlag Hermann Böhlaus Nachfolger, Weimar, die darauffolgenden 15 Bände im Verlag Schnell & Steiner, Regensburg. Den Verlagen, insbesondere aber ihren Leitern Dr. Joachim Bensch

---

[1] Heinrich Magirius, Editorial. In: Die Dresdner Frauenkirche. Jahrbuch 11 (2005), S. 9.

(Weimar), Dr. Bernd Lutz (Stuttgart) und Dr. Albrecht Weiland (Regensburg), ist für die Übernahme der Reihe in ihre Programme, aber auch für die in hoher Qualität und mit großer Fachkenntnis besorgte Produktion der Bücher nicht genug zu danken.

Unsere Jahrbuchreihe findet mit dem vorliegenden Band ihren Abschluss. Die Entscheidung hierzu ist der sie tragenden Gesellschaft zur Förderung der Frauenkirche Dresden e. V. keineswegs leichtgefallen. Angesichts des hohen Anspruchs an die Reihe und der ebenso hohen Anforderungen, die mit ihrer Herausgabe verbunden sind, war die Entscheidung für uns aber leider ohne Alternative. Klar ist, dass unser Jahrbuch eine Lücke in der auf die Geschichte und Kunstgeschichte Dresdens ausgerichteten Publikationslandschaft hinterlässt. Sollten sich die damit verbundenen Institutionen wie anderenorts[2] zu einer gemeinsamen wissenschaftlichen, im weitesten Sinne stadthistorischen und unseren Ansprüchen genügenden Publikationsreihe zusammenfinden können, wird auch die Gesellschaft zur Förderung der Frauenkirche Dresden e. V. ihre Expertise, aber auch ihre sonstige Unterstützung gewiss nicht zurückhalten. Möge zunächst aber der letzte Band unseres Jahrbuchs eine interessierte Leserschaft finden!

Die Schriftleitung

---

[2] In Leipzig haben mit dem Leipziger Geschichtsverein e. V., dem Stadtgeschichtlichen Museum und dem Stadtarchiv jüngst drei wichtige stadtgeschichtliche Institutionen ihre Kräfte für eine Jahrbuchreihe gebündelt. Vgl. Anselm Hartinger, Mark Lehmstedt, Michael Ruprecht, Zum Geleit. In: Jahrbuch für Leipziger Stadtgeschichte 1 (2021), S. 7–8.

Zur Bau- und Kunstgeschichte

Mittelkanzel und Chorbalustrade in der Dresdner Frauenkirche
Werke von George Bähr und Johann Christian Feige d. Ä.*

VON HEINRICH MAGIRIUS (†)

In der Erinnerung der Nachkriegszeit an die zerstörte Dresdner Frauenkirche dominierte deren äußere Erscheinung, ihre Wirkung als gewaltige Plastik. Die Einzigartigkeit der Kuppel hatte sich vielen Menschen unauslöschlich eingeprägt. Anders der Innenraum. Seine Vielgliedrigkeit ist nicht so leicht zu durchschauen. Zunächst dominiert für den Eintretenden der kreisrunde überkuppelte Zentralraum, umgeben von acht monumentalen Pfeilern und einem Ring von Betstübchen und Emporen. Aber schon hier wird das Bemühen deutlich, die Achse zwischen den östlichen Pfeilern hervorzuheben, den Chorbereich durch einen gewaltigen Prospekt von Altar und Orgel zu betonen und so dem zentralen Gemeinderaum eine liturgische und baukünstlerische Richtung zu verleihen *(Abb. 1)*. Auch in der Anordnung der Emporen setzt sich diese Tendenz fort. Zu den Eigenarten George Bährs (1666–1738) als Kirchenbaumeister gehörte es, dass er den Typ eines Zentralbaus verwendet, aber dem Gesamteindruck eine Richtung auf den Altarraum verleiht. Das ist schon bei seinen kleineren Kirchenbauten der Fall, wo der Innenraum als Achteck gestaltet ist, aber im Osten der Altarbereich vom Zentralbaugedanken abweicht. Bei seinen kleineren Kirchen in Schmiedeberg und Beitsch sind Altar, Kanzel und Orgel zu einem Prospekt verbunden, weil hier die Entfernung des Predigers von der Gemeinde so gering ist, dass ein eigener „Chor" nicht erforderlich, sondern ein Kanzelaltar zweckmäßig erscheint.[1] Anders aber schon bei der Planung der Dresdner Frauenkirche. Hier ist der Altarbereich als sakraler Ort deutlich von dem Zentralbau, dem „Auditorium" der Gemeinde, abgegrenzt.[2] In den Zentralraum einbezogen sind immer auch eine Chorbalustrade mit einer Mittelkanzel und seitlichen Treppenläufen, die zwischen dem unterschiedlichen Niveau von Zentralraum und höher liegendem Chorraum vermitteln. Auch diese Schranke betont einerseits die Grenze zwischen den beiden Raumteilen, vermittelt aber andererseits zum Chorbereich. Diese schon in der Bauzeit betonte Begrenzung und Vermittlung spielt noch im letztlich ausgeführten Zustand eine Rolle. Aber die 1738 ausgeführte Lösung entspricht nicht dem originalen Zustand, sondern wurde nach Bährs Tod 1738 geschaffen. Im Erstzustand war die Markierung dieser Grenze zwischen den Raumteilen noch viel eindeutiger und nachdrücklicher betont, hier der Bereich der hörenden Gemeinde, dort der Bereich für die Darreichung des Altarsakraments. Die Grenze zum Chorbereich ist auf allen Plänen Bährs besonders betont *(Abb. 2, 3)*.

Durch die Mittelkanzel ist aber eine Vermittlung angedeutet und zwar durch die mehr oder weniger bootsstegartig in den Zentralraum vorspringende Mittelkanzel und die beidseitig geschwungenen Treppenläufe, die zum Betreten des Chors einladen.[3] Immer

---

* Beim vorliegenden Text handelt es sich um eine postume Veröffentlichung, die inhaltlich dem Arbeitsstand vom 5. Mai 2021 entspricht. In dieser Fassung hat ihn Heinrich Magirius an die Redaktion übersandt. Der Aufsatz wurde formal leicht verändert, die von ihm noch vorgeschlagenen Abbildungen sind nachträglich eingefügt (Anm. d. Red.).

1 Die Baugeschichte der Frauenkirche im 18. Jahrhundert ist in Heinrich Magirius, Die Dresdner Frauenkirche von George Bähr. Berlin 2005, auf den Seiten 37–164 und 242–257 mit den entsprechenden Quellenbelegen dargestellt. Hier beschränken wir uns auf die Quellen zu den beiden Kanzeln und zur Chorbalustrade und verzichten auf Wiederholungen der archivalischen Quellenzitate.

2 Vgl. Magirius, Die Dresdner Frauenkirche von George Bähr (wie Anm. 1), S. 242–257.

3 Ebd., S. 313–327, 337–340, 366–374, 394, 401–406.

Abb. 1 Dresden, Frauenkirche

Blick von der 2. Empore in den Altarraum mit Chorbalustrade, Kanzel und Mittelkanzel. Zustand um 1935.

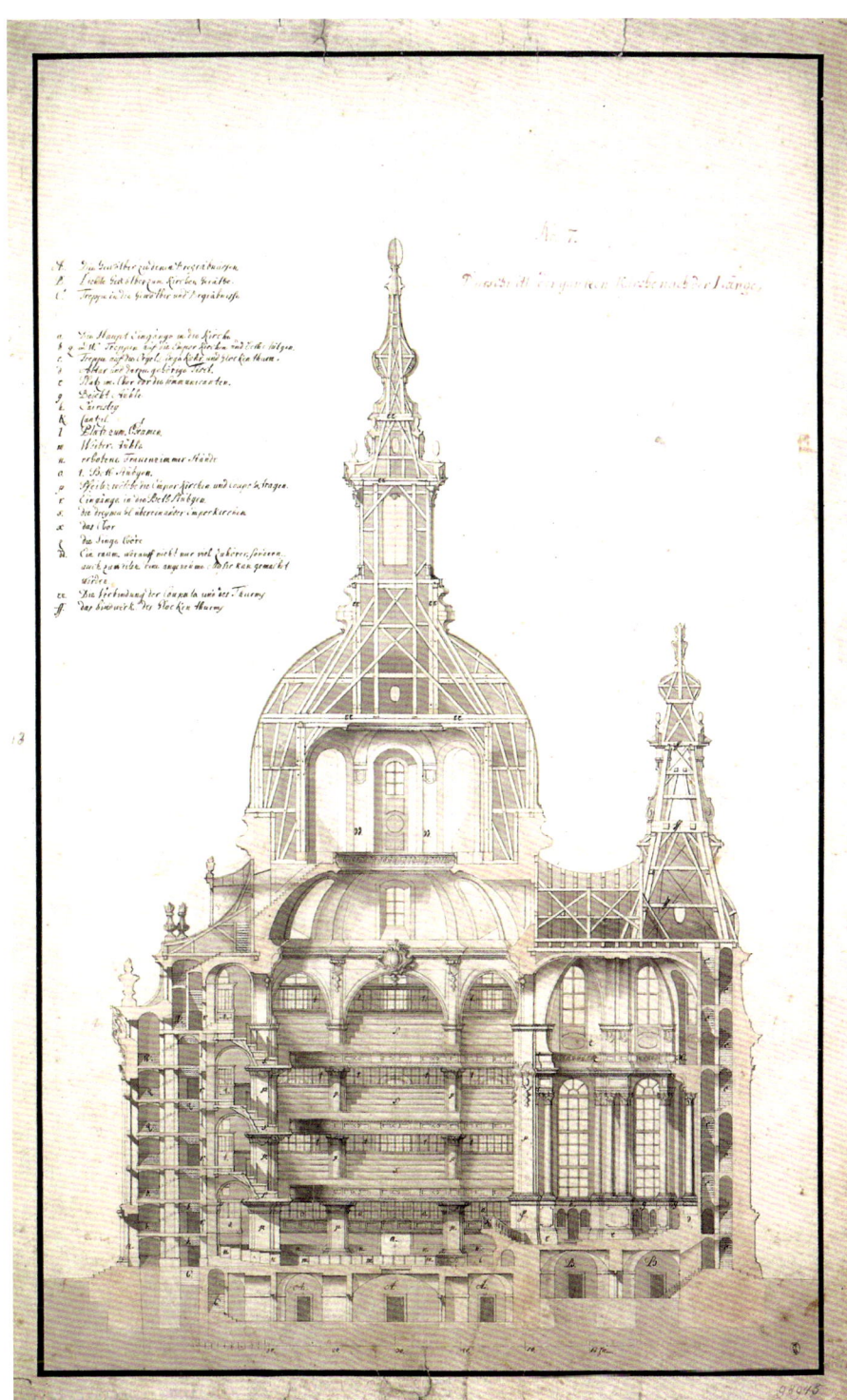

Abb. 2 George Bähr (1666–1738), sogenanntes „Erstes Projekt" zum Bau der Frauenkirche, Längsschnitt

Beschriftung „*No. 7. Dur*[ch]*schnitt der gantzen Kirche nach der Länge*" mit Buchstaben und Legenden, zum Beispiel „*K – Kantzel*". (Feder, Tusche auf Papier, farbig laviert).

LfDS M 76040 / 98 945, wohl 1724/25.

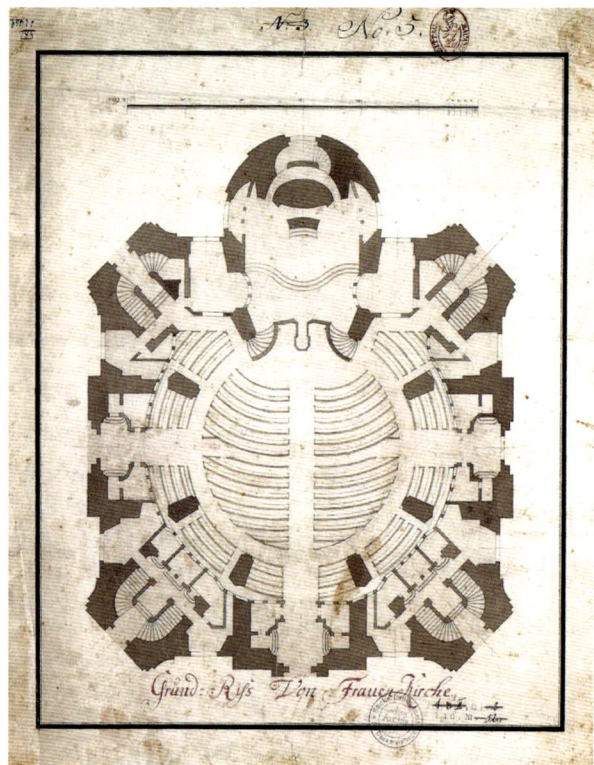

Abb. 3 George Bähr, Grundriss vom Erdgeschoss

Beschriftet „Grund-Riß Von Frauen Kirche" (Feder, grau und gelblich laviert, Zeichenpapier 47,5 × 40 cm) Sign. LfD M 1,6 II, Bl.2, um 1727.

Abb. 4 Dresden, Kurfürstliches Oberbauamt – Johann Christoph Knöffel (1686–1751), Frauenkirche

Grundriss vom Erdgeschoss des Alternativprojektes (Kopie, Feder, rot laviert, Zeichenpapier 60,4 × 45,7 cm) Sign. LfD M 76.042., 1725.

sind es sechs oder sieben Stufen, die zwischen dem unterschiedlichen Niveau der Raumteile vermitteln. Der Chor lag also etwa 1,50 m höher als der Zentralraum. In allen Vorentwürfen Bährs bilden Schranke, Mittelkanzel und seitliche Treppen eine Art Lettner, was offensichtlich auch in der architektonischen Durchbildung zum Ausdruck kommt. Diese Lösung könnte durch den protestantischen Kirchenbautheoretiker Leonhard Christoph Sturm angeregt sein, der um 1715 die Schelfkirche in Schwerin vollendet hat. Hier ist der östliche Kreuzarm des Trikonchos durch einen Lettner mit einer Kanzel abgetrennt gewesen. Sturm war es auch, der 1718 einen Entwurf für eine protestantische Kirche vorschlug, bei der der Niveauunterschied zwischen Langhaus und Chor durch zwei Treppenanlagen vermittelt war.[4] An dem lückenhaft

---

[4] Leonhardt Christoph Sturm (1667–1719) vollendete um 1715 den von Johann Jakob Reutz († 1710) geplanten Trikonchos der Schelfkirche in Schwerin, in dem er den östlichen Arm als Chor gegenüber dem Zentralraum durch einen Lettner mit Kanzel abänderte, eine Lösung, die Sturm schon 1712 für protestantische Kirchen empfahl. Diese Lösung durfte Bähr auch durch einen Entwurf in einem Vorlagenbuch von 1717 bekannt gewesen sein. Dieser Vorschlag ähnelt den Entwürfen Bährs auch insofern, als der Chor ein höheres Niveau besitzt als der Gemeinderaum und seitlich Treppenläufe auf den Chorniveau hinaufführen. Zur Schelfkirche vgl. Hartmut Mai, Der Evangelische Kanzelaltar. Geschichte und Bedeutung. Halle; Saale 1969, S. 73, Magirius, Die Dresdner Frauenkirche von George Bähr (wie Anm. 1), S. 182, sowie Georg Dehio, Handbuch der Deutschen Kunstdenkmäler. Mecklenburg-Vorpommern. Bearb. von Hans-Christian Feldmann. Berlin 2000, S. 534–535.

überlieferten Bestand von Plänen für die Frauenkirche Bährs aus den zwanziger Jahren des 18. Jahrhunderts lassen sich jedenfalls die baukünstlerischen Ziele Bährs verfolgen. Chorbalustrade, Mittelkanzel und seitliche Treppenläufe bilden immer eine künstlerische Einheit. Sieben oder auch acht Stufen führen vom Niveau des Chores auf die Kanzel hinauf *(vgl. Abb. 2)*. Damit ist die architektonische Dominanz der Mittelkanzel im Blick aus dem Gemeinderaum betont. Andererseits wird der Blick auf den Altarprospekt nicht völlig verstellt. Im kurfürstlichen Oberbauamt, das die Aufsicht auf den städtischen Kirchenbau hatte, konnte man offensichtlich mit Bährs Absichten nichts anfangen. Auf allen Plänen zur Frauenkirche, die mit Knöffels Büro in Zusammenhang gebracht werden können, fehlen Bährs Chorbalustrade und seine Mittelkanzel.[5] Eine breite Stufenanlage führt in den Chor hinauf *(Abb. 4)*.

Schon vor der Weihe der noch längst nicht vollendeten Frauenkirche am 28. Februar 1734 hatte Bähr am 13. Mai 1733 eine provisorische Kanzel wohl als Mittelkanzel aufstellen lassen, von deren Gestaltung wir nichts wissen.[6] Im Frühjahr 1733 stellte der Bildhauer Johann Christian Feige d. Ä. (1689–1751) ein Modell für die Chorgestaltung mit Altar, Orgelgehäuse, Beichtstühlen und Kanzel vor.[7] Am 12. August 1733 hatte Bähr unter Verwendung eines Modells der Bildhauer Thomae, Feige und Ebhardt ein „Hauptmodell" geschaffen, wofür Christian Kirchner (1689–1732) vorher schon vier Figuren modelliert hatte.[8] Am 1. Dezember 1733 wurde ein Kontrakt mit Bähr zur Chorgestaltung über 3800 Taler geschlossen. Schon im Januar 1733 hatte man Akustikproben durchgeführt, am 8. Januar für Vokal- und Instrumentalmusik, am 13. Januar Sprechproben.[9] Bei der am 23. Mai 1733 aufgestellten Interimskanzel fehlte noch der bekrönende Baldachin. Hier ist von 12 Stufen zwischen Chorebene und Kanzel die Rede. Damit war gewährleistet, „*dass der Priester überall in der ganzen Kirche gesehen und gehört werden kann*"[10] *(Abb. 5)*[11].

1735 war jedenfalls der Deckel bereits vorhanden. Am 13. Februar 1734 wurden Teile der Kanzel und die „*Brustlehne*" der Kanzeltreppe von Feige geliefert.[12]

Nach Bährs Tod am 16. März 1738 wurde die Versetzung der Kanzel an einen der seitlichen Pfeiler gefordert. Die Veranlassung dazu gab Superintendent Valentin Ernst Löscher, der die Mittelkanzel als für den lutherischen Gottesdienst ungeeignet empfand. So wurde der als Konsole mit seitlichen Voluten gestaltete Sockel und der in schwellenden Formen gestaltete Kanzelkorb an dem neuen Ort, den nordöstlichen Pfeiler übertragen *(Abb. 6)*.[13] Für die neue Mittelkanzel, die von nun an nur als Lesekanzel oder für Katechismuspredigten benutzt wurde, entwarf Feige eine neue Form mit einer durchgehend hohen Brüstung *(Abb. 7)*. Die Predigtkanzel erhielt einen neuen Zugang, der aus der nördlichen Sakristei unmittelbar auf die Kanzel führte. Ob auch der Kanzeldeckel versetzt wurde, ist aus den Akten nicht zu entnehmen. Wie ein Kanzeldeckel über einer freistehenden Mittelkanzel befestigt gewesen sein könnte, zeigt die Nachbildung der Frauenkirchenkanzel in der Kirche von Großhartmannsdorf bei Freiberg.[14] Hier blieb die 1738 von Johann Friedrich Lücke geschaffene vasenförmige Mittelkanzel bis ins 20. Jahrhundert am originalen Ort stehen. Ihr baldachinartiger Deckel ruhte auf zwei ornamental gestalteten seitlichen Stützen *(Abb. 8)*. Den rückwärtigen Abschluss bildeten ein Vorhang oder vielleicht eine bemalte Tür. Der nach der Umsetzung 1738 ungewöhnlich hoch angebrachte Deckel über dem Kanzelkorb der Dresdner Frauenkirche ist möglicherweise eine ungefähre Wiederholung des

---

[5] Vgl. Magirius, Die Dresdner Frauenkirche von George Bähr (wie Anm. 1), S. 342–344 und 347–350.
[6] Ebd., S. 112.
[7] Ebd., S. 71.
[8] Ebd., S. 71.
[9] Ebd., S. 68, dabei wurde auch die Anbringung der Kanzel an einem der Pfeiler überprüft.
[10] Ebd., S. 112.
[11] Die Rekonstruktionszeichnung wurde in Absprache vom Autor mit Dr. Torsten Remus im Frühjahr 2021 begonnen und für den Druck im Februar 2022, nach bestem Wissen, fertiggestellt (Anm. d. Red.).
[12] Vgl. die Quellen bei Magirius, Die Dresdner Frauenkirche von George Bähr (wie Anm. 1), S. 68, 88, 112, 113.
[13] Magirius, Die Dresdner Frauenkirche von George Bähr (wie Anm. 1), S. 100, 116.
[14] Inventar Sachsen. Amtshauptmannschaft Freiberg H. 3. Dresden 1884, S. 97; siehe auch Georg Dehio, Handbuch der Deutschen Kunstdenkmäler Sachsen II. Regierungsbezirk Leipzig und Chemnitz München/Berlin 1998, S. 359; Magirius, Die Dresdner Frauenkirche von George Bähr (wie Anm. 1), S. 98, 99, 245.

Abb. 5 Dresden, Frauenkirche

Rekonstruktionsversuch der ehemaligen Kanzelanlage zwischen 1733–1738, von Torsten Remus (Bleistift, Kugelschreiber und Edding auf Foto), 2021/22.

Abb. 6 Dresden, Frauenkirche

Kanzel und Treppe zum Altarraum, Zustand um 1930.

Abb. 7 Dresden, Frauenkirche

Sockel der Kanzel, Treppe zum Altarraum, Beichtstuhl und Mittelkanzel. Zustand um 1910.

Abb. 8 Großhartmannsdorf (Kr. Freiberg), evangelische Pfarrkirche

Kanzel von Johann Friedrich Lücke 1738, bis 1961 im unveränderten Originalzustand der Stellung der Kanzel vor dem Altar.

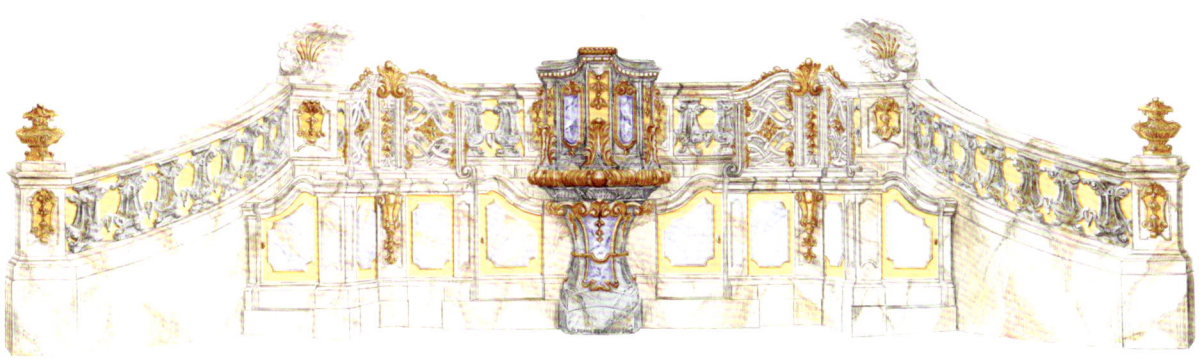

Abb. 9 Dresden, Frauenkirche

Chorbalustrade und Mittelkanzel mit Beichtstühlen und seitlichen Treppen, Darstellung der originalen Farbigkeit im Zustand von 1739. Farblich angelegte Rekonstruktionszeichnung von Wolfgang Benndorf, 2001.

originalen Kanzeldeckels oder er blieb überhaupt erhalten. In der Petrikirche zu Freiberg existiert eine seitlich aufgestellte Kanzel, datiert 1734, die offenbar ebenfalls von Christian Feige geschaffen worden ist. Ihr Deckel weist deutlich klassizistische Elemente auf, und so wäre die Frage, ob er gleichzeitig entstanden ist oder dem Dresdner Vorbild folgte.[15] Der Dresdner Kanzeldeckel weist jedenfalls deutlich barockere Formen auf. Sein gebuckeltes Gesims ist mit einer Reihe von Lambrequins geziert. Er ist mit einem geflügelten Herzen bekrönt. Auch an der Freiberger Petrikirche existierte neben der Predigtkanzel eine Lesekanzel, ebenfalls ein Werk von Feige aus dem Jahr 1734.[16] Offenbar ist sie ein Vorbild für die Lesekanzel der Frauenkirche von 1738, womit sich auch Vergleiche bei der Rekonstruktion dieser Kanzel beim Wiederaufbau anboten *(Abb. 9)*.

Abb. 10 Dresden, Frauenkirche

Altarprospekt (Ausschnitt). Aufnahme 31. Juli 2005.

[15] Zur künstlerischen Bedeutung des Werks von Johann Christian Feige d. Ä. vgl. Mario Titze, Neue Forschungen zu Johann Christian Feige d. Ä. In: Die Dresdner Frauenkirche. Jahrbuch 13 (2009), S. 133–164.

[16] Sehr wahrscheinlich besaß auch die Petrikirche in Freiberg eine Chorbalustrade, erhalten ist jedenfalls eine Mittelkanzel, vgl. Titze, Neue Forschungen zu Johann Christian Feige d. Ä. (wie Anm. 15), S. 155, die Chorbalustrade der Petrikirche wurde wohl schon im 19. Jh. verändert. Erhalten blieb die steinerne Chorbalustrade mit Mittelkanzel aus der Freiberger Nikolaikirche von 1752, die heute an der Chemnitzer Straße 8 in Freiberg aufgestellt ist. Vgl. Heinrich Magirius, Sakralbauten in Freiberg. In: Denkmale in Sachsen. Stadt Freiberg. Beiträge Nr. 1. Freiberg 2009, S. 208–241, Abb. 269 und 373.

Fasst man schließlich die Bedeutung von Chorbalustrade, Mittelkanzel und seitlichen Treppen als von Bähr entworfene innenarchitektonische Einheit ins Auge, so zeigt sich hier der Architekt George Bähr mit dem Festhalten an einer und derselben Lösung offenbar als Verfechter einer kirchbautheoretischen Lösung, die aber umstritten blieb. Sie trägt seinem Bemühen um deutliche Kennzeichnung liturgischer Orte im lutherischen Gottesdienst Rechnung. Das „Auditorium" der Gemeinde ist gegenüber der Sakralität des Altarraums deutlich abgegrenzt. Die gestalterisch aufeinander bezogenen Elemente von Mittelkanzel, Chorbalustrade und seitlichen Treppen sind beides, Begrenzung und Vermittlung unterschiedlicher liturgischer Orte. Der Prediger erscheint in der Mittelkanzel wie in einem tabernakelartigen Ostentatorium. Auch er gehört zur „Gemeinschaft der Heiligen", geborgen unter der großen Kuppel der Kirche. Aber er ist auch Verwalter der Sakramente, er hat das Sakrament des Abendmahls gewissermaßen *„im Rücken"* und erinnert an die Einsetzung des Abendmahls in der Nacht, da Christus *„verraten ward"* und an seine Gebete am Ölberg, das chronographische Thema des Altars der Frauenkirche *(Abb. 10).*

Bildnachweis

Abb. 1, 8: Sächsische Landesbibliothek – Staats und Universitätsbibliothek Dresden (SLUB), Deutsche Fotothek (DFD) / unbekannter Fotograf; *Abb. 2–4:* Landesamt für Denkmalpflege Sachsen (LfDS), Bild- und Plansammlung; *Abb. 5:* Torsten Remus, Dresden; *Abb. 6:* SLUB DFD / Walter Möbius; *Abb. 7:* Bildarchiv Foto Marburg Aufnahme-Nr. 7.709; *Abb. 9, 10:* Jörg Schöner, Dresden.

Ein Solitär in Dresden-Tolkewitz

Löschckes Villa Emmaus

VON STEFFEN HEITMANN

Als die Villa Emmaus 1860 errichtet wurde, war sie ein Solitär im Blasewitzer Tännicht, einem ausgedehnten Kiefernwald, der von der Dresdner Johannstadt bis nach Tolkewitz reichte. Die erste bildliche Darstellung, eine kolorierte Lithografie von 1863, vermittelt in spätromantischer Manier – mit einer biedermeierlichen Staffage im Vordergrund – einen stimmungsvollen Blick auf das Bauwerk, das zwischen den ausgelichteten, von Elbnebeln durchzogenen Kiefern im Abendlicht wie ein Fremdkörper wirkt (Abb. 1).[1] Die erste fotografische Abbildung von 1870 zeigt dann schon, wie mit Anlage von Park und Garten der Kiefernwald verdrängt und die Umgebung dem Stil der Villa angepasst wurde (Abb. 2). Sie blieb wegen der Weitläufigkeit des zu ihr gehörigen Grundstücks in den folgenden Jahrzehnten ein Solitär, der auch später Anregung zu künstlerischer Darstellung gab (Abb. 3)[2]. Und auch heute noch, umgeben von einem Bootshaus-, Schuppen- und Sportplatzgemisch, behauptet sie sich von der Straßenseite, mehr noch von der Elbe her als ein Solitär, zu welchem Eindruck der alte Baumbestand des umgebenden Parks nicht wenig beiträgt (Abb. 4).

Der Standort besitzt eine Reihe von Vorzügen. Er befindet sich auf einem durch eine stabile Sandsteinböschung vor Überflutungen gesicherten Hochufer. Gewiss war 1860 das verheerende Elbehochwasser vom Jahre 1845 noch in allgemeiner Erinnerung. Die Hochwassersicherheit des Standortes erwies sich bei den Hochwassern von 2002 und 2013. Die Flut reichte nur bis an die unterste Stufe der Freitreppe. Wohl auch wegen dieser Hochwassersicherheit war das Gelände in der jüngeren Bronzezeit (etwa 1250 bis 850 v. Chr.) Teil einer Siedlung der Lausitzer Kultur und ist deshalb als „archäologisches Relevanzgebiet" verzeichnet. Das Grundstück wird belebt durch eine leichte Anhöhe zur Straße hin, ein Rudiment der am Ende der Weichseleiszeit (9000 bis 8000 v. Chr.) entstandenen Sanddünen. Ein letztes größeres Exemplar kann man heute noch jenseits der Straße im Johannisfriedhof sehen, bebaut mit dem ehemaligen Friedhofswärterhaus.

Einen außergewöhnlichen Reiz bezieht der Standort auch aus den idyllischen Ausblicken, die er bietet. Zur Zeit der Errichtung der Villa schweifte der Blick über die Elbe von Loschwitz mit seiner turmbekrönten Kirche über die mit zahlreichen Weinterrassen überzogenen Loschwitzer und Wachwitzer Hänge, ein besonders reizvoller Anblick für einen Weinhändler, dessen Vorfahren vermutlich selbst einmal Weinbau in Loschwitz betrieben hatten. Ein einziges größeres Bauwerk, der Villa genau gegenüber gelegen, leuchtete herüber: Die Königliche Villa in Wachwitz, noch in ihrer bis 1890 bestehenden alten Gestalt. Nach Osten ging der Blick über den sanften Schwung des „Wachwitzer Knie" genannten Elbebogens nach Niederpoyritz und

---

[1] Die Darstellung ist idealisiert. Die scheunenartigen, „primitiven" Gebäude, von denen die 1859 geborene älteste Tochter Elisabeth in ihren Aufzeichnungen (vgl. Anm. 11) berichtet und die als Pferde- und Schweinestall sowie als Wagenremise genutzt wurden, sind weggelassen. Dagegen ist rechts im Hintergrund ein mit rotem Satteldach versehenes Gebäude erkennbar, von dessen realer Existenz sich keinerlei Spuren haben finden lassen. Vielleicht handelt es sich um einen phantasievollen Vorgriff auf das damals in Planung befindliche Wirtschaftsgebäude, das dann 1868, allerdings an anderer Stelle und dem Stil der Villa angepasst, entstand. Das Blatt ist signiert mit „Carl Thienemann pinx.". Dahinter verbirgt sich mit hoher Wahrscheinlichkeit Carl Friedrich Sigismund Thienemann (1819–1889), 1861–1880 Lehrer an der III. Gemeindeschule in Dresden-Friedrichstadt, dem eine besondere Neigung zum Zeichnen bescheinigt wird (vgl. Stadtarchiv Dresden, Sig. 2.3.20 Schulamt, Nr. T.9). Die merkwürdige Signatur „5.1863" könnte darauf hindeuten, dass es sich bei der 20,5 × 26 cm großen Skizze um eine von mehreren handelt.

[2] Der Holzschnitt zeigt die Villa seitenverkehrt. Dem Künstler kam es auf den ästhetischen Reiz des Objektes an, nicht auf dokumentarische Genauigkeit.

bis zu den Pillnitzer Hängen. Am Horizont sind bei guter Sicht der Pfaffenstein und die Festung Königstein in der Sächsischen Schweiz zu erkennen.

Der rege Schiffsverkehr auf dem Strom glitt nahezu geräuschlos dahin, begleitet nur von den monotonen Rufen der „Bomätscher", die die Lastkähne, den Leinpfad nutzend, flussaufwärts zogen. Erst von 1870 an störte die Einführung der Kettenschifffahrt die stille Idylle. Die Kähne sogen nun mit Rasseln und Quietschen die in der Elbe liegende Kette vorn in sich hinein und entließen sie hinten wieder auf den Grund des Stromes mit den gleichen Geräuschen.

Wir wissen nicht, was Christian Georg Löschcke bewogen hat, für seine geplante „Sommerwohnung" dieses Gelände zu wählen. Möglicherweise ist eine besondere Beziehung zu diesem Landstrich in seiner Kindheit zu suchen. Einmal jährlich mietete sein Vater eine Gondel, mit der die Familie auf der Elbe nach Königs Weinberg in Wachwitz fuhr, um dort glückliche Stunden zu verleben.

Aus heutiger Sicht erscheint die damalige Standortwahl auch im Blick auf die nachfolgende Stadtentwicklung als weitsichtig. In der ersten Hälfte des 19. Jahrhunderts verdoppelte sich die Bevölkerung Dresdens auf etwa 104.000 Einwohner. Um 1860 war absehbar, dass diese Entwicklung sich fortsetzen würde und die Stadtstrukturen sprengen musste. Immer mehr Bürger empfanden die bedrückende Enge der Stadt und suchten sich – so sie wohlhabend waren – „Sommerwohnungen" auf den Fluren der umliegenden Dörfer. Auch im Umfeld von Blasewitz entstanden um 1860 solche Landsitze und begründeten die später legendäre Blasewitzer Villenkultur.[3] Der Bau einer repräsentativen Villa in dem eintönigen Kiefernwald weitab vor der Stadt mag damals manchem deplatziert erscheinen sein. Gleichwohl setzte Löschcke damit einen frühen Orientierungspunkt für die weitere Entwicklung der Villenbebauung im Dresdner Osten. Er ist gleichsam Begründer des später Neuseidnitz genannten Stadt-

---

[3] Vgl. z. B. das Haus Kuntsch, Fuchsstraße 3, einer der ersten städtisch geprägten Bauten in Blasewitz, östlich des Dorfkerns am Elbufer gelegen.

Abb. 1 Dresden-Tolkewitz, Villa Emmaus

Kolorierte Lithografie von Carl Thienemann 1863.

Aufnahme von Harald Frosch.

Abb. 2 Dresden-Tolkewitz, Villa Emmaus

Aufnahme von Rudolf Tamme, F. & O. Brockmanns Nachf. 1870.

Abb. 3 Wilhelm Rudolph (1884–1982), Palast im Schnee (Villa Emmaus)

Holzschnitt um 1928/1929. Aufnahme von Herbert Boswank.

Abb. 4 Dresden-Tolkewitz, Villa Emmaus

vom Schiff auf der Elbe aus gesehen. Aufnahme des Verfassers 2006.

teils, auch wenn er dies gewiss nicht beabsichtigt hatte. Bald entstanden einige weitere anspruchsvolle Villen auch über Blasewitz hinaus auf Grunaer und Seidnitzer Flur.[4] Die Wohngebiete Neugruna und Neuseidnitz begannen sich zu formen, bald wegen des gestalterischen Zusammenhangs als „Oberblasewitz" bezeichnet.

Leider setzte sich die Villenbebauung nicht organisch fort. Einerseits hinderte die Anlage des Tolkewitzer Friedhofs ab 1879, der sich bald auch auf Seidnitzer Gebiet erstreckte, die weitere Entfaltung. Andererseits hemmte Löschcke selbst unbewusst die weitere Entwicklung, da der ausgedehnte Löschckesche Grundbesitz bis zum Tode seines Begründers im Jahre 1908 nicht für die Bebauung zur Verfügung stand.

Der Grundbesitz

Im Mai und Juli des Jahres 1860 begann Löschcke, zahlreiche Feld-, Busch- und Waldparzellen auf Seidnitzer Flur zwischen dem Elbufer und dem damals so genannten „Seidnitz-Blasewitzer Communicationsweg", der heutigen Tolkewitzer Straße, zu erwerben.[5] 1861 ergänzte er den Grundbesitz mit einem beträchtlichen Stück Kiefernwaldes jenseits des Weges sowie um einige Parzellen am Tolkewitzer Elbufer, angrenzend an seinen Seidnitzer Besitz.[6] 1874 schließlich kaufte Löschcke noch drei Flurstücke, die stadtwärts

[4] Hervorzuheben sind die Villa des Uhrenfabrikanten Lange vor 1875 (Tolkewitzer Straße 53), die Villa von Bosse nach 1870 (Tolkewitzer Straße 50) und die zunächst als Museum genutzte Villa Schaufuß von 1878/79 (Schaufußstraße 19).

[5] Der Umfang des Löschckeschen Grundbesitzes in den Gemarkungen Gruna, Seidnitz und Tolkewitz lässt sich nicht mehr mit letzter Sicherheit rekonstruieren, da die Kaufverträge im Familienarchiv Löschcke unvollständig sind und im Grundbuchamt die Grundakten kriegsbedingt nicht vollständig erhalten sind. Auch die teils mehrmaligen Änderungen der Flurstücksnummern lassen sich nicht mehr vollständig nachverfolgen, da auch im Liegenschaftskataster Kriegsverluste zu beklagen sind. Jedenfalls erwarb Löschcke 1860 in der Gemarkung Seidnitz die Flurstücke Nr. 266a, 267 und 268 von Gutsbesitzer Johann Gottlieb Opitz aus Gruna, die Flurstücke Nr. 269, 270 und 265a von Gutsbesitzer Carl Gottlob Kürbis aus Seidnitz sowie die Flurstücke Nr. 255–259a von Gutsbesitzer Dinger aus Seidnitz und von Ortsrichter Beil aus Gruna. Sämtliche Parzellen wurden verschmolzen zu dem neuen Flurstück Nr. 255 der Gemarkung Seidnitz, das den Kern des gesamten Grundbesitzes bildete.

[6] Es handelt sich um die stadtauswärts rechts des „Communicationsweges" gelegenen Flurstücke Nr. 254 und 259 auf Seidnitzer Flur sowie die auf Tolkewitzer Flur an seinen Besitz angrenzenden Flurstücke Nr. 139–141 von Carl Traugott Heger aus Tolkewitz.

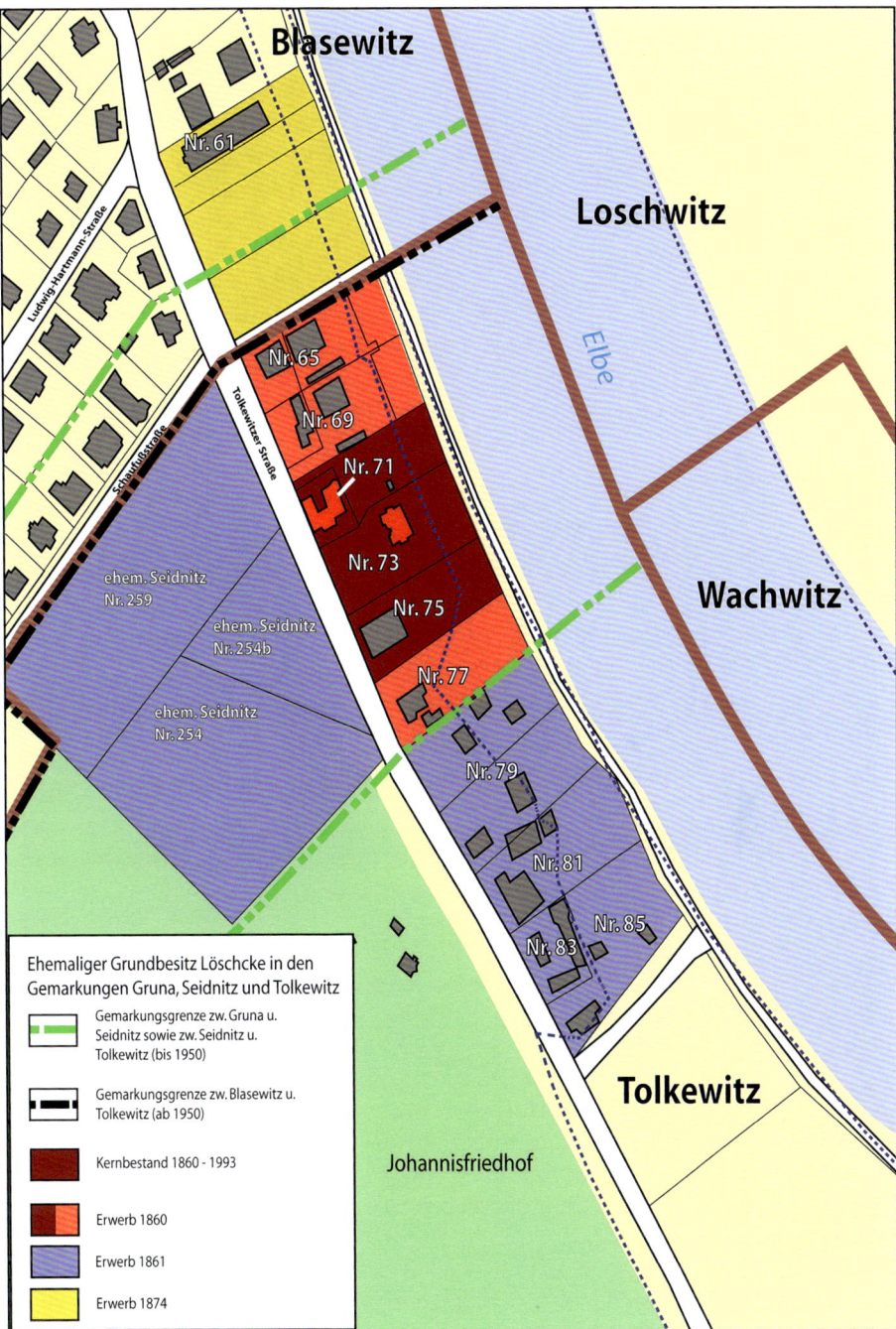

Abb. 5 Dresden-Tolkewitz, Flurkarte

Ausschnitt zur Übersicht über den Löschckeschen Grundbesitz um die Villa Emmaus. Kartengestaltung von Anja Weber auf der Basis von Geoportal Sachsenatlas nach Vorgaben des Verfassers.

an sein Elbufergelände angrenzten[7], sodass er nunmehr das gesamte Seidnitzer Elbufer sein eigen nennen konnte. Damit erreichte der Löschckesche Grundbesitz in dieser Region seine größte Ausdehnung. Löschcke besaß über sechseinhalb Hektar Land, ein ungewöhnlich großes Gelände für eine „Sommerwohnung" *(Abb. 5)*. Sein Vater hatte sich noch mit zwei für diesen Zweck im Auszugshause des Gutsbesitzers Nake in Striesen angemieteten Stuben zufriedengegeben.

Zu mehr als einem halben Kilometer grenzte der Grundbesitz an die Elbe. Der gewohnheitsrechtlich öffentlicher Nutzung gewidmete Leinpfad, heute ein lebhaft frequentierter kombinierter Fuß- und Radweg, verläuft immer noch über die privaten Grundstücke. Unter dem Leinpfad befindet sich seit 1930 ein großer Abwasserkanal, in dem die Abwässer des Dresdner Ostens und ein Teil der Abwässer von Heidenau und Pirna in das Klärwerk in Dresden-Kaditz geleitet werden, im Grundbuch abgesichert durch eine beschränkte persönliche Dienstleistung zugunsten der Stadt Dresden.

Löschcke verband mit dem Landerwerb keine Spekulationsabsichten; und an Gewinnerzielung dachte er nicht, als er das Refugium für seine Familie schuf. Als in den folgenden Jahrzehnten die Stadt immer näher rückte, bereits 1872 die Pferdebahn bis Neugruna geführt wurde und die Grundstückspreise stiegen, mag er sich eher gestört gefühlt haben. Geradezu als Bedrohung empfanden Löschcke und seine Familie die Entstehung des neuen Johannisfriedhofes in unmittelbarer Nähe zu ihrem Gelände. Mit Friedhöfen verband man damals noch die ernste Sorge vor unhygienischen Beeinträchtigungen, und die Vorstellung, in unmittelbarer Nähe zu Leichenbestattungen leben zu müssen, rief erhebliches emotionales Unbehagen hervor. Löschcke befand sich in dieser Angelegenheit in einem Interessenkonflikt. Als Privatmann wollte er sein Familienrefugium schützen, als treues Mitglied seiner Kreuzkirchgemeinde, seit 1878 seiner neugebildeten Johanneskirchgemeinde sollte er die Interessen dieser Gemeinden an der Anlage eines neuen Friedhofes vertreten. So erhob er einerseits Einspruch gegen den Tolkewitzer Friedhofsplan bei der obersten Kirchenbehörde, den in evangelicis beauftragten Herren Staatsministern, über den dann das evangelisch-lutherische Landeskonsistorium zuständigkeitshalber zu entscheiden hatte. Er schloss sich damit dem erbitterten Widerstand an, den die Gemeinde Tolkewitz, aber auch einzelne Tolkewitzer Grundstücksbesitzer, allen voran der Museumsgründer Ludwig Wilhelm Schaufuß, leisteten. Andererseits entschloss sich Löschcke, als die Friedhofspläne nicht aufzuhalten waren, zum Verkauf eines Teilstückes seines an das Tolkewitzer Friedhofsgelände angrenzenden Seidnitzer Flurstücks Nr. 254 an das Friedhofsärar. Es war das erste und einzige Mal, dass er von seinem seit 1860 mehrfach erweiterten Grundbesitz etwas abgab. Auch nachdem er 1886 Kirchenvorsteher der Frauenkirche geworden war, – der Kirchenvorstand vertrat zusammen mit den Kirchenvorständen der Kreuz- und Johanneskirche das Ärar des Elias-, Trinitatis- und Johannisfriedhofs rechtlich – hielt er unbeirrbar an seinem Eigentum fest. Verhandlungen mit dem Ärar über die von diesem erstrebte Erweiterung des Friedhofsgeländes um seine Seidnitzer Flurstücke Nr. 254b und 259 brachte er 1904 zum Erliegen durch Forderung eines völlig überhöhten Kaufpreises und für den Friedhof unannehmbare Bedingungen.[8]

Erst nach dem Tode Christian Georg Löschckes 1908 nahmen seine Kinder unter Führung des Firmeninhabers Michael Georg Löschcke die Verhandlungen wieder auf. Sie gestalteten sich überaus zäh, da die Familie sich zwar beim Kaufpreis kompromissbereit zeigte, aber an für den Friedhof unannehmbaren Forderungen festhielt, wie z. B. einem 20 Meter breiten Schutzstreifen zur Straße, Kaschierung des Friedhofs mit Bepflanzungen und einem Zaun statt der kirchenrechtlich vorgeschriebenen Mauer sowie Bestattungsverbot in diesem Friedhofsteil. Erst nach persönlichen Verhandlungen zwischen Michael Georg Löschcke und Superintendent Dr. D. Franz Wilhelm Dibelius (1847–1924), dem Vorsitzenden des Friedhofsausschusses, kam 1910 der Kaufvertrag zustande. Damit hatte sich der Löschckesche Grundbesitz auf den Bestand links der Tolkewitzer Straße stadtauswärts reduziert.

---

[7] Es handelt sich um das Flurstück Nr. 267 der Gemarkung Seidnitz und die Flurstücke Nr. 326 und 327 der Gemarkung Gruna.
[8] Vgl. hierzu und zum folgenden: Dresden, Johannisfriedhof/Verwaltung, Aktenbestand des Ärars des Elias-, Trinitatis- und Johannisfriedhofs, Akte J.30.

1912 entschlossen sich Michael Georg Löschcke und seine Geschwister, den gesamten Grundbesitz in dreizehn Baugrundstücke aufzuteilen und zum Verkauf auszuschreiben. Die Villa und das Wirtschaftsgebäude wurden dabei zwei verschiedenen Grundstücken zugewiesen und zwar der Erwerb der beiden Baustellen zusammen empfohlen, aber auch der Abriss des Wirtschaftsgebäudes zugunsten eines Neubaus für möglich gehalten. Das Bewusstsein für den Denkmalwert des Gebäudes war noch nicht vorhanden. Die Zergliederung fand statt[9], aber der Verkauf gestaltete sich schwierig. Die Stadt Dresden erwarb 1914 die Tolkewitzer Flurstücke Nr. 139–141, allerdings nicht zur Bebauung. Sie stellte die Grundstücke in der Folgezeit mehreren Sportvereinen zur Verfügung, teils durch Eigentumsübertragung, teils pachtweise. Im Übrigen fanden sich keine Käufer, der hereinbrechende Weltkrieg verhinderte weitere Verkäufe. Und nach dem Weltkrieg war die Zeit der repräsentativen Villenbauten vorbei. Sowohl aus städtebaulicher wie auch aus wirtschaftlicher Perspektive war der günstigste Zeitpunkt für die nachhaltige Verwertung der Löschckeschen Grundstücke vergangen.

1922 und 1924 erwarb nochmals die Stadt Dresden, wiederum zum Zwecke der Nutzung durch Sportvereine, die fünf nach Blasewitz zu gelegenen Baugrundstücke. Hier wie auf den nach Tolkewitz zu gelegenen Grundstücken entstand ein städtebaulich und architektonisch wenig anspruchsvolles Gemisch aus Sportplätzen sowie Boots- und Vereinshäusern, auch eine Kraftfahrzeugwerkstatt hat sich dort angesiedelt. Lediglich das Grundstück 255e, heute Tolkewitzer Straße 77, kaufte 1931 der Fabrikant Feig und errichtete darauf eine vom Bauhausstil beeinflusste, heute unter Denkmalschutz stehende Villa mit Walmdach im ursprünglich gedachten Sinne.

Zurück blieb der Kern des Löschckeschen Grundbesitzes, die Villa mit dem Nebengebäude und einem Rest des Parks, was die Familie besonders nach den Verheerungen des Jahres 1945 als gütige Fügung empfand.

Unmittelbar nach dem ersten Landkauf 1860 begann Christian Georg Löschcke mit dem Bau der Villa auf Seidnitzer Flur[10], der so rasch fortschritt, dass die Familie bereits im Frühjahr 1861 das neue Anwesen beziehen konnte. Provisorische Bretterschuppen für die Unterbringung der Transportmittel, Pferde und Wagen, sowie für die Schweine- und Hundehaltung wurden zu beiden Seiten der Zufahrt errichtet. Der zeitliche Ablauf zeugt von Entschlossenheit und Tatkraft des Bauherrn.

Der Bauherr

Christian Georg Löschcke war 29 Jahre alt, als er die Villa bauen ließ. Seit über sechs Jahren leitete er die vom Vater ererbte Weinhandlung. Vor einem Jahr hatte er geheiratet. Ein Kind war geboren worden, ein zweites kündigte sich an. Die junge Ehefrau, 23 Jahre alt, stammte aus Schlesien und wuchs, früh verwaist, bei Pflegeeltern auf dem Lande in der Nähe von Breslau auf. Das Landleben gewöhnt, konnte sie sich in der Enge der Pirnaischen Vorstadt, am Stammsitz der Familie in der Neuen Gasse, nicht heimisch fühlen. Das war für den jungen Ehemann Anlass für die Suche nach einer „Sommerwohnung" außerhalb der Stadt. Sie hat es stets als *„die größte Wohltat ihres Lebens"* gepriesen, wenn sie im Frühjahr wieder ihr *„liebes Emmaus"* beziehen konnte.[11]

Das 1859 von Ludwig Nieper gefertigte repräsentative Doppelporträt der jungen Eheleute zeugt vom

---

[9] Aus den Flurstücken Nr. 326 und 327 der Gemarkung Gruna, dem Flurstück Nr. 267 der Gemarkung Seidnitz, dem in die Flurstücke Nr. 255 und 255a-e zerteilten Kerngrundstück Nr. 255 der Gemarkung Seidnitz sowie den Flurstücken Nr. 139–141 wurden 13 rechteckige, großzügig zugeschnittene Baugrundstücke gebildet, alle über 3.000 m², die beiden letzten in Richtung Tolkewitz liegenden sogar über 4.000 bzw. 5.000 m² groß. Sie bilden noch heute die Grundlage der Flurstückseinteilung.

[10] Die Villa Emmaus wurde als erstes Bauwerk auf dem später Neuseidnitz genannten Gelände der Gemarkung Seidnitz errichtet. Nach der Eingemeindung der östlichen Vororte nach Dresden (Gruna 1901, Seidnitz 1902, Tolkewitz 1912, Blasewitz 1921) verloren die Gemarkungsgrenzen, soweit sie nicht zur Stadtgrenze wurden, ihre rechtliche Bedeutung und wurden zu bloßen Verwaltungsgrenzen. Das führte zur Bereinigung der unübersichtlichen Gemarkungsgrenzen zwischen Blasewitz, Gruna, Seidnitz und Tolkewitz im Jahre 1950. Erst von diesem Zeitpunkt an gehört die Villa Emmaus zu Tolkewitz.

[11] Zitate aus den Aufzeichnungen von Elisabeth Löschcke (1859–1946), Tochter C. G. Löschckes. Unvollständiges und unpaginiertes Typskript im Familienarchiv Löschcke, das von Dr. Christian Löschcke in Bonn verwahrt wird.

Abb. 6 Ludwig Nieper (1826–1906)

Bildnis Christian Georg Löschcke. Gemälde, Öl auf Leinwand, 1859.

Abb. 7 Ludwig Nieper (1826–1906)

Bildnis Elisabeth Löschcke geb. Bornemann, Gemälde, Öl auf Leinwand, 1859.

Selbstbewusstsein des Bauherrn *(Abb. 6 und 7)*.[12] Während die Ehefrau in ihrem mit feinen Spitzen verbrämten Kleid etwas unsicher und schüchtern knapp am Betrachter vorbeischaut, blickt uns der Ehemann als ein biedermeierlicher Herr im pelzbesetzten Mantel ernst und durchaus standesbewusst ins Gesicht. Beide Eltern waren verstorben. So war er frei im Umgang mit dem ererbten Vermögen. Das Geschäft florierte, der Zeitgeist war fortschrittsgläubig und zukunftsgewiss.

So mag sich die Entscheidung für das kostspielige Vorhaben, den überdimensionierten Landerwerb und den anspruchsvollen Villenbau, erklären, auch wenn sie zur sonstigen Lebenshaltung des Bauherrn, wie sie uns überliefert ist, in einer gewissen Spannung zu stehen scheint.

Christian Georg Löschcke wurde am 7. September 1830 im Hause Neuegasse 1 (später Neue Gasse 50) in der Pirnaischen Vorstadt geboren. Er war das siebente Kind, der dritte Sohn seiner Eltern Christian Traugott Löschcke (1783–1852) und Emilie Auguste geborene Eule (1796–1850). Einer seiner Taufpaten war der Buch- und Papierhändler Hans aus Herrnhut. Mit ihm wurde dem Kind eine erste Beziehung zur Herrnhuter Brüdergemeine in die Wiege gelegt. 1836 besuchte er zur Vorbereitung seiner Schulzeit, *„um sich dort in der Kunst des Stillsitzens zu üben"*,[13] ein halbes Jahr die Mädchenschule der Frau verw. Pastor Buchmann, einer weiteren Taufpatin von ihm, ehe er in die Böttchersche Knabenschule eintrat. Ostern 1844 schickte ihn der Vater, einer Familientradition und einer damals in adligen und bürgerlichen Kreisen im Schwange befindlichen Übung folgend, zur Vorbereitung auf die Konfirmation in das Knabeninstitut der Brüdergemeine nach Niesky in der Oberlausitz. Auch der Vater hatte dort seine religiöse Prägung erhalten, die ihn zu einem maßgeblichen Akteur der gottesdienstlichen Versammlungen der Anhänger der Brüdergemeine in Dresden werden ließ[14], *„welche damals vorzugsweise eine Trägerin reiner und gesunder Gotteserkenntnis war."*[15] Von warmer, am biblischen Wort orientierter Herzensfrömmigkeit geprägte Familien wie die Löschckesche, die von der meist trockenen Predigtweise innerhalb der Amtskirche kaum noch erreicht wurden[16], trugen im 19. Jahrhundert viel dazu bei, dass die evangelische Kirche aus der Erstarrung in der lutherischen Orthodoxie und aus der geistlichen Dürre der rationalistischen Theologie herausfanden und die Bemühungen um die Ausbreitung des biblischen Wortes (Bibelgesellschaften und Äußere Mission) und die tätige Nächstenliebe (Innere Mission) nach und nach in die Amtskirche integriert wurden.

Der zweijährige Aufenthalt in Niesky endete Ostern 1846 mit der Konfirmation. Anschließend besuchte Löschcke die Gewerbeschule in Chemnitz. Ab 1847

---

[12] Ludwig Nieper (1826–1906), der sich später als Direktor der Kunstakademie und Gründungsdirektor der Gewerbeschule in Leipzig große Verdienste erwarb, wurde Taufpate beim sechsten Kind der Löschckes, Michael Georg, dem Nachfolger seines Vaters als Firmeninhaber. Einer glücklichen Fügung und dem historischen Interesse der heutigen Eigentümer ist es zu verdanken, dass das Eigentum an den beiden Gemälden jetzt wieder mit dem Eigentum an der Villa vereinigt ist: Die beiden je 127 × 94 cm großen Bildnisse haben ihren dauerhaften Platz im Treppenhaus der Villa gefunden.

[13] Stammbaum Löschcke-Eule 1674–1906, Privatdruck 1906, S. 52. Der Text stammt, obgleich anonym erschienen, von der ältesten Tochter Christian Georgs, Elisabeth Löschcke (vgl. Anm. 11).

[14] Franz Blanckmeister, Sächsische Kirchengeschichte, Dresden 1906, S. 421: *„Herrnhutisch angehauchte Lutheraner Dresdens, fromme, redliche Leute, wie der Lederhändler Götze und der Weinhändler Löschcke, waren es denn auch, welche zu Anfang des Jahrhunderts in ihren Versammlungen den Missionsgedanken, wenn auch schüchtern, wieder zu vertreten wagten."*

[15] Wilhelm von Kügelgen, Jugenderinnerungen eines alten Mannes, Berlin 1927, S. 122. Auch von Kügelgen gehörte zu den jungen Leuten, die zur Vorbereitung auf die Konfirmation der städtischen Geistlichkeit entzogen wurden. Er kam zur Unterweisung zu dem berühmten Pastor Roller nach Lausa (heute Weixdorf), das unter dem Patronate des Grafen Dohna auf Hermsdorf, einem Enkel Zinzendorfs, stand. Roller galt damals *„für den einzigen gläubigen Theologen der Umgegend."* Ebd., S. 284.

[16] Über die kirchlichen Verhältnisse in Dresden schreibt die Mutter Christian Georgs: *„Bei uns ist alles dürr und wenn wir nicht des guten Vaters Versammlungen und die eigene kirchliche Erbauung hätten, wäre es gar aus."* Und: *„Hier ist's erbärmlich bestellt, man weiß in der Tat nicht, ob man in die Kirche gehen soll oder nicht."* Stammbaum Löschcke-Eule (wie Anm. 13), S. 40.

[17] Johann Traugott Löschcke (1822–1876) studierte in München und verließ die Universität als Kandidat der Philosophie. Er verdiente seinen Lebensunterhalt als Buchhändler, Verleger und Gelegenheitsdichter. Zu einem gravierenden Zerwürfnis, dessen Ursache im Dunkel liegt, kam es zwischen Vater und Sohn 1849. In einer

unterzog er sich der Lehre zum Böttcher bei seinem Vater, bis er nach erfolgreichem Abschluss 1849 endlich in das väterliche Geschäft eintrat. Der zunehmend gebrechliche Vater hätte gern schon früher die Last der Geschäftsführung übertragen, aber zu seinem Betrüben hatten weder der erstgeborene Sohn Johann Traugott, noch der zweitgeborene Friedrich Bernhard eine Neigung zum väterlichen Geschäft entwickeln können.[17] 1852 wurde Löschcke Bürger der Stadt Dresden. Nach dem Tode des Vaters übernahm er im Alter von 22 Jahren die Firma am 1. Januar 1853. Im Jahre 1858 vermählte er sich mit der schon erwähnten Elisabeth Bornemann. Sie gebar im Verlauf von 21 Jahren zwölf Kinder, von denen drei bereits im Säuglingsalter starben. Bei der Geburt der letzten Tochter war sie 42 Jahre alt. Neben der Sorge um die Kinder oblag ihr die Verantwortung für einen in den Sommermonaten zweigeteilten Haushalt mit zahlreichen Dienstboten. Am Mittagstisch des gastfreundlichen Hauses wurden auch die Mitarbeiter der Firma, Verwandte und Freunde versorgt. Darüber hinaus half sie in besonderen Stoßzeiten im Geschäft aus. Sie leitete die regelmäßigen Schlachtfeste. Auf dem Grundstück von Emmaus wurden stets zwei oder drei Schweine gemästet. Die Lebensleistung dieser Frau kann nicht hoch genug gewürdigt werden.

Löschcke betrieb sein Geschäft mit hohem persönlichen Einsatz. Für die Teilnahme an den Sommeraufenthalten seiner Familie in Neuseidnitz blieb ihm wenig Zeit. Früh verließ er die Villa halb sieben Uhr und kehrte abends nicht vor acht Uhr zurück. Zur Qual der Kinder fand die Bescherung zu Weihnachten erst am 1. Feiertag statt, weil am Heiligen Abend in der Weinhandlung Hochbetrieb herrschte. Er verreiste fast nie. Erst nach einem Schlaganfall 1885 unternahm er jährlich eine Erholungsreise. Nur eine Liebhaberei wird von ihm berichtet, die Vorliebe für alte Uhren, von denen einige auch die Villa Emmaus zierten. Das intensive berufliche Engagement hinderte ihn freilich nicht, vielfältig in Kirche und christlichen Vereinen tätig zu sein. Die in der Familie vorgefundene, durch die zweijährige Unterweisung im Geiste der Herrnhuter Brüdergemeine befestigte fromme Lebenshaltung ermunterte ihn hierzu.

In den Jahren 1875–1887 war er Kassierer, später von 1896–1906 Mitglied im „Comité", dem Vorstand der Sächsischen Hauptbibelgesellschaft, ein Amt, das schon sein Vater bis zu seinem Tode innegehabt hatte. Er war im Vorstand der evangelisch-lutherischen Freischule. 23 Jahre lang, von 1886 bis zu seinem Tode, war er Kirchenvorsteher der Frauenkirchgemeinde, ein Amt, das er als besonders ehrenvoll empfand und dessen Ausübung er sich mit ganzer Hingabe widmete.[18] Er war Mitglied des Bauausschusses. In besonderer Weise wendete er sich dem Jünglingsverein „Zur Heimat" zu, als dessen „Vater" er angesehen wurde.

Anzeige in mehreren, auch überregionalen Zeitungen sagte sich Christian Traugott Löschcke öffentlich von seinem Sohn los. Dennoch bedachte er ihn in seinem Testament. Auch als Privatgelehrter firmierte Johann Traugott und eröffnete 1862 in Dresden unweit der väterlichen Weinhandlung eine „odische Heilanstalt" (Behandlung mittels Magnetismus), was ihm freilich mangels medizinischer Qualifikation behördlicherseits untersagt wurde. Er gab in seinem Verlag allerlei Kinderbücher mit eigenen liebenswürdigen Versen heraus. Für die Illustrationen gewann er u. a. Ludwig Richter und seine Tochter Aimée, mit denen über die Jahre 1849 bis 1855 eine gute Zusammenarbeit bestand. Ludwig Richter erwähnt Löschcke mehrfach in den Briefen an seinen Sohn Heinrich. Vgl. Dein treuer Vater. Briefe Ludwig Richters aus vier Jahrzehnten an seinen Sohn Heinrich. Hrsg. v. Karl Josef Friedrich. Leipzig ²1955, S. 77 f., 110 f., 113. Friedrich vermutet, dass die Verbindung mit einer Missstimmung endete. Johann Traugott führte ein bizarres, unstetes Leben. Er starb in Halle und hinterließ keine Nachkommen. Friedrich Bernhard Löschcke (1826–1865) wandte sich den Naturwissenschaften zu, erlernte den Beruf des Apothekers und war bis zu seinem frühen Tode Inhaber der Apotheke zu Pegau. Nach dem Tode seiner ersten Frau heiratete er ein zweites Mal und hinterließ insgesamt fünf Kinder.

[18] Nach der ersten Parochialteilung in Dresden zum 1. Januar 1878 wurden aus der Kreuzparochie eine Frauen- und eine Johanneskirchgemeinde verselbständigt. Das Gebiet um die Neue Gasse, in der Löschcke lebte, wurde zunächst der Johanneskirchgemeinde zugeteilt. Am 1. April 1885 kam es zur Frauenkirchgemeinde. Den gesetzlichen Bestimmungen entsprechend wurde Löschcke zum Kirchenvorstand hinzugewählt. Vgl. Christoph Wetzel, Das kirchliche Leben an der Frauenkirche zu Dresden von ihrer Weihe 1734 bis zu ihrer Zerstörung 1945, 3. Teil 1839–1914. In: Die Dresdner Frauenkirche. Jahrbuch 9 (2003), S. 129–158, hier S. 152. Zur Parochialentwicklung in Dresden im 19. Jahrhundert vgl. Steffen Heitmann, Geschichte der Ephorie Dresden I. Eine strukturgeschichtliche Untersuchung. In: Herbergen der Christenheit. Jahrbuch für deutsche Kirchengeschichte 1975/76, S. 163–192.

Abb. 8 Familie Löschcke

Aufnahme eines unbekannten Fotografen, vermutlich 1900 anlässlich des 70. Geburtstages von Christian Georg Löschcke.
Stehend v. l. n. r.: Emilie (1880–1956), Moritz (1871–1910), vermutlich Mathilde geb. Köhler (1872–1932, Ehefrau von Rainold), Michael Georg (als Firmeninhaber in der Mitte hinter seinem Vater platziert), vermutlich Hedwig geb. Möckel (1870–1931, Ehefrau von Christian), Rainold (1867–1947), Christian (1862–1934); sitzend v. l. n. r.: Leopold (1876–1960), Martha (1870–1939), Elisabeth (1859–1946), Vater Christian Georg Löschcke, Mutter Elisabeth Löschcke, Paul Ewald (1857–1911, Ehemann von Katharina), Katharina (1861–1925). Die Abbildung in dem Rahmen auf dem Tisch zeigt vermutlich den Vater des Jubilars, Christian Traugott Löschcke.

Als von pietistischer Frömmigkeit geprägter Christ pflegte Löschcke lebenslang die Praxis der Privatbeichte, während diese Übung im allgemeinen Gemeindeleben längst in Verfall geraten war. Als seine Beichtväter fungierten nacheinander Hofprediger Bernhard Adolf Langbein[19] und die Superintendenten Ernst Julius Meier[20] und Paul Philipp August Edmund Benz[21] von der Frauenkirche. Ein besonders enges Verhältnis verband ihn mit Kirchenrat Johannes Karl Heinrich Fröhlich (1826–1881) von der Diakonissenanstalt. In den dortigen Sonntagsgottesdiensten fand er auch geistliche Heimat, bevor er Kirchenvorsteher wurde und sich nun ausschließlich zu seiner Frauenkirche hielt. Seinen ausgeprägten Familiensinn pflegte er besonders mit den Zusammenkünften anlässlich von Lebensjubiläen *(Abb. 8)*. Am 1. Juli 1898 übergab er die Firma an seinen Sohn Michael Georg, ohne sich ganz aus dem Geschäft zurückzuziehen. Welch angesehene Stellung er in Kirch- und Stadtgemeinde einnahm, zeigte sich noch einmal bei seinem 50jährigen Bürgerjubiläum am 1. März 1902, das auch in der Presse eingehende Würdigung fand.

Christian Georg Löschcke verstarb am 15. Februar 1908, seiner Frau folgend, die am 20. Oktober 1907 die Augen für immer geschlossen hatte. Die Beerdigung ging von der Villa Emmaus aus und wurde von Superintendent Benz geleitet. Löschcke wurde beigesetzt an prominenter Stelle des neuen Johannisfriedhofs, dessen Anlage er so lebhaft bekämpft hatte, nur wenige hundert Meter entfernt von seiner geliebten „Sommerwohnung".[22] Der Eliasfriedhof, auf dem sich

[19] Bernhard Adolf Langbein (1815–1875) hatte in Dresden seit 1854 das Amt des 2., seit 1866 das des 1. Hofpredigers inne und trug den Titel eines Geheimen Kirchenrates; bekannt sind seine Vorträge: Bernhard Adolf Langbein, Der Christliche Glaube nach dem Bekenntniß der lutherischen Kirche. Leipzig 1873.

[20] Zum Wirken von Superintendent Dr. theol. Ernst Julius Meier (1828–1897) an der Frauenkirche vgl. Wetzel, Das kirchliche Leben (wie Anm. 18), hier S. 138–152.

[21] Auf diesen geht ein Andreas Schöne, Ein Bildnis des Superintendenten und Frauenkirchenpfarrers Benz (1839–1919) in der Frauenkirche. In: Die Dresdner Frauenkirche. Jahrbuch 25 (2021), S. 195–202. Vgl. auch Wetzel, Das kirchliche Leben (wie Anm. 18), hier S. 152 ff.

[22] Die Grabstätte ist erhalten und trägt im Übersichtsplan die Signatur 3.E.01.09/10/11/12.

seit über hundert Jahren die Reihe der Löschckeschen Familiengräber befand und noch heute befindet, war bereits 1876 geschlossen worden.

Der Baumeister

Wir wissen nicht, wieso Löschcke als Architekten für seine „Sommerwohnung" Christian Friedrich Arnold wählte. Es kann vermutet werden, dass die Verbindung über Hofprediger Langbein, den Beichtvater Löschckes, vermittelt wurde. Langbein und Arnold waren 1860 beide Gründungsmitglieder des Vereins für kirchliche Kunst im Königreich Sachsen, der in den folgenden drei Jahrzehnten das kirchliche Baugeschehen in Sachsen maßgeblich bestimmen sollte. Auch Löschcke war von Anfang an Mitglied des Vereins, Langbein war sein erster Vorsitzender. Vermutlich harmonierte die Frömmigkeitsprägung von Bauherrn und Baumeister. Auch Arnold stammte aus einem frommen Elternhaus – der Vater war Kirchenvorsteher – und die herrnhutische Glaubenspraxis war der erzgebirgischen durchaus verwandt.

Arnold, 1823 gebürtig in Drebach im Erzgebirge, besuchte die Gewerbeschule in Chemnitz von 1838–1841, einige Jahre bevor Löschcke dort lernte. Von 1841 an studierte er neun Jahre, bis 1850, an der Bauschule der Königlichen Akademie der bildenden Künste in Dresden unter Gustav Heine (1802–1880) und Gottfried Semper (1803–1879), der ihn mehrfach auch mit praktischen Aufgaben betraute. 1849 wurde er mit dem Großen Akademischen Staatspreis ausgezeichnet. Das damit verbundene Stipendium ermöglichte ihm eine ausgedehnte, fast dreijährige Studienreise nach Süddeutschland, Italien, Frankreich und Belgien. Schon 1852, vor seiner Rückkehr, wurde er als Zeichenlehrer, 1853 als dritter Lehrer für Baukunst und Bauwissenschaft an seine ehemalige Ausbildungsstätte berufen. 1861 wurde er dort zum Professor für Ornamentik, später auch für Perspektive ernannt, ein Amt, das er bis zu seiner Emeritierung 1885 innehatte. Er starb im Jahre 1890.

Arnold machte sich von 1856 an einen Namen vor allem als Kirchenbaumeister. Er hat in Sachsen 19 Kirchen errichtet und über 100 Kirchen umgebaut, restauriert und ausgestattet. Seine prominentesten Kirchenbauvorhaben waren die Restaurierung des Meißner Doms, an den er auch als Dombaumeister berufen wurde, und der Umbau der Sophienkirche in Dresden. Daneben existieren von ihm viele Projekte, die nicht ausgeführt wurden, und zahlreiche Gutachten zu kirchlichen Bau- und Ausstattungsvorhaben.[23] Im Vorstand des Vereins für kirchliche Kunst war er anfangs jahrelang das einzige praktische Mitglied und insofern von großem Einfluss in der Begutachtung kirchlicher Bauvorhaben. Arnold „*entwickelte auch eine bedeutende kunstgewerbliche Thätigkeit, besonders auf kirchlichem Gebiete; er machte Entwürfe zu Altären, Kanzeln, Taufsteinen, Lesepulten, Kirchengefäßen, Leuchtern, Crucifixen, Stickereien, Glasmalereien u. A.*"[24]

Gegenüber seinem Schaffen im Raum der Kirche ist der Umfang seiner Profanbauten überschaubar, gleichwohl für die Beurteilung seines Lebenswerkes von großer Bedeutung.[25] Während Arnold als Kirchenbaumeister oft mit abwertendem Unterton „Neugotiker"[26] genannt wird, dessen Gestaltungen „*sehr*

---

[23] Vgl. Hans-Peter Binnig, Jens Grohmann, Christian Friedrich Arnold – Werksverzeichnis. Baugeschichtsarbeit an der Sektion Architektur, Technische Universität Dresden, 1988.

[24] Aus dem Nachruf im Dresdner Anzeiger Nr. 166 vom 15. Juni 1890.

[25] Als von Arnold geschaffene Profanbauten sind bekannt: Villa Souchay (Schloss Eckberg) in Dresden-Loschwitz 1859–1861, Villa Emmaus in Dresden-Tolkewitz 1860 und 1868, Kreuzschule Dresden 1863–1866, Wohn- und Geschäftshaus Pillnitzer Straße 22 in Dresden 1876–1878, das hier erstmals beschrieben wird, Villa Quisisana 1880/81, Portikus im Königspark 1883 und Russisches Casino in Bad Schandau, Pfarrhaus zu Drebach im Erzgebirge 1883, Pfarrhaus der Trinitatiskirche in Dresden 1895 (wohl einer der letzten Entwürfe Arnolds). Zu vermuten ist, dass weitere Villenbauten existierten und existieren, von denen die Autorschaft Arnolds nicht (mehr) bekannt ist. Mehrfach finden sich in der Literatur Hinweise auf ein von Arnold errichtetes kaiserliches Schloss in Kiew, das zwei Stockwerke hoch und in den Formen der französischen Renaissance gestaltet gewesen sein soll. Spuren dieses vermutlich im Krieg zerstörten Bauwerks haben sich bislang nicht finden lassen.

[26] Vgl. z. B. Fritz Löffler, Das alte Dresden, Leipzig ⁶1982, S. 461. Die Villa Souchay bezeichnet er als den „*erfreulichste(n) der gotisierenden Bauten C. F. Arnolds.*" A. a. O. S. 369. Er nennt Arnold auch einen „*der typischen Reißbrettarchitekten, die wohl die Planung fertigten, aber die Bauausführung anderen Kräften überließ.*" Vgl. Fritz Löffler, Die Stadtkirchen in Sachsen, Berlin 1973, S. 66. Die in Anm. 23 zitierte Arbeit belegt, dass das in dieser Allgemeinheit nicht zutrifft.

Abb. 9 Hermann Krone (1827–1916)

Christian Friedrich Arnold (1823–1890) mit Frau und Tochter. Aufnahme 1855.

‚trocken' und akademisch" seien und der „*die mittelalterlichen Formen überwiegend dekorativ*" einsetze, „*ohne das konstruktive Prinzip der Gotik voll verstanden zu haben*"[27], wird bei Betrachtung seiner Profanbauten seine solide künstlerische Vielseitigkeit sichtbar. Seine lange, höchst qualifizierte Ausbildung und die direkte Auseinandersetzung mit der französischen und der italienischen Architektur der Vergangenheit erlaubte ihm einen virtuosen Umgang mit den historischen Stilen, die keineswegs eklektizistisch eingesetzt wurden. Mit seiner besonderen Hinwendung zu den gotischen Stilformen in den 1860er Jahren folgte er – wohl aus innerer Überzeugung – den Empfehlungen des Eisenacher Regulativs für die Gestaltung evangelischer Kirchenbauten, die die Eisenacher Kirchenkonferenz 1861 beschlossen hatte. Sie sahen den Stil der Gotik als dem deutschen lutherischen Kultus besonders entsprechend an und versprachen sich von ihm eine positive Wirkung auf die Kirchlichkeit des Volkes, eine Fehleinschätzung, wie die weitere Entwicklung zeigen sollte. Von Mitte der 1870er Jahre an wendete er sich wieder verstärkt dem Rundbogenstil zu.

Nach eineinhalb Jahrhunderten und auf dem Hintergrund der folgenden Architekturentwicklung hat heute eine ausgewogene Bewertung des Werkes von Arnold und eine Würdigung seiner schöpferischen Leistung im Umgang mit den historischen Stilelementen Platz gegriffen. Besonders die Arbeiten von Hartmut Mai[28], Volker Helas[29] und Heinrich Magirius[30] haben dazu beigetragen, dass man in der Anknüpfung an bewährte historische Stilformen nicht mehr einen Mangel an künstlerischer Gestaltungskraft sieht, sondern die in diesem Geiste geschaffenen Bauwerke als Schöpfungen eigener Art würdigt. Der Historismus war die moderne Zeitströmung, mit der die Zeitge-

[27] Matthias Donath, Arnold, Christian Friedrich. In: Sächsische Biografie, hrsg. vom Institut für Sächsische Geschichte und Volkskunde e.V., 2006.

[28] Vgl. u.a. Hartmut Mai, Studien zum Kirchenbau des 19. Jahrhunderts. Habil.-Schrift, Universität Leipzig 1970.

[29] Vgl. u.a. Volker Helas, Der Historismus in der Dresdner Architektur um die zweite Hälfte des 19. Jahrhunderts, Diss. Karl-Marx-Universität Leipzig 1977; Volker Helas, Architektur in Dresden 1800–1900, 3. Aufl., Dresden 1991.

nossen nicht etwa Rückwärtsgewandtheit verbanden, sondern Fortschrittsglauben und zukunftsgewisses Selbstbewusstsein.

Als der 37jährige Arnold von Löschcke mit dem Bau der „Sommerwohnung" beauftragt wurde, befand er sich in einer ähnlichen Lebenssituation wie der Auftraggeber. Eine Fotografie von 1855, die hier erstmals veröffentlicht wird, zeigt ihn mit Frau und der zweijährigen Tochter als Familienvater *(Abb. 9)*. Er hatte eine hoffnungsvolle akademische Karriere begonnen, die bereits ein Jahr später mit der Berufung zum Professor fortgesetzt wurde, hatte sich als moderner Architekt bereits eine gewisse Prominenz erarbeitet und wurde mit Aufträgen überhäuft. Die Fülle der vielfach gleichzeitig laufenden Bauaufgaben in den 1860er Jahren überrascht und offenbart eine bewundernswerte Arbeitsintensität.[31] Und es spricht für Arnold, dass er angesichts der zahlreichen großen Bauvorhaben auch kleineren Aufträgen die nötige Aufmerksamkeit widmete.

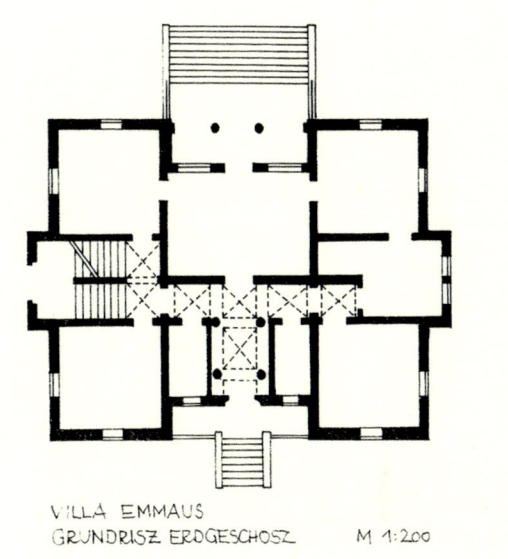

Abb. 10 Dresden-Tolkewitz, Villa Emmaus
Grundriss des Erdgeschosses.
Aufgemessen von Eckehardt Schmidt 1983.

Das Ensemble

Der private Villenbau, vor allem wenn er mit einem großzügigen Grundstück in reizvoller Lage verbunden ist, bietet dem Architekten, anders als beim stilistisch und städtebaulich meist eingeengten Kirchenbau, besondere Gestaltungsmöglichkeiten. Mit dem Entwurf der Villa Emmaus gelang Arnold[32] ein landschaftsgestalterisch und architekturhistorisch bedeutsamer Bau. Zusammen mit dem acht Jahre nach der Errichtung der Villa entstandenen Wirtschaftsgebäude und dem 1869 angelegten Garten und ausgedehnten Park nebst Einfriedung bildet sie ein Ensemble von überzeugender ästhetischer und funktioneller Gestaltung. Den Baukörper ordnete Arnold auf dem zwar weitläufigen, aber schmalen Grundstück zwischen Straße und Fluss auf dem Hochufer an, sodass er weit in den Elbraum hineinwirkt.[33]

---

[30] Vgl. z. B. Heinrich Magirius, Die Kreuzschule am Georgplatz zu Dresden – ein exemplarischer Schulbau der Neogotik. In: Dresdner Hefte Nr. 30, S. 37–47. Heinrich Magirius, Die Sophienkirche in Dresden – eine neugotische Kathedrale des lutherischen Sachsen? In: Die Dresdner Frauenkirche. Jahrbuch 20 (2016), S. 157–182. Magirius beendet seinen Aufsatz mit der Überzeugung, *„dass die neugotische Sophienkirche ein von edler Gesinnung getragenes und von hohem baukünstlerischen Können beseeltes Bauwerk gewesen ist."*

[31] Chronologie der Bauten Arnolds in den 60er Jahren (nicht vollständig): Kirchenneubau Lengenfeld/Vogtland 1859–1864, Villa Souchay 1859–1861, Villa Emmaus 1860, Kirchenneubau Staucha 1861–1863, Kirchenneubau Wantewitz 1862–1864, Begräbnishalle Dohna 1863, Restaurierung Kunigundenkirche Rochlitz 1863/64, Kirchenneubau Voigtsdorf 1864–1866, Umbau Sophienkirche Dresden 1864–1868, Kirchenneubau Falkenstein 1865–1869, Wirtschaftsgebäude der Villa Emmaus 1868, Kirchenneubau Johanngeorgenstadt 1869–1872, Bautätigkeit am Dom zu Meißen 1856–1871. Daneben stammen aus diesem Jahrzehnt unzählige Gutachten und Entwürfe für kirchliche Ausstattungsstücke und Gerätschaften (vgl. Binnig, Grohmann, Werkverzeichnis, Anm. 23).

[32] Über die Entstehung der Villa existieren kriegsbedingt keinerlei schriftliche Belege, Bauzeichnungen oder -rechnungen mehr. Die Annahme der Autorschaft Arnolds beruht auf zuverlässiger mündlicher Überlieferung der Familie Löschcke.

[33] Die Verwandtschaft der Ensemblegestaltung zu der zeitgleich entstandenen Villa Souchay – das Hauptgebäude landschaftsbestimmend an die erhöhte Geländekante gerückt, das Nebengebäude stilgleich gestaltet und zweckmäßig an die Straße gesetzt – ist nicht zu übersehen.

Abb. 11 Dresden-Tolkewitz, Villa Emmaus

Elbfassade mit Loggien, Erkern und Freitreppe. Aufnahme eines unbekannten Fotografen um 1905.

Der quadratisch gedachte, dem Grundstückszuschnitt leicht rechteckig angepasste Grundriss der Villa orientiert sich am Grundriss der Villa Rosa, die Arnolds Lehrer Gottfried Semper 1839 für den Bankier Oppenheim auf Neustädter Seite an der Elbe erbaute. Semper wiederum hatte hierfür Anleihen bei der Villa La Rotonda des Andrea Palladio aus dem 16. Jahrhundert gemacht. Er hatte mit der leider zerstörten Villa Rosa *„den Typ der Renaissancevilla geschaffen, der sich in den folgenden Jahrzehnten in vielen Abwandlungen über ganz Mitteleuropa ausbreitete, ohne dass das Vorbild je erreicht worden wäre."* [34] *„Die Villa Emmaus zeichnet sich durch einen ausgesprochen klaren und übersichtlichen Grundriss aus. Dabei ist die Raumaufteilung auch am Außenbau ablesbar."* [35] *(Abb. 10)*

Das zweigeschossige Villengebäude besitzt fünfachsige Längsseiten mit symmetrischen Seitenrisaliten, die ebenso wie die beiden Risalite der vierachsigen Querseiten von markanten Volutengiebeln mit Obelisken bekrönt sind. Die Hauptschauseite ist zur Elbe gerichtet. Sie wird besonders akzentuiert durch zwei an den Risaliten angebrachte, aufwendig gestaltete Erker. Sie sind mit zierlichen Balkonen versehen, die als Austritte für die in den Ecken der Seitenrisalite eingebauten Dachzimmer dienen. Zwischen den Risaliten zurücktretend befinden sich in beiden Geschossen dreigliedrige Loggien, im Obergeschoss tragen zwei rechteckige Pfeiler mit Fuß und Kapitell den Architrav, im Erdgeschoss überwölben drei auf zwei ionischen Säulen ruhende Bogen die Loggia, übergehend in eine Terrasse mit breiter Freitreppe zum Garten *(Abb. 11)*. Die Schauseite zur Straße ist zwischen den Seitenrisaliten mit einer kleineren Terrasse versehen, zu der eine Treppe hinaufführt und auf der sich der als Sitznischenportal mit umlaufendem Zahnschliff

---

[34] Löffler, Das alte Dresden (wie Anm. 26), S. 381 f.
[35] Das Zitat ist der 2002 von Michael Müller verfassten Denkmalbegründung des Landesamtes für Denkmalpflege entnommen (Ausführliches Denkmalverzeichnis Dresden-Stadt OBJ-Dok-Nr. 09213537, vgl. https://de.wikipedia.org/wiki/Liste_der_Kulturdenkmale_in_Tolkewitz, aufgerufen 02.08.2021). An ihr sowie an der Baugeschichtsarbeit von Eckehardt Schmidt vom Dezember 1983, Sektion Architektur der Technischen Universität Dresden, orientiert sich die folgende Architekturbeschreibung.

Abb. 12 Dresden-Tolkewitz, Wirtschaftsgebäude der Villa Emmaus

Aufnahme von Rudolf Tamme 1870.

und Eierstab, typischen Schmuckelementen der deutschen Renaissance, gestaltete Haupteingang befindet. Er wird von zwei Rundbogenfenstern eingefasst, damit die dreibogige Gestaltung der elbseitigen Loggiabegrenzung aufnehmend *(vgl. Abb. 2)*.

Ein steiles schiefergedecktes Satteldach wird auch an die Giebel geführt, sodass ein doppeltes Kreuzdach entsteht, das wesentlich zum Höheneindruck beiträgt. Die reiche Gestaltung der Dachzone mit ihren 44 Obelisken, den in der Renaissance als Schmuckelemente wiederbelebten altägyptischen Kultsymbolen, zieht den Blick nach oben. Die genuteten Gebäudekanten des aus Sandstein errichteten Putzbaus unterstreichen die schlossartige Ausstrahlung des Bauwerks.

Diese Ausstrahlung wird verstärkt durch das – zweckmäßig an der Straße gelegene – hufeisenförmige, den Innenhof zum Wirtschaftsgarten hin öffnende Nebengebäude. Seiner untergeordneten Bestimmung gemäß ist es nur eingeschossig. Jedoch übertrifft das Grundrissvolumen das des Haupthauses, und die reichhaltige Gestaltung des als Wohnung für Bedienstete, als Stallung und Remise dienenden Bau-

werks steht ihm in nichts nach und erweckt mit dem achteckigen Turm samt Helm an der nordöstlichen Gebäudeecke selbst den Eindruck eines Landschlösschens und verleugnet seine Funktion für den Betrachter *(Abb. 12)*. Der Villa entsprechend ist es mit einem schiefergedeckten Satteldach und genuteten Ecklisenen versehen, besitzt drei volutengeschmückte Staffelgiebel, vier ebenfalls mit Voluten verzierte einfache Giebel, acht Dachgaupen mit Voluten und vier Rundbogenportale. Anders als das nur teilunterkellerte Haupthaus ist das Nebengebäude voll unterkellert; ein großer Weinkeller befand sich zusätzlich unterhalb des Innenhofes.

Die beiden anspruchsvollen Gebäude verlangten geradezu nach einer angemessenen Gartengestaltung. Sie wurde 1869 ausgeführt *(Abb. 13)*. Ob der Plan dazu auch von Arnold stammt, ist zweifelhaft. Nirgends sonst werden Gartengestaltungen von Arnold erwähnt. Der die beiden Häuser umgebende Garten trägt maßgeblich zur herrschaftlichen Wirkung der Gesamtanlage bei. Für die Einfahrt von der Straße bildet die aus profilierten Sandsteinpfeilern mit spar-

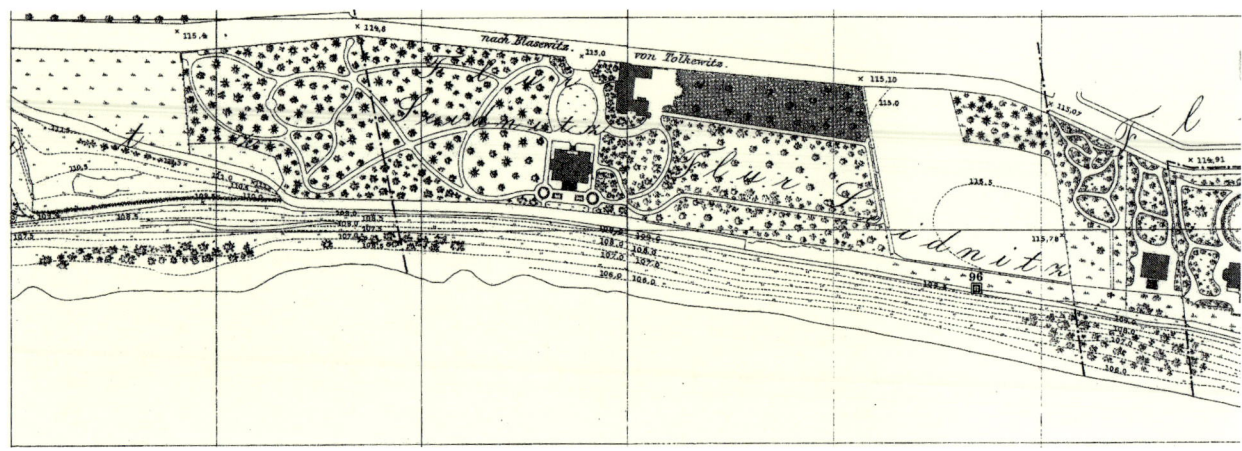

Abb. 13 Dresden-Tolkewitz, Parkplan der Villa Emmaus
Ausschnitt aus: Moritz Wilhelm Schmidt (1827–1892), Karte der Elbe in Sachsen, 1:2000, Lithographie 1876–1883 (nicht genordet).

sam gegliederten Eisenzaunfeldern bestehende Einfriedung als großzügigen Auftakt eine halbrunde Einbuchtung. Das Tor durchschreitend, stößt man auf ein mit Rosenstöcken bepflanztes großes Rondell, das vom Fahrweg eingefasst wird. Zwei Fußwege führen an den Seiten der Villa vorbei zur Elbseite, wo sie auf zwei kleinere Rhododendronrondelle treffen, hinter denen sich die beiden Wege mit drei Stufen zu quadratischen Austritten absenken, die die Weißbuchenhecken freilassen und die einen wundervollen Blick über den Strom gewähren. Vor der von zwei Buchsbäumen flankierten Freitreppe sind zwei Rosenbeete angelegt, vor der Hecke noch eine Pflanzfläche für Blumen und Stauden.

Rechts der Villa führen drei Wege in den ausgedehnten, mit Laubbäumen zwischen Kiefern bewachsenen Park im englischen Stil mit einem reichen, verschlungenen Wegesystem. Auf der mit einer Mauer zur Straße gesicherten kleinen Sanddüne war ein Aussichtspunkt geschaffen, auf dem später eine heute leider verschwundene Laube errichtet wurde.[36] Eine weitere mauergefasste Sitzfläche war an der Grundstücksgrenze in Richtung Tolkewitz angelegt. Zwei kleine Rundplätze waren für gestalterische Akzentsetzungen vorgesehen. Eine solche Gestaltung hat sich bis heute erhalten. An der heutigen Grundstücksgrenze zur Tolkewitzer Straße 77 steht unter einer alten Eiche eine aus mehreren Sandsteinblöcken gebildete halbrunde, nach Osten gerichtete Bank, in das etwas erhöhte Gelände eingelassen und mit Büschen umpflanzt, deren Aussicht heute von hohen Bäumen verstellt ist. Der Überlieferung nach heißt dieser romantische Ort „Peschels Ruh", weil dies der Lieblingsplatz des in den 70er Jahren des 19. Jahrhunderts gern bei Löschckes zu Besuch weilenden Malers Carl Peschel gewesen sei (Abb. 14).[37]

Links der Einfahrt führte der Fahrweg um das Nebengebäude herum in dessen Hof. Zwei Fußwege leiteten in einen kleineren Parkteil, der vorwiegend aus Buschwerk mit neu gepflanzten Laubbäumen bewachsen und von wenigen Wegen durchzogen war.

---

[36] Im Löschckeschen Familienjargon sprach man vom „Bergl"; die Laube wurde gern zum Kaffeetrinken genutzt.

[37] Carl Peschel (1798–1879), Historienmaler, Professor an der Königlichen Kunstakademie, Kollege und Freund Arnolds, war Löschke in der religiösen Gesinnung verbunden und befreundet. In der liebevollen Beschreibung von Leben und Werk Peschels, die Karl Josef Friedrich in seinem Buch „Liebenswerte Künstlergestalten um Ludwig Richter", Leipzig und Hamburg 1940, gibt, zitiert er auf S. 60 f. einen Bericht des Lehrers Jeremias, wie ihn um 1857 „der in christlichen Gemeinschaftskreisen sehr beliebte Kaufmann August Peschel" zu Besuchen in seinem Hause einlud, und wie er dort „einen Kreis lieber Leute" vorfand: „Akademieprofessor Peschel, Bruder des Kaufmanns, Weinhändler Löschke, Uhrmacher Böhringer, Akademieprofessor Schönherr ...".

Abb. 14 Dresden-Tolkewitz, Park der Villa Emmaus, „Peschels Ruh"
Aufnahme des Verfassers 2021.

Ein hinter dem Wirtschaftsgebäude an der Straße in Richtung Blasewitz gebäudebreit verlaufender Landstreifen wurde als Gartenland angelegt, auf dem Kartoffeln, Gemüse und Obst für die Versorgung des großen Hausstandes angebaut wurden.

Die Villa Emmaus ist nicht nur ihrer Lage wegen, sondern auch architekturgeschichtlich ein Solitär.

Sehr früh und erstmals im Dresdner Raum wurden die Formen der deutschen Renaissance adaptiert und mit dem an die italienische Renaissancevilla angelehnten Baukörper harmonisch verbunden. Arnolds Ensemble erinnert an sächsische Adelssitze aus dem 16. Jahrhundert.

Die streng symmetrisch gegliederte Fassade erzeugt beim Betrachter einen kühlen Ernst und tritt ihm eher abweisend als einladend entgegen. Der Geist der Renaissance war durch und durch diesseitig, der von ihr in Anknüpfung an die Antike ausgebildete Stil orientierte sich am menschlichen Maß; ihm haftete keine transzendente, keine religiöse Ausstrahlung an. Volker Helas ist überzeugt, dass Bauten Weltsichten abbilden. „*Bauwerke deuten eine Welt, über sie erschließt sich das Denken ihrer Erbauer.*"[38] Bei allem, was wir über die religiöse Prägung Löschckes wissen, überrascht nicht nur – wie oben bemerkt – die Dimension des Vorhabens, son-

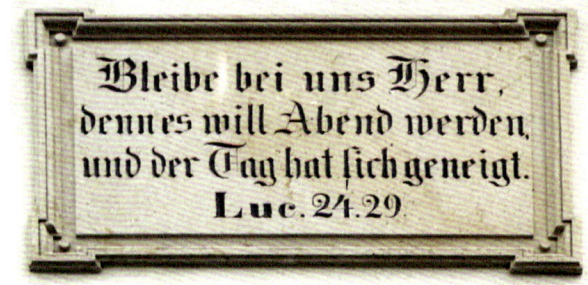

Abb. 15 Dresden-Tolkewitz, Villa Emmaus
Spruchtafel über dem Eingang zum Treppenhaus. Aufnahme des Verfassers 2008.

dern auch die Tatsache, dass er Arnolds Stilwahl akzeptierte. Vielleicht fühlte er diesen inneren Widerspruch, und versah deshalb sein Bauwerk mit Symbolen seines Glaubens. Er nannte sein Haus nach dem biblischen Ort in der Nähe von Jerusalem: „EMMAUS" steht in großen vergoldeten Lettern am Sockel der zweifenstrigen Dachgaupe oberhalb der Straßenfassade. Im Lukas-

---

[38] Helas, Architektur in Dresden (wie Anm. 29), S. 1.

Abb. 16 Dresden-Tolkewitz, Villa Emmaus
Rechter Torpfosten mit Bibelstelle. Aufnahme des Verfassers 2006.

evangelium (24,13–35) wird berichtet, wie der auferstandene Jesus sich zweien seiner Jünger auf dem Wege nach Emmaus unerkannt zugesellt, ihnen seinen Tod aus den Schriftzeugnissen des Alten Testaments deutet und von ihnen erkannt wird, als er mit ihnen zu Tische sitzt und das Brot bricht. Von alters wird diese Perikope, die das Ostergeschehen in besonders eindrücklicher Weise transparent macht, als Evangelium am 2. Osterfeiertag gelesen. Dieser Text war den erweckten Christen, denen vor allem an einem persönlichen Verhältnis zu Gott in Jesus Christus gelegen war, vertraut. Emmaus war ein mythischer Sehnsuchtsort herrnhutischer Frömmigkeit im 19. Jahrhundert.[39]

Ein bekanntes, vielfach vertontes Wort aus dieser Emmausgeschichte (Lukas 24,29) findet sich als Motto hoch über dem Eingang zum Treppenhaus an der nordwestlichen Seitenfassade auf einer profiliert gerahmten Sandsteinplatte *(Abb. 15)*. Am rechten Pfosten der Toreinfahrt, auf einem ornamental aus dem Sandstein hervorgearbeiteten Rund lässt Löschcke als Ausdruck einer bescheidenen, jedoch glaubensgewissen Haltung, noch heute gut lesbar, die Bibelstelle „Matth. 8,8" eingravieren *(Abb. 16)*. Der Satz aus der Erzählung vom Hauptmann von Kapernaum, der um die Heilung seines kranken Knechts bittet, lautet: *Herr, ich bin nicht wert, dass du unter mein Dach gehst, sondern sprich nur ein Wort, so wird mein Knecht gesund.*

Andacht war für herrnhutisch geprägte Christen undenkbar ohne den Gesang frommer Lieder und Choräle. Zu deren Anregung und Begleitung ließ Löschcke im zur Terrasse sich öffnenden Hauptraum im Erdgeschoss eine Orgel installieren, weshalb dieses Zimmer im Familienjargon – etwas unpassend zu dem saalartigen Raum – „Orgelstube" genannt wurde.[40] Zu den Familienandachten wurde die Orgel regelmäßig genutzt, ertönte aber auch gelegentlich besonderer Anlässe bei geöffneten Türen.[41] Mit Zeichen seiner Frömmigkeit umhüllte er also seine Villa und anverwandelte sich gewissermaßen auf diese Weise das neue Bauwerk.

Das Geschäft

Wirtschaftliche Lebensgrundlage der Familie Löschcke war von jeher das Böttcherhandwerk, das von alters mit dem Recht des Weinschanks ausgestattet war. Die Familie stammt aus der Oberlausitz. Ein Johann Leschke scheint im 17. Jahrhundert von Pulsnitz nach Loschwitz gekommen zu sein.[42] Sicher ist, dass

---

[39] Z. B. wurde 1866 die noch heute in Niesky bestehende Diakonissenanstalt Emmaus begründet. Auch das dortige Krankenhaus trägt diesen Namen. Die Emmausgeschichte hat in der bildenden Kunst unzählige Darstellungen gefunden, auch solche von höchstem künstlerischen Rang.
[40] Leider war über die Art des Instruments, dessen Existenz noch für 1943 nachgewiesen ist, über seine Herkunft und seinen Verbleib nichts mehr in Erfahrung zu bringen.
[41] Als z. B. 1882 der langjährige treue Hauswart und Gärtner des Anwesens, Hermann Rammer, an der Villa vorbei zu Grabe auf den Johannisfriedhof getragen wurde, ließ Löschcke bei geöffneten Türen den Choral „Jesus, meine Zuversicht" ertönen.

Samuel Andreas Leschke (später Löschke), dessen Vater (1674–1748) Kirchvater in Loschwitz war, 1729 nach Dresden übersiedelte und dort als Böttchermeister mit Weinhandel tätig wurde. Er erwarb das Haus Neue Gasse 1 in der Pirnaischen Vorstadt (früher Rampische Gemeinde Nr. 159, später Neue Gasse 50), in dem bereits zuvor eine Böttcherei betrieben worden war und das zum Stammhaus von Firma und Familie wurde. Das Datum des Hauskaufs, der 24. Oktober 1734, galt der Familie als der Beginn ihres Weinhandels. Die Weinhandlung als Geschäft wurde am 19. August 1780 durch Johann Traugott Löschcke, den Sohn von Samuel Andreas Leschke, begründet. Die Firma trug seinen Namen bis zu ihrem Ende 1973. Auf den Firmengründer geht die Festlegung der bis dahin unsicheren und wechselnden Namensschreibung auf „Löschcke" zurück, was freilich auch später nicht immer Beachtung fand.

Durch sechs Generationen, über 200 Jahre lang, wurde das Unternehmen vom Vater auf den Sohn übertragen, wenn auch nicht immer auf den erstgeborenen.[43] Es wurde getragen von einem starken Familiensinn und großem Traditionsbewusstsein, das den Betrieb des Geschäfts auch als eine von Gott geschenkte Aufgabe verstand. Das Firmenemblem mit der merkwürdigen Inschrift „Segen des Bergbaues/Joh. Traugott Löschcke", das zunächst an Bergleute denken lässt, zeigt ein von Wein umranktes Fass mit dem Monogramm des Firmengründers in Form eines Kreuzes, flankiert von einem Winzer und einem Kellermeister (Abb. 17). Im Inventurbuch der Firma aus den Jahren 1842–1870 wurde mancher Jahresabschluss mit einem biblischen Motto versehen (Abb. 18).[44] Geschäftsgebaren und Geschäftsgeist setzten sich über die Generationenwechsel bruchlos fort. Als die beiden Eigentümer Wolfgang und Andreas Löschcke nach dem Tode ihres Vaters und den Wirren von Krieg und Nachkriegszeit die rechtlichen Verhältnisse neu ordnen mussten, hatte die Löschung der Firma Johann Traugott Löschcke als Offene Handelsgesellschaft und ihre Umwandlung in eine Gesellschaft bürgerlichen Rechts gleichen Namens ab 1955 keinerlei Bedeutung für die Kontinuität des Geschäftsbetriebs. Der Gesellschaftsvertrag von 1957 enthält geradezu rührende detaillierte Bestimmungen für den Fall des Todes eines oder beider Gesellschafter, um die Firma unter allen Umständen in Familienbesitz zu behalten.[45]

Abb. 17 Emblem der Firma Löschcke

Zu den Geschäftsgrundsätzen gehörte auch der Verzicht auf jegliche aufdringliche Werbung. Man vertraute darauf, dass die Qualität der Produkte und die seriösen Geschäftspraktiken für sich selber sprechen.

---

42 Diese und die folgenden Angaben entstammen dem Stammbaum Löschcke-Eule (wie Anm. 13).
43 Inhaber der Firma Johann Traugott Löschcke: 1734 Beginn des Weinhandels in Dresden durch Böttchermeister Samuel Andreas Leschke (gest. 1772); 1780–1804 Johann Traugott Löschcke (1752–1827); 1804–1852 Christian Traugott Löschcke (1783–1852); 1853–1897 Christian Georg Löschcke (1830–1908); 1897–1938 Michael Georg Löschcke (1865–1945); 1938–1958 Wolfgang Löschcke (1904–1992) und Andreas Löschcke (1908–1995); 1958–1973 Wolfgang Löschcke.
44 Inventurbuch der Firma Löschcke über die Jahre 1842–1870, Familienarchiv Löschcke.
45 Gesellschaftsvertrag zwischen Wolfgang und Andreas Löschcke vom 31. Dezember 1957, Familienarchiv Löschcke.

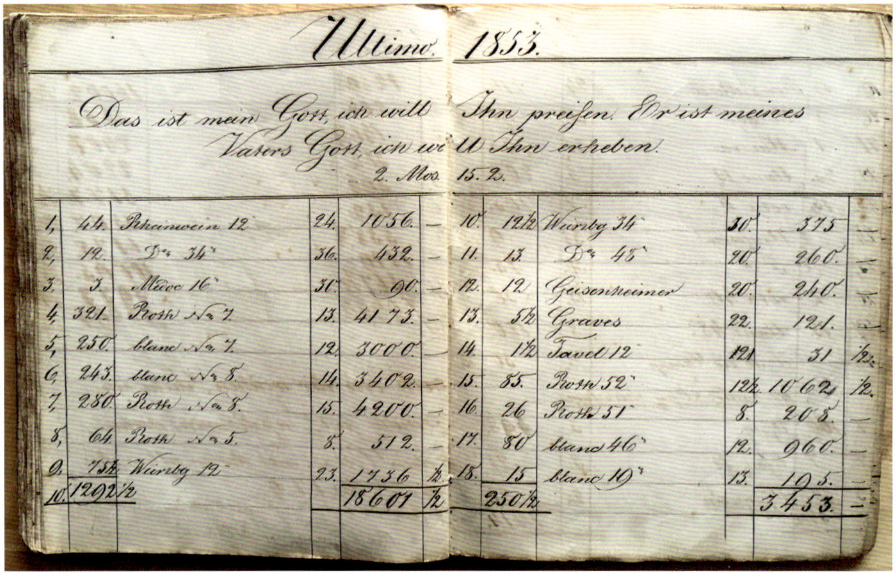

Abb. 18 Firma Löschcke Inventurnachweis für das Jahr 1853, das erste Jahr unter der Geschäftsführung von Christian Georg Löschcke.

Um die Mitte des 19. Jahrhunderts existierten in Dresden nur vier Weinhandlungen von Bedeutung. Als Wolfgang Löschcke dies 1957 notierte, hatte von diesen nur noch seine eigene, die älteste Firma überlebt.[46] Fleiß, Geschick und günstige Zeitumstände haben das Unternehmen im 19. Jahrhundert wachsen lassen. Damals umfasste der Weinhandel – zumal inmitten eines Weinbaugebietes – auch die Herstellung des Weines, seine Behandlung von der Traube bis zum trinkfertigen Wein. Er brauchte Zeit zum Reifen, und dazu war eine ausgedehnte Lagerhaltung in angemessen temperierten Kellern erforderlich. Besonders deshalb erweiterte die Firma ihren Grundbesitz in der Pirnaischen Vorstadt kontinuierlich.[47] Die Wohnungen in den hinzugekauften Häusern wurden vermietet und waren eine gute Nebeneinnahme der Firma. Zusätzlich waren zeitweise bis zu sieben Keller in den umliegenden Straßen sowie ein großer Keller in Niederpoyritz angemietet, dieser wohl besonders zur Aufnahme des Mostes aus den umliegenden Weinbergen. Es wurde regelmäßig ein Lagerbestand von 380 000 Litern gehalten, darunter bis zu 60 Jahre alte Weine von Rhein und Mosel.

Die Firma besaß auch die Konzession zum Verkauf von Spirituosen. So enthielten die Preislisten neben in- und ausländischen Weinen sowie Essig stets auch ein Angebot an Rum, Arac, Cognac und Franzbranntwein. Möglicherweise wurde auch mit Zigarren gehandelt.[48]

---

[46] Vgl. Stammbaum Löschcke (Dresdner Linie), Manuskript von Wolfgang Löschcke 1957, Familienarchiv Löschcke. Die drei Firmen: Peyer & Co., gegründet 1775, liquidiert 1947; Joh. Heinrich Hantzsch, gegründet 1789, liquidiert 1929; H. Schönrocks Nachfolger, gegründet 1834, liquidiert 1948.

[47] Grundbesitz Löschcke in der Pirnaischen Vorstadt bis zur vollständigen Zerstörung am 13. Februar 1945: Neue Gasse 50 (damals Rampische Gemeinde 159, später Neuegasse 1), Stammhaus von Familie und Firma, erworben von Samuel Andreas Löschcke am 24. Oktober 1734; Neue Gasse 29 (früher Neuegasse 43), Zeitpunkt des Erwerbs unbekannt, als Niederlage für Weinfässer genutzt bis 1936, verkauft 1931 an Kaufmann Josef Krell; Neue Gasse 46 (damals Neuegasse 3), erworben von Christian Traugott Löschcke 1830; Neue Gasse 48 (damals Neuegasse 2), erworben von Christian Traugott Löschcke 1838; Pillnitzer Straße 22 (Eckhaus zur Neuen Gasse) und 24, erworben 1873 von Christian Georg Löschcke, Eckhaus 1876 abgerissen und neu erbaut von Arnold.

[48] Ludwig Richter schreibt am 18. Dezember 1850 an seinen Sohn Heinrich: „Auch des edlen Tabakskrautes erhältst Du in Zigarrenform … zum Teil auch noch aus dem Kistel von Löschcke, letztere versetzen in höchst gemütliche Stimmung und stinken wie angebrannter Bindfaden, was Dir jedenfalls viel Spaß machen wird." Dein treuer Vater (wie Anm. 17), S. 110. Es muss dahingestellt bleiben, ob es sich bei dem „Kistel" um eine bei der Firma Löschcke erworbene Zigarrenkiste handelt oder lediglich um ein Geschenk von Johann Traugott.

Abb. 19 Dresden-Pirnaische Vorstadt, Pillnitzer Straße 22

Geschäfts- und Wohnhaus „Zum Weinstock". Aufnahme um 1900.

Abb. 20 Flaschenetikett für Abendmahlswein

Die Veränderungen im Weinhandel infolge der entstehenden Eisenbahnverbindungen und infolge des zurückgehenden heimischen Weinanbaus, der 1885 durch die Reblaus fast vollständig zum Erliegen kam, bewältigte die Firma Löschcke durch Konzentration auf den Handel ausgezeichnet.

Um seinem florierenden Unternehmen auch sichtbaren Ausdruck zu verleihen, ließ Christian Georg Löschcke das an das Stammhaus Neue Gasse 50 angrenzende Eckhaus Pillnitzer Straße 22, das er 1873 erworben hatte, im Jahre 1876 abreißen und einen Neubau errichten. Damit beauftragte er ebenfalls Christian Friedrich Arnold. Dieser gestaltete eine dominante Ecklösung, die ihre Nachbarbauten Pillnitzer Straße 24 und Neue Gasse 50 und 48 deutlich überragt (Abb. 19). Und auch hier bediente er sich der Stilformen der Renaissance, blieb allerdings ganz ihren italienischen Ausformungen verbunden, was wohl mit der eingeengten Straßenlage zu erklären ist. Die Wandflächen sind hier nicht nur, wie in der Renaissance und im deutschen Historismus überwiegend üblich, im Erdgeschoss, sondern auch in den oberen Geschossen rustifiziert, was dem Gebäude eine gewisse Schwere verleiht. Auf der abgeflachten Ecke des fünfstöckigen Bauwerks sitzt zwischen den beiden dreiachsigen Seitenflügeln ein dreigeschossiger Erker, dessen Brüstung und Frieszone im ersten Obergeschoss Reliefs tragen. Unterhalb des Erkers befindet sich der Haupteingang zum Geschäft, oberhalb des Erkers erhebt sich der oktogonale zweigeschossige Eckturm. Rechts und links des ersten Turmgeschosses schließen sich je zwei mit antiken Dreiecksgiebeln bedeckte Dachgaupen an. Die architektonische Krönung bildet das zweite Turmgeschoss mit den großen Rundbogenfenstern und den Balustersäulen an den Brüstungen. Dieser obere Teil des Turms eignete sich übrigens bestens als Atelier und wurde regelmäßig an „Kunstmaler" vermietet.[49] „Zum Weinstock" nannte Löschcke seinen neuen Firmensitz. Sein Sohn Michael Georg Löschcke, der erste Geschäftsinhaber, der nicht mehr das Böttcherhandwerk erlernt hatte, sondern als Kaufmann mit mehrjähriger Auslandserfahrung ausgebildet worden war, legte später der Firma den Untertitel „Weingroßhandlung" bei. Nach 1900 erwarb er ein Weinrestaurant namens „Zum Goldtröpfchen" in der Breitestraße 12, dem er den seriöseren Namen „Winzerstuben" gab und das er zunächst verpachtete, später mittels eines als Stellvertreter bestellten Geschäftsführers betrieb. In den 20er Jahren des 20. Jahrhunderts erwarb die Firma auch die Konzession zum Kleinhandel mit Olivenöl und Tee.

Nicht nur im Geschäftsgebaren, auch in der Frömmigkeitsprägung und in der Wahrnehmung kirchlicher Ehrenämter herrschte Kontinuität. Wie sein Großvater und sein Vater erhielt auch der Kaufmann Michael Georg Löschcke seine religiöse Sozialisation bei der herrnhutischen Brüdergemeine in Niesky. Auf Betreiben von Superintendent Karl Johannes Reimer (1862–1943) wurde er seit 1920 mehrmals in den Kirchenvorstand der Frauenkirche gewählt.[50] Nach der auf Anordnung Hitlers 1933 erfolgten vorzeitigen Auflösung der Kirchenvorstände kam er für die von den Deutschen Christen bestimmten Wahllisten nicht mehr in Betracht. Aus den an der Frauenkirche besonders lebhaft ausgetragenen kirchenpolitischen Auseinandersetzungen scheint er sich herausgehalten zu haben. In den Unterschriftenlisten unter den Protestschreiben gegen die Verbote der Amtsausübung von Superintendent Hugo Hahn (1886–1957) sowie gegen seine Verhaftung taucht Löschckes Name nicht

---

[49] 1938 wohnte z. B. der später bedeutende Maler Theodor Rosenhauer (1901–1996) zusammen mit seinem Malerfreund Emil Brose hier. Eine gewisse Verwandtschaft des Turmes mit den Ecktürmen der Villa Stockhausen (heute im Volksmund „Lingnerschloss" genannt) ist nicht zu übersehen.

[50] Vgl. auch Christoph Wetzel, Das kirchliche Leben an der Frauenkirche zu Dresden von ihrer Weihe 1734 bis zu ihrer Zerstörung 1945. 4. Teil 1914–1934. In: Die Dresdner Frauenkirche. Jahrbuch 10 (2004), S. 123–149, hier S. 123–140.

Abb. 21 Dresden-Pirnaische Vorstadt

Neue Gasse zwischen Grunaer und Pillnitzer Straße nach der Zerstörung.

Aufnahme eines unbekannten Fotografen 1951.

auf.[51] Seine kirchliche Heimat fand er von da an in der Loschwitzer Kirche bei Pfarrer Michael, der ihn 1945 auch beerdigt hat.[52]

Aus der Verbundenheit mit der Kirche entwickelte sich als ein nicht unwesentliches Geschäftsfeld die Beschaffung von Abendmahlswein, wofür spezielle Abfüllungen gefertigt wurden (Abb. 20). Für die Landeskirche war es in den schweren Kriegs- und Nachkriegszeiten essentiell, dass die Kirchgemeinden das Sakrament des Heiligen Abendmahls feiern konnten, und dafür war Wein als das von Jesus Christus selbst bestimmte Getränk unverzichtbar.

Übrigens wurde auch der private Weinbedarf mancher Pfarrhäuser gern bei dem bekannten Abendmahlsweinlieferanten gedeckt.

Niedergang

Die „Sommerwohnung" in Neuseidnitz, jahrzehntelang das Refugium der Familie Löschcke in den Sommermonaten, wurde 1945 in einem ganz neuen und elementaren Sinne zum Refugium: Das mörderische Bombardement auf Dresden am 13. Februar 1945 verwüstete den gesamten Grundbesitz von Firma und Familie einschließlich der Geschäftsräume an der Pillnitzer Straße und der Neuen Gasse (Abb. 21). Die in Kellern erhalten gebliebenen Weinbestände wurden im Mai 1945 von den sowjetischen Militärbehörden beschlagnahmt. Schon ab 1943 hatte die Familie, nachdem sie Überlegungen zu einer Aufgabe von Emmaus verworfen hatte, ihren dauerhaften Wohnsitz in die Villa Emmaus verlegt, um die Beschlagnahme für Wohnungszwecke zu verhindern, und hatte in Erwartung von Kriegshandlungen Wertsachen aus der Pirnaischen Vorstadt nach Neuseidnitz verbracht. Auch die Geschäftsführung der Firma wurde dorthin verlegt. Die „Orgelstube" wurde zum Büro umfunktioniert. Nun versammelten sich die „ausgebombten" Familienmitglieder dort und fanden Unterkunft. Der immer noch weitläufige Garten bot Anbauflächen für Obst und Gemüse in den Hungerjahren nach dem Kriege, im Turm des Wirtschaftsgebäudes wurden Hühner gehalten. Der Geschäftsbetrieb kam vollständig zum Erliegen, wurde aber bereits im Juli 1945 wieder aufgenommen. Da

[51] Vgl. Siegfried Bräuer, Die Dresdner Frauenkirche und die Anfänge des Kirchenkampfs, 2. Teil. In: Die Dresdner Frauenkirche. Jahrbuch 7 (2001), S. 137–183.
[52] Vgl. Lebenslauf von Michael Georg Löschcke, Manuskript von Elisabeth Löschcke (seiner Schwester) im Familienarchiv Löschcke, o. J.

Abb. 22 Dresden-Tolkewitz, Villa Emmaus
Fassaden-Detail zeigt die Verwahrlosung des Grundstücks in den 80er Jahren. Aufnahme von Christian Löschcke um 1980.

Wein in der Nachkriegszeit äußerst rar war, wurde das Gewerbe auf Herstellung und Großhandel mit Spirituosen erweitert. Produktion und Abfüllung fand im Wirtschaftsgebäude Raum.[53] So bestand die alte Firma, nach der Flucht des Gesellschafters Andreas Löschcke im Oktober 1958 nach Westdeutschland von Wolfgang Löschcke allein geführt, ständigem Druck ausgesetzt, sich einer „sozialistischen Genossenschaft" anzuschließen oder wenigstens einer „staatlichen Beteiligung" zuzustimmen, unter den widrigen Verhältnissen der DDR-Planwirtschaft in bescheidenem Umfang bis zur Geschäftsaufgabe 1973 fort.

Es gelang Löschcke, die Gewerberäume an ein anderes privates Unternehmen zu vermitteln, an die Nahrungsmittelfabrik von Erich Schönberger, die unter dem Namen ERSCHÖNA Brühpaste und Deutsche Worcestersoße herstellte, damals begehrte Nischenprodukte. Der Sohn Hans-Jürgen Schönberger ergänzte das Geschäftsfeld mit einer „Mandelschälanlage" und nutzte das Gebäude bis 1993.

Die Zeitumstände passten schon seit den 30er Jahren in keiner Weise mehr zur Unterhaltung einer repräsentativen Villa als „Sommerwohnung". Bereits nach dem Ersten Weltkrieg hatte man begonnen, die erste Etage der Villa und die Wohnräume im Wirtschaftsgebäude zu vermieten. Im Zuge der staatlichen Wohnraumbewirtschaftung nach dem Zweiten Weltkrieg wurden in beiden Geschossen je zwei Wohneinheiten geschaffen, von denen jeweils nur eine abgeschlossen, die andere aber aufgrund des dafür ungeeigneten Grundrisses funktionell durch das Treppenhaus geteilt war. Da die Mietpreise eingefroren waren, konnten Gebäude und Grundstück durch die Mieteinnahmen nicht unterhalten werden. Die Folgen waren Verwahrlosung und langsamer Verfall, der Park verwilderte *(Abb. 22)*. Die Anteile der nach Westdeutschland geflohenen Mitglieder der Erbengemeinschaft nach Michael Georg Löschcke, der die Grundstücke gehörten, gerieten unter staatliche Treuhandverwaltung. 1973 wurden sie in das „Eigentum des Volkes", Rechtsträgerschaft VEB Kommunale Wohnungsverwaltung der Stadt Dresden, übertragen, damit in der Folgezeit staatliches Geld über sogenannte Aufbauhypotheken in Höhe von insgesamt 60.800 Mark für dringend erforderliche Instandhaltungsarbeiten flüssig gemacht werden konnte, eine gängige Praxis der schleichenden Enteignung von Privateigentum in der späten DDR.

In dieser Zeit wuchs gegenläufig zum fortschreitenden Verfall der Altbausubstanz das Bewusstsein für deren kulturellen und ästhetischen Wert in Fachkreisen und bei der interessierten Bevölkerung. Als die Erben

---

[53] Dort entstanden in der Nachkriegszeit beliebte Liköre und Schnäpse, wie z. B. der klare Trinkbranntwein Alter Dresdner (32 Vol. %), Allasch (40 Vol. %), Boonekamp (48 Vol. %) oder Halb und Halb (35 Vol. %), auf den Etiketten meist als Deutsches Erzeugnis bezeichnet und mit dem Namenszug Joh. Traugott Löschcke und dem alten Firmenemblem versehen. Auch eine Hausmarke Deutscher Sekt wurde produziert.

von Christian Georg Löschcke nach dessen Tod 1908 die Aufteilung des weitläufigen Besitzes in bebaubare Villengrundstücke zum Zwecke des Verkaufs veranlassten, wurde der Abriss des Wirtschaftsgebäudes als selbstverständliche Möglichkeit angesehen. Inzwischen aber war das Gebäudeensemble samt umgebendem Park längst in den Listen der zu schützenden Kulturdenkmale verzeichnet.[54] Das schützte zwar vor Abriss, allzu großer Verunstaltung und war ein Hilfsargument bei den Bemühungen um Baukapazitäten für Instandhaltungsmaßnahmen, konnte aber den Verfall aufgrund der allgemeinen Systemmängel nicht aufhalten. Wie zahlreiche vergleichbare Bauwerke in der DDR befand sich die Villa in einer hoffnungslosen Lage. Nur ein Systemwandel, der aussichtslos erschien, konnte das ändern. Eine solche Veränderung trat jedoch 1989 mit der Friedlichen Revolution und der folgenden Wiedervereinigung Deutschlands 1990 ein. Wolfgang Löschcke, Enkel des Erbauers der Villa Emmaus, deren Miteigentümer und letzter Bewohner, Bewahrer des Familienerbes vor Enteignung, hat das noch erlebt, aber keinen Gewinn mehr daraus ziehen können *(Abb. 23)*. Er starb, verwitwet und kinderlos, am 14. Mai 1992 in seiner Villa. Seine letzte Ruhe fand er auf dem Johannisfriedhof, allerdings nicht in der Löschckeschen Familiengrabstätte. Das Grab existiert nicht mehr.

Im Jahre 1993 verkauften die Mitglieder der Erbengemeinschaft nach Michael Georg Löschcke die drei Grundstücke Tolkewitzer Straße 71–75 an die Trans-Terra Holding GmbH, eine Bauträgergesellschaft aus Westdeutschand mit Sitz in Dresden.

Das Ende der Firma Johann Traugott Löschcke und das Ende des Löschckeschen Grundbesitzes in Tolkewitz, beides für Generationen Zentrum einer traditionsbewussten Familie, können nur als tragisch empfunden werden.

Neuanfang

Das Ziel der erwerbenden, bald insolvent gewordenen Bauträgergesellschaft war die möglichst rasche und möglichst gewinnbringende Vermarktung der drei Grundstücke. Dem diente auch die Zergliederung des Flurstücks Nr. 263 in das Flurstück Nr. 263/1, auf dem das ehemalige Wirtschaftsgebäude steht und dem

Abb. 23 Wolfgang Löschcke (1904–1992)
Aufnahme von Christian Löschcke 1984.

damit der Zugang zur Elbe abgeschnitten wurde, und das Flurstück Nr. 263/2 mit Zufahrt von der Straße, auf dem ein Wohnhaus mit elf Wohnungen und Tiefgarage errichtet werden sollte. Die Stadt Dresden verweigerte jedoch 1997 die Erteilung eines Bauvorbescheids aus denkmalschutzrechtlichen Gründen. Die

---

[54] In der Liste der städtischen Denkmale von 1981 ist die Villa aufgeführt. Die Bauten und der parkartig gestaltete Garten sind im ausführlichen Denkmalverzeichnis im Freistaat Sachsen, Dresden Stadt, vom 29.05.1991 erstmals und ausführlich am 22.03.2022 verzeichnet worden.

dagegen erhobene Klage vor dem Verwaltungsgericht wurde 2002 abgewiesen, da eine Bebauung des Flurstücks „*die Villa, welche zur vollen Entfaltung ihrer Ausstrahlungswirkung die Freiflächen zwingend benötigt, ganz erheblich bedrängen und eine gravierende ästhetische Störung bewirken*" würde.[55]

Dagegen widersprach die Stadt der Bebauung des Flurstücks Nr. 261 (Tolkewitzer Straße 75) nicht. Nach eingehender Prüfung hat sie die denkmalschutzrechtliche Zulässigkeit bejaht. Zwar sei das Gebäude „*nach seiner äußeren Gestaltung unter keinem Gesichtspunkt denkmalfähig*", aber „*trotz der modernen Gestaltung auch wegen des größeren Abstandes zur Villa noch als denkmalverträglich einzuschätzen.*"[56] Eine Bedingung war die Bewahrung bzw. Wiederherstellung des Parks und seine ungeteilte Erhaltung. Die Firma Lauterdörfle II Bau GmbH aus Stuttgart erwarb das Grundstück 1996, errichtete ein Wohnhaus mit zwölf Wohneinheiten mit Tiefgarage, deren Zufahrt über das Tor des Villengrundstücks mit einer Grunddienstbarkeit gesichert wurde. 1998 wurde eine Wohnungseigentümergemeinschaft gebildet. Der überwiegende Teil der Wohnungen wurde von Westdeutschen zur steuerbegünstigten Kapitalanlage erworben und wird von Mietern genutzt.

Die Villa selbst gelangte nach der Insolvenz der Trans-Terra Holding ins Eigentum der Firma Epple & Kalkmann aus Heilbronn, die sie 1997 an die Eheleute Kneer verkaufte. Horst Kneer, ein erfolgreicher Unternehmer der Fensterbranche aus Baden-Württemberg, das ja schon unmittelbar nach der Friedlichen Revolution eine Partnerschaft mit dem wiedererstehenden Freistaat Sachsen begründet hatte, verstand sein Engagement in Ostdeutschland nach der Wiedervereinigung auch als eine patriotische Pflicht. Die Villa Emmaus erwarb er zusammen mit seiner Frau nicht als Rendite-, sondern als Liebhaberobjekt aus Neigung zu Dresden und der historischen Bausubstanz. Es begann eine denkmalgerechte, in Material und Ausführung hochwertige Sanierung zu drei Wohnungen in drei Geschossen; die ersten Mieter zogen 1999 ein. Nicht nur die Außenansicht wurde originalgetreu wiederhergestellt, auch die harmonischen Grundrisse im Erd- und Obergeschoss blieben im Wesentlichen erhalten. Lediglich einige Türen wurden versetzt oder zugemauert, um die Wohnungen zum Treppenhaus zu abzuschließen oder die Raumnutzungsmöglichkeiten den heutigen Erfordernissen anzupassen. Wegen des Ausbaues des Dachgeschosses zu einer Wohnung war im Interesse ausreichender Belichtung der Einbau von vier Dachflächenfenstern erforderlich, die jedoch in Größe und Lage hinter den Dachgaupen den Gesamteindruck des Bauwerkes nicht beeinträchtigen. Auch bei der Gartengestaltung mussten Kompromisse zwischen Denkmalschutz und heutigen Lebensgewohnheiten eingegangen werden. Das große Rondell zwischen Einfahrt und Villa wurde vom Oval zum leicht verkleinerten Rund, um Autos vor dem Haus abstellen zu können. Da die Parkwege dem Autoverkehr nicht standhielten, musste 2008 der Fahrweg betoniert werden. Der Villenvorplatz wurde mit einem sickerfreundlichen Kunststeinpflaster befestigt, eine ästhetisch nicht optimale, aber sehr zweckmäßige Lösung. Um den Mangel an ausreichendem Kellerraum – die Villa ist nur zu einem Drittel unterkellert – auszugleichen, wurde 2007 ein schlichter Holzschuppen mit Satteldach zum Unterstellen der Fahrräder und für Lagerungszwecke errichtet, der sich nach der Begrünung harmonisch in den Park einfügt. Nach dem frühen Tod von Horst Kneer im Jahre 2012 verblieb die Villa im Eigentum der Familie Kneer.

Im Gegensatz zur Villa erfolgte der Ausbau des ehemaligen Wirtschaftsgebäudes, wie sich später herausstellte, höchst unbefriedigend. Es befand sich nach der Insolvenz der Trans-Terra Holding im Eigentum des vormaligen Geschäftsführers dieser GmbH. Dieser schuf dort vier Wohn- und zwei Büroeinheiten, deren Erwerber 1996 eine Wohnungseigentumsgemeinschaft bildeten. Unter den Erwerbern waren auch die Eheleute Dr. Jens Kaltofen und Dr. Bettina Lehmann, die in den Folgejahren den anderen Eigentümern der Gemeinschaft ihre Anteile abkauften, sodass sie heute alleinige Eigentümer des Grundstücks sind und dieses zusammen mit ihrer Familie bewohnen. Die umfassende Trockenlegung und denkmalgerechte Sanierung des Hauses sind das Verdienst der Eheleute Kaltofen/Lehmann. Das durch eine Treppe

---

[55] Vgl. Urteil des Verwaltungsgerichts Dresden in der Verwaltungsrechtssache 12 K 1288/99, ausgefertigt am 18. Juni 2002.
[56] Ebenda.

Abb. 24 Dresden-Tolkewitz, Tolkewitzer Str. 71
Ehemaliges Wirtschaftsgebäude der Villa Emmaus, heutiger Zustand. Aufnahme des Verfassers 2021.

hinter einer Glasfront im Hof erschlossene Bauwerk ist durch diesen modernen Eingriff in seiner Gesamtwirkung nur unwesentlich beeinträchtigt und hat den Charme eines kleinen Schlösschens zurückerhalten *(Abb. 24)*.

Das abgetrennte Flurstück Nr. 263/2, das sich als nicht bebaubar erwiesen hatte, erwarben die Eheleute Kneer 2004, um eine drohende gastronomische Nutzung zu verhindern, die ihre Villa nachhaltig beeinträchtigt hätte. Der nordwestliche Teil dieses Grundstücks ist an die Eheleute Kaltofen/Lehmann verpachtet, sodass deren Grundstück wieder den direkten Zugang zum Elbufer hat. Abgrenzungen gibt es auch hier nicht. Park und Garten unterliegen unterschiedlicher Gestaltungsintensität und Pflege, sind aber als Gesamtheit erlebbar geblieben *(Abb. 25)*.

Das Ensemble aus Villa, ehemaligem Wirtschaftsgebäude, Garten und Park gehört zu den ganz wenigen Anwesen dieser Art, die die drei Zerstörungswellen[57], die im 20. Jahrhundert über unsere Stadt gegangen sind, mit nur wenigen Beeinträchtigungen überstanden haben. Selbst die Einfriedung zur Straße mit dem Einfahrtstor und die 44 Obelisken, die das Obergeschoss der Villa zieren, sind Originalsubstanz. Dass die Villa heute in ihrer äußeren Erscheinung die gleiche Anmutung ausstrahlt wie vor 150 Jahren, dazu haben glückliche Umstände, eine aufmerksame Denkmal-

[57] Drei Zerstörungswellen: 1. Das Bombardement vom 13./14. Februar 1945; 2. Die Verfallszeit der späten DDR: „Ruinen schaffen ohne Waffen"; 3. Die einseitig gewinnorientierte Bauwut von Bauträgern nach der Wiedervereinigung 1990.

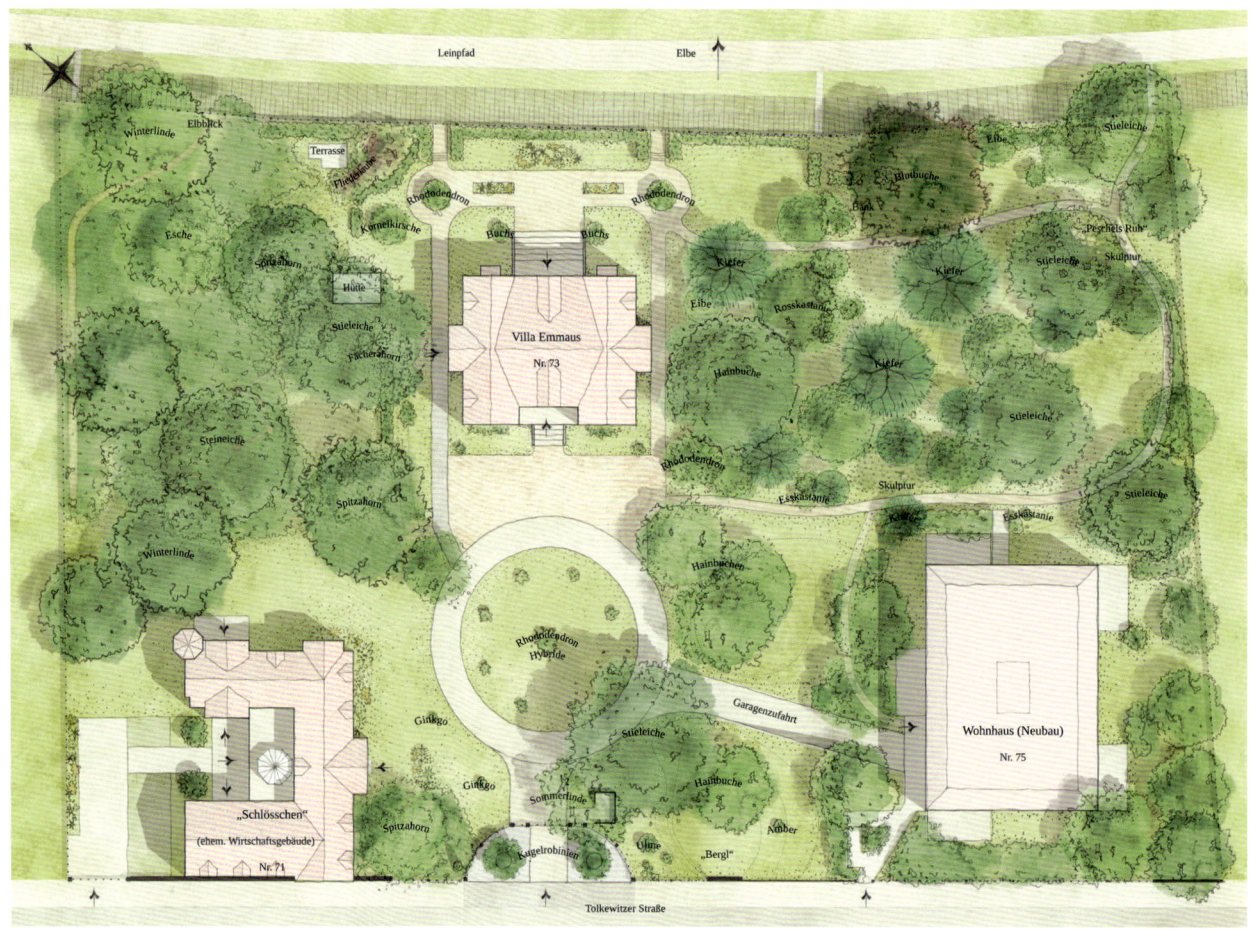

Abb. 25 Dresden-Tolkewitz, Parkplan der Villa Emmaus, heutiger Zustand
aufgenommen und gestaltet von Jan Rosciszewski 2021

schutzbehörde und verständige Neu-Eigentümer beigetragen *(Abb. 26 und 27).*

Die jüngste Geschichte der Villa Emmaus steht als ein Beispiel für zahllose Kulturdenkmale auf ehemaligem DDR-Gebiet, die in letzter Minute aus unaufhaltsamem Verfall zurückgeholt, rekonstruiert und einer modernen Nutzung zugeführt werden konnten. Insofern war der 1989/90 von der Friedlichen Revolution erzwungene Systemwechsel – den wir heute aus historischem Abstand durchaus ambivalent betrachten – ein Glücksfall für unser Land.

Bei der Beschäftigung mit der Geschichte eines solchen Kulturdenkmals, den Umständen seiner Entstehung und Nutzung, entfaltet sich der ganze Reichtum unserer Geschichte im Detail und bereichert den, der sich damit vertraut macht. Dem Ensemble der Villa Emmaus, einem Monument bürgerlicher Lebenskultur des 19. Jahrhunderts, bleibt zu wünschen, dass es auch künftig Eigentümer und Mieter findet, die sich des Wertes dieses Denkmals bewusst sind und sich vom immer noch spürbaren Flair dieses Ortes inspirieren lassen und dankbar aus und ein gehen unter dem biblischen Wort:

„Bleibe bei uns Herr, denn es will Abend werden, und der Tag hat sich geneigt. Luc. 24,29."

Abb. 26 Dresden-Tolkewitz, Villa Emmaus

Straßenansicht um 1905. Aufnahme eines unbekannten Fotografen.

Abb. 27 Dresden-Tolkewitz, Villa Emmaus

Straßenansicht im denkmalgerecht instandgesetzten Zustand 2018. Aufnahme von Luc Saalfeld.

Danksagung

Für Auskünfte, Hinweise oder Formulierungshilfen danke ich Herrn Frank Andert, Herrn Dietrich Buschbeck, Herrn Prof. Dr. Gerhard Glaser, Frau Ulrike Hegerfeldt geb. Löschcke, Herrn Martin Kaden, Frau Anja Kaltofen, Herrn Dr. Jens Kaltofen, Herrn Prof. Dr. Marcus Köhler, Frau Hedi Miller-Kneer, Frau Georgia Scherke, Herrn Dr. Holger Starke. Für die Anfertigung der Übersicht über den Löschckeschen Grundbesitz (Abb. 5) danke ich Frau Anja Weber. Herrn Jan Rosciszewski danke ich für das Aufmaß und die Gestaltung des Parkplans (Abb. 25). Besonderer Dank gebührt Herrn Dr. Christian Löschcke, Bonn, einem Urenkel des Villenerbauers, der mit nie erlahmender Liebenswürdigkeit Auskunft erteilte und das Familienarchiv öffnete.

Bildnachweis

Abb. 1, 2, 6, 7, 8, 11, 12, 17, 18, 19, 20, 22, 23, 26: Familienarchiv Löschcke, Bonn; *Abb. 2:* Staatl. Kunstsammlungen Dresden, Kupferstich-Kabinett; *Abb. 4, 5, 14, 15, 16, 24:* Verfasser; *Abb. 9:* Hermann-Krone-Sammlung, Technische Universität Dresden, Sektion Physik, Institut für Angewandte Physik; *Abb. 10:* Landesamt für Denkmalpflege Sachsen, Dresden, Bildsammlung; *Abb. 13:* Sächsische Landesbibliothek – Staats- und Universitätsbibliothek Dresden, Deutsche Fotothek, df_dk_0010000_0000 (Ausschnitt bearbeitet); *Abb. 27:* Luc Saalfeld, Dresden; *Abb. 21:* Stadtarchiv Dresden, 6.4.40.2 Stadtplanungsamt Bildstelle, I4648; *Abb. 25:* Jan Rosciszewski, Dresden, beim Verfasser.

Richard Schleinitz (1864–1916) und die evangelische Kirche in Moritzburg

VON CORNELIA REIMANN

Einführung

Auf einer Anhöhe neben der zum Schloss Moritzburg führenden Allee gelegen, hebt sich der vom Dresdner Architekten Richard Schleinitz von 1902 bis 1904 entworfene Bau der evangelischen Kirche ab. Sie begegnet dem Betrachter von außen in neobarocken Formen, im Inneren sind Elemente des Jugendstils zu erkennen. Damit folgt sie zum einem der Aufnahme der in dieser Zeit wiederentdeckten barocken Formen in der Kunst, zum anderen greift sie den evangelischen Kirchenbau schlechthin, nämlich den der Frauenkirche, als Zentralbau auf, der in Verbindung mit moderner Formensprache zu einem zeitgemäßen evangelischen Ausdruck führen sollte.

Der Architekt und Baurat Richard Schleinitz

Über den Architekten der Moritzburger Kirche *(Abb. 1)* ist nur wenig bekannt, obwohl er ein beachtliches Werk hinterlassen hat, auf das an dieser Stelle daher in einer Auswahl geschaut werden soll.

Am 30. März 1861 in Pillnitz geboren, studierte er an der Dresdner Baugewerkschule und an der Dresdner Akademie bei Constantin Lipsius (1832–1894), dem Erbauer der Kunstakademie an der Brühlschen Terrasse.[1] Lipsius war als Architekt und als Architekturtheoretiker stark dem Historismus verpflichtet, was sich zunächst auch in den Werken seines Schülers zeigte. Schleinitz öffnete sich aber auch den Strömungen seiner Zeit und wandte sowohl Formen des Jugendstils als auch Gestaltungsprinzipien der Reformarchitektur bei seinen Werken an.

1909 wurde der Architekt und Baumeister Richard Schleinitz aus Anlass des Geburtstages des Königs zum Baurat ernannt.[2]

Abb. 1 Baurat Richard Schleinitz
Fotografie von Hugo Erfurth (1874–1948), um 1909.

[1] Allgemeines Lexikon der bildenden Künstler von der Antike bis zur Gegenwart. Hrsg. v. Ulrich Thieme, Felix Becker. Bd. 30. Leipzig 1936, S. 102.
[2] Salonblatt. Moderne Illustrierte Wochenschrift für Gesellschaft, Theater, Kunst & Sport. Berlin. 4 (1909) 23, S. 5.

Abb. 2 Dresden, Frauenkirche
Längsschnitt mit Drehgerüst, ausgeführt von Hofzimmermeister Ernst Noack 1904. Zeichnung von Hans Weißer, 1910.

Als er mit nur 55 Jahren am 1. Mai 1916 in Dresden verstarb, erschien in der Deutschen Bauzeitung folgender Nachruf: *„Es war Schleinitz vergönnt, eine recht ausgedehnte Praxis auszuüben, die sich auf die verschiedensten Gebiete des baukünstlerischen Schaffens erstreckte […] Trotz seiner ausgebreiteten Tätigkeit gehörte der Verstorbene nicht zu den Bahnbrechern in architektonischen Dingen in Sachsen; seiner an sich bescheidenen Natur fehlte die künstlerische Initiative; seine Kunst erschöpfte sich mehr in einer geschickten Anpassungsfähigkeit. Doch er verstand es, Maß zu halten und den baukünstlerischen Grundsätzen Geltung zu verschaffen. Daher zeigen seine besten Werke den Charakter ernster architektonischer Leistungen."*[3] Das war ein doch recht ernüchterndes Urteil über das Werk von Richard Schleinitz, das es zu revidieren gilt. Er wirkte zwar – soweit bekannt – regional begrenzt, denn seine Tätigkeit ist vor allem in Dresden und Sachsen nachweisbar, doch muss dies nichts über die Qualität seines Schaffens sagen. Sein Name ist heute weitgehend in Vergessenheit geraten, denn viele seiner Bauten wurden im Zweiten Weltkrieg zerstört. Nur wenige von ihm entworfene Gebäude, wie die Kirche in Moritzburg oder die von ihm neugestaltete Annenkirche in Dresden, sind heute präsent.

Schleinitz errichtete zahlreiche Landhäuser, Geschäftshäuser und Verwaltungsgebäude, vielfach durfte er Kirchen umbauen oder erneuern, von ihm stammt aber auch ein Entwurf für die Neugestaltung des Dresdner Theaterplatzes, wo er sein Können in städtebaulicher Hinsicht präsentierte[4]. Sein Oeuvre zeigt ein weites Spektrum, das sehr wohl für mehr als das Beherrschen seines Handwerks spricht.

Wenn von Richard Schleinitz die Rede ist, muss auch Karl Friedrich Ernst Noack (1861–1924) erwähnt werden. Mit dem Bauunternehmer, Rats- und Hofzimmermeister Noack betrieb Richard Schleinitz das Büro Schleinitz & Noack und er wurde auch dessen Schwager.[5] Noack war seit 1905 königlich-sächsischer Hofzimmermeister und baute als solcher ein Drehgerüst für die Kuppel der Frauenkirche zur Erneuerung der Malereien *(Abb. 2)*.[6] *„Damals schuf er ein ‚beachtenswertes' Werk […], das seine kühne[n], neue Wege beschreitenden Zimmermannskonstruktionen bereits 1901*

---

[3] Kgl. sächs. Baurat Richard Schleinitz. In: Deutsche Bauzeitung 36. 1916, S. 200.
[4] Vgl. Albert Hofmann, Zur Freihaltung des Theater-Platzes in Dresden. In: Deutsche Bauzeitung 1912, S. 441 ff. Eine ungewöhnliche Aufgabe stellte sich ihm auch im architektonischen Abschluss des Louisa-Sees in Bad Elster. Dort wurde 1893 bis 1895 aus einem abgebauten Mineralmoorlager der Louisa-See vom Königlich-Sächsischen Gartenbauinspektor Paul Schindler geschaffen.
[5] Fritz Räder, Hof- und Ratszimmermeister Baumeister Karl Friedrich Ernst Noack. Dresden 1927, S. 25.
[6] Hans-Joachim Jäger, Wolfram Jäger, Bautechnische Instandsetzungen der Dresdner Frauenkirche in der ersten Hälfte des 20. Jahrhunderts. Teil 1: 1918–1932. In: Mauerwerk-Kalender, Berlin 2015, S. 334, Bild 67.
[7] Räder, Hof- und Ratszimmermeister (wie Anm. 5), S. 39.

Abb. 3 Dresden-Blasewitz
Bootshaus von der Elbe aus gesehen.
Aufnahme 1897/1898.

beim Bau der Dresdner Jakobikirche zur Anwendung gebracht hatten."[7]

1897/98 entstand das Bootshaus des Dresdner Rudervereins in Blasewitz[8] *(Abb. 3)*. *„Der ebenso durch eine praktische Grundrisslösung, wie die seinem Zwecke gut entsprechende Außenerscheinung und Durchbildung ausgezeichnete Bau […]"*[9] ist ein gemeinsames Werk von Schleinitz und Noack. Der Dresdner Ruderverein verlegte sein Bootshaus aus der Enge der Stadt nach Blasewitz, wo ein großes Haus mit Gesellschaftsräumen entstand.[10] Im Hauptgeschoss fungierte die von einer Galerie umlaufene Diele als Versammlungssaal, in einer Achse folgten ein Spiel- und ein Damen- bzw. Sitzungszimmer. Das Bootshaus beherbergte Umkleide-, Wasch- und Duschräume, eine Dienstwohnung für den Hausmeister und weitere Räume.[11] Das breit gelagerte Gebäude wurde durch ein Krüppelwalmdach abgeschlossen, zur Elbe hin öffnete es sich mit einem großen Thermenfenster und darunterliegender Fens-

[8] [o. V.], Bootshaus des Rudervereins Dresden Blasewitz. In: Blätter für Architektur und Kunsthandwerk. 12 (1899), Tafel 44.
[9] Der Architekt. 6 (1900) 38, S. 46.
[10] Christoph Schölzel, Historische Ansichten aus Blasewitz. In: http://www.blasewitz1.de/histor.htm. (Juni 2021).
[11] Der Architekt. 6 (1900). 38., S. 46, Abb. Tafel 70 (S. 197).

Abb. 4 Dresden-Altstadt
Zinzendorfstraße 17–21, Grand Hotel Hospiz 1894–1896.
Aufnahme um 1900.

terfront, seitlich schloss sich ein asymmetrisch vorgelagerter niedriger Turm an. Drei große Tore befanden sich zu ebener Erde, aus denen die Boote – bis 56 passten in die Halle – zu Wasser gelassen werden konnten. Der weiß verputzte Bau besaß Fensterumrahmungen aus Sandstein und im oberen Bereich Holzverschalungen und Fachwerk mit Verzierungen ‚nordischen' Ursprungs. Hier öffnete man sich keltischer wie germanischer Ornamentik, die um 1900 auf der Suche nach neuen Impulsen neue Wertschätzung erfuhr. Ansonsten zeigte sich der Bau stark dem Landhaus- und Heimatstil verpflichtet. Interessant ist die symmetrische Dachgestaltung mit vier Schornsteinen, in der Gestaltung der Dächer fand Schleinitz übrigens sehr oft markante Ausformungen. 1897 hatte Sascha Schneider für das Innere das Monumentalbild ‚Ruderer'[12] geschaffen, mit dem Gebäude wurde es 1945 zerstört.[13]

Noch vor dem Bootshaus entstanden nach Entwürfen von Richard Schleinitz 1895 das Landhaus Krause in Kleinsedlitz bei Dresden,[14] 1896 Gewandhaus und Münze[15] im wendischen Dorf auf der Ausstellung für Sächsisches Handwerk und Kunstgewerbe ‚Die Alte Stadt' und 1894 bis 1896 das Grand Hotel Hospiz (Abb. 4) des Christlichen Vereins Innere Mission. Das Hotel befand sich bis zu seiner Zerstörung 1945 auf der Zinzendorfstraße 17 bis 21 und war eines der besten Hotels in Dresden. Der imposante, vierstöckige Dreiflügelbau mit Erkern, dezenten Voluntengiebeln und einer reichen, durch Fassadenmalerei geschaffenen Scheinarchitektur erinnerte an Formen der Renaissance und des Barocks. Das Hotel beherbergte neben den Gästezimmern einen prachtvollen Fest- und Konzertsaal (Abb. 5) mit über 1300 Plätzen und einer 53-manualigen Konzertorgel von der Firma Jehmlich. Unter anderem fanden hier die Konzerte des Dresdner Mozart-Vereins statt. Das Hotel verfügte aber auch über ein Podium für bis zu 300 Personen, eine Buchhandlung und in der Zeit zwischen 1903 bis 1926 sogar über ein Kino mit dem Namen „Arrangement-Kosmographia".[16]

Von der mit Jugendstilelementen verzierten, fünfgeschossigen Wohnhausgruppe Hospitalstr. 11/13/15[17], um 1899 in der Dresdner Neustadt entstanden, wurde die Nr. 11 im Februar 1945 zerstört. So erging es auch den Wohnhäusern Gerokstr. 44/48, die in derselben Zeit gegenüber des in der Nähe 1878 eröffneten, ersten öffentlichen Krankenhauses der Johannstadt namens ‚Carolahaus' am Trinitatisfriedhof erbaut worden

---

[12] Christiane Strack, Sascha Schneider. Ein Künstler des deutschen Symbolismus. Marburg 2016, S. 26.

[13] Vgl. Lars Hermann, Dresdner Ruderverein. In: Straßen und Plätze in Blasewitz. http://www.dresdner-stadtteile.de/Ost/Blasewitz/Strassen_Blasewitz/strassen_blasewitz.html (Juni 2021).

[14] [o. V.], Landhaus des Herrn O. K. Krause in Klein-Sedlitz. In: Architektonische Rundschau. 18 (1902) 4, S. 30, Tafel 32. *„Das Landhaus liegt an einer Berglehne, die eine prachtvolle Aussicht auf das Elbsandsteingebirge und in das lachende Elbtal bietet. […] Die Fenstergewände des Erd- und Untergeschosses sind aus Elbsandstein hergestellt, das Obergeschoss ist als isoliertes Fachwerk ausgebildet […].",* ebd., S. 30.

[15] Vgl. Volker Helas: Architektur in Dresden 1800–1900. Dresden. 1991, S. 183–184.

[16] Otto Richter, Geschichte der Stadt Dresden 1871–1902, S. 208.

[17] Vgl. Helas, Architektur in Dresden (wie Anm. 15), S. 198.

Abb. 5 Dresden-Altstadt

Zinzendorfstraße 17–21, Saal des Grand Hotel Hospiz, Aufnahme Hugo Erler um 1908.

Abb. 6 Chemnitz, Moritzstraße/ Zschopauer Straße

Haus des Kaufmännischen Vereins Chemnitz 1898–1900. Postkarte 1915.

waren.[18] Es handelte sich um große mehrstöckige und repräsentative Wohnhäuser, die den Ansprüchen des selbstbewussten Bürgertums entsprachen und ganz im Sinne der Zeit auch die modernen Jugendstilelemente aufgriffen, wenn auch sparsam und dezent.

Von 1898 bis 1900 entstand mit dem Haus des Kaufmännischen Vereins[19] eines der größten Verwaltungshäuser in Chemnitz *(Abb. 6)*. Es befand sich an der Moritzstraße Ecke Zschopauer Straße. Der am 31. August 1846 gegründete, für die Chemnitzer Handelsschaft so bedeutsame Kaufmännische Verein hegte bereits in der Mitte der 1890er Jahre den Wunsch, ein

[18] Vgl. Jörg Brune, altesdresden.de – das alte Dresden in Bilder Haus für Haus, hier: Gerokstr. 44, 48. In: https://altesdresden.de/index.htm (Juni 2021).

[19] Vgl. Andreas Hütter, u. a., Kaufmännisches Vereinshaus Chemnitz. In: Chemnitz-Gestern-Heute.de. https://chemnitz-gestern-heute.de/kaufmaennisches-vereinshaus-chemnitz/ (19.07.2022).

Abb. 7 Dresden-Coschütz Rathaus. Postkarte 1903.

eigenes Vereinshaus zu errichten. Richard Schleinitz entwarf die Pläne für den umfänglichen Bau, Bauführer war der Chemnitzer Architekt K. O. Hirsekorn. Im Zentrum des Baus stand ein Festsaal mit Orgel für 2.000 Personen. Außerdem gab es einen kleineren Saal, einen Garten, zahlreiche Nebenräume bis hin zu einer Kegelbahn. In einem Prospekt des ersten Pächters heißt es: „*Der große Saal ist in seiner architektonischen Schönheit einzig. Lichtdurchflutet fördert und erhöht er unwillkürlich die Feststimmung* [...]. *Die Beleuchtung ist elektrisches Bogen- und Glühlicht und Gasgluhlicht* [...]. *Die schönen breiten Treppen-Aufgänge, die Balkons und Gallerien sind eine schätzbare Eigenheit, von der die Besucher ausgiebigsten Gebrauch machen. Die Höhe des Saales beträgt 16 Meter, er ist also rauchfrei und gut ventiliert. Während der Wintermonate sorgt die große Zentralheizung für eine angenehme Wärme. Nicht zum letzten ist eine wunderbare Akustik vorhanden* [...]."[20] Schleinitz verstand es also ganz vortrefflich, sowohl den ästhetischen wie den funktionalen Erfordernissen eines solch komplexen Baus zeitgemäß zu entsprechen.

Aus dem Jahr 1903 stammt das Coschützer Rathaus *(Abb. 7)* auf der Windbergstraße 22 in Dresden. In Anlehnung an Formen der deutschen Renaissance entstand der Bau samt Ratskeller, der heute ein Ärztehaus, eine Kindertagesstätte und Wohnungen beherbergt. Die Neuinterpretationen der Formen der deutschen Renaissance waren in Dresden mit dem Rathaus in Pieschen, 1890/91 von Schilling & Graebner errichtet, eingeführt worden. Die deutsche Neorenaissance bezog sich in der unregelmäßigen Anlage und der Formensprache auf Gestaltungen aus dem Profanbau des 16. Jahrhunderts in Deutschland. In Dresden waren vor der Jahrhundertwende mit den Rathäusern in Löbtau ebenfalls von Schilling & Graebner, in Cotta von Bernhard Seitz (1864–1947) oder dem in Plauen von Lossow & Viewegen mehrere Rathäuser in dieser Stilistik entstanden. Die Coschützer Kommunalvertreter entschieden sich erneut dafür. Unter den Mitgliedern des Dresdner Architekten-Vereins wurde ein Wettbewerb ausgeschrieben, deren erster Preisträger Theodor Lehnert (1828–1910) und Georg Heinsius von Mayenburg (1870–1930) – der Bruder des Erfinders der Chlorodont-Zahncreme, des Pharmazeuten und Botanikers

20 Ebd.

Abb. 8 Dresden-Klotzsche
Goethestr. 17/17 A, Villa Harzer
1903–1905. Aufnahme 2021.

Ottomar Heinsius von Mayenburg (1865–1932) – sein sollten. Der zweite Preis ging an Schleinitz und der dritte an den Baumeister Clemens Türke. Da alle drei Entwürfe die Jury zu überzeugen schienen, sollten alle zu einem verschmolzen werden.[21] Den Auftrag dafür erhielt Richard Schleinitz, der auch zum Bauleiter bestimmt wurde. Dieses Faktum ist insofern von Interesse, als es die Anpassungsfähigkeit von Schleinitz illustriert. Man kann es als Mangel an künstlerischer Eigenständigkeit betrachten, aber auch als kooperative Kompromissbereitschaft im Sinne des Auftraggebers.

Schleinitz gelang die Umsetzung, und es entstand ein Bau, der sich im Besonderen an den Rathäusern norddeutscher bzw. holländischer Kaufmannsstädte orientierte. Dem entsprang die asymmetrische Fassade zur Straße hin, die Volutengiebel genauso wie die unregelmäßige, aber malerische Verteilung der Bauvolumen. Die Straßenfront zeigt in der Mittelachse einen runden Balkonvorbau aus Sandstein, der auf Säulen ruht. Darunter lädt das reich gestaltete Portal ins Innere ein. Darüber ziert eine Sandsteingaube das Dach und aus dem First erwächst der Turm mit Uhr und Glocken. Links befindet sich ein Risalit mit Volutengiebel und dem westlich vorgelagert, der eingeschossige Vorbau des ehemaligen Ratskellers. In der Ornamentik finden sich auch Elemente des Jugendstils.

Die Villa Harzer wurde 1903/1905[22] auf der Goethestraße 17/17 A in Dresden-Klotzsche für den Unternehmer Max Bruno Harzer († 1940) nach Plänen von Rudolf Schleinitz errichtet *(Abb. 8)*. Sie gehört mit Pförtnerhäuschen oder Gartenhaus, der parkähnlichen Gartengestaltung und Einfriedung zu den bedeutendsten Villenanlagen zu Beginn des 20. Jahrhunderts in Dresden.[23] In ihrer versachlichten, mit neoklassizistischen Elementen ausgeführten Gestaltung ist sie ein Beispiel früher Moderne der Reformarchitektur. Die

---

[21] Vgl. Claudia Posselt, Dirk Schumann, Dresdner Süden. Coschütz. In: Dresdner Rathäuser. Eine Dokumentation. Dresden 2010, S. 125–127.

[22] Die Angaben zur Erbauung schwanken. Bei Dehio heißt es 1903. (vgl. Georg Dehio, Handbuch der Deutschen Kunstdenkmäler. Sachsen I. Regierungsbezirk Dresden. Bearb. von. Barbara Bechter u. Wiebke Fastenrat. Berlin 1996, S. 268.) In der Liste der Kulturdenkmale im Freistaat Sachsen wird 1905 verzeichnet. (vgl.: https://denkmalliste.denkmalpflege.sachsen.de/[...]Nr=09217973[...].)

[23] Dehio, Kunstdenkmäler Sachsen I (wie Anm. 22), S. 268.

Abb. 9 Dresden-Blasewitz
Hochuferstraße (heute: Käthe-Kollwitz-Ufer 88) Villa Schweighofer vor dem Umbau. Postkarte 1903/04.

Abb. 10 Dresden, Seevorstadt (Ost)
Grunaer Straße 48 / Albrechtstraße 6, Künstlerhaus Kunstgenossenschaft. Postkarte 1907/08.

Villa verfügt über einen repräsentativen Eingang mit Altan. Der ansonsten recht schlichte Bau wird von einem kleinen Mansarddach, steilem Fußwalm und Schleppgaupe bekrönt. Zuoberst ist eine Baumwollblüte zu finden und nicht, wie fälschlicher Weise oft vermutet, eine Ananas, die den teilweise verwendeten Namen Ananasvilla begründen soll.[24]

Harzer war als Besitzer einer Baumwollfarm in Mexiko zu Reichtum gelangt, sodass er nach seiner Rückkehr nach Deutschland – wegen der besseren Schulbildung für seine Kinder – die Villa erbauen konnte.[25] Nachdem die sechs Kinder des Ehepaares Harzer ausgezogen waren, vermietete man das Erdgeschoss der katholischen Gemeinde zur Abhaltung der Gottesdienste. Am 1. Oktober 1983 wurde der Kirchraum geweiht und eigenständige Vikarie. Nach dem Tod von Harzer vermietete seine Witwe weitere Räume der Haushaltsschule der Mathilde-Zimmer-Stiftung. 1943 enteigneten die Behörden die Besitzer und der Bau wurde dem Deutschen Roten Kreuz übertragen. Die Frauenabteilung des Institutes für Wirbeltuberkulose[26] befand sich seither und bis 1952 im Haus. In den 70er Jahren bis 1989 war ein Internat untergebracht. Nach langjährigem Leerstand wurde das Anwesen 2007/2008 wieder zum Wohnhaus umgebaut und saniert.

Von Schleinitz stammt die Villa Schweighofer in Dresden-Blasewitz – heute Villa zur Lippe auf dem Käthe-Kollwitz-Ufer 88 – die er 1904 für den österreichischen Schauspieler und Sänger Felix Schweighofer (1842–1912), der regelmäßig im Residenztheater gastierte, erbaute (Abb. 9). Das eingeschossige Gebäude in neobarocken Formen mit vorgelagerter Terrasse und einem Delphinbrunnen genügte den Ansprüchen des Auftraggebers allerdings bald nicht mehr, er bezog das Nachbarhaus, den Felixhof, der 1945 zerstört wurde. Die Villa Schweighofer wurde 1908 verkauft, aufgestockt und umgebaut. Der 1911 angelegte Garten in sachlicher Formensprache gehörte zu den bedeutendsten seiner Art in Dresden.[27]

Als ein Hauptwerk von Richard Schleinitz muss das Künstlerhaus der Kunstgenossenschaft[28] in der

---

[24] Siegfried Bannack, Mit Namen bezeichnete Villen in Klotzsche (Fortsetzung und Schluß der Serie). In: Das Klotzscher Heideblatt. 28 (2004), S. 7.
[25] Annette Dubbers, Siegfried Bannack, Klotzsche. Aus der Geschichte eines Dresdner Stadtteils. Dresden 2009, S. 30.
[26] Das 1926 im Fremdenheim Doehn gegründete Institut für Wirbeltuberkulose gehörte zu den wichtigsten medizinischen Einrichtungen in Klotzsche. Geleitet wurde es von dem aus Livland stammenden Arzt Prof. Dr. med. Julius von Finck (1864–1951). Vgl. Dubbers, Bannack Klotzsche (wie Anm. 25), S. 30, 31.
[27] Vgl. Lars Herrmann, Straßen in Blasewitz, Käthe-Kollwitz-Ufer 88. In: https://www.dresdner-stadtteile.de/Zentrum/[...]/Kathe-Kollwitz-Ufer[...].html. (Juni 2022)
[28] Vgl. Lars Herrmann, Künstlerhaus. In: http://www.dresdner-stadtteile.de/Zentrum/ Pirnaische_Vorstadt/[...]Kunstlerhaus.html. (Juni.2022)

Abb. 11 Dresden, Seevorstadt (West)
Sidonienstraße 12, Neues Hotel Sendig/Europäischer Hof, errichtet 1910/11, Außenansicht. Postkarte.

Abb. 12 Dresden, Seevorstadt (Ost)
Grunaer Straße 50, Gewerbekammer Dresden 1915–1917, ab 1916 fertiggestellt unter Ernst Noack (1861–1925). Postkarte.

Dresdner Pirnaischen Vorstadt (Grunaer Straße 48/ Albrechtstraße 6) von 1907/08 genannt werden *(Abb. 10)*. Auch hier konnte Schleinitz ein äußerst umfängliches Gebäude schaffen, dass neben Ausstellungs- und Konferenzräumen auch einen Festsaal für bis zu 600 Gäste und die Gaststätte „Künstlerkeller" samt Kegelbahn unterbrachte. Die 1836 als „Dresdner Künstlerverein" gegründete Dresdner Kunstgenossenschaft suchte seit langem nach einem geeigneten Haus für Zusammenkünfte, aber vor allem auch für Ausstellungen. Zunächst sollte der Bau an der Ostra-Allee gegenüber dem Zwinger entstehen, 1901 entschied man sich dann aber für ein Grundstück an der Grunaer Straße.[29] Richard Schleinitz entwarf den monumentalen Bau in Formen eines reduzierten Neobarocks. Wand- und Deckenmalereien schuf Richard Guhr (1873–1956), der auch den Rathausmann auf dem neuen Rathaus in Dresden geschaffen hat. Georg Heinsius von Mayenburg entwarf den „Künstlerkeller".[30]

Dem Maler Osmar Schindler (1867–1927) baute Richard Schleinitz von 1908 bis 1910 ein Wohn- und Atelierhaus[31] in Dresden-Wachwitz, Am Steinberg 2. Schindler ist besonders durch seine Wand-, Decken- und Fenstergemälde in sächsischen Kirchen bekannt geworden und sollte mit Schleinitz bei der Neugestaltung der Annenkirche zusammenarbeiten, worauf noch eingegangen wird.

Ein weiteres hervorragendes Bauwerk entstand 1910/1911 mit dem „Neuen Sendig Hotel Europäischer Hof" *(Abb. 11)* an der Ecke Sidonienstraße 12 und Prager Straße, das 1945 zerstört wurde. Rudolf Sendig (1848–1918), der den Weg vom Koch zum Hotelier und Visionär im heutigen Bad Schandau genommen hatte, verlagerte sein Wirken nach Dresden und übernahm 1891 das in Formen der Neorenaissance gestaltete Hotel ‚Europäischer Hof' an der Prager Straße Ecke Sidonienstraße 9. Es sollte sich zu einem der vornehmsten Dresdner Hotels entwickeln, so dass sich Sendig zum gegenüberliegenden Neubau durch Schleinitz entschloss. Nicht nur die Qualität des Hauses, auch die Wirkung seiner Erscheinung war überzeugend. Der mächtige Baukörper war in bewusster Annäherung an den gegenüberliegenden Hotelbau gestaltet. Der abgeschrägte mit einer leicht vorragenden Attika versehene Kopfbau war mit drei Fensterachsen versehen. Zu beiden Seiten schlossen sich Flügelbauten in verwandter Gestaltung, aber mit Mansarddächern an. „*Die Fassade zeigte eine einheitliche, die Vertikale betonende und mit starken Vertiefungen*

---

[29] [o. V.], Vereine und Gesellschaften. Dresden. In: Kunstchronik. Wochenschrift für Kunst und Kunstgewerbe. Leipzig 8 (1901) 13, S. 123.
[30] Vgl. Herrmann, Künstlerhaus (wie Anm. 28).
[31] Ebd.

arbeitende Gliederung, die mit ihrer Strenge auf Monumentalität bedacht war. Die Wirkung des Kopfbaues wurde später noch gesteigert, in dem man über der Attika zwei große, frei stehende Reliefs von der Hand des Dresdner Bildhauers Gustav Reißmann anbrachte."[32]

Sendig ist heute noch vielen als großer Förderer Bad Schandaus bekannt. Auf seine Initiative wurde dort u. a. der elektrische Personenaufzug erbaut, der eine von ihm geplante Villenkolonie auf der Ostrauer Scheibe mit Schandau verbinden sollte.[33]

1914 fasste man den Beschluss, einen Hochbehälter für den Wasserverband Niederlößnitz-Kötzschenbroda zu errichten. Der Entwurf dafür oblag Richard Schleinitz, der Architekt, Statiker und Hochschullehrer Richard Müller (1877–1930) schuf die Stahlbetonkonstruktion des Radebeuler Wasserturms, der bis 1917 von französischen Kriegsgefangenen erbaut wurde.[34] Der runde, mit einer Kegelhaube bekrönte Turm hat eine Höhe von 39 Metern und fasst 370 Kubikmeter Wasser.

Als 1916 Richard Schleinitz verstirbt, hatte er gerade ein weiteres Großprojekt in Arbeit. Sein Kompagnon Karl Friedrich Ernst Noack vollendete den 1915 begonnenen Neubau der Gewerbekammer der Kreishauptmannschaft Dresden bis 1917, an der Grunaer Straße 50 direkt neben dem Künstlerhaus der Dresdner Kunstgenossenschaft gelegen *(Abb. 12)*. Der in Formen des Dresdner Barockstils errichtete, repräsentative Bau war 25 Meter breit und 15 Meter tief und besaß sieben Fensterachsen zur Grunaer Straße, das Dach zeigte Gauben. Im rechten Winkel dazu schloss ein Flügelbau von ca. 22 Meter × 17 Meter mit einem hervorstehenden Treppenhaus an. Die Säle waren meist mit Stuckverzierungen versehen, allein der kleine Saal hatte eine Holzdecke und Wandvertäfelungen. Letztere besaß auch das Beratungszimmer, das mit farbigen Wappen der Städte des Kammerbezirks geschmückt war. Zudem zierte ein großes Fenster mit Glasmalereien den Raum. Namhafte Künstler hatten Ölgemälde zur weiteren Ausgestaltung des Saales gespendet. Auf den Rasenflächen seitlich des Haupteingangs waren Brunnenschalen aus Sandstein, Geschenke der Stadt Dresden, aufgestellt. Die Gesamtkosten beliefen sich auf 283.000 Mark, was in Anbetracht der Gebäudegröße von 11.388 Kubikmetern und der Ausführung in der Kriegszeit eine herausragende Leistung der Erbauer darstellte. Das Gebäude verfügte zudem über viele zeitgemäße Raffinessen. So konnten die beiden großen Säle durch Rolljalousien voneinander getrennt werden, es gab einen Aktenaufzug, eine Sammelheizanlage und eine hausinterne Fernsprecheranlage. In fast allen Räumen befanden sich elektrische Uhren und auch für frische Luft war Sorge getragen: den Sälen und Beratungszimmern konnte frische, gereinigte und vorgewärmte Luft zugeführt werden.[35] Im Februar 1945 wurde das Gebäude zerstört, die Ruine später abgerissen. Heute befinden sich fünfzehnstöckige Wohnhäuser an der Stelle und ein Hotel gegenüber.

Das Werk von Richard Schleinitz weiter zu erkunden, wäre ein lohnendes Unterfangen. Allein die hier angeführten Profanbauten[36] zeigen, dass er ein Architekt war, dem hochrangige künstlerische Aufgaben übertragen wurden, der dem Geist seiner Zeit in der Art der Gestaltung entsprach und Neuem gegenüber stets aufgeschlossen war. Insbesondere Formen eines stark reduzierten Barocks – im Bezug zur Barockarchitektur Dresdens – prägten viele seiner Werke. Richard Schleinitz war wohl kein Vorreiter, aber ein hervorragender Praktiker in der Architektur seiner Zeit. Und so gehören zu seinem Oeuvre auch Arbeiten der höchsten Bauaufgabe, dem Sakralbau.

---

[32] Katrin Nitzschke, Perk Lösch, Die Prager Straße in Dresden. Geschichte einer Prachtstraße. Leipzig 2014, S. 55.

[33] Andrea Bigge, Wie Bad Schandau vor über 100 Jahren zu einem Fahrstuhl kam. In: Sächsische Heimat 2021 (Monatskalender hrsg. v. Landesverein Sächsischer Heimatschutz e. V.). 29 (2020). 10. Kalenderwoche.

[34] Volker Helas unter Mitwirkung von Michael Müller u. Mathis Nitzsche, Denkmaltopographie BRD. Denkmale in Sachsen, Stadt Radebeul. Beucha 2007, S. 56.

[35] [o. V.], Die Neubauten des Hauses der Dresdner Kaufmannschaft, der Handelskammer und der Gewerbekammer in Dresden (Schluß). 3. Der Neubau der Gewerbekammer in Dresden. In: Zentralblatt der Bauverwaltung 39 (1919) 5, S. 25 ff.

[36] Weitere Bauten werden Richard Schleinitz zugeschrieben: Landhaus Bergmann im Plauenschen Grund, ein Landhaus in Klotzsche, Entwurfsarbeiten für einen Schloßbau für Fürsten Schönburg-Waldenburg beschäftigten Schleinitz vor seinem Tod, das Geschäftshaus Röder in Dresden stammt von ihm, der Schloßkeller in Dresden an der Schloßstraße 16, das Verwaltungsgebäude der Maschinenfabrik Seck A.-G. (Zwickauer Str. 27), eine Schule in Heidenau, ein Direktorenwohnhaus in Herrnhut, das Rettungshaus des Landesvereins für Innere Mission in Berthelsdorf oder auch ein Wohnhaus Ecke Grunaer-/Albrechtstraße.

Richard Schleinitz und der Kirchenbau

Der Kirchenbau Ende des 19. Jahrhunderts war durch den Historismus und Eklektizismus geprägt. Entsprechend dem Eisenacher Regulativ von 1861 galten gotische (und romanische) Bauformen als besonders christlicher Ausdruck.[37] Neue Impulse erfolgten durch das Wiesbadener Programm, dass in der Ringkirche in Wiesbaden 1892 bis 1894 durch Pfarrer Emil Veesenmeyer (1857–1944) und den Architekten Johannes Otzen (1839–1911) aus Berlin Ausformung fand. Es sollte keine Trennung mehr zwischen Chor und Kirchenschiff geben, den Altar galt es möglichst in der Mitte der Gemeinde zu positionieren, die Kanzel, als dem Altar gleichwertiger liturgischer Gegenstand, mochte hinter oder über dem Altar Aufstellung finden, die Orgel- und Sängerempore sollte über Kanzel und Altar, also im Angesicht der Gemeinde, stehen.[38] Die Trennung zwischen Altar- und Gemeindebereich wurde dabei aufgeweicht. Und auch stilistisch folgte eine Öffnung. So spielten neben Formen der Renaissance, barocke Formen wieder eine besondere Rolle. Der als Zopfstil diskreditierte Barock erfuhr in der Wiederentdeckung der Frauenkirche als dem evangelischen Kirchenbau schlechthin[39] wieder Anerkennung und Wertschätzung.

Die evangelische Lutherkirche[40] in Waldenburg in Sachsen war 1824 als klassizistische Saalkirche neu erbaut worden. 1898 wurde nach einem Entwurf von Schleinitz der Westturm erhöht und mit einem neuen Abschluss versehen. Eine barocke Zwiebelhaube und eine Laterne bekrönen seitdem den über quadratischem Grundriss errichteten Kirchturm.

Als eigener Entwurf von Schleinitz entstand die evangelische Kirche in Brockau *(Abb. 13)*[41] im Vogtlandkreis, sie wurde von 1899 bis 1901 durch Burkhardt und Leistner aus Netzschkau errichtet. Die Kirche in der Dorfmitte ist als neuromanische Saalkirche angelegt. Erstaunlich sind ihre Größe von 26,5 × 15 Metern, der sichtbare Einfluss des Jugendstils und die Ausrichtung nach Süden aufgrund der örtlichen Gegebenheiten. Der Jugendstil hatte in Dresden mit der 1897 veranstalteten I. Internationalen Kunstausstellung Einzug gehalten. In der Neugestaltung der Kreuzkirche Dresden – nach einem Brand 1897 – durch die Architekten Schilling & Graebner

Abb. 13 Brockau im Vogtland
Evangelische Kirche 1899–1901, Außenansicht. Aufnahme 19. August 2009.

---

[37] Valentin W. Hammerschmidt, Ausdruck in der Architektur des Späthistorismus in Deutschland. (1860–1914). Frankfurt a. M., Bern, New York 1985, S. 280.
[38] Eva-Maria Seng: Die Dresdner Frauenkirche in der evangelischen Kirchbaudiskussion des 19. Jahrhunderts. In: Die Dresdner Frauenkirche. Jahrbuch 2 (1996), S. 154.
[39] So bezeichnet vom Pfarrer der Dresdner Dreikönigskirche Emil Sulze, siehe ebd., S. 157.
[40] Georg Dehio, Handbuch der Deutschen Kunstdenkmäler. Sachsen II. Regierungsbezirke Leipzig und Chemnitz. Bearb. Barbara Bechter, Wiebke Fastenrat. Heinrich Magirius. Berlin 1998, S. 999.
[41] Ebd., S. 96.

Abb. 14 Brockau im Vogtland

Evangelische Kirche, 1899–1901, Kirchraum nach Süden zum Altar. Aufnahme 2020.

sollte er erstmals weitreichend angewandt werden. Und auch Richard Schleinitz nahm eben diesen neuen Dekorationsstil auf, wobei die hier angewandten Dekorformen auch an nordisches Formenrepertoire, keltisches Flechtwerk erinnern, das der Architekt immer wieder gern aufgriff. Ersichtlich an der original erhaltenen Kassettendecke, dem Leuchter und den Bemalungen der Emporen *(Abb. 14)*.

Die Kirche in Brockau ist ein verputzter Ziegelbau mit stark eingezogenem 5/8-Chor. Im Norden befindet sich die Turmfassade – der Turm misst 36 Meter –, die von halbrunden Treppenhäusern flankiert wird. Ins Kircheninnere gelangt man durch ein Sandsteinportal mit einer Reliefdarstellung des Lamm Gottes im Bogenfeld. Das Innere wurde als Emporensaal mit offenem Dachstuhl gebildet. Franz Schilling Apolda goss die drei Glocken für das Gotteshaus. Die Orgel stammte ursprünglich von Orgelbauer Müller aus Werdau, wurde aber 1934 durch eine der Firma Eule aus Bautzen ersetzt. Seit 1944 gehört die Kirchgemeinde Brockau zur Evangelisch-Lutherischen Kirchgemeinde Netzschkau.[42]

Im Norden Sachsens befindet sich die Evangelische Pfarrkirche Sörnewitz in der Gemeinde Cavertitz. Als Saalkirche romanischen Ursprungs wurde 1827 ihr Inneres und ab 1892 ihr Äußeres wie auch der Turm neugestaltet. Die 1902 notwendige Sanierung des Turmes übernahm Richard Schleinitz.[43] Wie er auch im

---

[42] Hierzu siehe: 120. Kirchweih-Jubiläum in Brockau (Ev.-Luth. Pfarramt Netschkau 31.01.2021). https://kirchgemeinde-netzschkau.blogspot.com/2021/01/120-kirchweih-jubilaum-in-brockau.html (18.07.2022)

[43] Dehio, Kunstdenkmäler Sachsen II (wie Anm. 40), S. 105.

[44] Weit sichtbar ist die spätgotische Saalkirche, die auf einer Anhöhe positioniert und von einer Wallanlage mit darauf befindlicher

Mauer umgeben ist. 1697 wurde ein tiefgreifender Umbau nötig. Allein die unteren Geschosse des Turmes sind im Kern noch aus der Zeit um 1500 zu datieren. Die Kirche ist ein verputzter Bruchsteinbau mit 5/8-Schluß. Der Orgelprospekt aus dem Anfang des 18. Jahrhunderts birgt eine 1902 bis 1904 geschaffene Orgel der Firma Jehmlich. An der Südseite befindet sich ein Rundbogenportal in rechteckiger Rahmung mit schwerem Schlussstein, in

selben Jahr die Restaurierung der Evangelischen Pfarrkirche Hohenwussen (Naundorf)[44] verantwortete. Die mit Anklängen an die norwegische Stabkirche Wang 1889 erbaute Kirche auf dem Weißen Hirsch in Dresden ergänzte Schleinitz 1901 bis 1907 mit Emporen und einem Kuppelgewölbe über dem Altarplatz.[45]

Richard Schleinitz ist als Schöpfer der Moritzburger Kirche bekannt und als derjenige, der den Umbau der Dresdner Annenkirche in den Jahren 1906 bis 1909 gestaltete.[46] Die barocke Saalkirche wurde 1764 bis 1769 vom Neffen und Mitarbeiter des Schöpfers der Frauenkirche Johann Georg Schmidt errichtet und nach ihrer Zerstörung im Siebenjährigen Krieg neu aufgebaut. Der Bezug zur Architektur George Bährs war dabei deutlich sichtbar. 1823 erhielt die Annenkirche einen nordöstlichen, barocken Vorbau mit klassizistischem Turmaufsatz, den Gottlob Friedrich Thormeyer schuf. Der im Grundriss rechteckige Bau mit halbkreisförmigen Abschlüssen besaß an drei Seiten dreigeschossige Emporen. Die Kanzel befand sich an der Stelle des heutigen Altarbildes, also direkt über dem Altar *(Abb. 15)*. Dem Ausdruck evangelischen Glaubens wurde in der Gestaltung genüge getan, aber die mangelnde Beleuchtung des Inneren machte einen tiefgreifenden Umbau nötig. Hinzu kamen neue Brandschutzrichtlinien, die es nach dem Brand der Kreuzkirche 1897 umzusetzen galt. Dazu waren schon 1902 mehrere Entwürfe entstanden, bis Richard Schleinitz den Auftrag erhielt. Der gesamte Innenausbau, das Dach und der südwestliche Langhausabschluss wurden abgerissen. Paul Schumann schrieb: „*Der Grundriß ist dabei ziemlich derselbe geblieben, aber die Raumwirkung hat bedeutend gewonnen und die Kirche ist hell und licht geworden. Auch die Südfront wurde dabei vortrefflich umgestaltet*"[47] *(Abb. 16)*. Der aus der Kreuzkirche stammende Altar wurde nach Bad Schandau gegeben, die Annenkirche erhielt einen eigenen, neuen Altar. Viel Licht konnte durch

Abb. 15 Dresden, Wilsdruffer Vorstadt
Annenkirche, Kirchraum und Altar vor dem Umbau.
Aufnahme 1907.

die Reduzierung der Emporen nun in die Kirche dringen. Der ovale Innenraum wurde durch einen großen Baldachin, der auf zwölf freistehenden, verkröpften Säulen ruhte, dominiert. Dieser wurde 1939 wieder entfernt.[48] Auch die durch Schleinitz angewandten Jugendstilformen sollten damals wieder beseitigt werden. Der Jugendstil hatte sich in dieser Zeit schon überlebt,

---

den Zwickeln Engelsköpfe datiert 1697. Korbbogenfenster sind mit gotisierendem Gewände versehen. Über einem quadratischen Grundriss erhebt sich der Westturm, der seinen Abschluss in einem Pyramidendach mit doppelter Laterne findet. Der Innenraum wird durch Ausmalungen im bäuerlichen Barock geprägt. Die Kassettendecke entstand zu Beginn des 18. Jahrhunderts. Emporen umlaufen an drei Seiten den Kirchraum. Das Gotteshaus besitzt einen Kanzelaltar und eine achteckige Sandsteintaufe von

1703. Vgl.: Dehio, Kunstdenkmäler Sachsen II (wie Anm. 40), S. 720.

[45] Dehio, Kunstdenkmäler Sachsen I (wie Anm. 22), S. 326.
[46] Paul Schumann, Annenkirche. In: Dresden. Leipzig 1909, S. 208, 211 und 342.
[47] Ebd., S. 208.
[48] Vgl. Jürgen Helfrich, Dresden und seine Kirchen. Leipzig 2005, S. 41.

Abb. 16 Dresden, Wilsdruffer Vorstadt

Annenkirche, Südwestfassade von der Annenstraße. Postkarte (Ausschnitt) um 1910.

passte aber in seiner Bewegtheit gestalterisch sehr gut zur Formensprache des barocken Äußeren der Kirche. Schleinitz wird sich vermutlich deshalb und im Sinne einer denkmalgerechten Erneuerung für eine dezente Jugendstilgestaltung entschieden haben, die in ihrer Reduziertheit aber auch klare Züge der Reformarchitektur trägt. Das 1945 ausgebrannte Innere wurde 1950 wiederhergestellt. Eine Restaurierung 1993/94 rekonstruierte dann auch die Südwestfassade.

Der 1909 geweihte Altar mit einem Kalksteinrelief vor Goldgrund zeigt die Emmausjünger und ist bis heute erhalten geblieben. Der Bildhauer Ernst Wilhelm Paul (1856–1931) – ein Meisterschüler Johannes Schillings (1825–1910) – schuf diesen Altar. Unter anderem stammt die Sandsteinfigur der ‚Sandalenbinderin' von 1883 in Lahmanns Sanatorium von ihm, 2016 wurde sie dort neu aufgestellt.[49] Über dem Altar erheben sich die Kanzel in klassizistischen Formen und wiederum darüber ein steinerner Volutenrahmen, der das ehemalige Altarbild rahmte. Dieses – ‚Pauli Bekehrung' *(Abb. 17)* – hatte der Künstler Osmar Schindler (1867–1927) geschaffen.[50] Seit 2017 ist das Altarbild ‚Lebensbaum' der südafrikanischen Künstlerin Marlene Dumas zu sehen. Die beiden hoch auf den kannelierten Säulen seitlich des Altars befindlichen Engel, wie die Statuette ‚Segnender Christus' in der Beichtsakristei stammen von Bildhauer und Medailleur Richard Wilhelm Daniel Fabricius (1863–1923), der zum Beispiel auch den Ballwerfer vor dem Hygienemuseum schuf. Fabricius begegnet einem auch in der Moritzburger Kirche. Die beiden Engel stammen wie die Bronzetaufe aus dem Jahr 1909.

Nach bzw. parallel zu dieser umfänglichen Arbeit entwarf Richard Schleinitz für die Evangelische Pfarrkirche Wellerswalde (Leisnig-Oschatz) einen schlichten Orgelprospekt für die Orgel der Saalkirche spätgotischen Ursprungs[51] und plante weitreichende Veränderungen in der auf den Anfang des 12. Jahrhunderts zurückgehende ehemalige Klosterkirche, heute die Stadtkirche in Riesa[52]. Nach einer wechselvollen

[49] Bernd Hempelmann, Lahmann-Park in Dresden erhält restaurierte Skulptur. In: Dresdner Neueste Nachrichten. 26. August 2016.
[50] Dehio, Kunstdenkmäler Sachsen I (wie Anm. 22), S. 121 u. 122.
[51] Der Prospekt wird lediglich im oberen Bereich durch geschwungene Bögen und Zierformen akzentuiert, die an Gestaltungen des Jugendstils erinnern. Die Orgel hatte die Orgelbaufirma Schmidt & Berger aus Borna erbaut. Die pneumatische Orgel besitzt 14 Register und 754 Pfeifen, deren größte 4,60 m misst. Richard Schleinitz entwarf 1908 den Prospekt dazu. Vgl.: Dehio, Kunstdenkmäler Sachsen II (wie Anm. 40), S. 1020.
[52] Vgl. Kristin Schubert, Der Umbau der Klosterkirche in Riesa 1908/1909 in den Formen des Jugendstils von G. Richard Schleinitz. In: Denkmalpflege in Sachsen. Mitteilungen des Landesamtes für Denkmalpflege Sachsen. Jahrbuch 2010, S. 68–76.

Abb. 17 Osmar Schindler (1867–1927),
Pauli Bekehrung

Farbstudie für das Altarbild der Annenkirche, 1908/09.

Abb. 18 Riesa, Klosterkirche St. Marien

Chor vom Kirchenschiff aus gesehen. Aufnahme 2021.

Geschichte zeigt sie sich heute als eine langgestreckte Saalkirche. Im Westen schließt sich der quadratische Turm mit achtseitigem Obergeschoss und einer barocken Haube mit Laterne und Zwiebel und im Norden die Sakristei an. Der verputzte Bruchsteinbau in spätgotischen Formen besitzt einen eingezogenen Chor mit 3/6-Schluss und wird von einem Satteldach abgeschlossen. 1897 errichtete Jürgen Kröger aus Berlin die neoromanische Trinitatiskirche als Zentralbau, da die Klosterkirche zu klein geworden war. In Folge kam es 1908/09 auch in der Klosterkirche zu tiefgreifenden Veränderungen. Die Pläne dafür lagen in den Händen von Richard Schleinitz. Man entfernte die Empore, setzte Rundbogenfenster ein und gestaltete den Altar *(Abb. 18)* neu, während das alte Altarbild integriert wurde.[53] Dieses Werk ist hervorzuheben, da es sich um einen aufwendigen Schnitzaltar von 1609 handelt. Geschaffen hat ihn Christoph Reichert aus Belgern. Im Zuge der Umgestaltungen wurde er 1909 goldüberfasst und mit einem aufwendigen Rahmen in Jugendstilformen versehen. Bekrönt wird der Altar von einer Darstellung des Auferstandenen mit Weltkugel. Dieser vom himmlischen Gold bestimmte Altar prägt die gesamte Kirche, während die dezenten Gestaltungen der Gewände und der ornamental verzierten Buntglasfenster sich stimmig unterordnen. Auch sie entstammen der Zeit um 1909.[54]

Die Evangelische Kirche in Moritzburg

Dem Mitte des 16. Jahrhunderts für Herzog Moritz errichteten ersten Schlossbau, folgte unter Kurfürst Johann Georg II. der Bau einer beachtlichen Schlosskapelle[55] *(Abb. 19)*. Unterlandbaumeister Johann Albrecht Eckhardt errichtet nach Plänen von Wolf Caspar von Klengel (1630–1691) den Bau, der 1672 geweiht wurde und den Grundstein für die Entwicklung des Dresdner Barockstils bilden sollte.[56] Die Kapelle schließt sich westlich dem Schloss an. Der rechteckige Raum wird von einem schiefergedeckten Walmdach mit Welscher Haube überspannt. Im Inneren die Kapelle als schlichter Raum *(Abb. 20),* dessen Wände und Muldengewölbe mit Stuckaturen italienischer Meister verziert sind und der hohe Fenster besitzt. Die Schlichtheit des Raumes entsprach damals ganz dem protestantischen Predigtgottesdienst. Die Gewölbemitte zeigt das Bild die ‚Himmelfahrt Christi', 1670 von Oberhofmaler Johann Fink gemalt. Die Längsseiten sind mit zweigeschossigen hölzernen Prospekten versehen. Im Süden die Sakristei und vorn die Kanzel,

Abb. 19 Moritzburg, Schlosskapelle
Außenansicht nach Süden. Aufnahme 2021.

---

53 Klosterkirche siehe auch: https://kirche-riesa.de/klosterkirche/ (Juli 2021)
54 Vgl. Dehio, Kunstdenkmäler Sachsen I (wie Anm. 22), S. 753.
55 Ebd., S. 619, 620; weiter: Hans-Günther Hartmann, Moritzburg. Schloß und Umgebung in Geschichte und Gegenwart. Weimar 1990, S. 38–45.
56 Vgl. Hans-Günther Hartmann: Das kurfürstliche Jagdhaus Moritzburg 1542–1700. In: Die Moritzburger Kulturlandschaft. Dresdner Hefte 13 (1995) 2, S. 20–21 (Dresdner Hefte 42).

Abb. 20 Moritzburg, Schlosskapelle
Innenansicht zum Altar. Postkarte 1912.

im Norden die Musikempore, der sogenannte ‚Heerespaukerstand'. An der Ostseite befinden sich Emporen mit geschwungenen Brüstungen, während sich der Altar nach Westen orientiert. Ursprünglich war auch der Altar von einer halbrunden Empore umschlossen, die wohl den Umwandlung des Raumes in einen katholischen Gottesdienstraum – für die seit 1697 nunmehr katholischen Kurfürsten – 1728 zum Opfer fiel. Die hölzerne Säulenarchitektur des Altars schuf ebenfalls Klengel, noch von Formen der Spätrenaissance dominiert. Bis in die Mitte des 18. Jahrhunderts zeigte der Altar oben ein Rundbild von Johann Fink mit dem Heiligen Geist als Taube und unten die ‚Verklärung Christi' (1669) von Stefano Cattaneo. In der Mitte des 18. Jahrhundert wurden beide Bilder ausgetauscht. Als großes Altarbild wählte man das Werk eines venezianischen Künstlers ‚Maria Himmelfahrt' (16. Jh.) und statt des Rundbildes darüber gestaltete man einen Strahlenkranz mit Christusmonogramm. Die entfernten Bilder wurden 1904 der neuen Kirche von König Georg geschenkt.[57]

War das Dorf Eisenberg nach Reichenberg eingepfarrt, gehörten Gut und Schloss Moritzburg zu Bärnsdorf. 1858 zählte Eisenberg mit Moritzburg 1.046 Einwohner, 1900 sollten es 1.697 Einwohner sein.[58] 1934 wurden der Ort Eisenberg und der Gutsbezirk Moritzburg zur Gemeinde Moritzburg zusammengeführt. Das im Dorf Eisenberg am Rossmarkt, dem heutigen Ort Moritzburg, in der Mitte des 18. Jahrhunderts[59] erbaute, hölzerne Bethaus reichte nicht mehr aus, um alle Gemeindeglieder aufzunehmen. Der Bau war zudem baufällig und wurde 1900 versteigert und abgerissen. Ein Neubau machte sich also erforderlich, wobei der Wunsch nach einer eigenständigen Parochie hinzukam. Schon 1862 wurde daher ein Kirchenbaufonds gegründet, der die ‚Beckengelder' des Bethauses und wöchentliche Beträge ‚einzelner Herren' vereinnahmte. Hinzu kamen nicht unbeträchtliche Einnahmen durch einen in Dresden abgehaltenen Basar von der Familie des Grafen zu Münster. Auf dieser Grundlage wählte der Gemeinderat ein Kirchenkomitee. König Albert stellte auf Ansuchen die Schlosskapelle für Gottesdienste zur Verfügung, solang der Hof nicht anwesend war. Die Pfarrer von Bärnsdorf und Reichenberg sagten einzelne Predigten zu, und so sollte am 10. November 1889 der erste Gottesdienst stattfinden. Der inzwischen auf 25.000 Mark angewachsene Kirchbaufonds bekam weitere 15.000 Mark bis 1902 durch den ab 1895 nur noch mit 10 Pfennig Eintritt möglichen Zugang zur Wildfütterung. Schließlich konnte man 1897 den Platz für einen Gottesacker samt Kirche und Pfarrhaus, die sogenannten Bergteile, einen ehemaligen Weinberg, erwerben. Es handelte sich um den höchsten Punkt des Ortes. Im März 1900 wurde der Friedhof mit einer Totenhalle geweiht, und die erste Beerdigung fand statt. Am 1. Oktober wurde die neue Parochie ‚Eisenberg-Moritzburg' gegründet, der die Wahl eines Kirchenvorstands voranging. Erster Pfarrer war Paul Johannes Sachse (1874–1932), der ehemalige Oberhelfer der Moritzburger Brüderanstalt.[60] Schließlich heißt es in der Chronik der Parochie: „*Dem Kirchen- und Pfarrhausbau wurde nun nähergetreten; der Kirchenvorstand nahm den Plan des Architekten Schleinitz Dresden einstimmig an*".[61] Wobei es eine Vielzahl an Entwürfen gegeben hat. Die Urkunde im Grund-

---

[57] Neue Sächsische Kirchengalerie. Ephorie Radeberg [künftig abgek.: NSKG], Radeberg, Sp. 189.
[58] NSKG, Radeberg, Sp. 193, 198.
[59] Das Gebetshaus wurde wohl 1741 errichtet. Mitte des 19. Jahrhunderts zog man den Neubau einer Schule in Erwägung, der angesichts des maroden Bauzustandes des Betsaales aber nicht realisiert werden konnte. Der Betsaal wurde renoviert und ab 1852 wieder genutzt. Vgl.: Ortschronik Eisenberg-Moritzburg. 1987, S. 42.
[60] NSKG, Radeberg, Sp. 199–201.
[61] NSKG, Radeberg, Sp. 201.

stein unter der Türschwelle der Kirche nennt neben Richard Schleinitz: Woldemar Kandler (1866–1929) – Architekt und Kirchenbaumeister und ebenfalls Schüler von Lipsius, Karl Emil Scherz (1860–1945) – auch er studierte bei Lipsius, von ihm stammen die Heilig-Geist-Kirche in Dresden-Blasewitz, die Himmelfahrtskirche in Dresden-Leuben oder die Bebauungen von Körner- und Schillerplatz, und Architekt Thierbach von der Dresdner königlichen Bauverwaltung.[62] „*Nach langen Beratungen, mehrfachen Umarbeitungen und zweimaliger Begutachtung durch den Verein für kirchliche Kunst in Dresden gelangte endlich ein Entwurf des Herrn Schleinitz/Dresden einstimmig zur Annahme.*"[63] Damit setzte sich Schleinitz gegen zwei im Kirchenbau sehr erfahrene und versierte Konkurrenten durch. Er erfüllte zwei wesentliche Erfordernisse am besten. Zum einen sollte sich der Bau der Lage des Platzes auf der höchsten Erhebung würdig zeigen, zum anderen war eine Architektur gewünscht, die sich gegenüber dem Jagdschloss behaupten konnte. „*Beides war bei den vorhandenen Mitteln am ehesten mit einem Zentralbau zu erreichen. Und beides ist erreicht worden. Man mag kommen von welcher Seite man will, […] immer bietet sich dem Auge ein sich geschlossenes, wirkungsvolles Bild.*"[64] Der Eisenberger Baumeister Kießig wurde mit den Erd- und Maurerarbeiten an der Kirche betraut, die Zimmerarbeiten übernahm der Schleinitz vertraute Ratszimmermeister Noack[65] und die Erd-, Maurer- und Zimmerarbeiten beim Pfarrhaus der Baugewerke Ziller aus Eisenberg.[66] Der erste Spatenstich für das Pfarrhaus wurde am 11. August getätigt, die Grundsteinlegung unter der Schwelle des Hauptportals für das Gotteshaus erfolgte schließlich am 26. September 1902. Im Juni 1903 war der Dachstuhl gerichtet *(Abb. 21)*. Kurz darauf, am 30 Juni, fand die Hebefeier statt und am 7. November 1904 konnte die Weihe der neuen Kirche erfolgen. Die Baukosten der Kirche *(Abb. 22)* beliefen sich auf 178.635 Mark.[67] Eine besondere Ehre wiederfuhr der Kirche, als am 8. August 1905 König Georg das Gotteshaus besichtigte.

Zunächst zeigt sich dem Ankommenden die mächtige, nach Osten zur Schlossstraße ausgerichtete Treppenanlage *(Abb. 23)*. Eine Freitreppe führt zu einem Kriegerdenkmal vor einer Bruchsteinmauer, teilt sich und verläuft weiter hinauf zum Kirchvorplatz. Zudem gibt es Fahrwege, die die Treppenanlage umschließen

Abb. 21 Moritzburg
Evangelische Kirche, Aufgerichteter Dachstuhl. Aufnahme Juni 1903.

und ebenfalls zum Vorplatz der Kirche führen. Dort erhebt sich die Hauptfront in einfachen, aber monumentalen Formen. Das Zentrum des Baus bildet ein quadratischer Kuppelbau mit kurzen Kreuzarmen, dem sich der Eingangsbereich mit den flankierenden,

[62] Urkunde in den Grundstein der Kirche zu Eisenberg-Moritzburg eingelegt. Abschrift aus dem Besitz von Pfarrer i. R. Frieder Merkel, Moritzburg.
[63] S., Die neue Kirche zu Eisenberg-Moritzburg. In: Sächsische Dorfzeitung. 6. November 1904, S. 9.
[64] Ebd.
[65] Räder, Hof- und Ratszimmermeister (wie Anm. 5), S. 60.
[66] Urkunde in den Grundstein der Kirche zu Eisenberg-Moritzburg. (wie Anm. 62).
[67] Hinzu kamen Kosten in Höhe von 28.392 Mark für die Pfarre. Ein Darlehen in Höhe von 174.000 Mark wurde aufgenommen, dessen Rückzahlung bis 1967 gedauert hätte, wäre es nicht durch die Inflation und entsprechende Geldgeber 1923 zur Rückzahlung der gesamten Summe gekommen. Vgl.: Frieder Merkel, Kirche Moritzburg. In: Andreas Timmler, Gruppe Ortschronik: Ortschronik Moritzburg. Gemeindeverwaltung Moritzburg 2008.

Abb. 22 Moritzburg

Evangelische Kirche und Pfarrhaus. Postkarte 1905.

Abb. 23 Moritzburg

Evangelische Kirche, Ansicht der Fassade mit Treppe. Aufnahme 2. Oktober 2013.

quadratischen Treppenhäusern vorlagert und der halbrund abschließende Altarbereich mit den seitlichen Sakristeianbauten anschließt, so dass der Grundriss insgesamt längsgerichtet, der Innenraum aber ein Zentralraum ist. Aufgrund der örtlichen Gegebenheiten ist die Kirche also nicht wie üblich geostet, sondern der Altar befindet sich im Westen.

Im Nordwesten der Kirche schließt sich der Friedhof an, am Fahrweg neben der Kirche Richtung Norden steht das Pfarrhaus *(Abb. 24)*. Über der Eingangstür ist eine reich verzierte Kartusche mit dem Bild Christi und der Emmausjünger und der Unterschrift: *„Herr, bleibe bei uns!"* und dem Vers: *„Wer ein- und ausgeht durch die Tür, der soll gedenken für und für, daß unser Heiland Jesu Christ, die rechte Tür zum Himmel ist"* angebracht. Zwischen den Schriftzeilen neigt ein Engelskopf sich dem Hinein- oder Heraustretenden zu. Von einem Mansardwalmdach wird der mit Rundbogenfenstern versehene Bau nach oben hin abgeschlossen und von zwei mit einem Ziergitter verbundenen Essen geschmückt. Im Inneren befand sich der Konfirmandensaal, verziert durch das Gipsmodell für die Predella der Kirche. Im Saal konnten auch Bibelstunden und Versammlungen abgehalten werden."[68]

Der würfelförmige Grundkörper der Kirche wird durch das zweifach gestufte, von einem umlaufenden Fensterkranz unterbrochene, geschweifte Kuppeldach dominiert. Es ruht auf vier durch Giebelmauern verbundenen Eckpfeilern. Bekrönt wird das mächtige Dach von einer reich ausgebildeten Laterne mit geschweifter Kuppel und Uhrengiebeln, doppeltem Knauf und Kugel mit Kreuz. Die Dachpartien sind dabei sämtlich ziegelgedeckt.

In der Kirche wurden drei Stahlglocken aus Bochum aufgehängt, die trotz der Skepsis einiger Gemeindemitglieder schöne volle und tiefe Töne haben. Vom Glockenboden führen Austritte am Turm ins Freie.

Die Eingangsfront wird von den beiden Treppenhäusern flankiert und wird von der drei Meter hohen Figur des Apostels Paulus dominiert, der in einer Nische direkt über dem Haupteingang der Kirche Aufstellung fand. Die Figur aus Sandstein stammt von Richard Daniel Fabricius, die Kosten dafür übernahm der Kunstfond. Drei Eingangstüren führen ins Innere der Kirche. Über jeder befindet sich eine Kartusche

Abb. 24 Moritzburg
Pfarrhaus der evangelischen Kirche. Aufnahme 2021.

mit einem Zitat aus Briefen des Apostels Paulus, die die drei zentralen Themen des Hohen Liedes der Liebe aufgreifen: Glaube, Liebe und Hoffnung. So heißt es über dem linken Portal: *„Seid fest im Glauben"* (Kol 2.7), über der mittleren Tür: *„Wandelt in der Liebe"* (Eph. 5.2.) und über dem rechten Zugang: *„Seid fröhlich in Hoffnung"* (Röm. 12.12). Über dem Sims ziert ein Sandsteinkreuz mit Dornenkrone, umwunden von Rosenketten die Front und schließt diese nach oben hin ab. Die beiden Treppentürme haben Dachhauben, die im Kleinen die Form des mächtigen Kuppeldaches wiederholen und in gleicher Höhe wie das Kreuz die Front harmonisch abschließen.

Sämtliche Schauseiten zeigen reduzierte, neobarocke Architekturformen *(Abb. 25)* wie geschwungene Giebel, Gliederung durch zumeist Rundbogenfenster, durch Lisenen, sowie sehr sparsam verwendeten ornamentalen Schmuck. Auffällig ist, dass die Zahl „Drei" immer wieder aufgegriffen wird und analog zur Eingangsfront ein mittleres hohes Fenster von zwei niedrigeren umrahmt wird. Und auch im Innenraum wird diese an ein Triptychon erinnernde Gestaltung aufgegriffen.

---

68 NSKG, Radeberg, Sp. 203.

Abb. 25 Moritzburg
Evangelische Kirche, Ansicht von Südosten. Postkarte 1957.

Abb. 26 Moritzburg
Evangelische Kirche, Detail Treppenhaus. Aufnahme 2021.

Zunächst gelangt der Eintretende in die Vor- oder Brauthalle der Kirche. Links und rechts führen Treppen *(Abb. 26)* auf die Emporen, drei Türen führen analog zu den äußeren ins Kircheninnere. Der Besucher betritt einen hellen, lichten und freundlichen Kirchraum *(Abb.27)*, der kleiner erscheint, als es das Äußere der Kirche vermuten lässt. Im Kirchenraum lassen matt strukturierte Fenster – ehemals Kathedralglas – das Tageslicht gefiltert herein.

„Wir treten ein und erblicken vor uns den Altar mit einem imposanten Aufbau, […] und über uns eine gewaltige Kuppel *(Abb. 28),* über deren Scheitel ein kleiner turmartiger Ausbau sich erhebt und gedämpftes Licht auf die schlicht weißgetünchten Kuppelflächen und Wände strömen *läßt – ein in seiner vornehmen Einfachheit anheimelnder, wie zur Sammlung geschlossener Raum.*"[69] So wird der Eindruck 1904 beschrieben. Der Zentralraum vermittelt ein Gefühl der Geborgenheit und Zusammengehörigkeit der Gemeinde. Die Gemeinde, der Mensch, steht im Zentrum, wie es der evangelische Glaube beschreibt. Der von zwei schmalen, von wenigen zierlichen Säulen getragenen, seitlichen Emporen *(Abb. 28)* und einer großen Musikerempore mit Orgel umschlossene Raum bot auf braungebeizten Bänken Platz für 500 Personen. Die seitlichen Emporen verhindern dabei den Lichteinfall nicht, sondern wurden in geschickter Anpassung an

[69] S., Die neue Kirche zu Eisenberg-Moritzburg. (wie Anm. 63), S. 9.

Abb. 27 Moritzburg Evangelische Kirche. Kirchraum zum Altar. Aufnahme 2021.

Abb. 28 Moritzburg
Evangelische Kirche, Innenkuppel. Aufnahme 2021.

die Fenstergestaltung entwickelt. Von allen Plätzen aus hat man einen uneingeschränkten Blick auf den Altar.

Insgesamt ist der Kirchraum schlicht gehalten, der Raum wirkt vor allem in seiner quadratischen Grundform. Allein dort, wo der untere kreisförmige Rand der 23 Meter hohen Binnenkuppel in Pendentifs in die Quadratische Form des Schiffes übergeht, finden sich die Evangelistensymbole als Hochreliefs in Stuck ausgeführt *(Abb. 30)*. Hartmann schreibt in seinen Ausführungen zur Moritzburger Kirche, die Stuckaturen erinnern an die der Dresdner Kreuzkirche nach der Neugestaltung durch Schilling & Graebner.[70] Sie entspringen sowohl barocken Formen wie auch solchen des Jugendstils, haben aber in ihrer vereinfachten Form, die in mehrfachem Rapport angewandt wurde, zu einer ganz eigenen Sprache gefunden.

Mit Blick auf den als Höhepunkt der Gestaltung errichteten Altarbereich geht der Blick des Betrachters auf den Chorbogen mit der Inschrift: *„Gott sei Dank der uns den Sieg gegeben hat durch unseren Herrn Jesum Christum"* (1. Kor. 15, 57). Dieser Chorbogen hält an seiner linken Seite die auf einem seltenen rot-schwarz-weiß geädertem Marmor befindliche neobarocke Kanzel *(Abb. 31)* aus Stuck, die einen zierlichen Schalldeckel, der mit einer Dornenkrone und Rosenketten verziert ist, besitzt, an seiner rechten Seite steht der dazugehörige Taufstein *(Abb. 32)* und direkt am Chorbogen hängt ein Ölbild. 1954 kam es aus Anlass des 50jährigen Jubiläums der Kirchweihe in die Moritzburger Kirche. Nach jahrelangem Bemühen kehrte damit das alte Altarbild des Bethauses zurück in die Gemeinde. Es stellt die Berufung Petri dar und wurde wohl von der Gemeinde Reichenberg dem 1852 renovierten Bethaus vermacht. Holzfriese über den Altären der Sakristei und im Pfarrsaal, sowie eine Taufschüssel aus Zinn aus dem Jahre 1746 erinnern zudem an den alten Betsaal.[71]

Dominiert wird der halbrunde Altarbereich durch das Altarbild mit seiner reich vergoldeten, geschnitzten Umrahmung *(Abb. 33)*. Richard Schleinitz war in seinen Gestaltungen nämlich nicht frei, sondern es galt verschiedene, aus dem Schloss Moritzburg durch den König der neuen Kirche übermachte Gegenstände zu integrieren. So kam das Altarbild mit seiner Umrahmung aus der Schlosskapelle des Moritzburger Schlosses. Geschenkt wurden Fruchtverzierungen und Ornamente, ein kurfürstliches Wappen für die Orgel, Armleuchter und der Barockaufsatz in der Sakristei. Als Stiftung des Landeskunstfonds kam die Predella unter dem Altarbild dem Neubau zugute, eine in Eiche geschnitzte Darstellung der Heiligen Nacht, geschaffen von August Herzig aus Dresden. Von Herzig, einem Schüler von Ernst Julius Hähnel und Johannes Schilling, stammen auch die sie umrahmenden Schnitzfiguren der Apostel Petrus und Johannes, die der Kunstfonds genauso stiftete, und die im neobarocken Altaraufbau ihren Platz fanden. Altarbekleidung, Altarkruzifix, zwei Altarleuchter aus Meißner Porzellan, Abendmahlskanne, Kelche, die fünf kleinen Fens-

---

[70] Hartmann, Moritzburg, Schloß und Umgebung (wie Anm. 55), S. 237.
[71] Merkel, Kirche Moritzburg (wie Anm. 67).

Abb. 29 Moritzburg

Evangelische Kirche, Seitenempore nach Norden. Aufnahme 2021.

ter im Altar, Tauftisch, Brautstühle, ein Relief über der äußeren Sakristeitür und weitere erhielt die Kirche als Geschenke.[72]

Bestimmt wird der Altaraufbau vom ca. 2 × 3 Meter großen Bild ‚Die Verklärung Christi' von Stefano Cattaneo und dem darüber befindlichen Rundbild ‚Der Heilige Geiste in Gestalt einer fliegenden Taube' mit einem Durchmesser von circa einem Meter von Johann Fink. Beide Bilder gehörten wie schon beschrieben zum Altar der Moritzburger Schlosskapelle.

Insgesamt ist der Altarplatz nur um einige Stufen gegenüber dem Gemeindebereich erhöht, wodurch eine große Nähe zwischen Geistlichem und Gemeinde erzeugt wird. Der Altarplatz wurde mit Platten aus demselben italienischen Marmor wie der Kanzelfuß gefertigt, eine Spende des Frauenvereins der Gemeinde. Allein der Altarbereich hat farbig gestaltete Fenster, die ihn in gedämpftes Licht tauchen und ihm damit ein besonders stimmungsvolles Bild verleihen.

Blickt man frontal auf den Altarbereich, sind nur zwei der fünf runden Fenster und nur zwei der drei größeren langen Fenster zu sehen und bilden optisch mit dem Altar ein Triptychon. Erwähnenswert ist zudem die im Altarbereich angebrachte Scheinarchitektur der nur angedeuteten, aber nicht betretbaren balkonartigen Nischen. Sie weiten auf subtile Weise den Raum.

Blickt man zurück zum Eingang eröffnet sich einem die große Sänger- oder Musikempore *(Abb. 34)* mit der Orgel in ihrer reichen Gestaltung. Der Orgelprospekt nimmt die gesamte Breite ein und integriert besonders im Mittelteil teilweise alten Holzschnitzereien.

Die Orgel schuf 1904 die Orgelbaufirma Gebrüder Jehmlich. Sie konnte, wie die Glocken der Kirche, über einen zweiten Basar der Familie zu Münster finanziert werden. Die spätromantisch gestimmte Orgel besitzt 23/25 (Hartmann) Register. Der reich gestaltete

---

[72] NSKG Radeberg, Sp. 202.

Abb. 30 Moritzburg
Evangelische Kirche, Evangelistensymbol des Johannes.
Aufnahme 2021.

Abb. 31 Moritzburg
Evangelische Kirche, Kanzel. Aufnahme 2021.

Prospekt zeigt rechts und links bemalte Holzpfeifen. Die Gestaltungsformen – vor allem der Emporenbrüstung zeigt viel Jugendstil, im Detail aber auch barocke Formen.

Um 1900 war der Kirchenbau auf der Suche nach einem zeitgemäßen Ausdruck evangelischen Glaubens. Nach all den historischen Strömungen, die wieder aufgegriffen wurden, gab der Jugendstil den wohl entscheidenden Impuls, neue Wege zu betreten. Doch der Jugendstil war vor allem ein Dekorationsstil, es bedurfte auch grundsätzlich neuer baulich-konstruktiver Möglichkeiten, um neue Formen zu entwickeln. Die Reformarchitektur wurde zu diesem entscheidenden Bindeglied zwischen Historismus und der Moderne. Die Anwendung modernster technischer Möglich-

keiten – wie dem Eisenbeton – und eine stilistische Öffnung zu allen Stilen, allen Zeiten und regionalen Themen ermöglichte gänzlich neue Lösungen. Als eine der ersten modernen Kirchen der Reformarchitektur ist dabei die Christuskirche in Dresden-Strehlen zu nennen, die fast zeitgleich mit der Moritzburger von 1902 bis 1905 entstand. Hier hatten die – Innovationen stets sehr aufgeschlossenen – Architekten Schilling & Graebner die einmalige Gelegenheit, nur wenigen Vorgaben Genüge tun zu müssen und hatten in der Stilfrage völlig freie Hand.[73] Die Moritzburger Kirche von Richard Schleinitz wird zumeist dem Neobarock

[73] Cornelia Reimann, Die Christuskirche in Dresden-Strehlen. Dresden, Husum 2007.

oder dem Jugendstil zugeordnet.[74] Viele Ornamente lassen sich finden, die aus organischen Formen bestehend dem Jugendstil zugeordnet werden können oder ihm nahe sind. Die geschweiften Giebel der Kirche, das zweifach gestufte Kuppeldach und viele andere Merkmale können einem reduzierten Barock zugeordnet werden. Und dennoch ging es Schleinitz darum, soweit es ihm trotz vieler Vorgaben irgend möglich war, eine eigenständige und zeitgemäße Architektur zu finden. Schleinitz musste ein gültiges Pendant zum Schloss entwickeln, das angesichts der dörflichen Umgebung zwangsläufig zu einem starken Kontrast führen musste. So heißt es: „*Der mächtige* [...] *Baukörper erhebt freilich einen Monumentalitätsanspruch, dem sich die historisch gewachsenen Umgebung nur schwer unterordnen will.*"[75] Das Gotteshaus steht selbstbewusst am höchsten Punkt des Ortes, genauso, wie es sich die Gemeinde wünschte. Das Äußere der Kirche hat einen markanten, fast denkmalhaften Charakter, was im Übrigen ein Kennzeichen sakraler Reformarchitektur ist. Gleichzeitig nimmt es besonders im Bereich der Dachgestaltung deutlich Bezug zum Baukörper der Schlosskapelle. Aber auch die Fenstergestaltungen mit einem länglichen Fenster, über dem sich ein rundes befindet, und der schlichte weiße Kirchraum, der vor allem von der Farbigkeit des Altares bestimmt wird, nahm Schleinitz in seinem Werk auf. Gewisse Parallelen in der äußeren Form besonders der Laterne zeigt auch das Moritzburger Fasanenschlösschens – zwischen 1769 und 1782 vermutlich durch Johann Daniel Schade erbaut.

Wichtigstes Vorbild in der Grundanlage sollte – neben den anderen sächsischen Zentralbauten wie der Trinitatiskirche Carlsfeld, der Rundkirche zum Friedefürsten Klingenthal oder der Kirche in Seiffen – aber die Dresdner Frauenkirche von George Bähr sein. In Ihrer Gestalt war sie zum Sinnbild evangelischen Glaubens geworden. Wie in der Frauenkirche überwölbt die Kuppel in Moritzburg den gesamten Gemeinderaum, alle Menschen befinden sich gleichberechtigt unter der Hand Gottes. Ähnlich wie in der Frauenkirche wurde die Trennung zwischen Gemeindebereich und Apsis möglichst reduziert, wobei in der Frauenkirche noch eine zwar flache, aber Chorbrüstung vorhanden war, die in Moritzburg nicht existierte. Die Frauenkirche ist vor allem eine Hörkirche, ein Auditorium, von

Abb. 32 Moritzburg
Evangelische Kirche, Taufstein. Aufnahme 2021.

allen Plätzen aus sollte des Wort Gottes gehört werden, so dass die Kanzel einem Schiffsbug gleich weit in den Gemeindebereich ragt. George Bährs Ansinnen war es, in der Anlage von Kanzel, Altar und Orgel die Konzentration des Gottesdienstbesuchers ganz in eine Richtung zu lenken, während es in der Moritzburger Kirche die Musikerempore im Rücken des Betrachters gibt und die Kanzel keine axiale Aufstellung gefunden

---

[74] „[...] *die Kirche und das benachbarte Pfarrhaus in Formen des Neubarock mit Jugendstilelementen* [...]" siehe auch: Hartmut Mai, Kirchen in Sachsen. Vom Klassizismus bis zum Jugendstil. Berlin, Leipzig 1992, S. 251.
[75] Hartmann, Moritzburg. Schloß und Umgebung (wie Anm. 55), S. 237.

Abb. 33 Moritzburg

Evangelische Kirche, Altar.
Aufnahme 2021.

Abb. 34 Moritzburg
Evangelische Kirche, Musikempore.
Aufnahme 2021.

hat. Eine große Nähe beider Kirchen wird vor allem durch den aufklärerisch lichten Kirchraum in seiner hellen, dem Menschen zugewandten, freundlichen Art deutlich und in dem Kontrast zwischen zeichenhaftem Äußerem und bergendem Innenraum.

Und natürlich sind es die barocken Formen, die Schleinitz in Moritzburg aufgriff. Zum einen in gewisser Weise gezwungenermaßen, denn wie sollte er den barocken Einrichtungsgegenständen, die es zu integrieren galt, einen entsprechenden Rahmen geben und den Bezug zum Barockschloss ohne diese Formensprache aufnehmen. Zum anderen hat er diese Formen in stark reduzierter und vereinfachter Art angewandt, mit Elementen des Jugendstils kombiniert und so eine sehr eigenständige, symbolhafte Sprache gefunden. Auch wenn der Moritzburger Kirchenbau modernen Bauweisen, wie der in der Christuskirche Strehlen angewandten Monierbauweise, noch nicht Rechnung trug, zeigte er sich stilistisch als eigenständige Lösung. Das Gebäude ist immerhin kein massiver, sondern ein Ziegelbau. Die Kuppel und das Dach wurden aber mit einer komplizierten – und eher unzeitgemäßen – Holzkonstruktion gefertigt, die vielleicht auch einfach der über Jahre andauernden Zusammenarbeit mit Noack zuzuschreiben ist.

Schleinitz verstand es mit erstaunlichem Mut zur Reduktion zu arbeiten und Formen zuzulassen, die der Hinwendung zur eigenen, örtlichen Tradition Rechnung trugen. *„Neobarocke Züge wechseln mit solchen des Jugendstils und solchen ‚nordischer' Holzbaukunst. Sie sind insbesondere an den vorkragenden Tierköpfen am Ansatz der Laterne zu beobachten."*[76] Das Germanische, die eigenen Wurzeln, spielte damals eine zunehmende Rolle. Im Sinne dieses Rückbezuges steht auch die der Reformarchitektur innwohnende Tendenz zum Archaischen. Treffend schrieb Heinrich Magirius zudem zur Moritzburger Kirche: *„Offenbar kam es dem Architekten nicht auf die in der Geschichte des christlichen Kuppelbaus herausgebildete Logik des baulichen Gefüges an, sondern auf die zu erzielende Monumentalität des architektonischen Bildes, das ungeachtet neobarocker Baudetails seiner Wuchtigkeit dem Leipziger Völkerschlachtdenkmal verwandt erscheint."*[77] Typisch für die Reformarchitektur ist der Kontrast zwischen äußerem Erscheinungsbild und der Innenraumgestaltung,

---

[76] Heinrich Magirius: Zur baugeschichtlichen Bedeutung der Kirche in Moritzburg. In: Evangelische Kirche Moritzburg. 100 Jahre. 1904 – 2004., S. 12.
[77] Ebd.

Abb. 35 Moritzburg
Evangelische Kirche, Bauzustand der Innenkuppel. Aufnahme 1991.

wie sie Richard Schleinitz hier ausführte, der Mut zu fast ungegliederten Flächen, Ornamente, die in vielfachem Rapport angebracht sind und damit eine über dem einzelnen Element stehende Wirkung erzielen. Den neuen architektonischen Bestrebungen entsprach auch die Gestaltung im Sinne eines Gesamtkunstwerkes, das die verschiedenen Künste zu einer miteinander- und aufeinander abgestimmten Lösung brachte. Richard Schleinitz' neuer und eigenständiger Kirchenbau prägt die ihn umgebende Landschaft und besitzt einen Kirchraum, der die Gemeinde eng an das liturgische Geschehen bindet.

Auch wenn Richard Schleinitz keine so bahnbrechende architektonische Lösung wie Schilling & Graebner mit der Christuskirche gelang – später wurden sie die Schöpfer des wohl signifikantesten Sakralbaus der Reformarchitektur, der Dresdner Zionskirche (1908–1912) – vermochte er einen individuellen Bau zu entwerfen, der trotz zahlreicher einschränkender Vorgaben eine Kirche auf dem Weg zur Moderne, eine frühe Kirche der Reformarchitektur ist. Bewusst wandte er sich von den bisher üblichen historischen Stilen ab und widmete sich den lokalen Gegebenheiten, den rehabilitierten barocken Formen, ohne diese in historistischem Sinne anzuwenden, sondern in freier, individueller Weise und in Kombination mit dem Jugendstil. Die unzutreffende Bezeichnung als Jugendstil- oder Neobarockkirche stellt das Bauwerk unnötig unter seinen Scheffel.

1929 erhielt die Kirche zu ihrem 25-jährigen Bestehen vom Hause Wettin die beiden Kandelaber, die vor der Kirche Aufstellung fanden, geschenkt. 1943 kam es zu einer Generalreparatur der Orgel. Der romantischen Orgel zwang man einen barocken Klang auf. Fünf Register wurden verändert. Das Ergebnis konnte jedoch nur kurze Zeit überzeugen.[78]

Auf Befehl der SS sollte im April 1945 die Moritzburger Kirche abgebrannt werden, was jedoch verhindert werden konnte. Im Mai 1945 drohte dasselbe Schicksal auf Befehl der Roten Armee, dem wiederum zum Glück Einhalt geboten wurde.[79] Ein Sturm hatte 1961 Kugel und Kreuz auf der Laterne verbogen, und

---

[78] So äußerte sich der Orgelsachverständige Johannes Gerdes 2002. Vgl.: Daten-Fakten-Ereignisse zu Kirche und Kirchgemeinde Moritzburg. Aus dem Besitz von Pfarrer i. R. Frieder Merkel, Moritzburg.

[79] „Im April 1945 sollte die Kirche aufgrund ihrer exponierten Lage abgebrannt werden. Durch Kontaktaufnahme mit dem Präsidenten des Landeskirchenamt und seinen Verhandlungen mit dem ver-

eine Reparatur machte sich notwendig. Kugel und Kreuz wurden dabei neu vergoldet und das Dach des Turmes neu gedeckt. Die Dokumente, die aus diesem Anlass in der Kugel hinterlegt wurden, sind ein eindrückliches Zeitdokument. So heißt es darin: „*Wie es politisch aussieht, ist den beiliegenden Zeitungen zu ersehen, nur was kommunistisch ist, ist gut! Leider aber die Lüge unserer Zeit. […] Als diese Kirche erbaut wurde, waren alle Einwohner Eisenberg-Moritzburgs Kirchgemeindeglieder. Gegenwärtig hat Moritzburg ungefähr 300 Einwohner, davon gehört knapp die Hälfte, 1000 – 1200 noch der Kirche an.*" und weiter: „*Würde ein Spitzel diesen Bogen einsehen, würden wir alle verhaftet werden […].*"[80]

In den späten 60er Jahren des vergangenen Jahrhunderts kam es zu Reparaturen und der Wunsch nach Anpassung an den Zeitgeschmack – der schlichte neoromanische Gestaltungen bevorzugte, wie sie in den Umgestaltungen der Dresdner Kreuz- oder Christuskirche auch umgesetzt wurden – wurde deutlich gemacht. Wohl aus finanziellen Gründen sah man jedoch davon ab, die farbigen Fenster im Altar durch klarsichtige zu ersetzten und die Stuckaturen an der Kuppel zu entfernen.[81]

Ab 1970 wurde der Zustand der Bausubstanz zunehmend schlechter *(Abb. 35, 36)*. Jährlich kam es zu Anträgen an das Bezirkskirchenamt für die Neueindeckung der Dächer. Die Anträge wurden meist nicht und einmal negativ beantwortet. Erst mit der deutschen Wiedervereinigung bot sich die Möglichkeit, die dringend notwendige Sanierung anzugehen. Das Architekturbüro Peter Hübner Stuttgart/Moritzburg errechnete für das Sanierungsprojekt einen Kostenumfang von voraussichtlich 5,6 Millionen DM. Im Mai 1992 gründete sich der Verein zur Erhaltung der Kirche Moritzburg e. V., dem es bis 2017 durch verschiedenste Sammlungen und Benefizveranstaltungen gelang, 8 % der Sanierungssumme aufzubringen.

Abb. 36 Moritzburg
Evangelische Kirche, Bauzustand des Daches. Aufnahme 1991.

Ohne diese benötigten Eigenmittel wäre die Sanierung nicht möglich gewesen.[82] Hinzu kamen kirchliche und staatliche Zuwendungen und eine beachtenswerte private Spendensammlung des Heidelberger Vaters einer Neu-Moritzburgerin für die Orgel, der zudem einen

---

antwortlichen Kommandanten konnte dies verhindert werden. Am 7. Mai bemerkte ein russischer Major dem Dolmetscher Fritjof Nagel gegenüber, die Kirche müsse als eine faschistische – Hakenkreuze sah er auf Kränzen von Gefallenen – niedergebrannt werden. Herr Nagel, Kirchnerin Zischang und Pfarrer Seibt entfernten die Kränze, und Herr Nagel konnte den Major von seinem Ansinnen abbringen." Vgl. Daten-Fakten-Ereignisse (wie Anm. 78).

[80] Zitat von Herbert Glöckner in Urkunde Moritzburg, den 3. September 1961. Abschrift im Besitz von Pfarrer i. R. Frieder Merkel, Moritzburg.
[81] Vgl.: Daten-Fakten-Ereignisse (wie Anm. 78).
[82] Frieder Merkel: 25-jähriges Jubiläum des Vereins zur Erhaltung der Kirche Moritzburg e. V. (Typskript aus dem Archiv von Pfarrer i. R. Frieder Merkel, Moritzburg).

Zuschuss der Wüstenrot Stiftung vermittelte. Damit konnte die 1992 begonnene Restaurierung des Äußeren der Kirche voranschreiten.[83] Wieder wurde eine Urkunde in die Kugel am Kreuz gelegt, darin hieß es unter anderem rückblickend: *„Seit 1975 bemühte sich die Gemeinde um die damals benötigten staatlichen Genehmigungen für eine Neueindeckung der Dächer, leider ohne jeden Erfolg. So rissen Stürme immer neue Löcher in das brüchige Dach und verursachten schlimme Wasserschäden. Mühselig wurden die Löcher von Bergsteigerbrigaden wieder geflickt."*[84]

2002 war es dann soweit. Nach der Sanierung des Äußeren war auch das Innere des Gotteshauses wiederhergestellt und konnte wieder geweiht werden. 2009 wurden letzte Sanierungen der Kleinteile der Fassade durchgeführt. Das dankenswerte Engagement des Vereins zur Erhaltung der Kirche Moritzburg e. V. währt im Übrigen bis heute. Letztlich hat die 17-jährige Sanierung der Moritzburger Kirche 2,4 Millionen Euro gekostet.[85]

Möge sie dem Werk von Richard Schleinitz langen Bestand schenken.

Bildnachweis

Abb. 1: Repro aus: Salonblatt. (wie Anm. 2), S. 5; *Abb. 2:* Repro aus Räder, Hof- und Ratszimmermeister (wie Anm. 5), Bild 6; *Abb. 3:* LfDS, Bildsammlung KES, M 4.26; *Abb. 4:* Repro aus Blätter für Architektur und Kunsthandwerk. XIV. Jg.1901, Tafel 69; *Abb. 5, 12:* Bildarchiv Lars Herrmann/www.dresdner-stadtteile.de; *Abb. 6:* Bildarchiv Andreas Hütter: www.chemnitz-gestern-heute.de; *Abb. 7, 9–11:* www.altesdresden.de; *Abb. 8:* SchiDD, Dresden, lic. CC BY-SA 4.0; *Abb. 13:* André Karwath aka Aka, lic. CC BY-SA 2.5; *Abb. 14:* Bildarchiv Andreas Sporn. Kirchgemeinde Netschkau;. *Abb. 15:* Repro aus Schumann, Annenkirche (wie Anm. 45), Bild 108; *Abb. 16:* Bildarchiv Lars Herrmann/Sammlung Archiv DVG AG; *Abb. 17:* Nachlass O. Schindler, München/Dresden; *Abb.: 18:* urstrom.art, Matthias Seifert/Elektro Bräuning GmbH, Riesa; *Abb. 19, 24, 26–34:* Cornelia Reimann, Dresden; *Abb. 20, 22:* Brück & Sohn Kunstverlag Meißen, lic. CC0 1.0; *Abb. 21:* Evangelisch-Lutherische Kirchgemeinde Moritzburg, Pfarramt/Archiv; *Abb. 23:* Jörg Blobelt, lic. CC BY-SA 4.0; *Abb. 25:* Brück & Sohn Kunstverlag Meißen, lic. CC BY-SA 3.0; *Abb. 35, 36:* Frieder Merkel, Moritzburg.

---

83 Merkel, Kirche Moritzburg (wie Anm. 67).
84 Zitat: Urkunde am 8. Dezember 1992 in die Kugel der Kirche von Moritzburg eingelegt. Abschrift im Besitz von Pfarrer i. R. Frieder Merkel, Moritzburg.
85 Vgl. Daten-Fakten-Ereignisse (wie Anm. 78).

Herz und Seele der Stadt – die Planungen und der Wiederaufbau am Dresdner Neumarkt in den Jahren 1990 bis 2000*

VON TORSTEN KULKE

Auf- und Umbruch 1989/90 – städtebauliche Wirkungen

Der Herbst 1989 war auch in Dresden mit vielen Hoffnungen verknüpft. Es gingen damit große Erwartungen an notwendige Veränderungen einher.[1] *„Die friedliche Revolution 1989 knüpfte in Dresden an Entwicklungsprozesse zurückliegender Jahre an – ganz wesentlich aber auch an die von maßgeblichen Akteuren kirchlicher und staatlicher Institutionen praktizierte Dialogfähigkeit."*[2] Am 19. Dezember blickte die Weltöffentlichkeit gespannt nach Dresden auf den Neumarkt, als Bundeskanzler Helmut Kohl (1930-2017) nach seinem Treffen mit DDR-Ministerpräsident Hans Modrow vor Zehntausenden Menschen an der Ruine der Frauenkirche sprach: *„Wir erleben, dass eine solche Umwälzung sich zum ersten Mal in der deutschen Geschichte so gewaltlos, mit so großem Ernst und im Geist der Solidarität vollzieht."* Sein Ziel bleibe, *„wenn die geschichtliche Stunde es zulässt, die Einheit unserer Nation."*[3] Dieses Ereignis hatte die Ruine der Frauenkirche und ihre Umgebung wieder ins öffentliche Bewusstsein gerückt. Heute erinnert ein Gedenkstein vor der wiederaufgebauten Frauenkirche an diesen denkwürdigen Tag. Eine Entwicklung war von den Menschen in Gang gesetzt worden, die kaum Zeit ließ, um innezuhalten und nachzudenken.[4]

In dieser Zeit, der die gesamte Bevölkerung erfassenden Auf- und Umbruchstimmung wandte sich die Bürgerinitiative zum Wiederaufbau der Frauenkirche mit ihrem Appell „Ruf aus Dresden – 13. Februar 1990" am Vorabend des für Dresden bedeutsamen Gedenktages, am 12. Februar an die Weltöffentlichkeit, um für den Wiederaufbau der Dresdner Frauenkirche zu werben. Die Initiatoren verdeutlichten, dass mit diesem Wiederaufbau ein Gotteshaus entstehen werde, *„das sich die evangelische Bürgerschaft auf den Fundamenten der ältesten Kirche Dresdens errichtete. Damit würde auch eines der schönsten Städtebilder im Herzen Europas wieder seine beherrschende Krönung […] erhalten, ohne die der Wiederaufbau Dresdens Stückwerk bliebe."*[5] Eine heftige öffentliche Debatte zum „Für" und „Wider" eines Wiederaufbaus, aber auch des die Kirche umgebenden Neumarktgebietes waren erneut entfacht. Viele Dresdnerinnen und Dresdner, Journalisten, vor allem aber Architekturkritiker meldeten sich zu Wort und widersprachen öffentlich dem Begehren nach Wiederaufbau. Damals hinterließ die Dresdner Innenstadt innerhalb des „26er Ringes"[6] nicht nur den Eindruck von Maßstabslosigkeit und teilweise unerträglicher Weite durch mangelnde Differenzierung der Straßen- und Platzräume, sondern auch den einer Tristheit durch Leere, teils Wohnstadt, entstanden in den Nachkriegsjahren bis in die 1980er Jahre mit den Zeugnissen des industriellen Plattenbaus, aber auch den Solitären der touristischen Glanzpunkte. Die

---

* Für hilfreiche Hinweise danke ich Dr. Hans-Joachim Jäger.

[1] Herbert Wagner, Herbst 1989 – Aufbruch in die Demokratie. Die friedliche Revolution in Dresden. Bericht eines Zeitzeugen. In: Die Dresdner Frauenkirche. Jahrbuch 14 (2020), S. 207–218, hier besonders S. 218.

[2] Justus H. Ulbricht (Gesamtred.), Unser '89. Rückblicke nach 30 Jahren. Dresdner Hefte 37 (2019) 4 (Heft 140), siehe auch: Josef Schmid, Kirchen, Staat und Politik in der DDR 1975 bis 1989. Das Beispiel Dresden, Hamburg 1996, S. 443.

[3] Vgl. Helmut Kohl, Erinnerungen 1982–1990. München 2005, S. 1020–1028.

[4] Micha Wimmer, Christine Proske, Sabine Braun u. Bernhard Michalowski (Red.), „Wir sind das Volk" Die DDR im Aufbruch. Eine Chronik in Dokumenten und Bildern, München 1990, S. 243.

[5] Ludwig Güttler und Hans-Joachim Jäger, Die Bürgerinitiative für den Aufbau der Frauenkirche zu Dresden. Bericht über die ersten Zusammenkünfte bis zur Veröffentlichung des Appells „Ruf aus Dresden – 13. Februar 1991" In: Die Dresdner Frauenkirche. Jahrbuch 7 (2001), S. 209–211.

[6] Benannt ist der die Innenstadt umschließende Stadtring nach der erstmals 1904 eingerichteten und 1909 zum geschlossenen Ring umgewandelten Straßenbahnlinie 26.

Abb. 1 Dresden-Altstadt, Töpferstraße/Augustusstraße/ An der Frauenkirche/Neumarkt

Hotel Dresdner Hof, Ruine der Frauenkirche und Polizeipräsidium nach Osten. Aufnahme 1991.

Freiflächen boten doch noch Chancen für ein weiter zu entwickelndes Zentrum.

So gab es nicht nur viele Wünsche von Investoren, die sich auf die Dresdner Innenstadt konzentrierten, sondern auch größte Erwartungen der Dresdner Bevölkerung und der Dresden-Liebhaber in nah und fern sowie von Stadtplanern und Architekten. Die Chancen, aber auch die Gefahren für die Stadt zu sehen verlangten Mut, Zuversicht und weiten Blick. Unübersehbar traten aber auch Ängste und Sorgen zutage. Diese Spannungsbögen ließ es Planern hier schwieriger sein als andernorts.

In dieser Zeit hofften nun gerade auch die Architekten, „endlich ihren Beitrag bei der stadtgestalterischen Ausformung Dresdens zur Landeshauptstadt Sachsens und eines anerkannten Kulturzentrums leisten zu können."[7] Sie wussten wohl, dass die Stadt auf finanzielle Hilfe angewiesen war, aber es gab durchaus auch den geschärften Blick für den „Erwartungsdruck auswärtiger Investoren, insbesondere auf dem innerstädtischen Bereich, der in mancher Stadt der Bundesrepublik dem Wirtschaftswachstum gestalterisch zum Opfer gefallen" war.[8] Der Hamburger Oberbaudirektor Egbert Kossak (1936–2016) empfahl deshalb den Dresdner Politikern und Stadtplanern, Ingenieuren und Architekten „ein neues Leitbild für das «neue, alte Dresden» zu entwickeln und die Strategien zu formulieren, die die zukünftige Städtebaupolitik der Stadt, die Wiedergewinnung einer eigenen Bau- und Gartenkultur auf ein solches Leitbild hin, fördern können."[9] Er verstand darunter einen Prozess der Stadterneuerung, der Umstrukturierung und der Stadtentwicklung, „um ein bestimmtes Maß an Qualitäten für das Leben und Arbeiten in Dresden für seine Bürger, und ein Gesamtstadterlebnis für alle Menschen, die Dresden erleben, zu erreichen."[10]

Der Dialog zu Geplantem und Gebautem, verbunden mit neuen Ideen, Konzepten und Haltungen war

[7] Ulf Zimmermann, Die Städtebauliche Situation Dresdens nach dem 9. November 1989. In: West-östlicher Architekten-Workshop Dresden 13. Juli 1990 bis 20. Juli 1990. Meinhard von Gerkan (Hrsg.). Hamburg 1990, S. 17.
[8] Ebd.
[9] Egbert Kossak, An der Schwelle zu einer neuen Stadtentwicklungs- und Städtebaupolitik in Dresden. In: West-östlicher Architekten-Workshop (wie Anm. 7), S. 95–97, hier S. 95.
[10] Ebd.

nun auch mit und unter den Bürgerinnen und Bürgern der Stadt erforderlich. Gerade aber diese Möglichkeiten hatte das abgelöste politische System seinen Bürgern und den Verantwortlichen kaum zugestanden. Jetzt aber war das Interesse von denen groß, die mit besonderem Verlangen bauen wollten. So auch am Dresdner Neumarkt, der von viel Freiraum um die Frauenkirchenruine geprägt war *(Abb. 1)*.

In der Bauwelt war 1991 zu lesen: *„Dresden liegt am Klondyke."* Die Autorin wies mit Bezug auf ein westdeutsches Wirtschaftsmagazin darauf hin, das der Stadt Dresden das beste Investitionsklima in allen ostdeutschen Großstädten bescheinigte. *„Beim neuen Oberbürgermeister geben sich die Goldgräber die Klinke in die Hand"* meinte die Autorin des Artikels und zitierte den frisch gewählten Oberbürgermeister: ‚*Ich könnte jeden Tag ein Einkaufszentrum genehmigen, drei bis fünf Investoren wollen auf eine Fläche. […] Wir können aus Millionen Milliarden machen, aber auch Dresden zerstören'*."[11] Der Tenor beschreibt die Aufbruchstimmung am Anfang der 1990er-Jahre in Dresden.

Die zu lösenden Probleme waren riesig und ziemlich unüberschaubar. Sowohl die notwendige Verwaltung als auch die Rechtssysteme fehlten und mussten noch geschaffen werden. *„Dresden liegt am Klondyke"* beschrieb die damalige Situation sehr gut. Auf der einen Seite *„Goldgräberstimmung"* bei den Investoren, auf der anderen Seite Verwaltung und Stadtverordnetenversammlung, die sich durch die zurückgewonnene kommunale Selbstverwaltung im Neuaufbau befand und diesem Entwicklungsdruck der Investoren kaum gewachsen war. Unter diesen Voraussetzungen nahm im Juni 1990 das neugegründete Dezernat Stadtentwicklung unter Führung des jungen Dezernenten Ingolf Roßberg seine Arbeit auf.

Manchem schien es mit der Neuordnung der Verwaltung der Stadt zu langsam vorwärts zu gehen. Es zeige sich, so meinte der aus Dresden stammende Journalist Karl Friedrich Fromme (1930–2007) *„dass ein Regime der Amateure es besonders schwer hat, wenn es mit einem von der SED bestimmten Verwaltungsapparat zusammen arbeiten soll."*[12] Es begann nach und nach ein Prozess, der sich *„beschleunigenden Entwicklungsabläufe, des immer mehr wachsenden Investorendrucks, einer lauter werdenden Unzufriedenheit der Bevölkerung mit den Segnungen der Wende und einem erschreckenden wirtschaftlichen Verfall, der alle Planer überforderte."*[13] Es wurde auch daran erinnert, dass jede Städtebaupolitik, jede Infrastrukturpolitik, jede Baukulturförderung Grundlagen benötigt und ein politisches Programm zur Stadtentwicklung, das vor allem Qualitäten definiert und verfügbare oder zu erschließende und zu schaffende Kräfte und Mittel für Planung und Ausführung dabei im Blick hat.[14] Auf diese Situation hatte die Dresdner Stadtverordnetenversammlung noch im Dezember 1990 durch verschiedene Beschlüsse reagiert: Einerseits wurden für große Teile der Innenstadt Beschlüsse für Bebauungspläne gefasst, um so unkontrolliertem und durch einzelne Investoreninteressen bestimmtes Bauen zu vermeiden, andererseits erhielt die Verwaltung damit den Auftrag, *„ein Planungsleitbild für die Innenstadt zu erarbeiten, um damit die Zusammenhänge zu wahren und einen übergeordneten städtebaulichen Rahmen der zukünftigen Entwicklung festzuschreiben."*[15]

Am 3. Oktober 1990 wurde die deutsche Wiedervereinigung vollzogen[16] – durch erste freie Wahlen, demokratische Entscheidungen und vertragliche Übereinkünfte. Der Einigungsvertrag trat in Kraft und das Grundgesetz galt auch in den wieder gegründeten Ländern Mecklenburg-Vorpommern, Brandenburg, Sachsen-Anhalt, Sachsen, Thüringen und Gesamtberlin.

---

[11] Amber Sayah, Auf der Suche nach der verlorenen Stadt. In: Bauwelt 81 (1990) 48, S. 2421–2425.
[12] Friedrich Karl Fromme, Last der neuen Länder: Die Verwaltung hinkt. Das Beispiel Dresden: Gutwillige Erneuerer und erfahrene Seilschaften. In: Frankfurter Allgemeine Zeitung, Nr. 299, 24.12. 1990, S. 4.
[13] Vgl. auch: Paulhans Peters, Dresden 1992. Aufbau oder dritte Zerstörung? In: Paulhans Peters (Hrsg.), Dresden 1992. Erfahrungen – Perspektiven. arcus (Architektur und Wissenschaft) 17. Köln 1992, S. 5–6, hier S. 5.
[14] Vgl. Kossak, An der Schwelle (wie Anm. 9), z. B. S. 96.
[15] Anette Friedrich, Jörn Walter, Leitlinien zur Innenstadtgestaltung. In: Dresden 1992. Erfahrungen – Perspektiven. (wie Anm. 13), S. 7–19, hier S. 12.
[16] Vgl. auch :https://de.wikipedia.org/wiki/Deutsche_Wiedervereinigung; siehe auch: Heinrich August Winkler, Der lange Weg nach Westen. Zweiter Band: Deutsche Geschichte vom „Dritten Reich" bis zur Wiedervereinigung. München 2002.

Öffentliche und fachliche Diskurse – zukünftige Städtebauprämissen

Die 1987 vereinbarte Städtepartnerschaft zwischen Hamburg und Dresden erwies sich als Glücksfall. Der international bekannte Hamburger Architekt Meinhard von Gerkan war kurz vor dem Mauerfall auf Einladung des Dresdner Architekten Ulf Zimmermann zu einem Vortrag bei der Eröffnung einer Architekturausstellung des Bundes der Architekten (BdA) nach Dresden gekommen. Er wusste aus Gesprächen um die außergewöhnliche Situation, in der sich sowohl Architekten als auch Verwaltung in Dresden befanden. Der Besuch hatte bei ihm *„tiefe Betroffenheit über den völlig desolaten Zustand einer der schönsten deutschen Kulturstädte"* ausgelöst[17], aber auch die Überzeugung geweckt, dass die *„Architekten im Westen unseren Kollegen ‚drüben' einen Kulturaustausch schuldig sind, um ihnen […] Mitteilung zu machen von der Vielzahl unserer Möglichkeiten, ebenso wie von den Verführungen, Verirrungen und Fehlern und Mißerfolgen"*, aber auch von den guten Ergebnissen.[18] Die Erkenntnis wuchs, dass unter den sich nach dem 9. November 1989 veränderten gesellschaftlichen Bedingungen diejenigen für Städtebau und Architektur in der DDR zu neuen Ausrichtungen führen werden, die *„die Notwendigkeit des Kulturaustausches eher noch dringlicher geboten"* sein lassen, als diese an die *„im Westen abrupt und unvermittelt"* anzugleichen. Radikale Veränderungen würden die Architekten in Dresden und darüber hinaus völlig unvorbereitet treffen. Einen Anstoß fand Meinhard von Gerkan noch durch Heinz Schwarzbach, der zu einem Gedankenaustausch zu ihm nach Hamburg gekommen war und die Idee des *„Gesamtkunstwerkes Dresden"* aufbrachte. Ihn bewegte aus eigenem Erleben internationalen Wettbewerbs die Sorge, dass *„Diamantenschleifer"*, wie er später sagte, nach Dresden kommen könnten, um die Stadt nach deren Gutdünken zu gestalten.[19] Horrorvisionen zeichneten sich ab, *„die sich aus der Kombination von ungezügelt einbrechender Wirtschaftskraft mit dem unerfahrenen Tatendrang von Stadtplanern und Architekten zum Nachteil der Stadtgestalt ergeben"* würden.[20]

Das Gebot des konstruktiven berufsinternen und in die Öffentlichkeit hineinzutragenden Dialogs *„zwischen Ost und West einerseits"*, und *„die Hoffnungen und Befürchtungen für den städtebaulichen und architektonischen Erneuerungsprozeß Dresdens andererseits"*,[21] führten schließlich dazu, dass Meinhard von Gerkan der Jürgen Ponto Stiftung vorschlug, ein Zeichen west-östlicher Zusammenarbeit für Architekten, junge Künstler und die Stadt Dresden schon jetzt und hoffentlich mit *„Signalwirkung für andere Aktivitäten"* zu setzen."[22] Er konnte das geschäftsführende Vorstandsmitglied der „Jürgen Ponto-Stiftung zur Förderung junger Künstler", Bernhard Freiherr von Löffelholz und den Vorstandssprecher der Dresdner Bank AG, Wolfgang Röller (1929 – 2018) gewinnen, einen Architekten-Workshop zu unterstützen.[23]

Im Juli 1990 fanden sich dann Architekten, Stadtplaner und Studierende jeweils aus Ost und West im Akademiegebäude der Hochschule für Bildende Künste Dresden an der Brühlschen Terrasse *(Abb. 2, Abb. 3)* – in direkter Nachbarschaft zum Neumarkt – schließlich zum Workshop „Gesamtkunstwerk Dresden" zusammen. Arbeitsgruppen – bestehend aus Architekten sowohl aus Ost- als auch Westdeutschland – verfolgten *„als übergeordnetes Ziel die Hoffnung, dass Denkanstöße und Konzeptionsansätze erarbeitet werden, die Perspektiven und Visionen für die Stadtplanung und Architektur der Stadt Dresden liefern."*[24] Diese Woche diente neben der Förderung junger Architekten und Architekturstudenten sowie jungen Künstlern aus der DDR und der BRD sowohl der Zusammenarbeit als auch der Vermittlung von Berufserfahrung. Es fiel die als geboten erschienene Zurückhaltung beim Umgang mit den sehr komplexen Herausforderungen auf, die sich noch durch den von räumlicher Leere geprägten historischen Altstadtkern mit dem Neumarkt aufnötigte *(Abb. 4)*. Die Architekten Stefan Braunfels

---

[17] Meinhard von Gerkan, West-östlicher Architekten-Workshop. In: West-östlicher Architekten-Workshop Dresden (wie Anm. 7), S. 12–15., S. 12.
[18] Ebd.
[19] Heinz Schwarzbach, Reflexionen zum Workshop. In: West-östlicher Architekten-Workshop (wie Anm. 7), S. 98/99, hier S. 98.
[20] Gerkan, West-östlicher Architekten-Workshop (wie Anm. 17), S. 12.
[21] Ebd.
[22] Ebd.
[23] Ebd.
[24] Ebd.

Abb. 2 Dresden-Altstadt

Terrassenufer und Brühlscher Terrasse als nördliche Begrenzung des Neumarktareals, Kunstakademie (Hochschule für Bildende Künste) und Hochhausscheiben im Hintergrund. Aufnahme 1967.

Abb. 3 Dresden-Altstadt

Rampische Straße, Ruine der Apsis der Frauenkirche, Torhäuser des Coselpalais und Kunstakademie, Ort des West-östlichen Architektenworkshops 1990, nach Norden. Aufnahme 1990.

aus München und Ulf Zimmermann aus Dresden forderten, *„die historische Altstadt innerhalb des ehemaligen Bastionsrings darf auf keinen Fall sinn- und planlos von ungezügelten Investoren verbaut werden."*[25] Weiter wiesen sie darauf hin: *„Die vollständige Erhaltung der verbliebenen historischen Substanz ist die unabdingbare Voraussetzung dafür, dass der Wiederaufbau Dresdens nicht zu einer 3. Zerstörung wird."*[26] Die Diskussionen und Ergebnisse zeigten, dass gute Planung nur sicher bei vorausschauendem Herangehen und rechtzeitigem Beginnen unter Einbeziehung der Bürgerschaft gelingt. Dabei werden ausreichend Zeit, sorgfältig erarbeitetes Wissen und Tatkraft benötigt.[27]

---

[25] Ulf Zimmerman, Stephan Braunfels, Gruppe 7. Stadtreparatur innerhalb des 26er Rings [...]. In: West-östlicher Architekten-Workshop (wie Anm. 7), S. 60–65, hier S. 60.

[26] Ebd., S. 64. Bild S. 65 oben.

[27] Vgl. auch: Schwarzbach Reflexionen zum Workshop (wie in Anm. 19), S. 98/99.

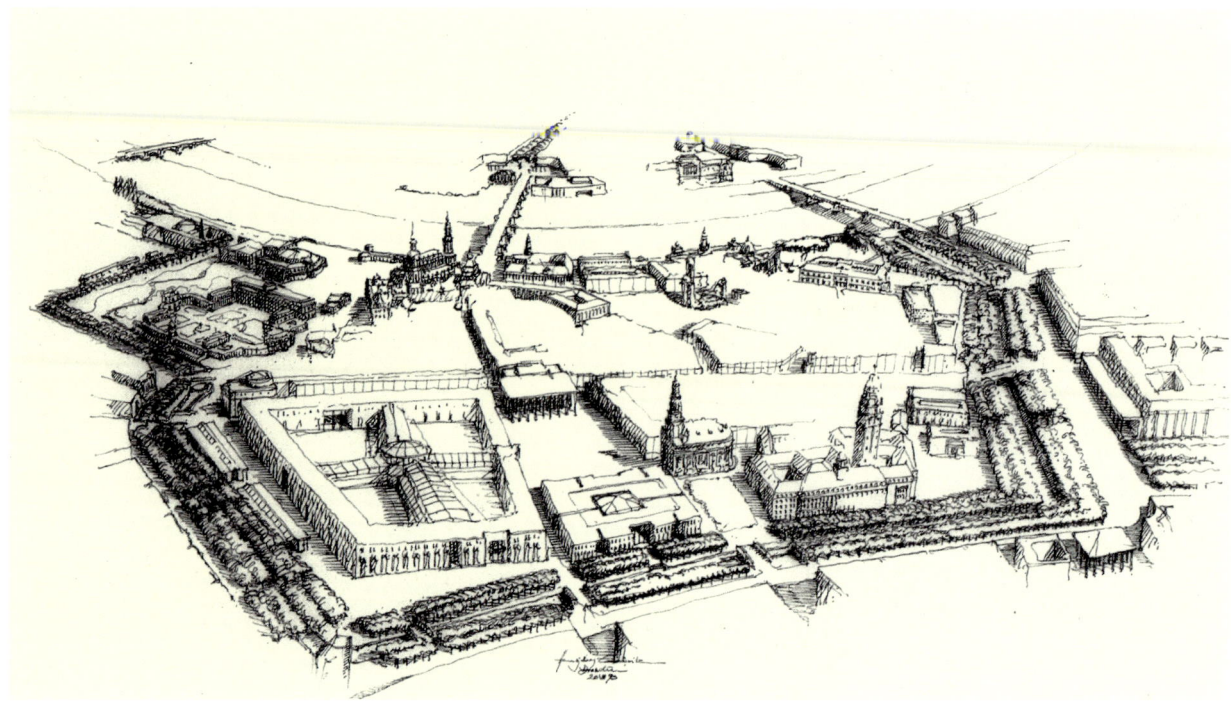

Abb. 4 Dresden-Altstadt
Entwurf zum Boulevard-Ring, Vogelperspektive von Stefan Braunfels und Ulf Zimmermann. Planzeichnung Juli 1990.

Die Teilnehmer lieferten wertvolle Empfehlungen, Denkanstöße und Diskussionsstoff, sahen sich aber auch „*in ihrer fachlichen Verantwortung und in ihrer Sympathie für Dresden*" zu kritischer Beurteilung an Planungen der Stadt Dresden veranlasst.

Wichtig war dabei die Erkenntnis, dass eine Rahmenplanung die Stadt als Ganzheit umfassen muss, „*deren Identität von Vorhandenem bestimmt wird, das Wesentliches über einen Ort aussagt.*"[28]

Wie groß der Diskussions- und Austauschbedarf damals war, zeigte sich beim „Architektur-Forum Dresden", das initiiert und unterstützt von der traditionsreichen Hebel-Bauunternehmung vom 18. bis 21. Oktober 1990 im Plenarsaal des Dresdner Rathauses stattfand.[29] Der Plenarsaal war bis auf den letzten Platz gefüllt, der Festsaal wurde noch zusätzlich geöffnet. An der Veranstaltung nahmen zehn renommierte deutsche Architekten teil.[30] Für das zumeist jüngere Publikum der Studierenden, aber wohl auch den alten gestandenen Architekten aus den ostdeutschen Bundesländern ging es um die Arbeitsmethoden, den Weg der Realisierung bis hin zu allgemeinen und grundlegenden Fragen des Städtebaus und der Architektur. In einem vom industriellen Wohnungsbau geprägten städtischen Erscheinungsbild in der DDR wurde die Erfahrung der selbständigen Architekten als besonders wertvoll empfunden. Aber auch die gerade in der Öffentlichkeit geführte Diskussion zur geplanten Re-

[28] Zimmermann, Die Städtebauliche Situation (wie Anm. 7), S. 17.
[29] Jörg Krichbaum, Vittorio Magnago Lampugnani und Anna Meseure (Hrsg.), Baumeister im Profil. Architektur-Forum Dresden. Ein Hebel-Buch. Schriften des DAM Frankfurt a. Main. Stuttgart 1991.
[30] Das waren: Meinhard von Gerkan, Hermann Henselmann (1905–1995); Thomas Herzog, Josef Paul Kleihues (1933–2004), Leon Krier, Frei Otto (1925–2015), Christoph Sattler, Karljosef Schattner (1924–2012), Albert Friedrich Speer (1934–2017); Oswald Matthias Ungers (1926–2007). Die Organisation lag bei Jörg Krichbaum (1945–2002) und Vittorio Magnago Lampugnani.

konstruktion der Frauenkirche blieb nicht ausgespart. Die Architekten vertraten dazu die unterschiedlichsten Ansichten von einem mahnenden Denkmal der Ruine über einen Wiederaufbau mit neuen Steinen und Stahlbeton bis hin zu einer Nachschöpfung des Kuppelbaus in Stahl und Glas.

Besondere Aufmerksamkeit und auch langanhaltende Diskussionen erhielt der aus Luxemburg kommende Architekt und Städteplaner Léon Krier. Auf die ihm vom interviewenden Schriftsteller und Fotografen Jörg Krichbaum gestellten Frage: *„Vorhin schlug jemand vor, man sollte über Dresden eine Voliere von Frei Otto stellen und Léon Krier draußen vor den Toren der Stadt alles neu bauen lassen; was halten Sie von dem Vorschlag?"* antwortete Krier:*„Das entspricht genau meinem eingangs gemachten Vorwurf, wie man aus Birnen Äpfel macht. Aber wenn man so einen Stadtgrundriss hat wie Dresden, wo die Reste der Stadt noch vorhanden sind, wo die Steine noch daliegen, was will man eigentlich mehr? Der Altstadtplan ist doch vorhanden, der beste Plan, den es je gab; es gibt niemanden auf der Welt, der einen besseren Plan machen könnte, der Plan ist vorhanden in den Archiven, Sie können ihn einfach nehmen, kostenlos."* Für ihn gab es keine Diskussion, wie man Dresden wieder aufbauen solle.[31]

Von der *„ehemaligen Bundesrepublik"* hätten die neuen Bundesländer außer Wirtschaftsmanagement nichts zu lernen, meinte er. Weder von Architekturschulen noch von den Büros gäbe es, was die Architektur beträfe, etwas zu lernen. *„Aber wir können lernen, hier in Dresden und in diesen alten Landschaften, wie schön Deutschland war und wie es wieder sein sollte."*[32]

Ein neues Planungsleitbild für Dresdens Innenstadt

Diese Äußerungen des streitbaren Léon Krier schlugen hohe Wellen, dass sogar Baudezernent Ingolf Roßberg in seinem Vorwort zum 1991 vorgelegten Entwurf „Planungsleitbild Innenstadt" *(Abb. 6)* darauf einging.[33] Er wies darauf hin, dass dieses „Planungsleitbild" ein Struktur- und Strategieplan für die weitere Gestaltung jenes für Dresden so wichtigen Innenstadtbereiches darstellte, *„jedoch nicht ‚Leitbild' im Sinne eines der vielen ‚städtebaulichen Mythen', deren Wirken*

Abb. 5   Dresden, Planungsleitbild Innenstadt
Einband-Titel. Juli 1991.

im Innenstadtbereich Dresdens deutlich ablesbar" sei.[34] Danach verbänden viele Dresdner die Identität der Stadt, *„die sich aus einer einmaligen Verschmelzung von sozialer und baukultureller Identifikation in der Zeit vor allem in den zwanziger Jahren – und in der Zeit der ‚inneren Immigration' erst recht in den dreißiger Jahren – herausgebildet hatte, gerade mit der bildhaften Er-*

---

[31] Krichbaum, Lampugnani und Meseure (Hrsg.), Baumeister im Profil. (wie Anm. 29).
[32] Ebd.
[33] Planungsleitbild Innenstadt Dresden.- Entwurf – Hrsg.: Landeshauptstadt Dresden, Dezernat Stadtentwicklung. Dresden 1991.
[34] Ingolf Roßberg, Vorwort. In: Planungsleitbild 1991 (wie Anm. 33), S. 3.

Abb. 6 Dresden, Planungsleitbild Innenstadt
Landeshauptstadt Dresden, Dezernat für Stadtentwicklung, Juli 1991.

innerung an die Stadt von vor 1945."[35] Weiter meinte Roßberg: „Auch werde das heutige Erscheinungsbild an diesen gedanklichen Assoziationen gemessen, wobei auch Architekten nicht frei davon seien, wie der Ausspruch von Léon Krier das im Städtebau-Forum 1990 bewies. [...] Der beste Plan für Dresden existiert bereits. Es ist der von 1944. Man braucht ihn nur nachzubauen", zitierte Ingolf Roßberg weiter. „Aus dieser gedanklichen Haltung kann jedoch eine ähnliche Lethargie entstehen, wie aus jener, nur keine Fehler machen zu wollen." So sollte dieses „Leitbild" die „Vorgaben für die zukünftige Entwicklung definieren und die Verantwortung des einzelnen für sein Bauwerk im Zusammenhang mit dem gesamten Bild der Stadt" dazu stellen. Dabei sei wesentlich, dass „Marktwirtschaft – hier die Verwertung von Grund und Boden – die Verpflichtung für die gesamte Stadt einschließt."[36] Im Weiteren beschrieb Ingolf Roßberg die Architektur- und Städtebauentwicklung sowie die Grundlagen der Planungen in der Zeit von 1949 und danach. Diese waren in Dresden nach den Zerstörungen des Zweiten Weltkrieges und dann in der Nachkriegszeit in Dresden insgesamt in einer Weise gegeben, „weil durch das Aufbaugesetz 1950[37] Grund und Boden jeden Wert ver-

---

[35] Ebd.
[36] Ebd.
[37] Vgl.: Gesetzblatt der DDR, 1950, Nr. 104, S. 365–367.

lor und eine ‚tabula rasa' der Planung geschaffen worden war, die jede Willkür im Umgang mit dem Eigentum erlaubte. Sie sind jedoch ihrerseits unvorstellbar ohne die (westlichen) Leitbilder der CIAM[38] von 1936 und die Vorbilder der ‚gegliederten und aufgelockerten Stadt' der 50er Jahre mit ihrem ‚Licht-Luft-Sonne-Prinzip'[39], den Thesen der ‚Charta von Athen' (Neuauflage 1957),[40] die Mitwirkung des Stadtbaurates Hillebrecht (Hannover) in den 50er Jahren in Dresden als Berater, die Ideen von Le Corbusier, die ihre Umsetzung auf der Prager Straße fanden und nicht zuletzt der Mythos, dass die ‚autogerechte Stadt' durchsetzbar sei, zu sehen in Budapester, Leningrader"[41] wie auch der Großen Meißner Straße. So habe sich daraus für das Dezernat für Stadtentwicklung die Erkenntnis ergeben, dass auf diese Weise in den zurückliegenden 40 Jahren das Erscheinungsbild der Stadt so neu bestimmt worden war und damit „die Wiederholbarkeit der geschichtlichen Bilder fragwürdig, wenn nicht unmöglich sei. Das, was entstand, ist selbst Geschichte geworden und deshalb zu respektieren, auch wie jene Reste Dresdens, die die Zerstörung überstanden." Die neuen Planungen zur Innenstadt konnten daher nur von kritischer Bewahrung und behutsamer Weiterentwicklung ausgehen. Das sollte nicht infrage gestellt werden. Die an den jeweiligen Orten in der Stadt sich darstellenden stadträumlichen und architektonischen Gegebenheiten, aber auch die soziokulturellen und historischen Bezüge waren bei diesem nun erforderlich gewordenen neuen Entwicklungsansatz in den größeren Zusammenhänge zu begreifen, die „für pragmatische und tagespolitische Entscheidungen letztlich den Rahmen" bildeten.[42]

Allerdings konzentrierte sich inzwischen bereits ein großer Investitionsdruck auf Dresden, vor allem auf die Innenstadt. Was auch die Stadt immer wollte, musste doch im Wesentlichen von den Investoren verwirklicht werden. Kompromisse auf Kosten der Stadtqualität wollten viele in der Öffentlichkeit und der Stadtplanung trotz wohl manch fortgeschrittener Planung einzelner Großprojekte und erworbenem Grundbesitz nicht hinnehmen.

Diesen Druck der Investoren sah der Stadtentwicklungsdezernent deshalb positiv, da er neue städtebauliche Perspektiven eröffnen würde. „Es besteht die Chance, für die Stadt wieder zurückzugewinnen, woran es ihr lange mangelte: ein Zentrum, Nutzungsvielfalt, baulicher und räumlicher Abwechslungsreichtum, Dichte an politischer, wirtschaftlicher, kultureller und sozialer Bewegung. Die Orientierung auf ökonomisch stärkere Nutzung ist aber gerade vor dem Hintergrund der damit in den Altbundesländern gewonnenen Erfahrungen architektonisch, städtebaulich und stadträumlich nicht ohne Probleme und deshalb mit Vorsicht und Bedacht zu vollziehen." Deshalb wurde für das neue Leitbild gefordert, dass bei der Fortführung des Wiederaufbaus der Dresdner Innenstadt Schaffung „von Nutzungsvielfalt durch die vorrangige Ansiedlung von Läden und Geschäften, Arbeitsplätzen in kleinteiligen Büro-, Dienstleistungs- und Gewerbestrukturen, repräsentativen Funktionen der öffentlichen Verwaltung, Hotels und verschiedenartige Kultur-, Bildungs- und Freizeiteinrichtungen bei Erhaltung des Wohnens in der Innenstadt" ausgegangen und die „Ergänzung des historischen Stadtzentrums und Schaffung urbanen Lebensraums durch Neuordnung des innerstädtischen Verkehrs genutzt werden" sollte.[43] Das Planungsleitbild sollte einen „soliden Orientierungsrahmen für die Arbeit der kommenden Jahre abgeben" und es bleibe offen „für neue Ideen, Entwicklungen und Erkenntnisse, wo Offenheit nottut."[44]

Vorausgegangen waren diesem seit Anfang 1991 neu entwickelten Planungsleitbild Innenstadt viele Beratungen mit den Fraktionen in der Stadtverordnetenversammlung[45] und ein „Symposium Innenstadtplanung" im Juni 1991. Nach diesem Symposium resümierte ein Vertreter des Stadtentwicklungsdezernats,

---

[38] Congrès internationaux d´ Architecture Moderne. (CIAM). Hierzu siehe: Eric Paul Mumford, The CIAM Discourse on Urbanism, 1928–1960. Cambridge (Massachusetts), London (England) 2000.
[39] Siehe zum Beispiel: Andreas Schenk, Sandra Werner, Eine neue Stadt muß her! Architektur und Städtebau der 50er Jahre in Mannheim. Berlin 1999.
[40] Le Corbusier, An die Studenten – Die «Charte d'Athènes». Paris 1957; siehe auch ders., An die Studenten – Die «Charte d'Athènes», rowohlts deutsche enzyklopädie Nr 141, Hamburg 1962.
[41] Heute St. Peterburger Straße.
[42] Vgl. Roßberg, Vorwort (wie Anm. 34), S. 6.
[43] Friedrich, Walter, Leitlinien zur Innenstadtgestaltung (wie Anm. 15), S. 13.
[44] Ebd.
[45] 13.12.1990 Aufstellungsbeschluss der Dresdner Stadtverordnetenversammlung für ein „Planungsleitbild Innenstadt" und eine neue „Dresdner Bauordnung".

dass die bis dahin vorgestellten Großprojekte in ihren Ausmaßen und Aussehen selbst für den Laien in der Innenstadt mehr oder weniger unverträglich erschienen und sich darüber hinaus nur langwierig zu verwirklichen und den regionalen wirtschaftlichen Aufschwung behindern würden.[46]

Der Entwurf des Planungsleitbildes erhob nun nicht den Anspruch, alle Fragen und Probleme, die sich im Zusammenhang mit der Innenstadt Dresdens stellten, behandelt zu haben. Er hatte aus fachübergreifender Sicht eine Reihe von Festlegungen zu Themen von grundlegender Bedeutung getroffen, die für die Entwicklung weiter bedeutsam waren, so auch in Bezug auf den Neumarkt. Dieses neue Planungsleitbild war aber auch eine Absage an die bisherige Praxis der autogerechten und aufgelockerten Stadt. Trotzdem lehnte Ingolf Roßberg einen großflächigen Rückbau oder Abrisse wie z.B. an der Prager Straße deutlich ab und forderte stattdessen ein Weiterbauen im vorhandenen Bestand. Gerade für die kriegsgeschädigte, immer noch großflächig aufgelockerte Innenstadt sah er eine Funktions-(rück-)verlagerung aus den nach 1945 gestärkten Stadtteilzentren vor – vor allem im Stadtzentrum mit einem gleichzeitig hohen Wohnanteil. Mit diesem neuen Planungsleitbild war auch ein Flächennutzungsplan für die gesamte Stadt zu erarbeiten. Schon im September 1990 hatte die Dresdner Stadtverordnetenversammlung die Fortgeltung des bereits 1989 erarbeiteten Generalbebauungsplanes und gleichzeitig eine Neuaufstellung des Flächennutzungsplanes beschlossen. Im Juli 1992 konnte ein erster Zwischenbericht des Flächennutzungsplanes vorgelegt werden.[47] Daneben entstanden noch bis Mai 1992 zwei weitere wichtige Konzepte, und zwar das für Verkehr und Rahmen Stadtentwicklung. In dem bis August 1992 überarbeiteten „Planungsleitbild Innenstadt" hob Ingolf Roßberg einleitend hervor, dass der Beschluss, die Frauenkirche wiederaufzubauen, es nahe legte, für den gesamten die Kirche umschließenden Bereich den historischen Stadtgrundriss des Neumarktes zu Grunde zu legen. Dabei war noch zu erörtern, *„ob die bürgerlichen Bauten des Neumarktes im historischen Stil rekonstruiert werden sollen oder ob es richtiger wäre, zwar den historischen Grundriß beizubehalten, aber mit moderner Architektur zu bebauen."*[48]

Ringen um nächste Schritte beim Planen und Bauen am Neumarkt – Begehrlichkeiten

An der Nordseite des Neumarkt-Areals war bis Jahresende 1989 der Hotelneubau „Dresdner Hof"[49] entstanden *(Abb. 7).* Die Übergabe an den Auftraggeber, die Interhotelgruppe in der DDR, fiel zeitlich in die Um- und Aufbruchszeit. Die bürgerschaftlich engagierte Öffentlichkeit sah besorgt auf die weitere Entwicklung am Neumarkt, waren doch bei den Planungen die historisch wichtigen, vorgesehen gewesenen Leitbauten mit dem Architekturimport nicht aufgegriffen worden. Ein Funktionsgebäude für das Hotel und weitere Unternehmen, ausgeführt mit einem modifizierten „WBS 70/14,40-Plattenbauprogramm", war an der Münzgasse als westlicher Abschluss des monumentalen Gebäudekomplexes der Kunstakademie entstanden.[50] Grün- und Parkflächen bestimmten das Erscheinungsbild des Neumarktes und der auf ihn zulaufenden Straßen. Diesen freien Raum begrenzten im Osten das Gebäude des Volkspolizei-Kreisamtes,[51] im Süden die Wohnbebauung an der Thälmann-Straße, der heutigen Wilsdruffer Straße, der Kulturpalast und im Westen die mit großem Einsatz der Denkmalpfle-

---

[46] Persönliche Notiz von Dr. Hans-Joachim Jäger an den Autor zur Einschätzung des Beraters Dr. Jürgen Wolf des Baudezernenten nach dem Symposium 6./7.Juni 1991: „Das Neue Dresden soll aus und auf dem Alten Dresden entstehen".

[47] Zwischenbericht zur Flächennutzungsplanung, Landeshauptstadt Dresden, Dezernat für Stadtentwicklung, Juli 1992. Archiv Kulke/GHND.

[48] Ingolf Roßberg, Die Frauenkirche und die Dresdner Innenstadtplanung, Dresdner Hefte 10 (1992) 4, S. 63–70, hier S. 69/70 (Heft 32).

[49] Die Übergabe des Komplexes, von 1987–1989 errichtet nach Entwürfen des Westberliner Architekten Walter Lewin unter Mitwirkung des VEB Gesellschaftsbau Dresden (Architekten Werner Bauer, Dr. Manfred Zumpe), erfolgte erfolgte am 30. November 1989 an die Interhotel DDR, am 1. Februar 1990 war die offizielle Eröffnung des Hotels „Dresdener Hof" und seit 1. März 1992 dann „Hilton Dresden Hotel," vgl. https://www.stadtwikidd.de/wiki/Hilton (30.06.2022).

[50] Torsten Kulke, Wiederaufbauplanungen zum Dresdner Neumarkt und kulturhistorischen Zentrum in den Jahren 1970–1990. In: Die Dresdner Frauenkirche. Jahrbuch 19 (2015), S. 157–196, hier S. 195

[51] Der Anbau an das ehemalige Volkspolizei-Kreisamtes Dresden wurde Juni 2005 abgerissen.

Herz und Seele der Stadt – die Planungen und der Wiederaufbau am Dresdner Neumarkt 1990 bis 2000   93

Abb. 7 Dresden-Altstadt, Augustusstraße/Neumarkt/Töpferstraße
Hotel „Dresdner Hof" und Ruine der Frauenkirche nach Norden. Aufnahme 1990.

ger bewahrten Ruinen des Taschenbergpalais und des ehemaligen Residenzschlosses, an dem seit 1985 Wiederaufbauarbeiten und –planungen im Gange waren. Nordwestlich daneben vor der noch vorhandenen, den Stallhof abschließenden Wand des Kanzleihauses befanden sich Baustelleneinrichtungen, dann das Johanneum und dahinter das teilgenutzte Ständehaus. Neben dem Hotelkomplex „Dresdner Hof" schlossen sich an der Münzgasse das Funktionsgebäude und danach die Kunstakademie an, angrenzend an die Ruine des Sächsischen Kunstvereins mit der markanten Glas-Kuppel, im Hintergrund das Albertinum und dann die Ruine des Kurländer Palais. Neben der Ruine der Frauenkirche standen die beiden Torhäuser des Coselpalais, die auf Initiative von Chefkonservator Hans Nadler (1910–2005) und einer örtlichen Bauorganisation wiederhergestellt und genutzt worden waren *(vgl. Abb. 3)*. Die Planungen für eine an der Südseite des Neumarkts vorgesehen gewesene und im Jahr 1983/84 entwickelte Wohnbebauung waren 1987 abgebrochen worden. „*Es bleibt ein Verdienst des damaligen Stadtarchitekten Heinz Michalk, die Flächen am Dresdner Neumarkt, auch mit dem Mittel stets neuer Wettbewerbe, immer wieder vom typisierten uniformen Plattenbauprogramm der DDR freigehalten zu haben.*"[52] Von den viel beschriebenen, die damals höfischen Monumente verbindenden baukulturellen Leistungen bürgerlichen Bauens war nur die Leere geblieben.

Seit gut zwei Jahrzehnten arbeiteten sowohl Architekten als auch Stadtplanung an den Untersuchungen zur weiteren Gestaltung. Es hatte bereits vier Wettbewerbe dazu gegeben,[53] die allerdings nie die gewünsch-

[52] Kulke, Wiederaufbauplanungen zum Dresdner Neumarkt (wie Anm. 50), S.195.
[53] Ebd., S. 191.

ten und staatlicherseits erwarteten Ergebnisse mit dem in den Jahren vor 1989 zur Verfügung stehenden Plattenbauprogramm erbrachten. Der Neumarkt war wegen der komplizierten städtebaulichen Situation der ihn umgebenden Monumente und der historischen Bedeutung für Dresden immer als etwas Besonderes betrachtet worden und alle dortigen Aktivitäten wurden von den Dresdnern genau verfolgt. Nachdem eine Regierungsdelegation im Bezirk Dresden die nicht plangerechte Erfüllung des Wohnungsbaus analysiert hatte und daraufhin 1988 für den Wohnungsbau leicht erschließbare Flächen suchte, wuchsen auch am Neumarkt wieder entsprechende Begehrlichkeiten. Ein Grundlagenpapier der Arbeitsgruppe Neumarkt der Dresdner Interessengemeinschaft „Kulturhistorisches Stadtzentrum", verfasst von den ehrenamtlichen Denkmalpflegern Bernd Trommler und Hans-Joachim Jäger, war eine Antwort darauf. Sie erläuterten darin die unter den damals gegebenen baupolitischen Gegebenheiten zu bedenkenden Aspekte:[54] *„Die Stadt steht vor der Notwendigkeit, auch am Neumarkt mit den Mitteln des Wohnungsbaus zu arbeiten. Wir sollten uns jedoch alle davor hüten, diesen städtebaulichen Raum als Standort für innerstädtischen Wohnungsbau – den gegenwärtig in Dresden üblichen – zu bezeichnen. Die hier notwendigen Aufwendungen bei Vorbereitung und Ausführung werden nicht nur die Normative überschreiten, sondern auch längere Vorbereitungsphasen erfordern. Dabei ist der spätere Wiederaufbau der Frauenkirche in jeder Hinsicht zu berücksichtigen. Diese Zugeständnisse im Sinne einer umfassenden Qualität, die in aller Welt vom Neumarkt erwartet wird, müssen seitens unserer Gesellschaft bewußt erbracht werden – allein bereits eine Anwendung des Terminus ‚innerstädtischer Wohnungsbau' in diesem Zusammenhang weist auf den allgemein notwendigen Nachholbedarf an geistiger Haltung zum Problem hin."*[55] In Anbetracht der brisanten gesellschaftlichen Entwicklung nach dem Mauerfall wandte sich die Interessengemeinschaft im Dezember 1989 mit einem Aufruf an die Öffentlichkeit, unterzeichnet von Architekt Kurt W. Leucht (1913–2001) als Vorsitzendem und dem Vorstandsmitglied Architekt Bruno Kandler. Darin forderten diese den Wiederaufbau der Frauenkirche in nötiger hoher baukultureller Qualität genauso ein wie den Wiederaufbau der Gebäude am Neumarkt. Im Aufruf hieß es: *„Aus dem immensen Ver-*

lust an kultureller Identität erwächst uns im besonderen Maße das Vermächtnis und die Verpflichtung, dem weiteren Verfall ein eindeutiges, auf das baukulturelle Erbe und ihre Werte bezogenes städtebauliches Konzept zur Erhaltung, Rückgewinnung, Erneuerung und Bewahrung unserer Kunststadt Dresden entgegenzustellen. Städtebauliche Planung muß wieder in Übereinstimmung mit der historischen Entwicklung der Stadt und ihrer urbanen Gesamtstruktur des Territoriums gebracht werden. Was ein jahrhundertelanger Prozess schöpferischen Wirkens vieler Generationen an außerordentlichen Leistungen hervorgebracht hat, […] wurde durch eine unheilvolle Bauentwicklung vielfach maßlos entstellt und ging für immer verloren. […] Es geht bei der Gestaltung des ‚Herzens' der Stadt, dem Neumarkt mit der Frauenkirche, primär um die Wiedergewinnung des historischen Raumgefüges der ‚Mitte'" und dabei die Planungen für Dresden „*als gesamteuropäische Aufgabe zu betrachten."* Die Unterzeichner nannten als Forderungen, dass Schluss mit der maßstablosen Bauerzeugnispolitik sein müsse, historisch und maßstabsbildende Bezüge durch Rekonstruktionen (Leitbauten) aufgenommen werden sollten und der Wiederaufbau kriegszerstörter Substanz zu erfolgen habe. Die Wahl der bautechnologischen Mittel, die gestalterische Vielfalt und Individualität in der Architektur solle bei höchster städtebaulicher und architektonischer Qualität frei möglich sein. Auch wurde auf die Einhaltung der ICOMOS-Erklärung '87 für den historischen Stadtkern Dresdens hingewiesen, hatte doch die ICOMOS-Vertretung der DDR 1984 an der ersten Fassung mitgewirkt.[56]

Kurz nach der durch die Bürgerinitiative zum Wiederaufbau der Frauenkirche erfolgten Gründung des Förderkreises[57] waren solche Gedanken in dessen Ar-

---

[54] Landesamt für Denkmalpflege Sachsen, Topographische Registratur [künftig abgek.: LfDS, Top. Reg.], Neumarkt Dresden, Allg. 1977–1992: Bernd Trommler, Hans-Joachim Jäger, Entwurf zur inhaltlichen Grundrichtung in der Arbeit der AG Neumarkt. Gesellschaft für Denkmalpflege (Kulturbund d. DDR), IG „Kulturhistorisches Stadtzentrum", AG Neumarkt. Dresden, Februar 1989.
[55] Ebd.
[56] Aufruf der Interessengemeinschaft „Kulturhistorisches Zentrum Dresden", Bekennen und Zeichen der Versöhnung setzen für die Erneuerung Dresdens vom 04.12.1989. Archiv Kulke/GHND; Auszug vgl. Kurt W. Leucht, Bruno Kandler, Aus dem Aufruf […]. In: Sächsische Heimatblätter 36 (1990) 1, S. 45.

beitspapier vom Mai 1990 zu finden: „*Noch besteht die Hoffnung, daß die Chance erkannt wird, das Beispiel des denkmalpflegerischen Wiederaufbaus des Theaterplatzes über die Schloßstraße bis zum Neumarkt fortwirken zu lassen. […] Der gültige Bebauungsplan des Stadtarchitekten von 1988 sieht die Neumarktbebauung in den historischen Fluchtlinien und Traufen vor. Über die Fassadengestaltung, ob historische oder modern, ist noch nichts entschieden. Das teure, aber mißlungene Hotel ‚Dresdner Hof' sollte eine letzte Warnung sein. Diese Architektur entspricht nicht den hier zu fordernden städtebaulichen Ansprüchen. Bisher wurde erwogen, einige wenige Leitbauten historisch getreu zu wiederholen.*"[58] Auch direkt während der Umbruchphase blieb der Wiederaufbau des Neumarktes ständiges Thema in der Bürgerschaft. Bei dem bereits erwähnten, im Sommer 1990 veranstalteten Architekten-Workshop wurde der Dresdner Neumarkt mit seinen Flächen bewusst ausgenommen. Dennoch weckten, gerade wegen des Wiederaufbaus der Frauenkirche, die umliegenden Flächen Begehrlichkeiten. Bereits ab Mai 1990 bemühte sich die DGI – Deutsche Grundbesitz Investgesellschaft mbH[59] aus Frankfurt am Main bei der Stadt, um Flächen am Neumarkt zu erwerben. Das Unternehmen hatte frühzeitig erkannt, dass die Grundstücke um die Frauenkirche enormes Entwicklungspotenzial besaßen.

Allerdings waren die Beschlüsse der Stadtverordnetenversammlung vom Dezember 1990 auch zum Neumarkt mit ihren Vorgaben zu berücksichtigen.[60]

Von der DGI wurde im August 1991 über das Stadtplanungsamt die Aufgabenstellung (Vorgaben) für einen Testentwurf geliefert.[61] Der Wunsch des Unternehmens war eine hohe Grundstücksausnutzung für Gewerbe bis ins Untergeschoss und Einschränkung einer Wohnnutzung auf die Dachgeschosse. Beauftragt mit der Ausführung der Planung wurde die Architektengemeinschaft Dr. Christine Emmrich und Prof. Manfred Wagner. Bereits im Realisierungswettbewerb für die Wohnbebauung am Neumarkt 1983 hatten ihre Vorschläge zusammen mit dem Architekten und Hochschullehrer Kurt Milde (1932–2007) und Jürgen Mehlhorn (1952–2016) Beachtung gefunden.[62] In der nun überarbeiteten Planung schreckten sie nicht davor zurück, die Anzahl der festgesetzten Leitbauten und Leitfassaden in ihrem Entwurf deutlich zu erhöhen, auf insgesamt 40 Stück. Nicht zuletzt war das auch auf die jahrelangen Forschungen, vor allem von Henning Prinz, vom Institut für Denkmalpflege zurückzuführen.[63] Neben den Untersuchungen zu „*wertvollen Gebäuden*" umfasste der Testentwurf noch Untersuchungen zur Bebauungsstruktur, zur Nutzungsplanung, zu Gestaltungselementen, Dachlandschaften, möglichen Geschossflächen und Beispielen und wichtigen Aussagen zur Qualität der maßstäblichen raumbildenden Gestaltung. Emmrich und Wagner legten damit einen richtungsweisenden Grundstein für die spätere Entwicklung. Eine von der DGI geforderte einseitige Nutzung hauptsächlich mit Gewerbeeinheiten wurde

---

[57] Förderkreis zum Wiederaufbau der Frauenkirche Dresden e.V., als erster Verein in Dresdens Vereinsregister eingetragen. Dessen Mitgliederversammlung beschließt am 30. Oktober 1991 die Umbenennung in: Gesellschaft zur Förderung des Wiederaufbaus der Frauenkirche Dresden e.V., hier dann weiter kurz: Wiederaufbau-Fördergesellschaft.

[58] StA Dresden, unerschl. Archivgut. Gesellschaft zur Förderung des Wiederaufbaus der Frauenkirche Dresden e.V.: [Walter Köckeritz, Heinrich Magirius u.a.] „Arbeitspapier des Förderkreises zum Wiederaufbau der Frauenkirche Dresden e.V.", hier Abschnitt „Zu Fragen des Städtebaus" Bl. 5.

[59] Deutsche Grundinvestgesellschaft mbH (kurz: DGI) zum damaligen Zeitpunkt: 60 % Deutsche Bank, 30 % Commerzbank, 10 % Wüstenrot (Depotbank für Immobilien – mit 160.000 meist Kleinanlegern. LfDS, Top. Reg., Neumarkt 1977–1992, Beschlussvorlage mit handschriftlichen Notizen.

[60] LfDS, Top. Reg., Neumarkt 1977–1992, 13. Dezember 1990, Stadtratsbeschluss zur Aufstellung eines Bebauungsplans mit dem Namen Dresden-Altstadt I – Nr. 5 – Altstadtkern (Beschluss-Nummer: 220-13-90). Der Geltungsbereich war darin festgesetzt für das Gebiet vom Norden die Flussmitte, im Osten von Schießgasse, Tzschirnerplatz, Akademiestraße, Bastionsgrenze „Venus" (jeweils Straßenmitte),nach dem Süden die Ernst-Thälmann-Straße bis zur Sophienstraße und dann im Westen den Postplatz mit dem Anschluss an die Ostra-Allee. Der Beschluss wurde mit 92 ja-Stimmen, 1 nein-Stimme und 4 Stimmenthaltungen angenommen.

[61] Aufgestellt DGI, Frankfurt a. Main, 01.08.1991, Archiv Kulke/GHND..

[62] Kulke, Wiederaufbauplanungen zum Dresdner Neumarkt (wie Anm. 50), S. 182–183.

[63] LfDS, Top. Reg., Neumarkt 1977–1992, Dokumentation „Das Neumarktgebiet von Dresden", bereits im Mai 1982 Anlegen eines Verzeichnisses über vorhandene Zeichnungen zu Gebäuden, Schloßstraße zwischen Altmarkt und Georgentor und Komplex zwischen Schloss, Sporergasse, Johanneum, Stallhof und Kanzleigäßchen.

Abb. 8 Dresden-Altstadt
Rampische Straße und Landhausstraße, archäologisch freigelegte Keller während der Grabungen. Aufnahme 9. Juli.2000.

durch ihre Planung abgelehnt. Anfang November 1991 legte der Hauptkonservator und Vorstandsmitglied der Wiederaufbau-Fördergesellschaft Heinrich Magirius die Denkschrift „George Bährs Frauenkirche als Mitte der Bürgerstadt Dresden" zum Wiederaufbau des Neumarktgebietes vor.[64] In dieser weist er darauf hin, dass die Frauenkirche wieder der Kristallisationspunkt der bürgerlichen Baukultur in Dresden werden sollte. Neben den Festlegungen der historischen Platz- und Straßenräume und der Höhen stellten insbesondere die Keller ein wichtiges Zeitdokument dar und müssten als Denkmal erhalten werden. „Im Sinne einer ‚behutsamen Stadterneuerung' wäre auf diese archäologischen Urkunden Rücksicht zu nehmen und von ihnen beim Neuaufbau auszugehen. Würde folglich die ‚Parzellenstruktur' des Neumarktgebietes prinzipiell akzeptiert, wäre die weitere Frage, wie die Grundrisse und Fassaden der Neubauten aussehen sollten."[65] Später wurden archäologische Grabungen dazu durchgeführt (Abb. 8). Heinrich Magirius führte weiter aus, dass bereits in den 1980er Jahren durch die Denkmalpflege für die Wiederherstellung einiger Leitbauten plädiert worden war. Er schloss sich den Planungen von Emmrich und Wagner an und konnte sich auf Grund der für Dresden „denkbar günstigen Quellenlage" weitere Leitbauten

vorstellen, so insbesondere: „der gesamte nördliche Straßenzug der Rampischen Gasse, der Komplex des Hoymschen Palais, das Stadthaus an der Landhausstraße, das Hotel de Saxe und British Hotel, sowie zwölf Häuser an der Schloßstraße und einige Häuser an der Galerie- und Frauenstraße auch grundrißlich exakt einschließlich ihrer Höfe."[66] Er wies darauf hin, dass von den Planern das „sorgfältige Eingehen" auf die Grundrisse der Parzellenstruktur dabei dringend zu fordern wäre. Vom Grundriss her könnten die weniger gut dokumentierten Bauten neu strukturiert werden. „In diesem Sinne wiederaufgebaute Zentren wie München, Freiburg, Münster und Nürnberg haben sich im öffentlichen Bewusstsein bewährt, während die seinerzeit ‚modernen' Stadtkonzeptionen wie Kassel, Hannover, Hildesheim oder Frankfurt a. M. und Stuttgart keinen Bestand gehabt haben." Heinrich Magirius mahnte, dass aus solchen Fehlern

---

[64] Heinrich Magirius, George Bährs Frauenkirche als Mitte der Bürgerstadt Dresden. Dresden 11.11.1991, veröffentlicht: ders., George Bährs Frauenkirche als Mitte der Bürgerstadt Dresden – eine Denkschrift. In: Dresdner Frauenkirche. Geschichte – Zerstörung – Rekonstruktion. Dresdner Hefte 10 (1992) 4. S. 71–73. (Dredner Hefte 32)
[65] Ebd., S. 72
[66] Ebd., S. 73

in Dresden unbedingt gelernt werden sollte. Die historische Situation *„46 Jahre nach dem zweiten Weltkrieg"* zwinge *„einfach zu vertieftem Nachdenken, was bei dem Wiederaufbau der Innenstadt gewonnen und verspielt werden kann."*67 Während bei der Wiederaufnahme der Parzellenstruktur durch den Erhalt der Keller aus denkmalpflegerischer Sicht Übereinstimmung in der sächsischen Denkmalpflege herrschte, hielt der Chefkonservator, später Sächsischer Landeskonservator Gerhard Glaser in der Erwartung von Inkonsequenzen bei Investoren und Planern während der Realisierung der Leitbauten an der 1982 festgesetzten Anzahl der Leitbauten fest.68 Er forderte aus seinen praktischen Planungserfahrungen heraus weniger Leitbauten, dafür aber diese konsequent zu realisieren und den Bauherren mehr Gestaltungsfreiheit bei den Neubauten zu geben.

Die bis dahin erbrachten Forschungen von Heinrich Magirius und die von ihm daraus entwickelte Haltung wurden jedoch von politischen Entscheidungsträgern aufgegriffen und gestützt. So wandte sich der CDU-Stadtverordnete und Mitglied im Bauausschuss, Dietmar Kretzschmar, Ende November 1991 an Heinrich Magirius beim Institut für Denkmalpflege. Dabei äußerte er: *„Der Wiederaufbau der Frauenkirche zwingt über die Gestaltung des Umfeldes nachzudenken"*. Weiter verwies er darauf, dass die häufigen Argumente gegen den historischen, also denkmalgerechten Wiederaufbau dieses zentralen Gebietes mit fehlenden oder zu wenigen Unterlagen begründet würden. Er bemängelte die unzureichende Dokumentationslage innerhalb der Stadtverwaltung und bat das Institut für Denkmalpflege um Hilfe bei der Bereitstellung von Unterlagen und Abbildungen. Das Bemühen von Dietmar Kretzschmar war, den *„denkmalgerechten Wiederaufbau dieses Gebietes um die Frauenkirche"* in seiner historischen Parzellenstruktur politisch mit vorbereiten zu helfen.69 Heinrich Magirius dankte für das Interesse und betonte, *„dass das der richtige Weg ist, wenn die Wiederaufbau-Idee der Frauenkirche nicht zur Farce werden soll."* Magirius verwies auf seine Ausarbeitungen für die Fördergesellschaft Frauenkirche und sicherte Kretzschmar die Verfügbarkeit der Unterlagen des Institutes für Denkmalpflege zu.70 Am 20. Februar 1992 beschloss die Dresdner Stadtverordnetenversammlung in namentlicher Abstimmung, dass die Stadt Dresden den Wiederaufbau der Dresdner Frauenkirche begrüßt und diesen finanziell und mit Grundstücksflächen für die Bauhütte unterstützen werde.71 Zu Beginn der Debatte durfte Hans Nadler sprechen, dem die Bewahrung der Ruinen von bedeutenden Monumenten in Dresden für deren späteren Wiederaufbau zu verdanken ist. Er erläuterte den Stadtverordneten die Bedeutung der Frauenkirche, der Ruine und die Möglichkeit der archäologischen Rekonstruktion. Besonders wies er darauf hin, dass *„das europäische Kulturdenkmal der wiederaufgebauten Frauenkirche immer auch in Beziehung zu seiner Umgebung, dem Neumarkt zu sehen"* sei. *„Auch hier sollten mit dem Aufbau der Frauenkirche ‚Leitbauten' vorgesehen werden, um das Ensemble wieder herstellen zu können."*72 In der Folge wurde auch das Denkmalschutzamt der Stadt mit seinem Leiter Hermann Krüger (1935–2016) in die Überlegungen zur weiteren Entwicklung am Dresdner Neumarkt eingebunden. Krüger wollte ursprünglich dem Büro Weise und Treuner einen Auftrag zur Erarbeitung eines denkmalpflegerisch-städtebaulichen Rahmenkonzeptes erteilen. Heinrich Magirius verwies auf die umfänglichen Arbeiten von Henning Prinz am Institut für Denkmalpflege.73 Genau zu dieser Zeit machte Stefan Hertzig, ein junger Student der Kunstgeschichte, neueren Geschichte und klassischen Archäologie aus Saarbrücken auf sich aufmerksam und fragte im Institut für Denk-

---

67 Ebd., S. 72
68 LfDS, Top. Reg., Allg. Neumarkt 1993, Schreiben vom 20.09.1993 Institut für Denkmalpflege. Dr. Gerhard Glaser an Baudirektor Jörn Walther.
69 LfDS, Top. Reg., Allg. Neumarkt Dresden 1977–1992, Schreiben vom 30.11.1991.
70 LfDS, Top. Reg., Allg. Neumarkt Dresden 1977–1992, Schreiben von Prof. Heinrich Magirius an Architekt Dietmar Kretzschmar vom 12.12.1991.
71 Protokoll der 38. Sitzung der Stadtverordnetenversammlung vom 20. Februar 1992: Wiederaufbau der Frauenkirche. In: Dresdner Amtsblatt Nr. 9/92, 02.03.1992, S. 155.
72 [o. V.], Herz und Seele dieser Stadt. Stadtparlament stimmt dem Wiederaufbau der Frauenkirche zu. In: Dresdner Amtsblatt Nr. 9/92, 02.03.1992; siehe auch: Rundbrief der Gesellschaft zur Förderung des Wiederaufbaus der Frauenkirche Dresden e.V. Nr. 1 Dresden Weihnachten 1991, S. 10.
73 LfDS, Top. Reg., Allg. Neumarkt Dresden 1977–1992, Schreiben vom 28.04.1992 an das LfDS und Schreiben vom 12.05.1992 an das Denkmalschutzamt Dresden.

malpflege bei Heinrich Magirius an, ob er sich in seiner Magisterarbeit mit dem Thema Neumarkt beschäftigen könne. Stefan Hertzig arbeitete das von Henning Prinz gesammelte Plan- und Bildmaterial auf und untersuchte mit großer Sorgfalt bis 1993 die Bürgerhausarchitektur am Dresdner Neumarkt. Diese Arbeit lieferte Argumentationsgrundlagen für die angestrebten Rekonstruktionen. Er wies nach, dass der Dresdner Neumarkt ein zur Frauenkirche gehöriges Gesamtkunstwerk von europäischer Bedeutung darstellt, welches erst nach dem Siebenjährigen Krieg um 1800 so entstand.[74] Aus dieser Feststellung heraus stellte er klar: *„Für einen Wiederaufbau sind demnach das Weglassen des Gewandhauses und der Hauptwache bei ansonsten genauer Einhaltung der historischen Straßenfluchten zu fordern."*[75] Diesen Forderungen wurde in Bezug auf den Wegfall der Wache bei der Aufstellung eines Entwurfes für eine Gestaltungssatzung 1995 entsprochen. Erst eine viel später geführte Diskussion führte auch zum Weglassen eines „Neuen Gewandhauses". Kurz nach der Veröffentlichung der Magisterarbeit von Stefan Hertzig legte das Landesamt für Denkmalpflege die Kurzdokumentation „Das Neumarktgebiet in Dresden" mit Beiträgen von Heinrich Magirius, Norbert Oelsner und Henning Prinz vor.[76] Architekten, die später mit der Erarbeitung einer Gestaltungssatzung beauftragt wurden, dienten diese Arbeiten als hilfreiche Grundlagen. Derweil bemühte sich das Unternehmen DGI – öffentlich kaum bemerkt – um den Erwerb des Grundstückes „An der Frauenkirche 13" von der Stadt Dresden. Nach eingehenden Verhandlungen mit verschiedenen Ämtern lag ein Vertrag unterschriftsreif beim Oberbürgermeister Dr. Herbert Wagner. Als Stadtratsvorlage war der Ver-

Abb. 9 Dresden-Altstadt, Frauenkirche mit Neumarkt Rampische Straße, Landhausstraße. Bauvoranfrage/Vorentwurf, Variante 1. Zeichnung/Isometrie, April/Juni 1993.

kauf von der Beigeordnetenkonferenz bereits beschlossen worden.[77] Während der Bauausschuss und später auch der Liegenschaftsausschuss mit knapper Mehrheit seine Zustimmung verweigerte,[78] befürworteten die Dezernate Stadtentwicklung und Finanzen einen Verkauf. Knapp fünf Monate später legten diese erneut einen Vertragsentwurf mit der DGI vor, der wiederum in der Beigeordnetenkonferenz Zustimmung fand.[79] Die Vorlage des Vertragsentwurfes begründeten die einreichenden Beigeordneten mit dem Aufstellungsbeschluss der Stadtverordneten für einen Bebauungsplan „Altstadt I – Nr. 5 Altstadtkern" vom Jahr 1990 – wie hier schon erwähnt – mit dessen dringender Erfüllung. Neben dem Kauf des Grundstückes „An der Frauen-

---

74 Stefan Hertzig, Die Bürgerhausarchitektur des Dresdner Neumarkts. Magisterarbeit Institut für Kunstgeschichte, Phil. Fakultät, Universität des Saarlandes, Sommersemester 1993, Typoskriptdruck.
75 Stefan Hertzig, Zur Baugeschichte des Dresdner Neumarktes mit Aspekten des Wiederaufbaus in: Die Dresdner Frauenkirche. Jahrbuch zu ihrer Geschichte und zu ihrem archäologischen Wiederaufbau, Bd. 1, Weimar 1995, S. 227.
76 LfDS, Top. Reg., Allg. Neumarkt Dresden 1977–1992.
77 LfDS, Top. Reg., Allg. Neumarkt Dresden 1992, 05.08.1992, Beschluss-Nr. 02-105/92.
78 LfDS, Top. Reg., Allg. Neumarkt Dresden 1992, Schriftverkehr Ämter Dezernat Stadtentwicklung an Liegenschaftsamt wegen Zustimmungsversagens des Ausschusses Bau vom 17.03./12.06.1992 und Liegenschaftsausschuss an Präsidium der Stadtverordnetenversammlung, die Stadtverordnetenversammlung möge der Vorlage nicht zu folgen, vom 24.08.1992.
79 LfDS, Top. Reg., Allg. Neumarkt Dresden 1993, Erneute Vorlage des Kaufvertrages beim Dezernat Finanzen und Stadtentwicklung, Einreicher: Dezernat für Stadtentwicklung, Vertrag mit der Grundbesitz-Investmentgesellschaft mbH, Verkauf Grundstücke Frauenkirche vom 15.01.1993 und Beigeordnetenkonferenz vom 10.03.1993, Beschluss-Nr. 27-133/93, städtebauliche Entwicklung des Neumarktes; hier: Abschluss eines Entwicklungsvertrages für städtebauliche Leistungen.

Abb. 10 Dresden-Altstadt, Frauenkirche
An der Frauenkirche, Neumarkt Ecke Landhausstraße. Bauvoranfrage/Vorentwurf, Variante 2. Zeichnung/Isometrie, April/Juni 1993.

Abb. 11 Dresden-Altstadt, Frauenkirche
An der Frauenkirche, Neumarkt Ecke Landhausstraße. Bauvoranfrage/Vorentwurf, Variante 3. Zeichnung, April 1993.

kirche 13" strebte die DGI den Bau eines Büro- und Geschäftsgebäudes mit insgesamt 5000 qm Bruttogeschossfläche durch Zukauf weiterer Grundstücke am Neumarkt an. Die Ambitionen des Unternehmens gingen aber noch darüber hinaus. Die Stadtverwaltung wollte nun eine vertragliche Bindung mit dem Unternehmen eingehen, um gemeinsam die städtebauliche Planung und Entwicklung des Neumarktbereiches zu betreiben. Um dabei Interessen und Kräfte zu bündeln, sollte eine Arbeitsgruppe mit dem Namen „Zukunft Neumarkt" aus Vertretern der Stadtverwaltung und dem Unternehmen gebildet werden, die dann durch entsprechende Empfehlungen an die städtischen Gremien und deren dazu gefasste Beschlüsse einzelne Planungsschritte erarbeiten und umsetzen sollte. Die „Auslobung eines städtebaulichen Wettbewerbes, städtebauliche Teiluntersuchungen, die Erstellung eines Bebauungsplanes, sowie weitere, damit im Zusammenhang stehende Planungsaufgaben" sollten dazu gehören, genauso wie die Erarbeitung der Auftragsvorgaben beim Hinzuziehen von Dritten, aber auch die Koordinierung und Überwachung bei der Auftragserfüllung. Sie sollte ebenso dafür Sorge tragen, „daß erforderliche ergänzende Festlegungen, wie Gestaltungssatzungen, rechtzeitig erarbeitet werden," dass sie aber auch im Rahmen von gesetzlichen Umlegungsverfahren „freiwillige Bodenordnungsmaßnahmen begleiten und fördern" sollte.[80] Der Stadtverordnetenversammlung und ihren Ausschüssen sollte sie zur Verfügung stehen, „um zu allen Fragen des Wiederaufbaus im Vertragsgebiet im Rahmen ihres Aufgabenbereiches Auskünfte zu erteilen."[81] Im Falle einer Nichtherstellung von Planungsrecht bei Nichtverabschiedung eines Bebauungsplanes durch die Stadt Dresden bis zum Jahresende 1998 oder der Kündigung des Vertrages hätte das Unternehmen erhebliche Erstattungsansprüche geltend machen können. Einige von den Stadtverordneten erkannten die Brisanz des Entwurfs und befürchteten, dass ihre Weisungs- und Kontrollfunktion eingeschränkt werden würde. Auch die Presse und die Bürgergesellschaft wurden auf diese Fragen aufmerksam und fragten, ob die Bebauung am Neumarkt „an den Dresdnern vorbei geplant" werde.[82] Der Baubund Sachsen[83] griff das

[80] Ebd.
[81] Ebd.
[82] Brigitte Holland, Neumarkt wird an den Dresdnern vorbeigeplant. In: Sächsische Neueste Nachrichten, 12.05.1993; Peter Redlich, Für den Neumarkt fehlt das große Konzept. In: Sächsische Zeitung, 04.06.1993.
[83] Der „baubund SACHSEN e.V." ist eine Vereinigung von Architekturbüros für Orts-, Regional- und Landesplanungen in Sachsen, Sitz Dresden.

Abb. 12 Dresden-Altstadt
Rampische Straße/Neumarkt Ecke Landhausstraße.
Bauvoranfrage/Vorentwurf, Variante 4. Zeichnung/Vogelperspektive.
April/Juni 1993.

Thema öffentlich in einer Podiumsdiskussion auf.[84] Bei den Stadtverordneten fanden sich aus der dortigen CDU-Fraktion die mit den Fragen des Stadtentwicklung befassten Mitglieder Hermann Henke, Dietmar Kretzschmar und Walter Tempel sowie von dem Abgeordneten der Freien Bürger Lothar Dunsch (1948–2013) zu einer „Projektgruppe Neumarkt" zusammen und arbeiteten Leitlinien zur Bauleitplanung aus.[85] Sie entwarfen nach Quartieren geordnete konkrete Planungen mit den nach ihrer Meinung notwendigen Rekonstruktionen und lehnten eine Vertragsunterzeichnung mit der DGI ab. Die Beschlussvorlage zum Vertrag mit der DGI wurde nun zurückgezogen.[86] Die Stadt hatte verstanden, dass sie dieses wichtige Gebiet nicht einem Projektentwickler überlassen darf, denn neben der DGI gab es auch zwei weitere Bauvoranfragen von Investoren *(Abb. 9–12)*.[87]

*Auf dem Weg zur Gestaltungssatzung
„Bereich Neumarkt"*

Nach vielfältigen Abstimmungen kam Anfang 1994 nicht zuletzt auf Initiative und Betreiben des Vorsitzenden der Architektenkammer Sachsen (AKS), Kammergruppe Dresden, Gunter Just, die konstituierende Sitzung von deren „Planungsgruppe Neumarkt" zustande.[88] Diese Gruppe sollte bisherige Erkenntnisse zu einer umsetzbaren Bauleitplanung zusammenführen. Sie arbeitete im Auftrag des Stadtplanungsamtes und kam im dreiwöchentlichen Rhythmus mit allen Beteiligten und Konsultanten unter Leitung von

---

[84] Die Veranstaltung fand am 02.06.1993, 19.00 Uhr in der Kinder- und Jugendbibliothek in Dresden-Neustadt statt. Es wirkten mit: vom Baubund Sachsen der Vorstandsvorsitzende Prof. Siegbert Langner v. Hatzfeld und Geschäftsführer Dr. Frank Zabel, Referenten und Diskutanten des Forums waren Gunter Just, Dieter Schölzel (1936–2016), Prof. Bernhard Klemm (1916–1995), Prof. Hans Nadler (1910–2005). Einladung von Frank Zabel an Dieter Schölzel, 26.05.1993, Archiv Kulke/GHND.

[85] LfDS, Top. Reg., Allg. Neumarkt Dresden 1994, 24.03.1994, Leitlinien zur Bauleitplanung, Projektgruppe Stadtentwicklung – Arbeitsgruppe Tempel, Kretzschmar, Henke.

[86] LfDS, Top. Reg., Allg. Neumarkt Dresden 1993, 23.10.1993, Schreiben an Dr. Gerhard Glaser von Hermann Henke, Typoskript und 06.10.1993, Schreiben an Dr. Gerhard Glaser von Walter Tempel.

[87] LfDS, Top. Reg., Allg. Neumarkt Dresden 1993, Bauvoranfrage und Teilstudie Töpferstraße (später Quartier I) und Bebauungsstudie/Bauvoranfrage Rampische Gasse/Landhausstraße für die Behne-Management GmbH durch Joh. Friedrich Vorderwülbecke, Werner Bauer, Wolfgang Hänsch, Hans Konrad, Konrad Lässig, Vigram Sen mit Koordination von Hartmut Messow und Heinz Schwarzbach. April/Juni 1993. In: Protokoll des Bauausschusses der Stadtverordnetenversammlung.

[88] LfDS, Top. Reg., Allg. Neumarkt Dresden 1994, Planungsgruppe Neumarkt, 1. Sitzung, 12.01.1994, 17.00 Uhr im Technischen Rathaus (konstituierende Sitzung). In der Tagesordnung genannt ist nach der Einführung durch Bürgermeister Roßberg, Einführungsvortrag von Stefan Hertzig zur denkmalpflegerischen Dokumentation und Zielsetzung und Schreiben von AKS/Gunter Just an LHD Dezernat Stadtentwicklung Baudezernent Ingolf Roßberg, 01.11.1993, Aufforderung zur Bildung einer Planungsgruppe Neumarkt.

Baudirektor Jörn Walther zusammen.[89] Ein früherer Beitrag ging auf deren Arbeit skizzenhaft ein.[90] Hier werden noch nicht dargestellte Aspekte des damaligen Geschehens beleuchtet. Zur tiefergehenden Bearbeitung wurde das Gebiet des Neumarktes in acht Plangebiete aufgeteilt, von denen von der Kammergruppe Dresden jeweils einem Architekten eines zur Bearbeitung übergeben worden war.[91]

Anfang Januar 1995 konnten vom Dezernat für Stadtentwicklung Empfehlungen zur weiteren Entwicklung des Bereiches die Gestaltungsfestlegungen und der Entwurf einer Gestaltungssatzung übernommen werden *(Abb. 13)*. Warum die Gruppe sich schlussendlich für eine Gestaltungssatzung entschieden habe, begründete Konrad Lässig damit, dass es drei bis vier Jahre dauern würde, für das Gelände einen Bebauungsplan zu entwickeln, und man wolle die Bauherren und die Dresdnerinnen und Dresdner nicht so lange warten lassen. Deshalb habe man die ursprüngliche Absicht fallengelassen.[92] Bei dem Entwurf der Gestaltungssatzung waren erstmals zur Rekonstruktion vorgesehenen Parzellen in die drei Kategorien „Leitbau" und „Leitfassade" und die des „Hofhauses" eingeteilt. Während die „Leitbauten" auf ihrem alten Kellermauerwerk auf fundierter wissenschaftlich-denkmalpflegerischer Dokumentationslage errichtet werden sollten, ging es bei den „Leitfassaden" darum, die Gebäude auf Grund ihrer guten Dokumentation und einzufügender geretteter Bauteile wieder zu errichten. Die dritte Kategorie des „Hofhauses" fordert eine städtebauliche wie denkmalpflegerische Annäherung an eine Grundrissgestaltung des für Dresden typischen Hofhauses der Barockzeit.[93] Insgesamt waren so 34 Gebäude für eine Wiedererrichtung vorgesehen. Die Planungsgruppe schlug zur Umsetzung eine detaillierte Gestaltungssatzung vor und stellte dann selbst die Frage, ob diese eine Hilfe oder ein Zwang sei? Die Festlegungen zur Gestalt eines Hauses sollten einerseits die im Planungsgebiet geltende architektonische Haltung, die Werkgerechtigkeit und den baukünstlerischen Anspruch auch bis in das Detail aufnehmen. Dabei wurde auf wichtige zeitgenössische gestalterische Aspekte hingewiesen. Die Autoren erkannten, dass *„der historische, aber zerstörte Bereich des Neumarktes [...] eine Zurückhaltung nach Art und Maß einer nur noch durch wenige Einzelbauten repräsentierten Umgebung"* einfordert. Unter Beachtung dieses Anspruchs bleibe *„eine große Spanne für die Eigenständigkeit einer modernen Architektur und diese muß gemeinsam zwischen dem entwerfenden und dem beurteilenden Architekten und Planer erarbeitet werden."*[94] Sie wiesen in diesem Zusammenhang auf die unterschiedlichen Herangehensweisen zur Lösung solcher Probleme auf der Grundlage von Überlegungen des Stuttgarter Architekten, Städteplaners und Hochschullehrers Franz Pesch zum neuen Bauen in historischer Umgebung hin.[95] Auf seine grundsätzlichen Überlegungen zu den Begründungen für den Wiederaufbau in Münster bezogen sich nun auch die Bearbeiter der Neumarkt-Satzung. Es wurde darauf verwiesen, dass in den historischen Zentren in Westdeutschland die Kommunen je nach den Kräfteverhältnissen zu unterschiedlichen Konzepten beim Wiederaufbau ihrer zerstörten Innenstädte gelangten

---

[89] LfDS, Top. Reg., Allg. Neumarkt Dresden 1994, Konsultanten sind: Prof. Magirius (LfD), Dr. Krüger (Amtsleiter Denkmalamt LHD), Trommler (Denkmalamt LHD), Hertzig (Magisterarbeit); Dr. Oexle (Amtsleiterin LfA), Dr. Hemker (LfA); Messow (Baumanagement), Ritscher (Stadtplanungsamt, Verkehrsplanung), Tatzel (Stadtplanungsamt), Dr. Franz (ISUP), v. Winning (Planungsbüro).

[90] Dieter Schölzel, Walter Köckeritz, Zur zukünftigen Gestaltung des Neumarktes in Dresden. In: Die Dresdner Frauenkirche. Jahrbuch 2 (1996), S. 181–196, hier S. 185/186.

[91] LfDS, Top. Reg., Allg. Neumarkt Dresden 1994. PG 1: Töpferstraße, An der Frauenkirche, Neumarkt, Augustusstraße: Dr. Walter Köckeritz; PG 2: Salzgasse, Rampische Straße, Neumarkt: Dipl.-Ing. Wolfgang Hänsch, Prof. Dr. Heinz Schwarzbach; PG 3: Rampische Straße Süd, Landhausstraße Nord, Neumarkt: Dipl.- Ing. Konrad Lässig; PG 4: Landhausstraße Süd, Moritzstraße: Prof. Dr. Horst Fischer; PG 5: Galeriestraße Süd, Schuhmachergasse, Frauenstraße Süd, Neumarkt: Prof. Manfred Wagner; PG 6: Jüdenhof, Neumarkt, Frauenstraße Nord, Galeriestraße Nord: Prof. Dr. Heinz Schwarzbach; PG 7: Kulturpalast, Schloßstraße, Sporergasse Süd, Schössergasse Süd, Jüdenhof, Galeriestraße: Dipl.-Ing. Dieter Schölzel – AIK Planungsbüro f. Kulturbauten GmbH; PG 8: Schloßstraße, Kanzleigäßchen, Schösser- u. Sporergasse Nord: Dipl.-Ing. Jürgen Mehlhorn.

[92] Thomas Wedegärtner, Eine Satzung für das Herzstück, architektur&wirtschaft, 12/1995, S. 12–14.

[93] Gestaltungssatzung Dresden Neumarkt, AKS-Planungsgruppe Neumarkt, Archiv Kulke/GHND.

[94] Ebd., S. 32.

[95] Vgl. Franz Pesch, Neues Bauen in historischer Umgebung. Köln 1995

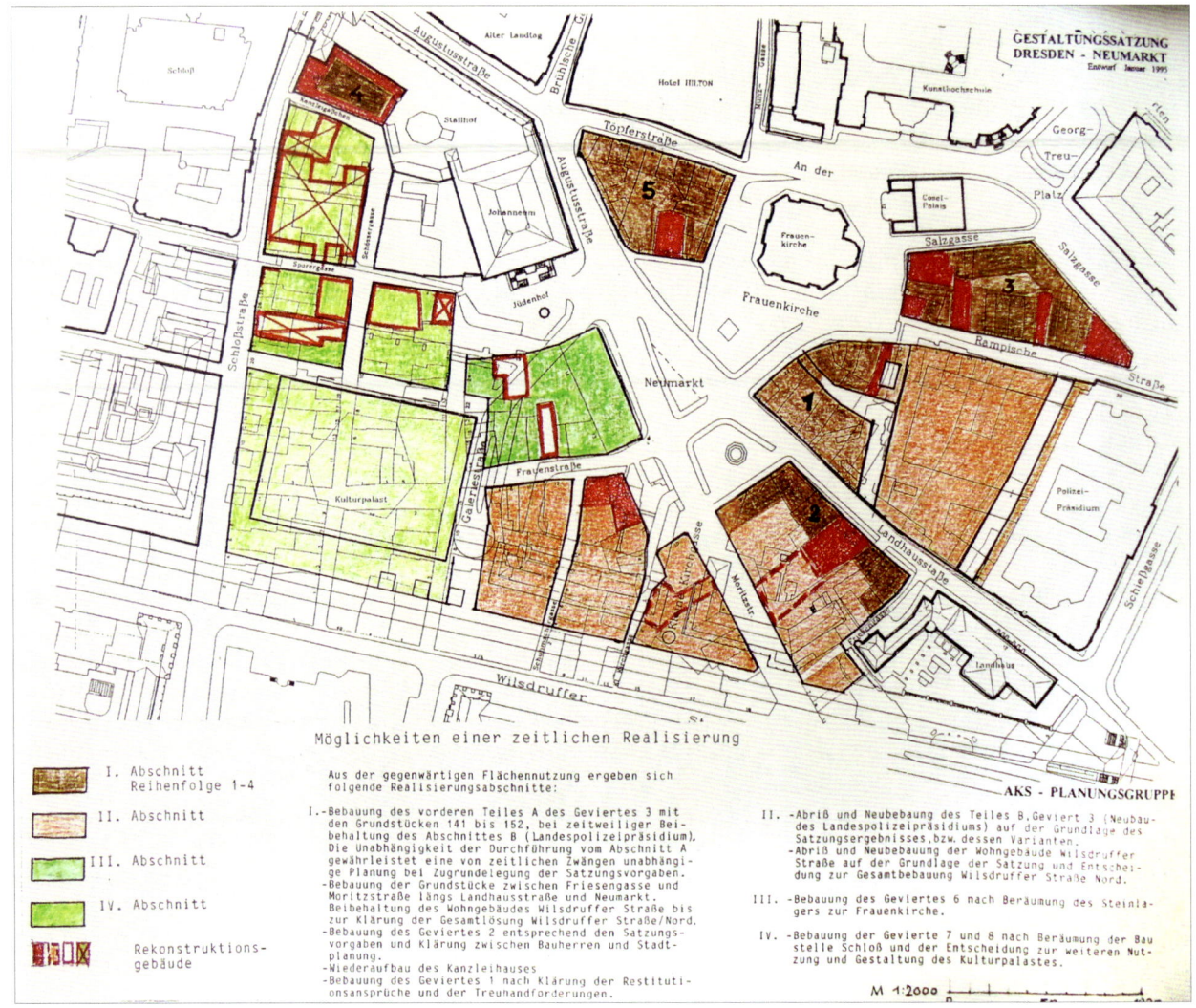

Abb. 13 Dresden-Altstadt

Entwurf Gestaltungssatzung mit Möglichkeit der zeitlichen Realisierung und möglichen Leitbauten, AKS-Planungsgruppe, Plan 1995.

und dabei „zumeist die Wiederherstellung des historischen Stadtgrundrisses und vertrauten Stadtbildes mit zeitgemäßen Mitteln im Vordergrund" stehen ließen. „Beim Wiederaufbau des Prinzipalmarktes in Münster erhielten 16 Architekten – unter Leitung von Stadtbaurat Heinrich Bartmann und Baupfleger Edmund Scharf – die Chance, die markante Platzwand wiederherzustellen. Gemeinsame Arbeitsgrundlage war eine von der Verwaltung erarbeitete Satzung. Mit der Einhaltung der historischen Parzellenstruktur und der nachempfundenen Giebelarchitektur stehen diese Gebäude für die Kontinuität des Stadtbildes."[96] Dieses fachlich

[96] Von den Autoren der Satzung aus Pesch (wie Anm. 95) zitiert in: Gestaltungssatzung Dresden Neumarkt (wie Anm. 93), siehe 4. Gestaltungsfestlegungen und Empfehlungen zur weiteren Entwicklung des Bereichs, hier: 4.3. Beispiele von Gestaltungen zur Unterstreichung der textlichen Festlegungen, S. 33, Archiv Kulke/GHND.

sorgfältige Herangehen⁹⁷ war von der zeitgenössischen Architekturkritik abgelehnt worden, wogegen die bis heute wirkende öffentliche Anerkennung der stadträumlichen Wirkung und das vielfältige Leben am Prinzipalmarkt in Münster vom dort Geleisteten Zeugnis ablegen.

Die Autoren der Dresdner Satzung gaben nun auch konkrete Handlungsanweisungen, um bekannte Fehler am Neumarkt zu vermeiden. Der Entwurf fixierte wegweisende textliche Festsetzungen für den Geltungsbereich der Satzung für den Wiederaufbau am Neumarkt *(siehe Anhang)*.

Bei genauer Betrachtung der Satzung fällt auf, dass diese sehr umfänglich gefasst wurde, dennoch aber gerade bei den vorgeschlagenen Rekonstruktionen sehr zurückhaltend blieb, sicher geschuldet den denkmalmethodischen und architekturtheoretischen Fachdebatten um deren Rechtfertigung. So fehlten Rekonstruktionen im Straßenzug der Rampischen Straße und die bereits in den 1980er-Planungen hindurch vorgeschlagene Rekonstruktion des Hotels Stadt Rom am südlichen Rand des Neumarktes. Auch stieß die Herstellung von Grundrissstrukturen bei gleichzeitig neuer Gestaltung der Fassade auf wenig Verständnis.

Im Zuge der Beteiligung der „Träger öffentlicher Belange" (TÖB) nahm das Landesamt für Denkmalpflege zum Satzungsentwurf in vorheriger Abstimmung mit dem Denkmalschutzamt nochmals Stellung und schlug weniger Leitbauten – es forderte sieben Objekte – auf Grundlage der Charta von Venedig⁹⁸ als bisher vor. Dafür war das Hotel Stadt Rom enthalten. So schrieb der Sächsische Landeskonservator Gerhard Glaser an Amtsleiter Baudirektor Walter „*Die Wiederherstellung der Hauptgrundrißstruktur bei neu zu gestaltenden Fassaden halten wir nicht für richtig. Wir verweisen in diesem Zusammenhang auf unsere Ausarbeitung vom 15. Oktober 1993. Danach müßte es heißen: Eine Rekonstruktion von kulturhistorisch bedeutenden Einzelbauten ist nur im Falle der Erhaltung von historischer Substanz und/oder ausreichender Dokumentation möglich. Nach gründlicher Überprüfung der Unterlagen wird die vollständige Wiederherstellung der Fassaden und Hauptgrundrißstrukturen bei folgenden Bauten, sogenannten ‚Leitbauten' für sehr gut möglich gehalten und gefordert*"⁹⁹, die er im Einzelnen aufführte.¹⁰⁰ Am Rande des Schreibens findet sich handschriftlich eine Notiz: „*15 Leitbauten*". Er fährt weiter fort: „*Weniger gut, aber immer noch ausreichend dokumentiert sind folgende kunstgeschichtlich wertvolle Bauten, deren Wiederherstellung bei neu zu gliederndem Grundriß empfohlen wird.*" Auch hier benannte er die Gebäude.¹⁰¹

Auch hier vermerkte er handschriftlich am Rand: „*9 noch als Leitbauten bei neuem Grundriß vertretbar*". Des Weiteren schlug er einen weiteren Anstrich und eine Ergänzung vor, so „*daß alle Neubauten sich am Maßstab der historischen Bebauung orientieren.*" Er wies außerdem darauf hin, dass die Zielstellungen zu den einzelnen Quartieren zu verschieden seien, „*als dass sie als direkte „Grundlage für eine detaillierte Gestaltung" pauschal übernommen und satzungsgemäß festgeschrieben werden*" sollten. Er empfahl, diese Aussage entfallen zu lassen oder „*mindestens zu relativieren.*"¹⁰²

Die örtlichen Printmedien informierten über die Arbeitsergebnisse der Architektenkammer.¹⁰³ Wie so

---

⁹⁷ Karl-Jürgen Krause u. a., Denkmalsatzung Prinzipalmarkt Münster. Münster 1998.

⁹⁸ Charta von Venedig. Internationale Charta über die Konservierung und Restaurierung von Denkmälern und Ensembles (1964). In: ICOMOS – Hefte des Deutschen Nationalkomitees X, München 1992, S. 45 – 49)

⁹⁹ LfDS, Top. Reg., Allg. Neumarkt Dresden 1995, Stellungnahme TÖB, 07.08.1995 Landesamt für Denkmalpflege, Sächs. Landeskonservator Prof. Gerhard Glaser an Amtsleiter Stadtplanungsamt Dresden Baudirektor Jörn Walter.

¹⁰⁰ Ebd., darin sind aufgeführt: „*An der Frauenkirche 12 = Coselpalais (zu fordern), An der Frauenkirche 16, Neumarkt 10 = Hotel Stadt Rom (zu fordern), Neumarkt 12 = Schützhaus, Rampische Gasse 1 – 33, Tzschirnerplatz = Kurländer Palais (zu fordern), Landhausstraße 6 – British Hotel (zu fordern), Moritzstraße 1 b = Hotel de Saxe; Frauenstraße 9 = Dinglingerhaus, Jüdenhof 15 = Regimentshaus (zu fordern);* Jüdenhof 18 = Dinglingerhaus (zu fordern), Schloßstraße 32 = Geistliches Haus Schloßstraße 34, Schloßstraße 36 = Zehmsches Haus, Schössergasse 16 = Bosesches Haus, Schössergasse 25, Kanzleigäßchen = Kanzleihaus (zu fordern).*"

¹⁰¹ Ebd, das sind: „*An der Frauenkirche 13, An der Frauenkirche 14, Neumarkt 1 = Hotel Stadt Berlin, Neumarkt 2, Neumarkt 8 = Salomonisapotheke, Frauenstraße 14 = Köhlersches Haus, Jüdenhof 2, Schloßstraße 30 = Fürstliches Haus, Sporergasse 2 = Triersches Haus.*"

¹⁰² LfDS, Top. Reg., Allg. Neumarkt Dresden 1995, Schreiben 07.08.1995 (wie Anm. 99).

¹⁰³ Peter Redlich, Erste Umrisse des künftigen Neumarktes werden sichtbar – Architekten schufen Gestaltungssatzung für Gelände rund um die Frauenkirche. In: Sächsische Zeitung, 12.05.1995. Brigitte Holland, Neumarkt soll wieder auf dem alten Grundriß wachsen. In: Dresdner Neueste Nachrichten, 10.06.1995

oft in Dresden begann hier nun eine weitere öffentliche Debatte über das „Für" und „Wider."¹⁰⁴ Der Dresdner Geschichtsverein unterstützte den öffentlichen Diskurs und griff die für die Argumentation bedeutenden Themen und unterschiedlichen Positionen auf.¹⁰⁵ Die Architekten und Kunsthistoriker beschäftigte dabei die Frage, wieviel Historizität eigentlich sein dürfe. Sowohl über die genaue Zahl der Leitbauten wurde gestritten als auch über die Gestaltung und die Gestaltungsfreiheit der Architekten für die Neubauten, die sich an den Leitbauten orientieren sollten. Architekt Gunter Just, inzwischen Baudezernent in Dresden, verwies darauf, die Gebäude in heutiger Architektursprache zu bauen, und begründete dies mit einem Zitat von Karl Friedrich Schinkel aus dessen Gedanken zur Baukunst: *„Um ein wahrhaft historisches Werk zu vollbringen"* sei *„nicht abgeschlossenes Historisches zu wiederholen"* vielmehr müsse *„ein solches Neues geschaffen werden, welches im Stande ist, eine wirkliche Fortsetzung der Geschichte zuzulassen."*¹⁰⁶ Architekt Walter Köckeritz, sah den Dresdner Neumarkt als *„eine gegenwärtig im europäischen Raum einzigartige Bauaufgabe und Herausforderung für Bauherren und Architekten"* und stellte die Positionen der Befürworter und Gegner gegenüber. Die einen, die einen weitestgehenden Wiederaufbau wünschen und die anderen, welche sich *„ein konsequentes und durchgängiges Bauen mit Stilmitteln der Gegenwart"* vorstellen. Für ihn stellte sich die Frage: *„Derweil besuchen Touristen zu Tausenden die Altstädte von Nürnberg und Rothenburg, flanieren vor dem Haas-Haus und dem Hundertwasser-Haus in Wien, durch das St. Martinsviertel in Köln, über den Frankfurter Römerberg und strafen Theoretiker Lügen. Oder sind sie selbst die Belogenen?"*¹⁰⁷ Der Kunsthistoriker und Landeskonservator Heinrich Magirius sah seine Denkschrift noch immer gültig – *„Eine Korrektur der damals geäußerten Gedanken schien nicht erforderlich, wohl aber eine Präzisierung."*¹⁰⁸ Er sprach sich gegen eine Wiederherstellung der Kubatur des Gewandhauses und der Wache aus. Demgegenüber kritisierte er die seitens der Denkmalpflege als Leitbauten vorgesehenen Rekonstruktionen als unzureichend¹⁰⁹ und begründete das: *„Den eigentlichen Maßstab setzt einzig und allein die wiederaufgebaute Frauenkirche. Um ihretwillen auf ihre Wirkung hin soll städtebauliche Gestaltung erfolgen, die sich teilweise auch der Rekonstruktion von Bauten bedient. Am Ende unseres Jahrtausends, an dem wir nicht mehr mit fliegenden Fahnen den Sieg über die überwundene Vergangenheit feiern, sondern es bitter nötig haben, uns der wirklich großen künstlerischen Leistungen der Vergangenheit zu versichern, ist es keineswegs ehrenrührig, sich an dieser einen Stelle zu erinnern, wie die untergegangene Bürgerstadt Dresden einmal ausgesehen hat. Die viel beschworene Gefahr eines ‚Disneylands' ist bei ernsthafter architektonischer Durchdringung der Aufgabe ebenso gegenstandslos wie der Vorwurf angeblicher Verhinderung der Moderne an städtebaulich hervorragender Stelle. Es gibt in dem noch immer zerstörten Dresden prominente Plätze genug, an denen Gegenwartsarchitektur zeigen kann, wie sie sich ohne wesentliche historische Maßstäbe gebärdet. Der ungewöhnliche Wiederaufbau der Frauenkirche zwingt zu ungewöhnlichen und hohen Ansprüchen, auch bei dem Wiederaufbau ihrer Umgebung."*¹¹⁰ Architekt Konrad Lässig sprach sich bei den Erläuterungen der 12 Gestaltungsprinzipien gegen die Vorgabe von weiteren Leitbauten aus: *„Die Untersuchungen ergaben für das Plangebiet 26 Objekte, die diese Voraussetzung erfüllen können. Darin sind das Kanzleihaus, das Coselpalais und das Kurländer Palais als bereits festgelegte Rekonstruktionen nicht inbegriffen. Wie viele dieser 26 Gebäude tatsächlich in einer der vorgenannten Formen rekonstruiert werden können, wird von der weiteren konkreten Planung im Quartier mit Bauherrn und Architekten abhängen. Deshalb wird im vierten Grundsatz der Satzung auch nicht eine bestimmte Anzahl gefordert, sondern der

---

¹⁰⁴ Stefan Hertzig, Der historischen Stadtmitte ihre Lebendigkeit wiedergeben, Leserbrief. In: Dresdner Neueste Nachrichten 01./02.07.1995; Uwe Ullrich, „Künftiges Neumarktgebiet als Wohnviertel oder Museuminsel", Leserbrief. In: Dresdner Neueste Nachrichten, 28./29.7.1995

¹⁰⁵ Der Dresdner Neumarkt. Auf dem Weg zu seiner Städtischen Mitte. Dresdner Hefte 13 (1995) 4 (Dresdner Hefte 44).

¹⁰⁶ Gunter Just, Vorbemerkung. In: Der Dresdner Neumarkt (wie Anm. 105), S. 4.

¹⁰⁷ Walter Köckeritz, Neumarkt – Rekonstruktion und moderne Architektur. In: Der Dresdner Neumarkt (wie Anm. 105), S. 100.

¹⁰⁸ Heinrich Magirius, Denkmalpflegerische Aspekte zum Wiederaufbau des Neumarktbereiches in Dresden. In: Der Dresdner Neumarkt. (wie Anm. 105), S. 104.

¹⁰⁹ Siehe Schreiben TÖB, (wie Anm. 99).

¹¹⁰ Magirius, Denkmalpflegerische Aspekte (wie Anm. 108), S. 108.

Wunsch formuliert: Innerhalb der Quartiere des Neumarktbereiches sind einige historisch und architektonisch wertvolle Bauten wieder zu errichten."[111] Er begründete, warum die Planungsgruppe zur Auffassung gelangte, dass „der *Erweiterungsbau des alten Polizeigebäudes zwischen Landhausstraße und Rampischer Straße abgerissen werden sollte, da er die alten Baustrukturen erheblich verletzte*". Auch würden Probleme zur Einordnung des Komplexes an seine Fassadengestaltung und die Bauhöhen entstehen.[112] Horst Fischer meinte dazu: „*Der Verfasser träumt nicht den Traum vieler, vornehmlich älterer Dresdner, daß die Stadt in ihrer alten Form eines Tages aufersteht.*" Er war dafür, dass das Gebiet um den Neumarkt in der überlieferten Platz- und Raumstruktur unserer Zeit entsprechend „*jedoch nicht geschichtslos, sondern mit geschichtlichem Bezug differenziert und auf diese Weise undogmatisch modern*" bebaut werden sollte.[113] „*Historisch umfassende Objektkopien sollten jedoch einen nur minimalen Anteil an der Gesamtbebauung bilden. Man muss sich vergegenwärtigen: Häuser werden in diesem Fall auf Grundstücken noch einmal gebaut, die gänzlich beräumt sind. Gebäude sollen wiedererstehen, die seit einem halben Jahrhundert nicht mehr existent sind und von denen allenfalls einige Trümmerstücke geborgen worden und vielleicht noch brauchbare Grundmauern freigelegt werden können.*"[114] Die notwendigen Grundlagen zum Nachvollzug der historischen Baupläne seien oft unzulänglich. Es ginge aber um „*authentische bauliche Reproduktion als wissenschaftlich-dokumentarisch nachgewiesene, zuverlässig übermittelte Geschichte, um historische Rechtmäßigkeit und glaubwürdige Zeugenschaft, für ungetäuschte Identifikation der Menschen mit der Geschichte, gegen Geschichts-Klitterung.*"[115] Architekt Manfred Wagner, vierter Preisträger des Neumarkt-Wettbewerbes von 1984 betonte: „*Mit dem Wiederaufbau der Frauenkirche und ihres Umfeldes soll ein wesentliches Stück der baulichen Qualität, der unverwechselbaren Eigenart, die Dresden in aller Welt bekannt gemacht hat, wiedergewonnen werden. Dies kann nur geschehen durch Rekonstruktion und Wiederaufbau der wertvollsten Gebäude, sogenannter – Leitbauten – die das Milieu prägen und den Maßstab geben für moderne Ergänzungsbauten, die behutsam und verantwortungsvoll zugeordnet werden sollen.*"[116] Der Leiter des Stadtplanungsamtes Baudirektor Jörn Walter und Annette Friedrich, ebenfalls vom Stadtplanungsamt, stellten fest: „*Die öffentliche Diskussion zur architektonischen Gestaltung wird sehr stark vom Konfliktfeld zwischen denkmalpflegerischer Rekonstruktion und neuer architektonischer Gestaltung geprägt*". Sie betonten, dass durch die Arbeit der vergangenen Jahre sehr viel Material zusammengetragen wurde. Bei einigen Bauwerken wäre eine Rekonstruktion akzeptabel, wenn eine neue Nutzung gefunden werden kann. Bei der Mehrzahl der Fälle jedoch wäre auf Grund der Archivlage nur die Möglichkeit einer Fassadenrekonstruktion gegeben. „*Hier stellt sich die Frage nach der Sinnfälligkeit doch nachhaltiger [...]. Andererseits wäre in diesem Zusammenhang die Frage des Umgangs mit den vermutlich noch erhaltenen unterirdischen baulichen Anlagen [...] nochmals intensiv am Einzelfall zu untersuchen.*" Weiterhin wird festgestellt, dass die AKS-Planungsgruppe zu uneinheitlichen Ergebnissen bei den Rekonstruktionen kommt, insbesondere wäre diese Zahl in den Quartieren an der Schlossstraße sehr hoch. Insgesamt wird das künftige Erscheinungsbild von Neubauten geprägt sein, wobei „*also das Augenmerk vorrangig auf die Qualität der Neubauarchitektur zu richten ist.*"[117] Allein diese wenigen Meinungsausschnitte zeigen: Es gab für den Wiederaufbau des Neumarktes keine einheitlichen Auffassungen, was auch in der Presseberichterstattung 1996 seinen Ausdruck fand.[118] Im Juni 1996 beschloss der Dresdner Stadtrat

---

111 Konrad Lässig, Voraussetzungen zur Bebauung des Neumarktes – 12 Grundsätze eines Gestaltungsplanes. In: Der Dresdner Neumarkt (wie Anm. 105), S. 58.

112 Ebd., S. 60

113 Horst Fischer, Moderne, historisch differenzierte Stadtarchitektur am Beispiel Neumarkt-Süd. In: Der Dresdner Neumarkt (wie Anm. 105), S. 64.

114 Ebd., S. 64/65.

115 Ebd., S. 65; vgl. auch: Gunter Just, Architektur und Entwicklung der Infrastruktur. In: Dresdner Neueste Nachrichten, 08.09.1995.

116 Manfred Wagner, Planerische Probleme im Grenzbereich Neumarkt – Wilsdruffer Straße. In: Der Dresdner Neumarkt (wie Anm. 105), S. 76.

117 Jörn Walter, Annette Friedrich, Neumarkt – Wege zum Wiederaufbau. In: Der Dresdner Neumarkt (wie Anm. 105), S. 89.

118 Brigitte Holland; Weder Kitsch-Orgie noch gesichtslose Moderne – Architekten streiten sich über Wiederaufbau des Neumarktes. In: Dresdner Neueste Nachrichten, 10.05.1996; weiter auch Peter Redlich, Kein Abklatsch am besonderen Ort – OB Wagner im Streitgespräch mit 500 Architekten. In: Sächsische Zeitung, 10.05.1996.

auf Grundlage der von der AKS-Planungsgruppe vorgelegten Arbeitsergebnisse das städtebaulich-gestalterische Konzept (Gesamtrahmenplan) für den Wiederaufbau des Neumarktes. Daraus und mit den Stellungnahmen der Träger Öffentlicher Belange sollten nun Bebauungsplan und Gestaltungssatzung für den Neumarkt entwickelt werden. Dabei sollten eine hohe städtebauliche und architektonische Qualität der neu zu errichtenden Gebäude sowie die Kleinteiligkeit der künftigen Bebauung durch Realisierungswettbewerbe, Gutachterverfahren, städtebauliche Verträge umgesetzt werden. Weiterhin war die Gründung einer Gestaltungskommission zur zukünftigen Begleitung der Planungsvorgänge auf den Weg gebracht worden.[119]

Abb. 14 Dresden Altstadt, Kulturpalast Nordseite/Sporergasse
Archäologische Ausgrabungen im Quartier VIII-2, Kanzleigebäude von Süden. Aufnahme 2007.

Neue Baumaßnahmen und verstärktes bürgerschaftliches Engagement

Wie eingangs schon erwähnt, waren die Rekonstruktionen von Kanzleihaus, Coselpalais und Kurländer Palais zu diesem Zeitpunkt als Leitbauten durch die Denkmalpflegebehörden und die Stadtverwaltung bereits bestätigt. Nach der Klärung der Eigentumsverhältnisse konnte zuerst am Kanzleihaus, dem ehemals ältesten Verwaltungsbau in Dresden, mit den Planungen des Wiederaufbaus begonnen werden. Ursprünglich Teil des Renaissanceschlosses war es 1565 bis 1567 von Hans Irmisch (1526–1597) errichtet worden. Der Bau brannte 1945 aus und die Ruine wurde überirdisch 1962 abgebrochen. Die katholische Kirche ließ das Gebäude nach Planungen vom Dresdner Architekten und Hochschullehrer Gerd Bürger bis 1999 als Sitz des Bischofs von Dresden-Meißen, des Domkapitels und als Gemeindezentrum der Dompfarrei auf den noch vorhandenen Grundmauern unter denkmalpflegerischen Gesichtspunkten wieder errichten. Dabei ging es nicht nur um die Wiederherstellung der äußeren Erscheinung des Baus, sondern auch um ein Höchstmaß an historischer Authentizität *(Abb. 14, Abb. 15)*.[120] Das Gebäude wurde vor kurzem durch den Architekten Alexander Pötzsch saniert und im Inneren neu strukturiert.[121] Kurz darauf begannen auch die Planungen für das Coselpalais. Der ursprünglich 1744 bis 1746 durch Johann Christoph Knöffel

---

[119] Beschluss Nr. 1615-41-1996, Bebauungsplan Nr. 53, Dresden-Altstadt I Nr. 5, Stadtrat Dresden. In: Amtsblatt Landeshauptstadt Dresden, 27/1996, 28.06.1996. Der Beschluss wurde durch den Stadtrat angenommen mit 46:0 Stimmen.

[120] Online-Archiv GHND e. V. (www.neumarkt-dresden.de, 06.06.22), Planungsbeginn 06/1996, Baubeginn 06/1997, Fertigstellung 04/1999; Architekt: Prof. Dr. Gerd Bürger, Innenarchitekt: Müller & Schweda, Planung Technik: Klett-Ingenieure GmbH, Bauherr: Bistum Dresden-Meißen; Bausumme: ca. 24 Mio. DM, Technikkosten: ca. 2,4 Mio. DM.

[121] Baunetz.de (04.07.22), Architekt: Alexander Pötzsch Architekten, Umbau- und Sanierungskosten 8 Millionen Euro. Der Haupteingang wurde zur Schloßstraße verlegt. Der Hof übernimmt jetzt eine Verteilfunktion. Der bisherige Tagungssaal wurde komplett neu gestaltet. Bisher mit Säulen und Gewölbe aus Rabitz im Stil der Renaissance ausgerüstet, wurde dies entfernt und ein Saal in einer modernen nüchternen Sachlichkeit hergestellt.

Abb. 15 Dresden-Altstadt
Stallhof, Kanzleigebäude, Ansicht nach Westen. Aufnahme 2007.

(1686–1752) errichtete Bau war an der Stelle des vorher dort befindlichen Pulverturmes errichtet worden. Im Siebenjährigen Krieg teilzerstört, war das Palais danach von Julius Heinrich Schwarze (1706–1775) mit Innenhof und prächtigem Festsaal wiederaufgebaut worden. Vom 1945 erneut zerstörten Bau konnten durch Anstrengungen der Dresdner Denkmalpflege die Torhäuser rekonstruiert werden *(Abb. 16, 17)*. Ursprünglich sollte der Bau des Palais nach den Vorgaben der Denkmalpflege in seinen Hauptgrundrissstrukturen wiedererrichtet werden. Funktionale und wirtschaftliche Anforderungen des Bauherrn standen dem entgegen. Letztendlich wurden nur das Treppenhaus bis zum ersten Obergeschoss und der Festsaal wiederhergestellt. Die feierliche symbolische Grundsteinlegung fand am 3. Oktober 1997 statt. Die Reste des historischen Mauerwerks konnte ingenieurtechnisch gesichert und eingebunden werden. Bis 2000 schritten die Bauarbeiten planmäßig voran *(Abb. 18)*. Daneben begann unter den Gerüsten die Kuppel der Frauenkirche Gestalt anzunehmen *(Abb. 19)*. Heute sucht der Besucher des Hauses allerdings den ehemals typisch gewesenen Innenhof vergebens. Hinter dem Coselpalais entstand das hoch umstrittene „Neue Palais" mit einer gekrümmten Glasfassade und einer türkisfarbenen großgerasterten Vorhangkonstruktion. Der

Abb. 16 Dresden-Altstadt
Ruine des Coselpalais mit den noch zum Teil erhaltenen Mauern der Torhäuser. Aufnahme 1948.

Abb. 17 Dresden-Altstadt
Coselpalais im Wiederaufbau, Sicherung der Kellermauern, erstes aufgehendes Mauerwerk und Stahlbetonkonstruktion. Aufnahme 1999.

gesamte Bürokomplex wird durch eine dazugehörige Tiefgarage erschlossen *(Abb. 20).*[122] Der Journalist und Architekturkritiker Dieter Bartetzko (1949–2015) war erschüttert, ob der Belanglosigkeit der gefunden Gestaltsprache, *„eine Grobcollage aus kitzegrünem Allerwelts-Tech-Gestänge und gestaffelten Putzkuben"* an diesem Ort.[123] In öffentlicher Sorge um den weiteren Verlauf des Wiederaufbaus rund um die Frauenkirche, ausgelöst durch die Erscheinungsbilder vom „Neuen Palais" am Coselpalais und des am wiederaufgebauten Taschenbergpalais inzwischen nach Plänen des österreichischen Architekten Heinz Tesar errichteten „Haus am Zwinger", bekannt als „Advanta-Riegel", gründete sich im Mai 1999 die „Gesellschaft Historischer Neumarkt Dresden e. V." Bereits ein Jahr zuvor war unter dem Dach des Dresdner Geschichtsvereins eine vorbereitende Arbeitsgruppe entstanden. Den Vorsitz übernahmen Hans Joachim Neidhardt und Hans Peter Lühr.[124] Diese versammelte bürgerschaftlich für den Dresdner Neumarkt Engagierte und forderte von Anbeginn an die möglichst vollständige Wiederherstellung des Dresdner Neumarktes im Zustand vor seiner Zerstörung 1945 ein. Das Gebiet war bis zu seiner Zerstörung 1945 ein geschlossenes Flächendenkmal bürgerlicher Barockbaukunst von europäischem Rang. *„Seine Wiedergewinnung als Herzstück der Bürgerstadt erscheint unverzichtbar und von entscheidender Bedeutung für ihre geschichtliche Identität.*

Aus dem archäologischen Wiederaufbau der Maßstab setzenden Frauenkirche erwächst die Verpflichtung, auch den umgebenden Neumarkt in seinem historischen Bild als städtebauliche Einheit so weit wie möglich, d. h. mit seinen kunst- und kulturgeschichtlich bedeutenden Bauten wiederherzustellen."[125]

Über die Tätigkeit des Vereins hier zu berichten würde diesen Aufsatz sprengen. Hier kann auf die aus Anlass des 20jährigen Jubiläums erschienene Festschrift verwiesen werden.[126] Unterstützung erhielt die neugegründete Gesellschaft 1999 auch durch die Fördergesellschaft Frauenkirche. In einer Stellungnahme vom Dezember 1999 zum Anliegen der Gesellschaft

---

[122] Online-Archiv GHND e. V. (www.neumarkt-dresden.de, 06.06.22) Planungsbeginn 05/1997, Baubeginn 10/1998, Fertigstellung 02/2000, Architekt: Kaplan-Matzke-Schöller & Partner (KMSP), Investor: Sachsenbau Chemnitz, Dr. Füsslein; Baukosten: 8,1 Mill. DM Grundstück, 70 Mill. DM Baukosten.

[123] Dieter Bartetzko, Wer fürchtet sich vorm schwarzen Stein? – Homunculus lebt: Die Kopie des Dresdner Coselpalais geht ihrer Vollendung entgegen. In: Frankfurter Allgemeine Zeitung, 22.01.2000.

[124] Stefan Hertzig, Aufruf zur Gründung einer Arbeitsgruppe „Historischer Neumarkt zu Dresden", 23. Februar 1998. Archiv Kulke/GHND.

[125] www.neumarkt-dresden.de/wp-content/uploads/2021/09/Satzung-2021.pdf, 20.07.22.

[126] Dresden – Der Wiederaufbau des Neumarkts – Herz und Seele der Stadt. Festschrift anlasslich des 20-jährigen Bestehens der Gesellschaft Historischer Neumarkt Dresden, Petersberg, 2019

Abb. 18 Dresden-Altstadt, Salzgasse
Coselpalais vom Gerüst der Frauenkirche aus nach Nordosten. Aufnahme 18. Januar 2000.

Historischer Neumarkt hieß es u. a.: *„Ein möglichst getreuer Wiederaufbau des Platzbildes des Neumarktes und der anschließenden Straßen ergänzt nicht nur das Bild der Kirche, sondern macht deren Wiederaufbau gestalterisch und historisch besser verständlich. Hier könnte ein Stück historischer Altstadt wenigstens als Bild wieder erlebbar gemacht werden. [...]. Ziel sollte es sein, die im Entwurf bestätigte Gestaltungssatzung, das bisher alleinige Handlungsinstrument der Stadt, entsprechend zu modifizieren."*[127] Der Ordinarius der Kunstgeschichte an der TU Dresden, Jürgen Paul, auch stellv. Vorsitzender der Wiederaufbau-Fördergesellschaft Frauenkirche betonte, dass *„die getreue Rekonstruktion einer möglichst großen Zahl von historischen Einzelbauten, insbesondere von solchen, die von besonderer künstlerischer Bedeutung sind oder in der städtebaulichen Struktur eine wichtige, gestaltende Stellung haben"*, eines der Ziele ist.[128] Der Kunsthistoriker Hans Joachim Neidhardt hob die bauhistorische Singularität im Zusammenhang mit der Frauenkirche, und aber auch die Wiedergewinnung eines Stücks der Altstadt im Sinne der „Identität" Dresdens hervor. Heinrich Magirius führte weiter aus: *„Der neuen Gesellschaft liegt daran zu beweisen, dass das historische Wissen über die Einzelbauten weit über das von der Denkmalpflege deklarierte von 1992 hinaus-*

---

[127] [Heinrich Magirius], Stellungnahme des Vorstands der Gesellschaft zur Förderung des Wiederaufbaus der Frauenkirche Dresden e. V. zum Anliegen und zu den Zielen der Gesellschaft Historischer Neumarkt e. V. 13.12.1999, Siehe: Rundbrief der Gesellschaft zur Förderung des Wiederaufbaus der Frauenkirche Dresden e. V. Nr. 10, März 2000, S. 46/47.
[128] Ebd.

Abb. 19 Dresden-Altstadt, Neumarkt und Landhausstaße

Frauenkirche, Coselpalais und Polizeipräsidium nach Nordosten. Aufnahme 6. November 2002.

geht und dass keineswegs die mehr oder weniger zufällige Erhaltung der Substanz oder sonstiger Quellen für die Rekonstruktion maßgebend sein dürfte, sondern die Rolle der Bauten in der Erscheinung des städtebaulichen Ganzen."[129] Insofern sah er Grenzverschiebungen bei den Objekten, an denen *„eventuell neu gestaltet werden dürfe."* Er nannte dazu als Beispiele die Fassaden am Übergang von der Augustusstraße zum Neumarkt, am Jüdenhof und an der Westseite des Neumarktes, an der Einmündung der Frauen- und Landhausstraße sowie die Hausfronten „An der Frauenkirche" und der Rampischen Straße, schließlich auch die Schloßstraße. Er konstatierte, dass nach den Vorstellungen der Gesellschaft Historischer Neumarkt *„Zusammenlegungen von Hausgrundrissen für möglich gehalten werden."*[130] Mit der Gesellschaft Historischer Neumarkt hatte sich eine bürgerschaftlich engagierte Rechtsperson gegründet, die sich den harten öffentlichen Auseinandersetzungen stellte, die bisher auf der Fördergesellschaft Frauenkirche in dieser Frage lasteten.

Die Gesellschaft Historischer Neumarkt erhielt gerade in der Anfangszeit Unterstützung. Der öffentliche Diskurs und das über Dresden hinausgehende Interesse spiegelte sich in den vielfältigen Beiträgen in der regionalen wie auch überregionalen Presse. Aber auch die beim Wiederaufbau der Frauenkirche hochengagierten Persönlichkeiten, wie Nobelpreisträger Günter Blobel (1936–2018), der Präsident des Dresden Trust und Historiker Alan Russell (1932–2019) unterstützten mit Nachdruck die Anstrengungen um einen maßstäblichen, am historischen Bild orientierten Wiederaufbau. Beide leiteten Ihre Empfehlungen aus den persönlichen Erlebnissen von Krieg und Zerstörung und daraus empfundener Verpflichtung zur Heilung von Wunden ab, ohne die Narben übersehen zu wollen.[131] Auch Denkmalpfleger Hans Nadler – einer, der nie die Hoffnung auf Wiederaufbau von Frauenkirche

---

[129] Ebd.
[130] Ebd.
[131] Vgl. z. B.: Uwe Ullrich, Dies ist eine Revolution – Günter Blobel, Nobelpreisträger, wirbt für das Neumarktgebiet. In: Frankfurter Allgemeine Zeitung, 17.07.2000; Brigitte Holland, Nobelpreisträger Blobel plädiert für alten Neumarkt. In: Dresdner Neueste Nachrichten, 22.03.2000. Alan Russell, Fehler von Exeter und Coventry nicht wiederholen. In: Dresdner Neueste Nachrichten, Leserbrief, 13./14.05.2000; Heidrun Hannusch, But what about Dresden? – Wie ein Brite Vorurteile abbauen hilft. In: Dresdner Neueste Nachrichten, 05.06.2000.

Abb. 20 Dresden-Altstadt, Salzgasse/Tzschirnerplatz

Tiefgarageneinfahrt und Coselpalais mit „Neuem Palais" (Bürogebäude) und wiederaufgebauter Frauenkirche nach Westen. Aufnahme 20. März 2005.

und Neumarkt verlor – unterstützte ausdrücklich die Anstrengungen um das Wiedererstehen der ehemaligen Bürgerhäuser für uns heute.[132]

Der Stadtrat verabschiedete im Juli 2000 auf Initiative der Fördergesellschaft Frauenkirche und der Gesellschaft Historischer Neumarkt auf Antrag der CDU einen Beschluss zur weiteren Planung der Neumarktbebauung. Aus diesem Beschluss leitete sich die Modifizierung der Gestaltungssatzung ab. Ebenfalls Bestandteil des Beschlusses war, dass die Gesellschaft Historischer Neumarkt in zentraler Lage mietfrei eine städtische Fläche für einen Informationspavillon zur Verfügung gestellt bekam.[133] Weiter wurde für Dezember 2000 eine Expertenanhörung in Aussicht gestellt. Die CDU-Fraktion bekannte sich dabei zum von der Gesellschaft Historischer Neumarkt vorgeschlagenen umfassenden historischen Wiederaufbau.[134] Diese Vorstellungen der Gesellschaft Historischer Neumarkt fanden große mediale Aufmerksamkeit in Presse und Fernsehen.[135] Sie präsentierte genaue Vorstellungen in Wort und Visualisierungen sowie einen Plan *(Abb. 21)* über das spätere Aussehen des Platzes und warb und wirbt mit Erfolg bei den Dresdnern dafür. Während die Stadtverwaltung sich auf keine genaue Anzahl der

Leitbauten einlassen wollte und für die Bauten dazwischen Vorgaben zur Kubatur, Traufhöhe, Dachform und Material machte *(Abb. 22)*, forderte die Gesellschaft Historischer Neumarkt insgesamt 74 Leitbauten und Leitfassaden. Die Bauten dazwischen sollten sich an diesem Maßstab orientieren. In der unter Denkmalpflegern und Architekten aufgeflammten grundsätzlichen Wertediskussion gab der international

[132] Peter Redlich, Rampische Straße als Vorbild – Prof. Hans Nadler zum Wiederaufbau des Neumarktes: Wo Dokumente vorhanden, historisch aufbauen. In: Sächsische Zeitung, 23.03.2000
[133] Amtsblatt Landeshauptstadt Dresden, 32/2000, 27.07.2000, Beschluss Nr. A 146-16-2000 vom 13. Juli 2000, Bebauungsplan Nr. 53, Dresden-Altstadt I Nr. 5. Der Stadtrat beschloss, dass Hinweise und Stellungnahmen der Wiederaufbau-Fördergesellschaft in die Planung zum Wiederaufbau des Neumarktes einbezogen, die städtebauliche Wirkung des rekonstruierten Coselpalais und seines Neubaus analysiert und die im Entwurf vorliegende Gestaltungssatzung Dresden Neumarkt (Stand Januar 1995) unter Beachtung der Stellungnahme der Wiederaufbau-Fördergesellschaft vom 20. Dezember 1999 modifiziert werden sollten.
[134] Stefan Alberti, CDU will 80 alte Fassaden für den Neumarkt. In: Dresdner Neueste Nachrichten, 04.05.2000.
[135] Rolf Neumann, Neumarkt im alten Gewand, Umfrage. In: Bild Dresden, 26./27.01.2000. Dort wurde hervorgehoben, dass 90,9 % der Anrufer sich für einen historischen Neumarkt aussprachen.

Abb. 21 Plangrundlage der Gesellschaft Historischer Neumarkt e. V. mit Angaben zu den Forderungen nach Leitbauten, Leitfassaden und schlichten Putzbauten. Planzeichnung 2000.

Abb. 22 Dresden-Altstadt
Neumarktareal, Bearbeitungsstand der Gestaltungssatzung am 6. Juli 2000. LfDS A92.

geschätzte polnische Kunsthistoriker, Architekt und Denkmalpfleger Andrzej Tomaszewski (1934–2010) im Oktober 2000 bei einem Vortrag in Dresden den Zuhörern die Vielschichtigkeit und Berechtigung der Anstrengungen um historisch getreuen Wiederaufbau zu bedenken. Er führte nicht nur Beispiele aus seiner polnischen Heimat an, wie Warschau, Danzig oder Marienburg, sondern er betrachtete das zu berücksichtigende Verhältnis der geistigen und materiellen Werte, die den Kulturdenkmalen zu eigen sind.¹³⁶ Auch der Präsident des britischen Dresden Trust Alan Russell betonte in einem Vortrag im Oktober 2000 aus dem Erleben der öffentlichen Debatten, dass die *„Gegend um den Neumarkt architektonisch, historisch und spirituell so außerordentlich wichtig"* für Dresden ist. Das betonte er in der Überzeugung, *„dass Dresden der Welt eine Inspiration bieten kann. Wenn wir uns um-*

*sehen, dann müssen wir jedoch leider die Banalitäten der Gegenwart viel mehr als die Banalitäten der Vergangenheit zur Kenntnis nehmen."*¹³⁷

Das „Atelier Neumarkt 2000" und ein Ausblick

In Bezug auf den nicht nachlassenden öffentlichen Diskurs¹³⁸ der zu planenden Bebauung und den Stadtratsbeschluss vom Juli 2000 ließ Baubürgermeister Gunter

---

¹³⁶ Andrzej Tomaszewski, Geistige und materielle Werte des Kulturdenkmals. In: Die Dresdner Frauenkirche. Jahrbuch 7 (2001), S. 49–65.

¹³⁷ Alan Russell, Deutschland – Dresden – Dresden Trust. Bekenntnisse eines Engländers. In: Die Dresdner Frauenkirche. Jahrbuch 7 (2001), S. 67–76, hier S. 75.

Just verkünden, dass auch mit moderner Architektursprache *„Kleinteiligkeit, Atmosphäre und Stimmigkeit"* erzeugt werden könne. Für ihn stand am Neumarkt *„die Moderne auf dem Prüfstand"*.[139] Allerdings blieb nicht unerkannt, dass die Sehnsucht vieler *„wohl auch Ausdruck der Suche nach verlorener Identität und Kontinuität, nach den Resten eines einigermaßen verständlichen und erkennbaren Welt- und Ortsbildes"* ist.[140] Um die aufgeworfenen Fragen in der Fachöffentlichkeit konkret beantworten und den Stadtratsbeschluss vom Juli 2000 umsetzen zu können, initiierte er für Oktober und November 2000 einen Ideenwettbewerb mit einer Ausstellung, Diskussion und Ateliergespräch unter dem Titel „Atelier Neumarkt Dresden 2000" für die Neubauten, welche keine Leitbauten sein sollten *(Abb. 23)*. Die Jury war hochkarätig besetzt worden.[141] Im Ergebnis hob der Baubürgermeister hervor, dass die als Satzung bezeichnete Rahmenplanung nicht nur die Kriterien der Leitbauten definierte, sondern sie benannte auch solche Bauten, *„die fraglos als solche zu gelten"* hatten.[142] Dabei war darauf verzichtet worden, *„eine genaue Anzahl wieder zu errichtender Bauwerke bzw. Fassaden"* festzulegen.[143] Vor dem Hintergrund eines eher wohl traditionsbezogenen Planungsansatzes *„entbrannte während der letzten beiden Jahre ein heftiger Architekturstreit in unserer Stadt – vornehmlich um die Anzahl der Leitbauten. Die seit dieser Zeit bestehende Gesellschaft Historischer Neumarkt e.V. instrumentalisierte die Öffentlichkeit unnötigerweise durch das vermeintliche Gegeneinander von Leitbau und Neubau.[…] Um den von den Traditionalisten gegenüber der Architektenschaft*

Abb. 23 Atelier Neumarkt Dresden 2000 Einband-Titel.

---

138 Vgl. z.B.: Helmut Leckscheid, Polen bauten nach dem Kriege selbst Danzig als einst fremde Stadt wieder auf. In: Dresdner Neueste Nachrichten, Leserbrief, 06./07.05.2000; Brigitte Holland, Neumarkt: Erste Häuser sollen ab 2001 wachsen – Die Mübau will an der Frauenkirche loslegen. In: Dresdner Neueste Nachrichten, 24.05.2000; Peter Redlich, Neumarkt: Zukunft per Computer – Verein, Architekten und IBM stellen Modell vor. In: Sächsische Zeitung, 23.06.2000, Bettina Klemm, Statt Polizei-Präsidium wieder Palais Hoym. In: Sächsische Zeitung, 21.07.2000.

139 Siegfried Stadler, Zurück vorwärts. In: Frankfurter Allgemeine Zeitung, 25. September 2000.

140 Gunter Just, Nachdenken ohne Zorn und Eifer – Atelier Neumarkt Dresden 2000. In: Atelier Neumarkt Dresden 2000. Dresden 2001, S. 6–8, hier S. 7.

141 Moderation: Wilfried Dechau; Gutachter: Friedrich Dieckmann (Sächsische Akademie der Künste), Prof. Dr. Ingeborg Flagge (Direktorin Deutsches Architekturmuseum Frankfurt/Main), Prof. Dr. Gerhard Glaser (Sächsischer Landeskonservator), Dr. Dankwart Guratzsch (Korrespondent Die Welt), Gunter Just (Baubürgermeister), Wolfgang Kil (Architekturkritiker), Prof. Carlo Weber (Sächsische Akademie der Künste), Prof. Peter Kulke (Architekt), Prof. Dr. Dr. h.c. Heinrich Magirius (Landeskonservator), Prof. Dr. Jürgen Paul (Kunstgeschichte TU Dresden), Dr.-Ing. Claudia Schrader (Architektin), Prof. Dr.-Ing. Helmut Trauzettel (Architekt), Jörn Walter (Oberbaudirektor Hamburg, vormals Stadtplanungsamtsleiter Dresden). In: Atelier Neumarkt Dresden (wie Anm. 140), S. 38–39.

142 Vgl. Just, Nachdenken ohne Zorn und Eifer (wie Anm. 140), S. 6.

143 Siegfried Stadler, Zurück vorwärts. In: Frankfurter Allgemeine Zeitung, 25. September 2000.

Abb. 24 Dresden-Altstadt
An der Frauenkirche 2, 14: Entwurf Prof. Christoph Mäckler, Frankfurt/Main, Berlin, November 2000.

Abb. 25 Dresden-Altstadt
Rampische Straße 11, 13, 15: Entwurf Werner Bauer, Dresden, November 2000.

Abb. 26 Dresden-Altstadt

An der Frauenkirche 20: Entwurf Code Unique, Martin Boden und Volker Giezek, Dresden, November 2000.

Abb. 27 Dresden-Altstadt
Neumarkt 9, Entwurf: Atelier Loegler, Kraków, November 2000.

Abb. 28 Dresden-Altstadt, Schössergasse

Rückseite des Hofmannseggschen Hauses und weiterer Fassaden über den Löwenhof in Richtung Kanzleihaus (im Hintergrund Schloßturm, Dachreiter des Georgentores und Turm der Katholischen Hofkirche). Aufnahme 2015.

ständig vorgetragenen Ressentiments zu begegnen, wonach wir nicht in der Lage seien, den Geist des Ortes zu erfassen und in eine heutige Architektursprache zu übersetzen, veranstalteten wir das Atelier 2000 als eine Ideensuche für das Umfeld der Frauenkirche."[144] Die Gesellschaft Historischer Neumarkt veröffentlichte als Reaktion auf das angekündigte Wettbewerbsverfahren im Oktober 2000 ein Positionspapier zum Wiederaufbau des Neumarktgebietes. Darin waren konkrete Anforderungen zur Umsetzung benannt und in einem von ihr erarbeiteten Plan dargestellt *(vgl. Abb. 21).*[145] Als Schirmherrin der Veranstaltung gewann der Baubürgermeister die Sächsische Akademie der Künste, die zufrieden mit dem Ergebnis gewesen zu sein schien, wie der damalige stellvertretende Sekretär der Klasse Baukunst, der Architekt und Hochschullehrer Carlo Weber (1934–2014) es ausdrückte: *„Die eingereichten und unter sehr idealistischen Bedingungen entstandenen Entwürfe beweisen auf überzeugende Weise, wie historische Gebäude, ‚historisierende Nachbauten' und zeitgemäße Neubauten nebeneinander stehen und miteinander leben könnten, auch das selbstverständliche Nebeneinander von ‚normalen Häusern' und besonderen Gebäuden."*[146] Was im Zusammenhang mit den Wettbewerbsergebnissen besonders auffiel, gibt Philipp Maaß in seiner Dissertation wieder. Es *„ist die Simulation der vollständigen historischen Situation des Neumarktes, in welche die Architekten ihre abstrakt-modernen Entwürfe einstellten. Es ist erkennbar, daß durch die Präsenz des historischen Platzes diese Architekturen eine gestalterische Aufwertung und höhere Wirkungskraft erhalten, da die solitäre Wirkung des eigenen Gebäudes durch die regelmäßige Gliederung der Nachbarhäuser besser zur Geltung kommt und kanalisiert wird."*[147] Seitens der Jury und der Presse[148] wurden vier Entwürfe besonders gelobt *(Abb. 24–27).* Hatte die Fachöffentlichkeit erwartet, die Ergebnisse

---

[144] Just, Nachdenken ohne Zorn und Eifer (wie Anm. 140), S. 7, 8.
[145] Positionspapier zum Wiederaufbau des Dresdner Neumarktgebietes, Gesellschaft Historischer Neumarkt, Oktober 2000. Enthalten: Städtebaulich-stadträumliche Rahmenbedingen, Zur Rekonstruktion bestimmte Bauten und Bauteile (zirka 80), Füllbauten, Quartierinnenbereiche, Stadtmöblierung, Verkehrsführung, Keller und Gestaltungsbeirat. Archiv Kulke/GHND.
[146] Carlo Weber, Grußwort. In: Atelier Neumarkt 2000 (wie Anm. 140), S. 5.
[147] Philipp Maaß, Die Moderne Rekonstruktion – Eine Emanzipation der Bürgerschaft in Architektur und Städtebau, Regensburg, 2015, S. 302.
[148] Torsten Birne, Rekonstruktion versus Vision, Atelier 2000: Ideen für den Neumarkt in Dresden. In: Deutsches Architektenblatt 32 (2001) 02.

Abb. 29 Dresden-Altstadt, Neumarkt
Wiedererrichtete Bebauung mit Frauenkirche vom Jüdenhof nach Osten. Aufnahme 30. März 2019.

des Wettbewerbes würden ein Ende der Diskussionen einläuten, hatte man sich getäuscht und seitens der Stadtplanung war das wohl auch vorausgesehen worden, wie eine Äußerung von Annette Friedrich vom Stadtplanungsamt verdeutlicht: *„Bei allem Widerspruch auch gegenüber einer Welt zunehmender Beliebigkeit geht es darum zu zeigen, dass jeder Entwurf einer unter mehreren anderen Möglichkeiten ist, jeder verwirklichten Möglichkeit tausend verworfene entsprechen. Und so geht auch darum zu schauen, wofür wir uns jeweils nicht entschieden haben."*[149] In der Tat ebbt die Diskussion am Neumarkt auch in den kommenden zwei Jahrzehnten während der Bauphasen jedes einzelnen Quartieres nicht ab. Mit jedem Bauvorhaben wird wieder neu über das Für und Wider diskutiert werden. Aber vielleicht musste dies so sein, um eine gute, die beste (!) Lösung zu finden!

Die bauhistorische Singularität des Gebietes um den Neumarkt in Verbindung mit der wiederaufgebauten Frauenkirche war in den Argumentationen immer wieder herausgestellt worden, die gerade bei der „*Wiedergewinnung eines Stücks der Altstadt im Sinne der ‚Identität' Dresdens*" von Bedeutung war und wieder ist.[150] Die Auseinandersetzung mit einer solchen

---

[149] Annette Friedrich, Die Aufgabe – Nur Mut! In: Atelier Neumarkt 2000 (wie Anm. 141), S. 12–17.
[150] Vgl. [Magirius], Stellungnahme (Wie Anm. 127), S. 47; vgl. auch Angelika Behnke, Die Dresdner Frauenkirche und ihr Genius Loci der Stadtidentität. In: Die Dresdner Frauenkirche. Jahrbuch 22 (2018), S. 9–24.

komplexen Bauaufgabe und die verschiedenen Herangehensweisen an die zu errichtende Bebauung verlangte an diesem sensibel zu behandelnden Ort von Investoren und Bauherren, den politischen Mandatsträgern, der städtischen Bauverwaltung, den Architekten und Bauausführenden sich mit den schwierigen Aufgaben intensiv auseinanderzusetzen und sich darauf einzulassen. Diesen Herausforderungen stellte sich die Gesellschaft Historischer Neumarkt mit großem bürgerschaftlichen Engagement nach ihren Möglichkeiten bis in die Gegenwart. Fachliche Begleitung der Planung und Bauausführung waren notwendig, um den hoch gestellten Qualitätsansprüchen handwerklich und baukünstlerischen genügen zu können. Auf diese Begleitung konnte und durfte nicht verzichtet werden.[151] Auch die großzügige finanzielle Unterstützung ist dabei zu erwähnen, die diese Begleitung vielfach ermöglichte.

Gemeinsam mit Vertretern der Gestaltungskommission Kulturhistorisches Zentrum Dresden hatte Baubürgermeister Raoul Schmidt-Lamontain Ende März 2017 zu einem ersten Presserundgang durch die Quartiere am Dresdner Neumarkt eingeladen. Er charakterisierte das Erreichte und betonte, dass der Wiederaufbau am Neumarkt „*im Spannungsfeld zwischen hoch gestellten Ansprüchen an eine unverfälschte Wiedergabe der Stadtgeschichte einerseits sowie an eine fachlich fundierte Recherche und Wiederherstellung des Stadtgrundrisses und der Gebäuderekonstruktionen andererseits*" geschehe. Aber ebenso hoch sah er den „*Anspruch, zeitgemäße und qualitätsvolle Wohnungen, Arbeitsplätze, Stadträume und Gebäudegestaltungen zu schaffen,*"[152] wie an vielen Beispielen gezeigt werden kann. Der ehemalige Sächsische Landeskonservator Gerhard Glaser, ebenfalls Mitglied der Kommission, resümierte dabei: „*Unter dem Strich ist das identitätsstiftende Stadtbild in Proportionen wieder aufgebaut. Dieses Ziel ist weitgehend erreicht.*"[153] Der Neumarkt, von der Frauenkirche überragt, ist voller Leben. Das Ensemble mit menschlichem Maß trägt die Spuren der Geschichte und ist Zeugnis großer bürgerschaftlicher Anstrengung von einst und heute.

Ohne die Dresdner Frauenkirche gäbe es nicht den sie umgebenden Neumarkt in der heutigen Gestalt. Die Frauenkirche ist und bleibt die zentrale, leuchtende, baugewordene Gestalt der Deutschen Wiedervereinigung. Ohne sie wäre auch der heutige, in Deutschland einmalige Wiederaufbau des Neumarktgebietes nicht vorstellbar *(Abb. 28, 29)*. Der Neumarkt ist inzwischen der meist besuchteste Platz der Stadt mit internationaler Ausstrahlung. Wer hätte dies vor 30 Jahren gedacht. In seinem Antlitz spiegelt sich die Geschichte dieser Stadt wider und auch der konstruktive Streit der verschiedenen Ansichten zum Wiederaufbau. Der Neumarkt ist wieder Herz und Seele der Stadt.

Bildnachweis

Abb. 1: arte4 D / Stefan Hertzig, Dresden; *Abb. 2:* Sächsische Landesbibliothek – Staats- und Universitätsbibliothek Dresden (SLUB), Deutsche Fotothek Dresden (DFD) df_pj_0010036, Richard Peter jun.; *Abb. 3, 7:* SLUB, DFD Nr. 0266158, df_hauptkatalog_0266155 / André Rous; *Abb. 4:* West-östlicher Architektenworkshop Dresden, Hamburg 1990, S. 65 / Repro; *Abb. 5, 13, 21, 23, Anhang:* Gesellschaft Historischer Neumarkt Dresden e.V. (GHND e.V.) / Archiv Kulke / Repro; *Abb. 6:* Repro / Dresden, Planungsleitbild Innenstadt, Dresden Juli 1991, S. 17; *Abb. 8, 18, 19:* Gesellschaft zur Förderung der Frauenkirche Dresden e.V. / Manfred Lauffer; *Abb. 9, 10, 11, 12:* Archiv Kulke, GHND e.V. / Repro; *Abb. 14:* Archiv Kulke, GHND e.V. / Inger Sørensen; *Abb. 15, 20:* Jörg Blobelt, lic. CC BY-SA 4.0; *Abb. 16:* SLUB, DFD Nr. 0667798 / Walter Hahn; *Abb. 17:* SLUB, DFD, Nr. 0726087 / Siegfried Bregulla; *Abb. 22:* Landesamt für Denkmalpflege Sachsen, A92 Plansammlung, Neumarkt Dresden; *Abb. 24–27:* Atelier Neumarkt 2000, Dresden 2001, S. 66, S. 73, S. 78, S. 86 / Repro.; *Abb. 28:* Jürgen Borisch, Dresden; *Abb. 29:* John Hinnerk Pahl, Dresden.

---

[151] Vgl. Rosemarie Pohlack. Einführung. In: Weiterbauen am Denkmal. 77. Tag der Denkmalpflege und Tagung der Vereinigung der Landesdenkmalpfleger in der Bundesrepublik Deutschland. Dresden 2009, S. 32–39, hier S. 36f. (Arbeitsheft 14, Landesamt für Denkmalpflege Sachsen).

[152] [o. V.], Rege Bautätigkeit auf dem Neumarkt. Rund um die Frauenkirche entstehen weitere Quartiere. Pressemitteilung der Stadt Dresden vom 31.03.2017. In: https://www.dresden.de/de/rathaus/aktuelles/pressemitteilungen/archiv/2017/03/pm_101.php (01.04.2017).

[153] Dominik Brüggemann, Pläne für Dresdens Zentrum: Das erwartet uns am Neumarkt. In: www.tag24.de, 01.04.2017.

Anhang

Abdruck des ersten Entwurfs der Gestaltungssatzung „Neumarkt Dresden" vom 31. Januar 1995 (Auszug)

Satzung
der Landeshauptstadt Dresden
zur Gestaltung des Bereiches Neumarkt
(Gestaltungssatzung Neumarkt)

ENTWURF
aufgrund der §§ 83 Abs. (1) und (3), sowie 84 der SächsBO in der Fassung vom 26. Juli 1994 (Sächs. GVBL, S 1401), hat der Stadtrat der Landeshauptstadt Dresden in seiner Sitzung am   folgende Satzung beschlossen:

1. Präambel

Der mittelalterliche Stadtgrundriß des Bereiches Neumarkt ist bis auf nach 1945 überbaute Einzelflächen in dem unter § 1 angegebenen Geltungsbereich in seiner Struktur erhalten.

Das überlieferte Straßennetz, in vielen noch unbebauten Flächen die Struktur der Flurstücke, die Proportionen der im Aufbau befindlichen Frauenkirche und die erhaltenen staatlichen und städtischen öffentlichen Bauten, prägen entscheidend die Maßstäblichkeit dieses Bereiches des Stadtkerns.

Der Wiederaufbau steht deshalb im Blickpunkt eines europaweiten Interesses, weil er als Synonym für die städtebaulich-architektonische Gestaltung historisch bedeutender Stadtensembles in den 90er Jahren angesehen wird.

Gleichzeitig wächst die Erwartung der Eigentümer der Grundstücke im Gebiet, die Voraussetzungen für die Bebauung ihrer Areale bald zu wissen. Und nicht zuletzt wünschen die Dresdner, daß die Bebauung im Umfeld der Frauenkirche Teil für Teil in den nächsten Tagen erfolgen kann.

Das vorliegende Material soll dazu als Grundlage für die gestalterischen Vorgaben und als Richtschnur für Bauherrn und planenden Architekten dienen. [...]

TEIL A
Abbildung Plan der Gestaltungssatzung

TEIL B

§ 1 Örtlicher Geltungsbereich

1. Diese Satzung gilt für den Bereich Neumarkt des Altstadtkernes Dresden.
   Der Bereich Neumarkt wird begrenzt von:
   – der Schloßstraße einschließlich ihrer Westseite,
   – der Fläche südlich des Schlosses bis Taschenberg-Palais (kleine Platzfläche),
   – dem Schloßplatz, Brühlscher Terrasse Südseite bis zum Albertinum,
   – der Schießgasse einschließlich des Kurländer Palais an der Ostseite,
   – der Wilsdruffer Straße, vom Museum für Stadtgeschichte bis zur Schloßstraße.
2. Innerhalb des Bereiches befinden sich die Flurstücke der Flur Altstadt I, Menselblatt M. 1:1000 vor und nach der Zerstörung oder der Blätter 3 bis 7 des Brandkatasters Dresden, Abt. A vom Stand 1934.
3. Der genannte Bereich ist im Lageplan M. 1:500 als Bestandteil dieser Satzung besonders gekennzeichnet.

§ 2 Sachlicher Geltungsbereich

1. Aufgrund dieser Satzung sind alle, laut SächsBO genehmigungspflichtigen Vorhaben im Bereich des Neumarktes zu erarbeiten und zu prüfen.
2. Die festzulegenden Verfahrenswege, wie die Erarbeitung von Vorhaben- und Erschließungsplänen

Plan der Gestaltungssatzung

für größere Investitionsvorhaben oder Anträge auf Einzelbauvorhaben gem. § 34 BauGB und Teilbebauungsplänen, sowie die Ausschreibung von Realisierungswettbewerben müssen auf den Bestimmungen der Gestaltungssatzung aufbauen.

3. Mit Inkrafttreten der Satzung sind alle von einer Anzeigepflicht befreiten Vorhaben, wie Teilabbrüche, Veränderungen an der äußeren Gestaltung, Werbung, Aufstellung von Stadtmöbeln genehmigungspflichtig, mit Ausnahme der Fassaden und Vorfläche der Nordseite der Wilsdruffer Straße.

§ 3 Textliche Festsetzungen im Geltungsbereich

1. Die historische städtebauliche Raumstruktur ist Grundlage für alle Gestaltungsmaßnahmen
Die heute noch im Bereich ablesbare oder dokumentierte Quartierstruktur mit den erhaltenen historischen Bauten ist aufzunehmen oder wieder herzustellen. Die räumlichen Dimensionen der Plätze, Straßen und Gassen sind wieder sichtbar zu machen. Das bedingt die Aufnahme des Stadtgrundrisses vor der Zerstörung 1945 mit:
- der Übernahme der Baufluchten, soweit das noch möglich ist und das Wiederherstellen der Bauflucht des alten Gewandhauses,
- die weitgehende Aufnahme der alten Parzellenstruktur, soweit dazu rechtliche Voraussetzungen bestehen,
- der Wiederaufbau von gut dokumentierten im Plan 1:500 gekennzeichneten Gebäuden -als Leitbauten,
- die Wiederaufnahme der Moritzstraße bis zur Wilsdruffer Straße zur Vorbereitung eines späteren Bauabschnittes.

2. Die in den Neubauten einzuordnenden Funktionen sind dem Charakter des Stadtkernbereiches entsprechend anzupassen
Der Charakter des Neumarktbereiches soll als wichtiger Teil des historischen Stadtkerns durch folgende Hauptnutzungen geprägt werden:
- Konzentration historischer Bauten mit vorwiegend musealer Nutzung (Schloß, Stallhof, Verkehrsmuseum, Kunstverein, Albertinum, Kurländer Palais, Museum für Stadtgeschichte),
- Konzentration von Kultur- und Versammlungsstätten, Galerien und Sammlungen, das betrifft zum Beispiel
  • den Umbau des Kulturpalastes als Spielstätte der Dresdner Philharmonie,
  • den Wiederaufbau des Sächsischen Kunstvereins als Ausstellungs- und Begegnungsstätte,
  • den Neubau eines Kammermusiksaales und weiterer Säle unterschiedlicher Nutzung (Tagungen, repräs. Empfängen, spezieller Ausstellungen etc.) am Standort altes Gewandhaus.

- Konzentration gewerblicher Einrichtungen, wie kleinteiliger Geschäfte des gehobenen Standards, Gaststätten mit spezifischem Flair, Kunsthandwerk, sächsischem Handwerk,
- kleinere Hotels der vorwiegend mittleren Preisklasse,
- Einbeziehung von Büroflächen für Kanzleien, Praxen, Institute etc. Die geschlossenen Büroeinheiten sollen 300 m² in der Regel nicht überschreiten. Die Einrichtung größerer Büroflächen bedürfen der speziellen Abwägung.
- Einbeziehung von mindestens 20 bis 25 % der zur Verfügung stehenden Geschoßflächen ohne EG für Wohnungen. Der Wohnanteil (vorwiegend in den OG) ist unabdingbar Bestandteil des Bereiches. Dazu zählen auch Appartements, kleine Hotels.
- Die Mischnutzung der Gebäude ist unter Beachtung des Gebäudemaßstabes und der Geschoßhöhen zu gewährleisten.

3. Maßstab für die städtebauliche und architektonische Gestaltung sind Frauenkirche, Schloß und weitere Bauten des historischen Umfeldes.
Die Neumarktbebauung ist entsprechend dem Vorkriegsstand überwiegend kleinmaßstäblich wieder zu errichten, um für die vorhandenen Repräsentationsbauten einen Bedeutungsmaßstab zu schaffen.

Die stadträumliche und zeitliche Verknüpfung mit den Baumaßnahmen an der Frauenkirche und weiteren Repräsentationsbauten sind für die Wiederherstellung der Neumarktbebauung wichtige Anliegen.

4. Innerhalb der Quartiere des Neumarktbereiches sind einige historisch und architektonisch wertvolle Bauten wieder zu errichten
Der Grad der Rekonstruktion ist abzuleiten aus der Vollständigkeit vorhandener Dokumentationen. Drei Kategorien der denkmalpflegerischen Rekonstruktion sind zugrundezulegen:
- Vollständige Wiederherstellung der Fassade und der Hauptgrundrißstruktur.
- Wiederherstellung der gut dokumentierten Fassade bei neu zu gliederndem Grundriß.
- Wiederherstellung der Hauptgrundrißstruktur bei neu zu gestaltender Fassade.

Innerhalb dieser Kategorien werden folgende Leitbauten vorgesehen: Rampische Straße 1, 7, 19, 32, An der Frauenkirche 16, British hotel, Hotel de Saxe, Regimentshaus, Schützhaus, Dinglingerhaus, Frauenstraße 7, 8, 9, 11, Jüdenhof 1, 3, Köhlersches Haus, Bosesches Haus, Schloßstraße 30, 32, 34, 36 (Südteil), Sporergasse 2, 5, Schössergasse 25, 27 (Zechsches Haus), Kanzleihaus, Cosel- und Kurländer Palais.[154]

5. Alle Neubauten im Planungsbereich ordnen sielt dem Hauptbau Frauenkirche unter und beziehen sielt in ihrer Maßstäblicltkeit auf die Leitbauten
— Für den neu zu gestaltenden Bereich gilt der Grundsatz, daß alle Neubauten sich an der historischen Bebauung orientieren müssen. Die Vielgestaltigkeit und Kleinteiligkeit der Bürgerhausquartiere ist auf der Grundalge der Hausparzelle, des Straßenverlaufs, der Dachausbildung, der Fassadengliederung der Fensterform, der Sockel- und Erdgeschoßausbildung, der Betonung durch bauliche Akzente, wie Erker oder anderer Akzente, Verhältnis Wand zu Fensteröffnung oder auch auf der Basis eines Hofhauses anzustreben.

6. Archäologische Grabungen auf dem stadtgeschichtlichen, hoch bedeutsamen Gebiet sind frühzeitig zu sichern und festzulegen
— Die zu überplanenden Quartiere liegen in einem für die Geschichte der Stadt hoch bedeutsamen Gebiet. Es ist daher bei einer Neubebauung auf eine möglichst archäologieschonende Bebauung zu achten. Sollten Bodeneingriffe in bislang in ihrer Substanz erhaltenen Zonen unabweisbar sein, sind rechtzeitig vor Baubeginn archäologische Untersuchungen durchzuführen. Darüber hinaus ist zu prüfen inwieweit archäologische Befunde wie beispielsweise bauliche Reste in die Neubauvorhaben zu integrieren sind. Das gilt besonders für erhaltene alte Keller (Brandkataster), Reste der Stadtmauer, des Frauentores, der Grüfte unter der Hauptwache etc.

7. Neu zu errichtende Gebäude sind nach Art und Maß in das Quartier mit den historischen Dimensionen einzufügen,
— Um funktionell gute Grundrisse zu erreichen, ist unter Umständen eine Zusammenlegung bis 3 Parzellen möglich. Die Konsequenzen zu den bisherigen Fassaden sind je Quartier zu prüfen. Die in den Zielstellungen der Quartiere getroffenen Festlegungen zu Achsmaßen, Geschoßhöhen, Gesims- und Firsthöhen sind Grundlage für eine detaillierte Gestaltung, die schließt auch die Möglichkeit des gestalterischen Kontrastes nicht aus.
— Heimische Baustoffe sind bevorzugt einzusetzen, der gestalterische Grundsatz der Neubauten sollte behutsames, selbstbewußtes Einfügen sein.

8. Integration oder Rückbau der nach dem 2. Weltkrieg errichteten Neubauten ist in den jeweiligen Bauabschnitten der Quartiere festzulegen
— Entscheidungen dafür sind zu treffen unter Beachtung der realen Situation in den Quartieren. Eine etappenweise Lösung ist zu bevorzugen. Das betrifft:
  • Quartier 3, Landhausstraße mit dem teilweisen oder vollständigen Abriß des Abschnittes 3/2, Erweiterungsbau von 1976 und dem Neubau eines differenzierten Gebäudeensembles unter beratender Einbeziehung der Projektgruppe Stadtentwicklung des Landes Sachsen.
  • Quartiere 4 und 5, Wilsdruffer Straße mit der Einbindung der Wohn- und Geschäftsbauten bis zur Neugestaltung der Wilsdruffer Straße.
  • Quartier 7, Schloßstraße mit der Einbindung des Kulturpalastes und seinen Ergänzungsbauten.

9. Die Gestaltung der Straßen und Plätze nimmt historisch gewachsene Strukturen, Blickbeziehungen und Gestaltungselemente auf
Das betrifft:
— Die Beibehaltung, Ergänzung und Wiederherstellung der alten Fußsteige und des Pflasters,
— Die Übernahme bzw. Ergänzung des Maßstabes der alten Stadtbeleuchtung,

---

[154] Der letzte Satz mit der Aufzahlung ist eine schon im Entwurf angebrachte Präzisierung.

– Das Vermeiden störender technischer Einrichtungen im öffentlichen Raum,
– Den Einsatz von Bäumen und Pflanzgruppen am Georg-Treu-Platz und parallel der Salzgasse/ Albertinum.

10. Das Planungs- und Baurecht ist auf der Grundlage der Gestaltungssatzung und ihren erläuternden Empfehlungen kurzfristig herbeizuführen

– Das Genehmigungsverfahren wird durch einen Beirat zum Bereich Neumarkt unter Bezugnahme auf das jeweilige Quartier begleitet.
– Für die der Satzung entsprechende Beantragungen sind Pilotprojekte als beispielgebend anzustreben.

11. Der individuelle Fahrverkehr ordnet sielt dem verkehrsberuhigtem Erschließungsprinzip des Bereiches unter

– Parken ist nur für die im Bereich wohnenden oder beschäftigten Bürger in Tiefgaragen, vorwiegend der Quartiere 1/3/4 zu gestatten. Entsprechende Regelungen sind in der Stellplatzsatzung zu treffen

12. Für die einzelnen Häuser in den Quartieren sind folgende Festsetzungen erforderlich

– Die neu zu gestaltenden Häuser müssen sich entsprechend den Forderungen der Quartierstudien im Typ (z. B. Hofhaus), in der Proportion und in der Gliederung in das Straßenbild einfügen. Mit den Neubauten darf keine Vereinheitlichung des Straßenbildes eintreten.
– Gebäude, die in der Breit erheblich über die historische Parzellenbreite hinausgehen, sind durch Auflösung in Bauteile entsprechend den Proportionen der umgebenden Bebauung zu gliedern.
– Die für den Neumarktbereich typischen Fassadengliederungselemente und Materialien sind bei Neubauten in den Grundsatz des Entwurfes einzubeziehen. Eine Orientierung an den Leitbauten ist dabei erforderlich. Die im Gestaltungsplan festgelegten städtebaulichen Betonungen durch Erker, französische Fenster oder Austritte etc. Sind zu beachten. Balkone und Loggien an den Straßenfronten sind nicht zulässig. Arkaden, massive Vordächer und Passagen sind nur in den gekennzeichneten Bereichen (Plan 1:500) einzusetzen.
– Zu bevorzugen sind regionaltypische Materialien für die Oberflächengestaltung. Gemusterte, dekorative, modische Putze und Farben und Verkleidungen mit ortsuntypischen Natursteinplatten sind auszuschließen. Für Putzfassaden ist ein Glattputz anzuwenden.
– Für die Farbpalette des Neumarktes sind gebrochene Weiß- und Ockertöne in Annäherung an den historischen Kalkputz zu bevorzugen. Für alle Straßenzüge und Platzräume sind der Dringlichkeit entsprechend Farbleitpläne auszuarbeiten. Den Quartieren 1/2/3/4 ist dabei der Vorrang zu geben.
– Anzahl und Größe der Fensteröffnungen sollen sich an den überlieferten Fassadenstrukturen der Quartiere orientieren.
– Die Ladenzonen müssen sich in der Außengestaltung der Fassadengliederung unterordnen. Großflächige Abfangungen sind zu vermeiden.
– Als Wetter- und Sonnenschutz sind nur bewegliche Markisen zulässig. Sie sind auf die Fenstergröße zu bemessen und dürfen in geschlossenem Zustand nicht vor der Fassade stehen. Markisen sind farbig auf die Farbgestaltung der Fassade abzustimmen.
– Alle den Neumarkt und die Schloßstraße umgrenzenden Bauten erhalten Sattel- oder Mansarddächer, gedeckt mit roten Tonziegeln. Dachaufbauten sind ortstypisch auszuführen und müssen mit der Dachdeckung im Material harmonieren. Abweichungen bedürfen der Zustimmung des Gestaltungsbeirates.
– Antennen sind als Sammelantennen möglichst im Dachbereich auf der straßenabgewandten Seite zu installieren.
– Werbungen sind nur in der Erdgeschoßzone zulässig, sie sind den Proportionen der Fassade anzupassen und bedürfen einer grundsätzlichen Zustimmung in der Phase der Bauvorbereitung. Lichtwerbeanlagen sind nur in den Farben weiß und gelb gestattet. Werbeanlagen mit wechselndem Licht sind nicht erlaubt.

[…]

Zur Rezeptionsgeschichte

Dresden und die Frauenkirche im Guckkasten des 18. und frühen 19. Jahrhunderts – ein Beitrag zur populären Rezeptionsgeschichte*

VON ANDREAS SCHÖNE

In der ersten Hälfte des 18. Jahrhunderts kamen in Europa die Guckkästen auf. Bis zur Mitte des Jahrhunderts waren sie als Straßen-, Jahrmarkts- und Messeattraktion, aber auch in Privathäusern weithin gebräuchlich geworden. Sie bedienten sowohl das Bildungs- und Unterhaltungsbedürfnis des aufgeklärten Adels und Bürgertums als auch das Schaubegehren breiter Bevölkerungsgruppen. Ihre Blütezeit reichte bis ins 19. Jahrhundert, bevor sie von neueren Medien verdrängt wurden.

Guckkästen haben sich aus der Camera obscura entwickelt, die besonders im 17. und 18. Jahrhundert von Malern und Zeichnern für wirklichkeitsgetreue Ansichten genutzt worden war.[1] Die erste Beschreibung eines Guckkastens mit nachfolgender Bauanleitung stammt von 1677: *„Ein viereckichtes Kästlein zu machen / darinn man die Objecta sehen kan / wie in einer finstern Kammer / unter sich und über sich gekehret: auch also vor Gesicht bringen / nicht perspectivisch / sondern wie sie an sich selbsten sind / und liberis oculis angeschauet werden. […]"*[2] *(Abb. 1)*. Die Beschreibung verweist darauf, dass Guckkästen anfangs eher für die Betrachtung dreidimensionaler Objekte genutzt wurden, bevor sich die Beschau von grafischen Blättern durchsetzte. In Deutschland hießen die Guckkästen deswegen zunächst auch Raritätenkasten oder einfach Raritäten. In Frankreich nannte man sie Vues d'Optique, in England Prospects, Perspective Views oder Peepshow und in Italien Mondo Nuovo.

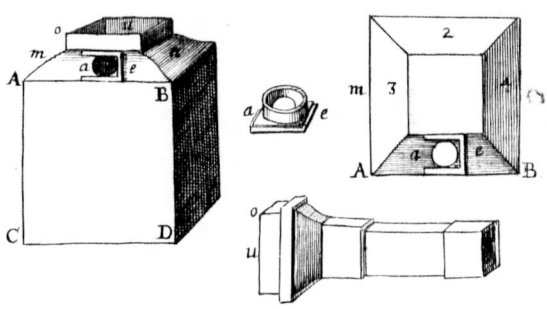

Abb. 1 Christoph Kohlhans (1604–1677)
Früher Guckkasten, 1677.

---

* Dieser Beitrag entstand 2020 und 2021 während der Corona-Pandemie, als es nicht einfach war, den nötigen Zugang zu Bibliotheken und Museen sowie zu Reproduktionen zu erhalten. Herzlich zu danken ist daher für ihre Unterstützung: Dipl.-Museol. Kristin Gäbler, Städtische Sammlungen Freital, bis 2021 Städtische Galerie Dresden; Denise Görlich M. A., Staatliche Kunstsammlungen Dresden (Kupferstich-Kabinett); Ulrike Hübner-Grötzsch M.A., Landesamt für Denkmalpflege Sachsen (Plansammlung); Karsten Jahnke M. A., Staatliche Kunstsammlungen Dresden (Museum für Sächsische Volkskunst); Dr. Carolin Quermann, Städtische Galerie Dresden; Dominik Stoltz M.A., Sächsische Landesbibliothek – Staats- und Universitätsbibliothek Dresden und Dr. Heidrun Wozel, Dresden.

[1] Vgl. Wojciech Sztaba, Die Welt im Guckkasten. Fernsehen im achtzehnten Jahrhundert. In: Die Mobilisierung des Sehens. Zur Vor- und Frühgeschichte des Films in Literatur und Kunst. Hrsg. v. Harro Segeberg (Mediengeschichte des Films Bd. 1), München 1996, S. 97–112, bes. S. 97, 106; Ulrike Hick, Geschichte der optischen Medien. München 1999, S. 217.
[2] Vgl. Christoph Kohlhans, Neu-erfundene Mathematische und Optische Curiositäten, Leipzig 1677, S. 294–295, Tafel nach S. 294, Zitat S. 294. Inwiefern die Vermutung zutrifft, dass Guckkästen nach (impliziter) Erwähnung bereits im 16. Jahrhundert in Italien in Gebrauch waren, kann hier nicht beurteilt werden. Vgl. Thomas Ganz, Die Welt im Kasten. Zürich 1994, S. 52–53.

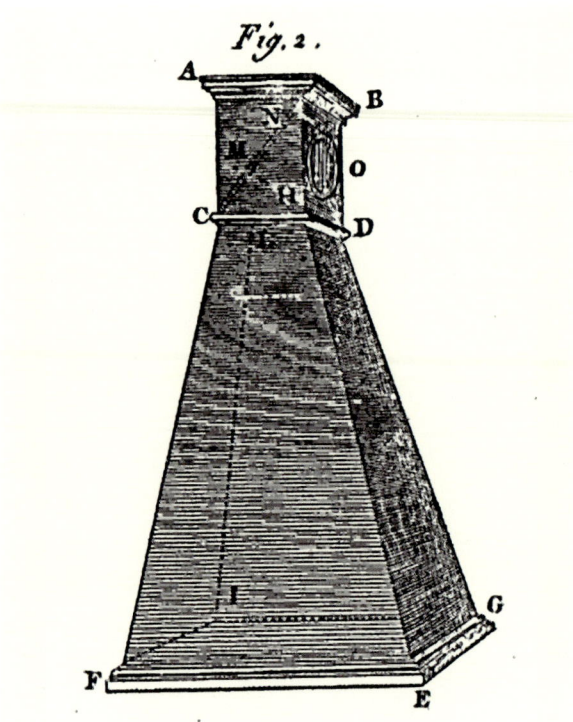

Abb. 2 [Edmé-Gilles] Guyot (1706–1786)
Pyramidenförmiger Guckkasten mit Planspiegel, 1799.

Abb. 3 Kastenförmiger Guckkasten, wahrscheinlich 19. Jahrhundert.

Es gab sie in vielerlei Gestalt und in unterschiedlichen Größen, von tragbar bis schrankgroß, mit einem oder mit mehreren Einblicken. Auch zusammenklappbare Modelle existierten. Sehr weit verbreitet waren pyramidenförmige Guckkästen, in denen das Blatt waagerecht auf den Boden des Kastens gelegt wurde. Im Innern befand sich dann ein um 45° geneigter Planspiegel, durch den die Blätter gespiegelt zu sehen waren *(Abb. 2)*. Eine ebenfalls sehr weit verbreitete Form war ein liegender Holzkasten, in den das Blatt senkrecht eingeschoben wurde *(Abb. 3)*. In diesen kastenförmigen Guckkästen waren auch Spezialeffekte möglich, z. B. eine Durchleuchtung perforierter Blätter. Die Beleuchtung erfolgte bei beiden Formen mit Tageslicht, das durch die offene Rückseite oder eine andere Öffnung einfiel. Für Abendvorstellungen diente eine Kerze, Öl- oder Petroleumlampe als Auf- oder Durchlichtquelle. Die Einblicke waren meist runde Löcher (Durchmesser 70 bis 160 mm) mit Linse oder (seltener) Flachglas.

Durch die Größe konnten beide Augen ins Innere sehen und durch Kopfbewegung auch im Bild umherwandern. Später entstanden auch Schiebe-, Klapp-, Dreh- oder Kurbelmechaniken für den schnellen Wechsel der Motive. Eine besondere Form waren sogenannte Kulissenguckkästen oder Perspektivtheater mit gestaffelten Kulissen nach dem Vorbild der barocken Theater.[3]

[3] Vgl. Ganz, Die Welt im Kasten (wie Anm. 2), S. 54–56, 61; Georg Füsslin, der Guckkasten. In: Der Guckkasten. Einblick – Durchblick – Ausblick. Hrsg. v. Georg Füsslin, Werner Nekes, Wolfgang Seitz, Karl-Heinz W. Stecklings, Birgit Verwiebe. Stuttgart 1995, S. 8–23; Karl Heinz W. Stecklings, Faltperspektiven – die Illusion in der Tasche. In: ebd., S. 62–73; Sztaba, Die Welt im Guckkasten (wie Anm. 1), S. 97–99, 106; Hick, Geschichte der optischen Medien (wie Anm. 1), S. 222–223, 230, 234; Daniela Franke, Von der großen Bühne in den kleinen Kasten. In: Spettacolo barocco! Triumph des Theaters. Hrsg. v. Andrea Sommer-Mathis, Daniela Franke und Rudi Risatti, Petersberg 2016, S. 218–233, bes. S. 226–229.

In Guckkästen konnte prinzipiell jede Grafik gezeigt werden, sofern sie die richtige Größe hatte. Zusätzlich entwickelte sich mit den Guckkastenblättern auch eine eigene Grafikgattung. Für diese immer querrechteckigen Blätter hatte sich eine einigermaßen standardisierte Größe durchgesetzt: Ihre Höhe betrug 26 bis 32 und ihre Breite 40 bis 42 cm. Dadurch konnte ein Guckkästner die Blätter verschiedener Verlage einsetzen.

Im 18. Jahrhundert waren ihre wichtigsten Motive Ansichten von bedeutenden europäischen und außereuropäischen Städten, Gebäuden und Landschaften aus nahen und fernen Ländern, gefolgt von dramatischen Ereignissen oder Naturkatastrophen (Brände, Schlachten zu Land und zur See, Erdbeben, Vulkanausbrüche), ferner lehrreich-didaktische, religiöse, mythologische und historische Gegenstände, Theaterszenen, Genredarstellungen (Karneval, jüdische Hochzeit, Freimaurerloge, Jagd, Winterfest), humoristische (verkehrte Welt) sowie galante und erotische bis obszöne Bilder. Die Guckkastenbilder standen in der Nachfolge der zahlreichen enzyklopädischen Sammlungen aus dem 16. und 17. Jahrhundert. Der Höhepunkt der Herstellung von Guckkastenblättern mit Vedutenmotiv lag in den Jahren von 1760 bis 1790. Im 19. Jahrhundert nahm die Bedeutung von Landschaftsdarstellungen zu.

Die Guckkastenblätter des 18. Jahrhunderts waren Kupferstiche und Radierungen, später zunehmend auch Lithographien. Es gab sie in hoher Qualität und fein gearbeitet, aber auch schnell und fließbandartig hergestellt. Sie wurden entweder schon vom Hersteller, oft durch Frauen und Kinder mit Schablonen, oder erst durch den Guckkästner lebhaft koloriert. Sie waren kein fertiges Produkt, sondern wurden gelegentlich noch nachkoloriert und auf Karton gezogen. Manchmal erhielten sie an architektonischen Linien entlang oder an den dargestellten Fenstern, Türen, Lampen, Himmelskörpern, Wasserflächen usw. Perforationen bzw. Ausschnitte. Die entstandenen Öffnungen wurden teilweise mit farbigem Papier oder Gewebe hinterklebt. Dies brachte insbesondere bei bestimmten Sujets wie Feuerwerken, Illuminationen, Bränden, Vulkanausbrüchen usw. besondere, dramatische Effekte. Die Bilder auf den Guckkastenblättern folgten bestimmten Prinzipien: So mussten sie für den Einsatz in Guckkästen mit Planspiegel seitenverkehrt sein, und im 18. Jahrhundert wurden die Zentralperspektive oder die Weitwinkeloptik oft überbetont. Im mittleren Vordergrund finden sich häufig Figurengruppen verschiedener sozialer Herkunft, die den Betrachter zur Identifikation einluden. Details der Motive wurden oft eliminiert und dynamische Momente betont. Viele Guckkastenblätter bildeten Serien. Sie waren am Markt orientierte Gebrauchskunst, nicht selten auch Plagiate. Oben trugen sie eine meist seitenverkehrte, standardisierte Titelei, gern in Großbuchstaben:

– (dt.) Prospect von …, Gesicht von …
– (engl.) (A) View of …
– (frz.) Vue de …, Vue optique de …, Vue perspective de …
– (ital.) Viso de …, Vedut(t)a de …
– (lat.) Prospectus …
– (ndrl.) T'Gezigt van …

Unten findet sich seitenrichtig meistens eine genauere, oft zwei- bis viersprachige Erklärung in Latein, französisch, deutsch, englisch, italienisch, auch spanisch und niederländisch. Diese diente dem Guckkästner als Hilfe für seinen Kommentar und deutet auf einen internationalen Absatzmarkt der Guckkastenblätter hin. Die in Serien erschienenen Blätter waren oft auch nummeriert.

Aus kunsthistorischer Sicht sind die Guckkastenblätter eine Randerscheinung für Unterhaltungszwecke, eine *„Kuriosität aus dem Bereich der populären Kunst"*. Für ihre Herstellung gab es in Europa fünf Hauptzentren:

– London (1734 bis wenigstens 1795, mindestens 1.300 Blätter)
– Paris (1740 bis 1836, mindestens 2.000 Blätter)
– Bassano in Oberitalien (1764 bis 1817, etwa 350 Blätter, viele Plagiate)
– Augsburg (etwa 1766 bis 1828, mindestens 1.067, an anderer Stelle 1.080 Blätter)
– Berlin (nach der Mitte des 19. Jahrhunderts, mindestens 95 Blätter als Lithographien)

Augsburg spielte eine führende Rolle als lange Zeit einziger Produktionsort im deutschsprachigen Raum. Dort sind fünf Verlage belegt:

- Georg Balthasar Probst (1732–1801), zwischen 1766 und 1790 mindestens 350 Blätter von höchster Qualität, überwiegend Veduten, aber auch Serien mit allegorischen, religiösen, historischen oder militärischen Sujets
- kaiserlich Franziskische Akademie, gegr. 1755 von Johann Daniel Herz oder Hertz d. J. von Herzberg (1720/1722–1793), Gönner Kaiser Franz I. (1708–1765), mindestens 540 Blätter
- Max oder Marx Abraham Rupprecht oder Ruprecht (um 1733–1800), zwischen 1770 und 1790 nur einige wenige Blätter
- Dominikus Fietta, in Kriegshaber vor den Toren Augsburgs, ab 1795 mindestens 40 Blätter minderer Qualität
- Joseph Carmine, 1808 bis 1828 mindestens 150 Blätter mit der geringsten Qualität

Jeder dieser Verlage entwickelte eigene Merkmale, anhand derer ihm Guckkastenblätter sicher zugeordnet werden können. Die Augsburger Verlage haben hohe Qualitätsstandards oft über Jahrzehnte gehalten, während insbesondere die Pariser Guckkastenblätter oft von minderer Qualität bzw. Plagiate oder Fehldrucke waren.[4]

Das Guckkastengewerbe lag anfangs fast ausschließlich in der Hand von wandernden Halbitalienern und Halbfranzosen, damals als welsche Fremdlinge, Halbwelsche, Savoyarden, Deutsch-Italiener oder Deutsch-Franzosen bezeichnet. Soziologisch gehörten die Guckkästner zur unteren Schicht der Bevölkerung. Oft waren sie auch Kriegsinvaliden, und nicht selten wurden sie bei ihrem Gewerbe von der ganzen Familie unterstützt. Der Guckkasten war ihre teuerste Anschaffung. Dazu kam eine gewisse Anzahl von Guckkastenblättern zum Stückpreis von 1–2 fl. (Gulden), die sie immer wieder durch Neuheiten ergänzten. Denn sie mussten marktgerecht arbeiten, d. h. mit ihren Bildern möglichst viele im Wortsinn Schaulustige anziehen, die bereit waren, ihre Kleinmünze zu bezahlen. Das gebrochene Deutsch, die radebrechende Vortragsweise und das seltsame Gebaren der Guckkästner waren Teil der Unterhaltung für das Publikum. Ihre Vorführungen kündigten sie laut singend oder rufend an, und ihre Kommentare gaben sie oft in Reimform.

Damit wird deutlich, dass die Guckkästen dem Publikum mehr boten, als nur die stille Betrachtung interessanter, exotischer oder sensationeller Bilder. Und die optischen Tricks der Guckkästen (Loch, Linse, Planspiegel, Beleuchtung) ließen die Bilder räumlich erscheinen, gaben ihnen plastische Tiefe und eine realistische Perspektive. Dies wurde auch „*als pseudoplastischer Guckkasteneffekt*" beschrieben. Damit waren die Guckkästen eine frühe Stufe optischer Geräte zur Erzeugung dreidimensionaler Illusionen. Ihre Attraktivität ist heute schwer nachvollziehbar, aber für die meisten damaligen Betrachter gab es außerhalb von Kirchen nur wenige Gelegenheiten, überhaupt Bilder zu sehen. Im Guckkasten konnten sie ferne Landschaften und Städte, exotische Welten und sonst verschlossene Paläste besuchen sowie vor den Kräften der Natur erschaudern. Die Bilder wurden dabei immer in einer Serie gezeigt, wobei alle denkbaren, auch sehr unterschiedlichen Motive rhythmisiert aufeinander folgten. Die Kommentare der Vorführer lenkten die Betrachter, und ihre Formelhaftigkeit, wiederkehrenden Redewendungen und das Radebrechen der echten (oder falschen) savoyardischen Guckkästner erhöhten den Reiz des Erlebnisses. Dieses war eingebettet in die exotische Gesamtatmosphäre des viel breiteren Phänomens Jahrmarkt. Die Guckkästen standen dort neben Akrobaten, Sängern, Leierkastenmännern, Theatertruppen, Puppenspielern, Zauberkünstlern und Scharlatanen. Bilder hatten dabei immer einen festen

---

[4] Vgl. Ganz, Die Welt im Kasten (wie Anm. 2), S. 54–57; Wolfgang Seitz, Die Guckkastenblätter. In: Der Guckkasten. Einblick – Durchblick – Ausblick (wie Anm. 3), S. 24–35; Sztaba, Die Welt im Guckkasten (wie Anm. 1), S. 99–100, 104, 107–108, Zitat S. 100; Hick, Geschichte der optischen Medien (wie Anm. 1), S. 217–218, 224–225, 227, 229; Franke, Von der großen Bühne in den kleinen Kasten (wie Anm. 3), S. 221–222. Zu den Augsburger Verlegern vgl. Probst, Georg Balthasar u. Georg Matthäus. In: Allgemeines Lexikon der bildenden Künstler von der Antike bis zur Gegenwart [künftig abgek.: Thieme/Becker]. Band 27. Leipzig 1933, S. 411; Probst, Georg Balthasar. In: Nürnberger Künstlerlexikon. Bildende Künstler, Kunsthandwerker, Gelehrte, Sammler, Kulturschaffende und Mäzene vom 12. bis zur Mitte des 20. Jahrhunderts. Band 3. München 2007, S. 1177; Herz (Hertz), Johann. In: Thieme/Becker. Band 16. Leipzig 1923, S. 567–568; Martina Wanko, Herz (Hertz), Johann Daniel, d. Ä. In: Allgemeines Künstlerlexikon. Die Bildenden Künstler aller Zeiten und Völker. Band 72. Berlin/Boston 2012, S. 448–449; Ruprecht, Marx Abraham. In: Thieme/Becker. Band 29. Leipzig 1935, S. 216.

Platz: Sie wurden z. B. zum Kauf angeboten, mit der Laterna Magica gezeigt und bildeten den Hintergrund der Moritaten- und Bänkelsänger. Die Betrachtung der Guckkastenblätter nur als eine Kategorie der Grafik ist unvollständig. Der Guckkasten war es nämlich, der mit ihnen eine eigene populäre Kunstgattung mit eigenen Produktions- und Vertriebswegen bildete: *„Denn der Guckkasten vereint mehrere Kunstgattungen und Phänomene in sich: Die Druckgraphik liefert zwar die Bilder, sie werden aber während der Vorführung theatralisch inszeniert und mit einem gesprochenen Kommentar begleitet, dessen Form wiederum zur populären Literatur gehört. Der Kasten selbst spielt dabei die Rolle einer populärwissenschaftlichen Demonstration: er stellt eine wissenschaftliche, optische Erfindung als eine sehenswerte Kuriosität dar."* Der Guckkasten war im 18. und 19. Jahrhundert weit verbreitet und hatte mit der Konzentration auf Exotik, Spannung, Katastrophen und Unterhaltung eine Funktion, die heute das Fernsehen und allerlei neuere Medien erfüllen. Er war aber, schon wegen der Produktionszeit der Guckkastenblätter, kein aktuelles Medium, sondern zeigte meist das, wovon die Menschen vorher bereits gehört hatten. Er kam auch dem aufklärerischen Bedürfnis nach virtuellen Reisen in Raum und Zeit entgegen. Die Blütezeit der Guckkästen war die Blütezeit des Reiseschrifttums; sie korrespondierte mit den zahlreichen Expeditionen in exotische Länder. Allerdings hatten sich zunehmend die Sensations- und Unterhaltungsaspekte des Mediums durchgesetzt.[5]

In Dresden ist die Verwendung eines Guckkastens schon für die Lustbarkeiten zum Besuch des dänischen Königs Friedrich IV. (1671–1730) im Jahr 1709 erwähnt worden. Auch beim Dresdner Vogelschießwettbewerb gehörte ein Raritätenkasten bereits 1737 zu den Attraktionen, und Guckkästen waren danach bis etwa 1860 regelmäßig auf der Vogelwiese anzutreffen *(Abb. 4)*. Für ihre Präsenz dort mussten die Guckkästner ein Standgeld zahlen, 1737 etwa in Höhe von 1 fl. (Gulden).[6] Aus der Nähe von Dresden sind zwei Guckkästner namentlich bekannt: Sebastian Kapfer und Johanne Sophie Kapfer, beide aus Schandau und höchstwahrscheinlich miteinander verwandt. Jener besuchte von 1822 bis 1826 sechs Mal, diese von 1825 bis 1833 zehn Mal mit einem Guckkasten die Leip-

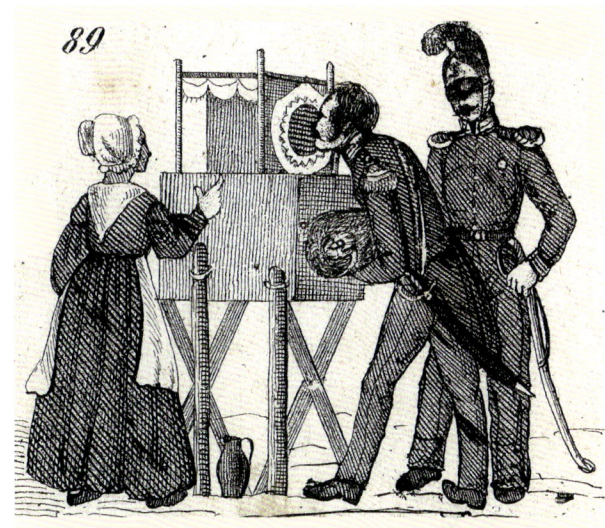

Abb. 4 Guckkasten mit Guckkästnerin und Betrachtern auf der Dresdner Vogelwiese

(Ausschnitt aus Städtische Galerie Dresden Kunstsammlung, Museen der Stadt Dresden, 1952/28-4), 1844.

ziger Messen. In Johanne Sophie Kapfer wird die sogenannte Schandauer Muhme vermutet, eine lokale Berühmtheit, die auch auf der Dresdner Vogelwiese als Guckkästnerin vertreten war *(Abb. 5)*.[7]

---

5 Vgl. A. Kopp, Schöne Spielewerk, schöne Rarität! In: Archiv für Kultur-Geschichte 2 (1904), S. 296–317, bes. S. 297; Ganz, Die Welt im Kasten (wie Anm. 2), S. 51–52, 56–57, Zitat S. 51; Georg Füsslin, Der Guckkästner. In: Der Guckkasten. Einblick – Durchblick – Ausblick (wie Anm. 3), S. 36–45; Sztaba, Die Welt im Guckkasten (wie Anm. 1), S. 100, 102–111, Zitat S. 105; Hick, Geschichte der optischen Medien (wie Anm. 1), S. 217–221, 232–233; Franke, Von der großen Bühne in den kleinen Kasten (wie Anm. 3), S. 219, 221.
6 Vgl. Heidrun Wozel, Die Dresdner Vogelwiese. Vom Armbrustschießen zum Volksfest. Dresden/Basel 1993, S. 30, 36, 38–39, 45, 47, 54–55; dies., „Bratwürste, Käsekeulchen, saure Gurken …" Speisen und Getränke auf den Dresdner Volksfesten im 18. und 19. Jahrhundert. In: Dresdner Geschichtsbuch 9 (2003), S. 53–70, bes. S. 58–60, 65; dies., Vom Armbrustschießen zum Volksfest „Dresdner Vogelwiese". In: Dresdner Hefte 38 (2020) 4, S. 5–14, bes. S. 9–10 (Dresdner Hefte 144).
7 Vgl. Gabriele Klunkert, Schaustellungen und Volksbelustigungen auf Leipziger Messen des 19. Jahrhunderts. Eine wirtschafts- und sozialhistorische Untersuchung. Göttingen 2010, S. 317; Wozel, Die Dresdner Vogelwiese (wie Anm. 6), S. 55.

Abb. 5 „Schandauer Muhme" mit Guckkasten und Betrachtern auf der Dresdner Vogelwiese

(Städtische Galerie Dresden – Kunstsammlung, Museen der Stadt Dresden, 2012/k16), um 1835.

Die Suche nach Guckkastenblättern kann sich leider nur auf die eindeutig für den Einsatz in Guckkästen mit Planspiegel hergestellten (seitenverkehrten) Blätter beschränken. Die schier unerschöpfliche Masse an sonstiger (seitenrichtiger) Grafik muss hier außen vor bleiben, da deren Einsatz in Guckkästen ohne Planspiegel zwar durchaus möglich, aber nur ausnahmsweise durch den Überlieferungszusammenhang oder eine entsprechende Zurichtung belegbar ist. Die Suche nach (seitenverkehrten) Guckkastenblättern mit Dresden-Motiv ergab in der Sächsischen Landesbibliothek – Staats- und Universitätsbibliothek Dresden (Kartensammlung), in den Staatlichen Kunstsammlungen Dresden (Kupferstich-Kabinett), und in der Städtischen Galerie Dresden 14 Treffer in insgesamt 41 Exemplaren und in unterschiedlicher Ausführung. Manche dieser Blätter fanden sich auch als Angebot im Kunsthandel. Von den 14 Blättern ist ein in Paris entstandenes aber hier zu vernachlässigen: Der Überschrift nach zeige es nämlich eine Belagerung Dresdens, allerdings befindet sich darunter das Bild einer Seestadt mit einer vollkommen von der Dresdner abweichenden Silhouette. Es handelt sich hierbei offenbar um einen Fehldruck, der wohl in Wirklichkeit die Belagerung Kolbergs durch russische Truppen im Siebenjährigen Krieg 1761 zeigt.[8] Somit bleiben 13 Guckkastenblätter mit Dresden-Motiv, die nachfolgend summarisch beschrieben und im Anhang auch abgebildet werden sollen.[9]

[8] Dies legen z. B. die Angebotsbeschreibungen bei zwei Antiquariaten (Antiquariat Clemens Paulusch GmbH, Berlin und Galerie Himmel, Dresden) nahe. Vgl. https://www.abebooks.com/art-prints/Gesamt-ansicht-Hgr-Ostsee-Vue-perspective-Si%C3%A9ge/22873376115/bd (23.2.2021); https://www.grafikliebhaber.de/Kolberg_Kolobrzeg-_Belagerung_von_1761-_Guckkastenblatt-Vue_perspective_du_Siege_de_la_Vil/topic/Shop_Detailseite/shop_art_id/108667/tpl/koenitz_detail (23.2.2021).

[9] Zwar finden sich in den Inventaren der genannten Museen noch mehr Blätter, die als Guckkastenblätter gekennzeichnet sind. Diese Zuschreibung kann aber nicht als sicher gelten, da diese Blätter seitenrichtig sind und ihnen wesentliche der o. g. Merkmale von Guckkastenblättern fehlen. Sie sollen daher hier vernachlässigt werden.

Abb. 6 Die Dresdner Frauenkirche auf zwei Pariser Guckkastenblättern

Links um 1760 (Ausschnitt aus Städtische Galerie Dresden – Kunstsammlung, Museen der Stadt Dresden, 1980/k1299) und rechts um 1800 (Ausschnitt aus Anhang 12).

Drei dieser Blätter sind in Paris bei den Verlagen Daumont, Huquier fils und Genty oder ohne Verlagsbezeichnung erschienen *(Anhang 1, 11–12)*, wobei ein Motiv mit mindestens drei unterschiedlichen Verlagsangaben gedruckt wurde *(Anhang 1)*. Dies ist nicht ungewöhnlich, wurden doch in Paris die Motive gern nachgestochen oder die Platten bis zu drei Mal von Verleger zu Verleger weitergegeben.[10] Die Blätter zeigen Altstadtpanoramen aus unterschiedlichen Blickwinkeln. Bemerkenswert unter ihnen ist ein nicht koloriertes Blatt, das laut der Bildunterschrift eine Zeichnung von Adrian Zingg (1734–1816) wiedergeben soll *(Anhang 12)*. Bei den Pariser Blättern offenbaren sich sehr deutliche Qualitätsunterschiede *(Abb. 6)*.

Von den zehn Augsburger Blättern stammen neun von der Kaiserlich Franziskischen Akademie *(Anhang 2–10)* und eines von Joseph Carmine *(Anhang 13)*. Sie zeigen zwei Altstadtpanoramen (elbauf- und -abwärts), den Neumarkt mit Frauenkirche II (von Westen und von Südwesten), den Altmarkt mit Kreuzkirche IV (im Bau), den Neustädter Markt mit dem Denkmal Augusts des Starken (goldener Reiter) und dem Neustädter Rathaus, den Festungsgraben mit Zwinger (Kronentor) und Wilschem Tor, das Palais im Großen Garten, den Reiswitzschen Garten in Dresden-Plauen

Abb. 7 Die Dresdner Frauenkirche auf einem Augsburger Guckkastenblatt, um 1780 (Ausschnitt aus Anhang 5).

und Schloss Pillnitz.[11] Die Blätter der Kaiserlich Franziskischen Akademie sind von besserer Qualität als das von Joseph Carmine. Alle gibt es in sehr unterschiedlicher, aber immer farbenfroher Kolorierung. Die Farbauswahl erfolgte offensichtlich überwiegend im Hinblick auf die Wirkung der Blätter im Guckkasten. Gelegentlich ist auch ein (falscher) Analogieschluss zu vermuten, wenn etwa die Kuppel der Frauenkirche im gleichen Rotton erscheint, wie die Ziegeldächer der umliegenden Gebäude *(Abb. 7)*. Sechs Guckkas-

---

[10] Vgl. Seitz, Die Guckkastenblätter (wie Anm. 3), S. 29.

[11] Der Eindeutigkeit wegen erfolgte die Benennung der Gebäude, wo es dienlich schien, abweichend von der Quelle nach dem Orts-, Straßen- und Sachregister in: Fritz Löffler, Das alte Dresden. Geschichte seiner Bauten. Leipzig ⁹1989, S. 482–503.

tenblätter sind in der Sächsischen Landesbibliothek – Staats- und Universitätsbibliothek Dresden auch in nicht kolorierter Fassung erhalten. Lediglich ihr einheitliches Passepartout trägt charakteristische, zart kolorierte Blumenmotive. Alle diese Blätter tragen einen Hinweis auf Johann Christoph Adelung (1732–1806), seit 1787 Leiter der Kurfürstlichen Bibliothek in Dresden,[12] dessen umfangreicher Sammeltätigkeit sie wohl zu verdanken sind. Im Kupferstich-Kabinett stammt der überwiegende Teil der dort aufgefundenen Guckkastenblätter (10 von 14) aus der Sammlung des Dresdner Industriellen Theodor Bienert (1858–1935), die zunächst im Landesamt für Denkmalpflege Sachsen aufbewahrt worden war, bevor entschieden wurde, sie ins Kupferstich-Kabinett zu überführen.[13]

Die 13 bis hierher aufgefundenen Dresden-Motive haben an der o. g. Gesamtproduktion von fast 5.000 Guckkastenblättern in Europa lediglich einen sehr geringen Anteil. Dies mag auf den ersten Blick etwas enttäuschen, kann aber relativiert werden, wenn man die schier unerschöpfliche Fülle der Motive bedenkt, die auf den Guckkastenblättern dargestellt wurden.

Solche wie die bisher beschriebenen Guckkastenblätter sind oft in den Grafiksammlungen von Bibliotheken und Museen erhalten und tauchen auch im Kunsthandel auf. Man kann unterstellen, dass sie meistens im 18., 19. und gelegentlich auch noch im 20. Jahrhundert gesammelt wurden und dass die damalige Sammeltätigkeit auf das enzyklopädische Zusammentragen von Grafik abzielte. Für die damals sammelnden Personen bzw. Institutionen dürfte kunsthistorisches oder topographisches Interesse im Vordergrund gestanden haben. Die Blätter geben somit zwar einen schönen Einblick in die Vielfalt der seinerzeit produzierten Guckkastenblätter, sie sind aber oft unbearbeitet, nicht selten (fast) druckfrisch und daher vielleicht sogar unbenutzt. Schäden sind wohl häufiger Lager- als Benutzungsspuren (z. B. Stockflecken).

Ganz anders verhält es sich mit dem folgenden Beispiel: In den Staatlichen Kunstsammlungen Dresden (Museum für Sächsische Volkskunst) hat sich ein sehr bemerkenswerter Bestand an Guckkastenblättern erhalten. Es handelt sich um 48 Objekte, die 1958 geschlossen aus Dresden-Lockwitz angekauft wurden.[14] Etwa zwei Drittel von ihnen sind seitenverkehrte Guckkastenblätter Augsburger Verlage (Joseph Carmine und Kaiserlich Franziskische Akademie); etwa ein Drittel ist von unterschiedlicher Provenienz, seitenrichtig und daher ursprünglich wohl nicht als Guckkastenblätter hergestellt. Die Blätter des Konvoluts zeigen Motive aus Wien (10), Augsburg, Dresden, Livorno und Paris (je 5), Berlin (3), Madrid (2) sowie aus Apeldoorn, Gent, Konstantinopel, Leipzig, München, Münster, Neapel (mit Ausbruch des Vesuvs), Nürnberg, Rotterdam, St. Petersburg, Warmbrunn in Niederschlesien, Wilhelmsbad in Hanau und Würzburg (je 1).

Alle Blätter wurden einheitlich und mit großem Aufwand bearbeitet: So erhielten sie, wenn es sie noch nicht gab, eine z. T. recht feine Kolorierung. Oben und unten wurden der Luftraum und die Boden- bzw. Wasserflächen durch entsprechende Bemalungen vergrößert und dabei immer die evtl. vorhandenen seitenverkehrten Titeleien übermalt. Rechts und links erhielten die Blätter entweder kulissenartige Wandscheiben aufgemalt oder Zierleisten, letztere mit violettem, scharfkantigem Glaskorn beklebt. Dieses betont auf manchen Blättern auch einzelne Details. Insbesondere die rahmenden Be- und Übermalungen lassen die disparaten Blätter des Konvoluts sehr einheitlich erscheinen. Zusätzliche Stabilität gibt ihnen eine auf die Rückseite geklebte Schicht dunklen Papiers. Sie sind alle aufwendig perforiert: Fenster wurden ausgeschnitten und Punktlinien entlang architektonischer oder anderer Kanten durchgestochen. Die entstandenen Öffnungen sind entweder mit einfarbigem Seidenstoff

---

[12] Vgl. Scherer, Adelung, Johann Christoph. In: Allgemeine Deutsche Biographie. Band 1. Leipzig 1875, S. 80–84; Otto Basler, Adelung, Johann Christoph. In: Neue Deutsche Biographie [künftig abgek.: NDB]. Band 1. Berlin 1953, S. 63–65; Katrin Nitzschke, Johann Christoph Adelung. In: Sächsische Biografie. Hrsg. v. Institut für Sächsische Geschichte und Volkskunde e. V. Online-Ausgabe: http://www.isgv.de/saebi/ (24.3.2021).

[13] Vgl. Herbert Pönicke, Bienert, Gottlieb Traugott. In: NDB. Band 2. Berlin 1955, S. 229; Heinrich Magirius, Zur kulturgeschichtlichen Bedeutung der Bienert-Sammlung. In: Denkmalpflege in Sachsen. Mitteilungen des Landesamtes für Denkmalpflege Sachsen (1997) S. 94–97.

[14] Vgl. Staatliche Kunstsammlungen Dresden, Museum für Sächsische Volkskunst, E 1729/1 bis E 1729/48. In: https://skd-online-collection.skd.museum/Home/Index?page=1&sId=9&sw=Guckkastentafel (13.4.2021).

Abb. 8 Guckkastentafel (Rückseite von Anhang 15), beklebt mit einfarbigem Seidenstoff (grün, rot, blau, weiß), Anfang 19. Jahrhundert.

(grün, rot, blau, weiß) oder mit Papier hinterklebt, das wiederum gelb, blau, grün oder rot bemalt ist. Alle Blätter erhielten auf der Rückseite einen Holzrahmen in einheitlicher Größe (etwa 35 × 46 cm) mit einer Handhabe aus Eisendraht auf der linken Seite *(Abb. 8)*. Wegen des Rahmens und der umfangreichen Zurichtung könnte man anstatt von Guckkastenblättern auch von Guckkastentafeln sprechen. Allerdings ist dieser Begriff nicht eingeführt.

Die Einzelheiten lassen den Einsatz der Blätter stehend, in einem Guckkasten ohne Planspiegel, mit seitlichem Einschub und sowohl Auflicht als auch Durchleuchtung, vermuten. Der Guckkästner hat offenbar keinen Anstoß an der Tatsache genommen, dass dabei etwa zwei Drittel der Motive von den Betrachtern seitenverkehrt gesehen wurden.

Die fünf Dresdner Blätter *(Anhang 14–18)* sind keine klassischen Guckkastenblätter, sondern seitenrichtige Grafik anderer Provenienz vom Anfang des 19. Jahrhunderts. Sie zeigen die Stadt aus elbabwärtiger Richtung, den Neumarkt mit Frauenkirche II aus Westen, den Reisewitzschen Garten in Dresden-Plauen, die Friedrichstraße mit Napoleon I. (1769–1821) zu Pferde *(Abb. 9)* und den Schloßplatz mit der Katholischen Hofkirche. Sie sind wie auch die anderen Blätter koloriert, perforiert und hinterklebt. Eine besondere Wirkung entfalten sie bei warmer Durchleuchtung.

Dass gerade die Motive aus Dresden, aber auch das aus Leipzig, seitenrichtig sind, macht neben dem Ankauf aus Dresden-Lockwitz eine Verwendung der Objekte für Vorführungen im Raum Dresden durchaus wahrscheinlich. Die dortigen Betrachter hätten eine seitenverkehrte Darstellung von vertrauten Motiven sicher sofort bemerkt und bemängelt. Das wollte wohl kein in der Gegend tätiger Guckkästner riskieren. Es wäre selbstverständlich rein spekulativ, die 48 Objekte deswegen mit Sebastian bzw. Johanne Sophie Kapfer aus Schandau in Verbindung zu bringen. Ein reizvoller Gedanke ist das aber allemal.

Das Konvolut ist in seiner Gesamtheit jedenfalls ein sehr seltenes Kleinod des Guckkastenwesens. Die umfangreiche Kolorierung, die durch die Be- und Übermalung erreichte Einheitlichkeit sowie die auf besondere Effekte zielende Perforation und Hinterklebung

Abb. 9 Guckkastentafel (Ausschnitt aus Anhang 17) mit Napoleon I. (1769–1821) zu Pferde, Anfang 19. Jahrhundert.

einzelner Partien machen es zu einer Rarität. Dazu gehört auch der Erwerb der Blätter im wahrscheinlich ursprünglichen Zusammenhang. Wir können damit vom Inhalt und von den Effekten einer Guckkastenvorführung im ersten Drittel des 19. Jahrhunderts einen sonst nicht leicht zu erlangenden Eindruck erahnen.

Auf den bis hier erwähnten insgesamt 18 aufgefundenen Blättern mit Dresden-Motiv erscheinen naturgemäß, insbesondere auf den umfassenden Stadtpanoramen, sehr viele Gebäude, so dass deren Gewichtung schwierig ist. In den Erläuterungen, die auf allen zehn Guckkastenblättern aus Augsburg zu finden sind, werden explizit die folgenden Bauten erwähnt: Altes Gewandhaus, Augustusbrücke (zweimal), Bautzner oder Schwarzes Tor, Denkmal Augusts des Starken (goldener Reiter), Frauenkirche II (zweimal), Gemäldegalerie im Stallgebäude, Katholische Hofkirche, Kreuzkirche IV (im Bau), neues Sector, Neustädter Parthoey, Palais im Großen Garten, Schloss Pillnitz, Zwinger, ferner der Reisewitzsche Garten in Dresden-Plauen. Dies gibt einen Anhaltspunkt, welche davon zur Entstehungszeit der Blätter für erwähnenswert gehalten wurden.

Die Frauenkirche jedenfalls ist auf neun der 18 hier behandelten Blätter ganz oder teilweise, in unterschiedlicher Größe, Kolorierung und Qualität, prominent oder am Rande, zu sehen. Ihre Darstellung dort ist künstlerisch gewiss von mäßiger Qualität. Allerdings hatte das Massenmedium Guckkasten aus kultur- und medienhistorischer Sicht zeitweise eine enorme Bedeutung. Die Frauenkirche dürfte den Betrachtern der Guckkastenvorführungen daher jahrzehntelang Hunderttausend, vielleicht Millionen Mal, gezeigt worden sein. Ihr Bild erreichte auf diese Weise viele Menschen, insbesondere die sogenannten einfachen Leute.

Bildnachweis

Abb. 1: Reproduktion aus Christoph Kohlhans, Curiositäten (wie Anm. 2), Tafel nach S. 294; *Abb. 2:* Reproduktion aus [Edmé-Gilles] Guyot, Nouvelles récréations physiques et mathématiques [...], Paris 1799, Band 2, Tafel 25; *Abb. 3:* Reproduktion aus Ganz, Die Welt im Kasten (wie Anm. 2), S. 61; *Abb. 4–6, Anhang 2–5, 7, 9, 11–12:* Städtische Galerie Dresden – Kunstsammlung, Museen der Stadt Dresden; *Anhang 1, 3–9, 13:* Staatliche Kunstsammlungen Dresden, Kupferstich-Kabinett; *Abb. 7–9, Anhang 15–18:* Staatliche Kunstsammlungen Dresden, Museum für Sächsische Volkskunst (Karsten Jahnke); *Anhang 8, 10:* Sächsische Landesbibliothek – Staats- und Universitätsbibliothek Dresden.

Anhang

Guckkastenblätter bzw. -tafeln mit Motiven aus Dresden

Der Anhang enthält Beispiele für alle 18 in der Sächsischen Landesbibliothek – Staats- und Universitätsbibliothek Dresden (SLUB, Kartensammlung), in den Staatlichen Kunstsammlungen Dresden (SKD, Kupferstich-Kabinett und SKD, Museum für Sächsische Volkskunst) und in der Städtischen Galerie Dresden – Kunstsammlung, Museen der Stadt Dresden (SGD) aufgefundenen Guckkastenblätter bzw. -tafeln mit Motiven aus Dresden.

Maßgeblich hierfür war die Ausdehnung Dresdens im Jahr 2021. Berücksichtigt wurden nur die eindeutig für den Einsatz in Guckkästen mit Planspiegel hergestellten (seitenverkehrten) Blätter und die Objekte des geschlossenen Bestands im Museum für Sächsische Volkskunst. Die Datierung gleicher Objekte ist in den verschiedenen Häusern nicht immer einheitlich. Personenangaben weichen von den Verzeichnissen der Häuser ab, wenn sie präziser ermittelt werden konnten. Die seitenverkehrten Blätter *(Anhang 1–13)* werden gespiegelt und damit seitenrichtig wiedergegeben. In kleinerem Format sind Kolorierungsvarianten *(Anhang 3, 7–9)* und die durchleuchteten Objekte *(Anhang 14–18)* beigestellt. Wenn möglich, werden noch angegeben: Zeichnung (Z), Kupferstich (K), Verlag (V) sowie Plattengröße (P) und Größe (G), beide gerundet in cm.

Anhang 1: Dresden, Altstadt von Norden

Kupferstich, koloriert, Paris um 1760.
V: [Jean-François] Daumont (tätig 1746–1775), [Jaques oder James Gabriel] Huquier (1725–1805),
P: 26 × 41 cm, Original seitenverkehrt.
SKD, Kupferstich-Kabinett,
A 1995-2053.
Das verbreitete Motiv findet sich mit unterschiedlichen Verlagsangaben und von unterschiedlichen Platten.

Anhang 2: Dresden, Altstadt von Nordwesten

Kupferstich, koloriert, Augsburg um 1780. Z: Rollwagen, K: [Johann Christoph] Nabholz, V: kaiserlich Franziskische Akademie, P: 30 × 40 cm, Original seitenverkehrt. SGD, 1980/k 1298.

Anhang 3: Dresden, Altstadt von Osten

Kupferstich, Radierung, koloriert, Augsburg um 1780. K: [Gottlieb Friedrich] Riedel (1724–1784), V: kaiserlich Franziskische Akademie, P: 30 × 40 cm, Original seitenverkehrt. SKD, Kupferstich-Kabinett, A 1995-3654, A 1951-95 (Anhang 3a); SGD, 1980/k 1312 (Anhang 3b).

Anhang 3a  Anhang 3b

Anhang 4: Dresden, Neumarkt mit Frauenkirche II von Westen

Radierung, Kupferstich, koloriert, Augsburg um 1780. Z: C[hristian] G[ottlieb] Langwagen (1753–1805), K: G[ottlieb Friedrich] Riedel (1724–1784), V: kaiserlich Franziskische Akademie, P: 30 × 40 cm, Original seitenverkehrt. SKD, Kupferstich-Kabinett, A 1995-2532.

Anhang 5: Dresden, Neumarkt mit Frauenkirche II von Südwesten

Radierung, Kupferstich, koloriert, Augsburg um 1780. Z: C[hristian] G[ottlieb] Langwagen (1753–1805), K: G[ottlieb] F[riedrich] Riedel (1724–1784), V: kaiserlich Franziskische Akademie, P: 30 × 40 cm, Original seitenverkehrt. SKD, Kupferstich-Kabinett, A 1995-2531.

138 Zur Rezeptionsgeschichte

Anhang 6: Dresden, Altmarkt mit Kreuzkirche IV (im Bau) von Norden

Kupferstich, koloriert, Augsburg um 1780. Z: C[hristian] G[ottlieb] Langwagen (1753–1805), K: G[ottlieb] F[riedrich] Riedel (1724–1784), V: kaiserlich Französische Akademie, P: 30 × 40 cm, Original seitenverkehrt. SKD, Kupferstich-Kabinett, A 1995-2501.

Anhang 7: Dresden, Neustädter Markt mit dem Denkmal Augusts des Starken (goldener Reiter) und dem Neustädter Rathaus von Süden

Kupferstich, Radierung, koloriert, Augsburg um 1780. Z: C[hristian] G[ottlieb] Langwagen (1753–1805), K: J. Riedel, V: kaiserlich Französische Akademie, P: 30 × 39 cm, Original seitenverkehrt. SKD, Kupferstich-Kabinett, A 1995-2678; SGD, 1981/k 453 (Anhang 7a).

Anhang 7a

Anhang 8: Dresden, Festungsgraben mit Zwinger (Kronentor) und Wilschem Tor von Nordwesten

Radierung, koloriert, Augsburg um 1780. K: Riedel, V: kaiserlich Franziskische Akademie, P: 31 × 40 cm, Original seitenverkehrt.
SKD, Kupferstich-Kabinett, A 1995-3351; SLUB, Kartensammlung, B6901 (Anhang 8a).

Anhang 8a

Anhang 9: Dresden, Palais im Großen Garten von Nordwesten

Kupferstich, Radierung, koloriert, Augsburg um 1780. Z: Rollwagen, K: [Johann Christoph] Nabholz, V: kaiserlich Franziskische Akademie, P: 31 × 40 cm, Original seitenverkehrt.
SGD, 1981/k 126; SKD, Kupferstich-Kabinett, A 1995-4426 (Anhang 9a).

Anhang 9a

Anhang 10: Dresden, Schloss Pillnitz von Westen

Kupferstich, koloriert, Augsburg um 1780. K: [Johann Christoph] Nabholtz, V: kaiserlich Franziskische Akademie, P: 30 × 40 cm, Original seitenverkehrt. SLUB, Kartensammlung, B5699.

Anhang 11: Dresden, Altstadt von Nordwesten

Umrisskupferstich, koloriert, Paris um 1780. K: [Louis] Le Coeur, V: Genty, P: 28 × 41 cm, Original seitenverkehrt. SGD, 1980/k 1301.

Anhang 12: Dresden, Altstadt von Nordwesten

Kupferstich, Paris um 1800. Z: Adrian Zingg (1734–1816), K: De Longueil, P: 27 × 36 cm, Original seitenverkehrt.
SGD, 1980/k 1304.

Anhang 13: Dresden, Reisewitzscher Garten

Radierung, koloriert, Augsburg zwischen 1808 und 1828. Z: [Franz Stadler (um 1762–nach 1811)], V: Joseph Carmine, P: 31 × 42 cm, Original seitenverkehrt.
SKD, Kupferstich-Kabinett, A 1995-540.

Anhang 14: Dresden, Ansicht von Nordwesten

Handkolorierter Kupferstich mit Seide hinterlegt, Nürnberg Anfang 19. Jahrhundert. V: Schneider und Weigel, G: 35 × 46 cm, Original seitenrichtig. SKD, Museum für Sächsische Volkskunst, E 1729/24.

Anhang 15: Dresden, Schloßplatz von Osten mit katholischer Hofkirche und Parade der Garde du Corps

Handkolorierter Kupferstich mit Seide hinterlegt, Sachsen Anfang 19. Jahrhundert. G: 35 × 46 cm, Original seitenrichtig. SKD, Museum für Sächsische Volkskunst, E 1729/44.

Handkolorierter Kupferstich mit Seide hinterlegt, Sachsen Anfang 19. Jahrhundert. G: 35 × 46 cm, Original seitenrichtig.
SKD, Museum für Sächsische Volkskunst, E 1729/25.

Anhang 16: Dresden, Neumarkt mit Frauenkirche II von Westen und Parade der Grenadiergarde

Handkolorierter Kupferstich mit Seide hinterlegt, Sachsen Anfang 19. Jahrhundert. G: 35 × 46 cm, Original seitenrichtig.
SKD, Museum für Sächsische Volkskunst, E 1729/37.

Anhang 17: Dresden, Friedrichstraße von Westen mit Napoleon I. (1769–1821) zu Pferde

Anhang 18: Dresden, Reisewitzscher Garten

Handkolorierter Kupferstich mit Seide hinterlegt, Sachsen Anfang 19. Jahrhundert. G: 35 × 46 cm, Original seitenrichtig. SKD, Museum für Sächsische Volkskunst, E 1729/29.

Die Frauenkirche als Inspiratorin für die Kunst

VON ULRICH HÜBNER

Einführung

Die Dresdner Frauenkirche nochmals als Anregerin und Ideengeberin für die Kunstausübung der neuesten Zeit hervorzuheben, soll Anliegen dieses Beitrages sein. Bereits im Jahrbuch 1997 würdigt der Kunsthistoriker Hans-Joachim Neidhardt umfänglich das Bildnis der Frauenkirche in Malerei und Grafik. Er zeigt mittels der „… *umfassenden Bildfolge Veränderungen am Objekt* …" auf.[1] Damit wird deutlich, welch hohen Stellenwert dieses Bauwerk innerhalb der überregionalen Architekturgeschichte genossen hat und weiterhin genießt. „*Die Dresdner Frauenkirche war der künstlerisch anspruchsvollste und schönste Kirchenbau des deutschen Protestantismus; die Dresdner Frauenkirche war eines der Hauptwerke der europäischen Barockarchitektur; ihre Kuppel war eine der originellsten und reifsten Lösungen in der Typologie des Kuppelbaus seit der Renaissance.*"[2] So fasst es der Kunst- und Architekturhistoriker Jürgen Paul treffend zusammen. Mit dem Werk des Malers Johan Christian Dahl (1788–1857) und dessen romantischen Darstellungen der Frauenkirche, hat sich Karl-Ludwig Hoch (1929–2015) vertieft auseinandergesetzt – der vielmehr das sinnliche und künstlerisch inszenierte Bauwerk betrachtet.[3] Mit dem umfangreichen Aufsatz, den Neidhardt im Jahrbuch 1999 dem Trümmerobjekt der zerstörten Frauenkirche widmet, wird in eindrucksvollen Worten deutlich, welch große Anziehungskraft auch die Ruine auf die bildende Kunst ausgeübt hat.[4] So sind vor allem die Maler der Dresdner Schule, wie Bernhard Kretzschmar (1889–1972; An den Trümmern der Frauenkirche, 1946, Sepia), Wilhelm Rudolph (1889–1982; Das zerstörte Dresden, 1952, Öl auf Leinwand) und später Siegfried Klotz (1939–2004; Dresden mahnt, 1989, Öl auf Sperrholz; *Abb. 1*) zu Dokumentaren ihrer Stadt geworden. Immer wieder interpretieren sie diesen gewaltigen Trümmerberg inmitten der Stadt neu. In ihren Bildern treten sowohl die Liebe zum Ort – zu sehen in der fast romantisch anmutenden Inszenierung des Malgegenstandes – als auch die Trauer um das Verlorengegangene deutlich zu Tage. Bereits der Titel des benannten, 1989 von Klotz gemalten Kunstwerks, deutet auf die überregionale Bedeutung der Frauenkirchenruine als Mahnmal hin. Neidhardt beschreibt die Interpretationsweise von Klotz folgendermaßen: „*Mit der urigen Kraft seines malerischen Impetus geht er die Ruine an. Er bildet sie nicht ab, sondern antwortet ihrem Anruf als ihr vertrauter Partner.*"[5]

Das Mahnmal Frauenkirche

Während meiner gesamten Kindheit und Jugend stand die Ruine mit den beiden faszinierenden und in den Himmel emporragenden Pylonen als Solitär im Zentrum des leer geräumten Neumarktes. Während dieser Zeit erzählte dieses kriegszerstörte Monument von der unvorstellbaren Inschuttlegung meiner Heimatstadt und gab damit auch dem Leid jedes Einzelnen, der die Stadt während der Bombenangriffe am 13. Februar 1945 nicht mehr verlassen konnte, einen Ausdruck. Die Erzählungen und Geschichten vermochten die Kraft und Gewalt einer in sich zusammenfallenden Stadt verbal zu fassen, die monumentale Ruine konnte

---

[1] Vgl. Hans-Joachim Neidhardt, Die Dresdner Frauenkirche im Bild der Kunst. In: Die Dresdner Frauenkirche. Jahrbuch 3 (1997), S. 103–129, hier S. 103.

[2] Jürgen Paul, Das Bild der Dresdner Frauenkirche in der kunst- und architekturgeschichtlichen Literatur. In: Die Dresdner Frauenkirche. Jahrbuch, 2 (1996), S. 165–180, hier S. 165.

[3] Vgl. Karl-Ludwig Hoch, Kuppel im Mondlicht. Johan Christian Dahl und die Dresdner Frauenkirche. In: Die Dresdner Frauenkirche. Jahrbuch 8 (2002), S. 199–204.

[4] Vgl. Hans-Joachim Neidhardt, „Geliebtester Trümmerhaufen" – Die Ruine der Frauenkirche und die Künstler. In: Die Dresdner Frauenkirche. Jahrbuch 5 (1999), S. 175–196.

[5] Ebd., S. 186.

Abb. 1 Siegfried Klotz, Dresden mahnt

Gemälde Öl auf Sperrholz, 1989.

in ihrer Präsenz aber einen greifbaren Eindruck davon vermitteln. Völlig zerstörte Gebäude, die komplett desolate Infrastruktur und die fehlende urbane Lebendigkeit bekamen durch die Ruine geradezu ein Gesicht für die Nachkriegsgeneration. Häufig stand ich vor dem Trümmerhaufen, ohne annähernd begriffen zu haben, was Krieg wirklich bedeutet. Ganze Architekturelemente lagen zwischen den einzelnen Steinen und die Pylonen wirkten wie zwei den Trümmerberg „*schützende Hände*". Luc Saalfelds frühe Fotografien vom Trümmerberg der Frauenkirche, zeugen davon, dass auch die jüngere Generation in diesem Gebilde eine Besonderheit der Form und Gestalt erkannt hat, ohne vermutlich dabei vordergründig die Wehmut des Verlustes zu empfinden. Eindrucksvoll versteht der Fotograf die Pylone derart zu inszenieren, dass sie überdimensional und als Kolosse wirken *(Abb. 2)*. Das Lutherdenkmal, das den Reformator als Vermittler der beiden vertikalen Architekturfragmente zeigt, hat Saalfeld in leichter Untersicht und in seiner Höhenwirkung als gleichwertiges Element dargestellt *(Abb. 3)*. Der Vergleich mit dem geteilten Deutschland, der häufig angestellt wurde, bekommt in diesem symbolhaften Bild seine ganz besondere Bedeutung. *"Die Ruine mit den zwei zueinander gekehrten Stümpfen und der eingebrochenen Mitte war eben nicht nur ein Mahnmal gegen Krieg und Vergessen, sondern ein sprechendes, ja ein schreiendes Symbol der Teilung unseres Landes und Europas, das weit über Dresden hinaus auch so verstanden wurde."*[6] Luther, der seine Thesen auf dem Wormser Reichstag verteidigt und mit deutlicher Geste auf die Bibel verweist, bekam durch die herausragenden Künstler Adolf von Donndorf (1835–1916) und Ernst Rietschel (1804–1861) sowohl menschliche als auch ernsthaft-vermittelnde Züge. Daher liegt die phantasievolle Assoziation nahe, dass diese imposante Figur neben der Zusammenführung der Pylone zu einem Kirchenbau auch die politischen Verhältnisse zu entwirren versteht.

Während des Gedenktages am 13. Februar beeindruckten mich die Kerzen, die in den 1980er Jahren aufgestellt wurden und in den Händen der Menschen brannten. In der Dunkelheit zeugte das kleine Lichtermeer von der Dankbarkeit, im Frieden leben zu dürfen. Die Kulisse der Ruine wirkte dabei wie eine „memento mori" – beziehungsweise „memento belli" – Darstellung. Zu diesem Zeitpunkt war mir noch kein einziges Mal bewusstgeworden, welch herausragendes Monument die Frauenkirche sowohl für die Baugeschichte Europas als auch für die Religionsbildung in Sachsen gewesen ist. Nicht einmal den unzerstörten Kirchenbau hatte ich vor Augen. Die Ruine stellte sich für mich als fester Bestandteil der Innenstadt Dresdens dar. Der Trümmerberg inmitten des leeren Neumarktes war bereits zum touristischen Reiseziel geworden und für die Stadtbewohner sowohl Teil eines innerstädtischen Bereiches als auch Gegenstand des Alltags *(Abb. 4)*. Luc Saalfeld hat zudem aber auch die Eigenart dieses Objektes herausgearbeitet, indem er die Struktur der einzelnen Steine und deren diffuse Zusammenstellung darstellt. Nicht nur der

Abb. 2 Luc Saalfeld, Die Trümmer der Frauenkirche in Dresden Fotografie, 1987.

Abb. 3 Luc Saalfeld, Die Trümmer der Frauenkirche in Dresden Fotografie, 1987.

Abb. 4 Luc Saalfeld, Die Trümmer der Frauenkirche in Dresden Fotografie, 1987.

---

[6] Dankwart Guratzsch, Die Frauenkirche, die Bürgergesellschaft und das Unfassliche. 25 Jahre Wiederaufbau der Dresdner Frauenkirche. In: Die Dresdner Frauenkirche. Jahrbuch 20 (2016), S. 9–16, hier S. 14.

Abb. 5 Luc Saalfeld, Die Trümmer der Frauenkirche in Dresden
Fotografie, 1987.

hohe ästhetische Wert, sondern auch die Bildkomposition als aufgetürmter Kegel geben eine Ahnung davon, welche Gewalten beim Zusammensturz des Bauwerkes gewirkt haben müssen *(Abb. 5)*. In der Schwarzweißfotografie sind es vor allem die Tiefen und Höhen, die den Kontrast verstärken und damit selbst kleinste Strukturen, wie die Krönelung der Sandsteinquader und die schmalen, dürren Halme, die sich angesiedelt haben, darbieten können. Saalfeld hat mit seiner Kamera diesen Mikrokosmos im Kontext des kraftvollen Ganzen grandios eingefangen.

Durch die intensive Beschäftigung mit der Frauenkirche und das Studium der Architekturgeschichte Dresdens erklärte sich mir die Außergewöhnlichkeit und zugleich die Schönheit dieses vollkommenen Baukörpers. Die Frauenkirche bekam dabei eine weitaus vielfältigere Dimension. Jedoch blieb der Gedanke an ein kriegserläuterndes Monument, dass den Menschen die Gewalt und Unvorstellbarkeit eines Krieges in einer bildhaften Sequenz näherbringen kann, fortwährend gegenwärtig. Das Ansinnen die Frauenkirche nach der Wiedervereinigung Deutschlands 1990 wiederaufzubauen, war in meiner Wahrnehmung zudem ausschließlich ein Thema derer, die die Kriegswirren und die Zerstörung der Stadt noch ganz persönlich miterlebt haben.

Einer aus dieser Generation ist der Maler und Grafiker, Architekt und Hochschullehrer Jürgen Schieferdecker (1937–2018), der in einer Reihe von grafischen Arbeiten das Thema der Ruine aufgreift. Diese be-

Abb. 6 Jürgen Schieferdecker (1937–2018),
Warten auf grün

Collage 68,5 cm × 51,5 cm, 1985.

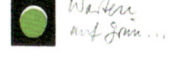

ginnt mit einer Fotomontage „Memorial für die Opfer des 13./14. Februar 1945 in Dresden", das er 1979 schuf. Dieser *„Ideenentwurf provoziert Assoziationen zur Vernichtung des überkommenen Kulturerbes durch die Brutalität des modernen Krieges."*[7] Er entwickelt ihn im Lutherjahr 1983 weiter zu einem Farbsiebdruck „Memento Dresden" mit dem Lutherstandbild vor der Ruine der Frauenkirche und dem Zitat „*Am Anfang war.*" Das Erleben von Krieg und Nachkrieg und die Debatten um das in Architekturwettbewerben untersuchte Bauen am Dresdner Neumarkt, die ihn als Architekt berührten, motivieren ihn in Sorge um

---

[7] Neidhardt, „Geliebtester Trümmerhaufen" (wie Anm. 4), S. 184.

weiteren kulturellen Verlust im Herzen dieser Stadt, am Thema der Ruine weiter zu arbeiten. So folgen 1985 die Hoffnung auf Wiederaufbau der Frauenkirche stiftende wollenden Arbeiten „Wünsch Dir was" und vor allem „Warten auf Grün" *(Abb. 6)*. Hier stellt er die – wie bei einer Solarisation – helle Ruine vor einen dunklen Hintergrund, der wiederum ein Luftbild der Stadt in sich birgt. *„Darüber erhebt sich in einer von jener dunklen Partie abgesetzten hellen Zone die intakte Kuppel. Beide Sphären sind durch ein Stück Regenbogen voneinander getrennt, und ein roter Pfeil verweist auf die unversehrte Frauenkirche innerhalb des alten Stadtbildes, welches in der „Prédella" zu sehen ist."* Es ist *„ein starkes und deutliches Hoffnungszeichen, ein Bekenntnis zur Veränderung und zum Wiederaufbau der Frauenkirche."*[8] Der Künstler gab mit diesem ebenenreichen und visionär-bildhaften Blatt „Warten auf Grün" in einer Zeit sich ausbreitender Hoffnungslosigkeit und allgemeiner Lethargie vor allen auch denen Kraft, die sich 1989/90 in der Bürgerinitiative zum Wiederaufbau der Frauenkirche zusammenfanden.

Es war Heinrich Magirius (1934–2021), der mich als Praktikant auf die Baustelle der Frauenkirche mitnahm und mir deutliche Worte entgegnete, als ich ihm meine Meinung zur Erhaltung der Ruine kundtat. Sowohl die Einzigartigkeit des Zentralbaus als auch die wichtige Silhouettenwirksamkeit der Kuppel wären eindeutige Kriterien für den Wiederaufbau. Ohne dieses Bauwerk würde die Stadtansicht mit dem berühmten Canalettoblick geradezu unausgewogen und fehlerhaft wirken. Heute ist die Frauenkirche aus der Stadtgestalt nicht mehr wegzudenken. Obwohl der Wiederaufbau weiterhin von einigen Architekten und Denkmalpflegern als eine gewisse Schwäche gegenüber moderner Fortschreibung der Baukultur begriffen wird – unlängst von Martin Bredenbeck im Kontext des „Für und Wider" von Rekonstruktionen in der Zeitschrift „Monumente", der das Dresdner Beispiel als politische Ideologie bezeichnet –, sind es bestimmte Leitbauten einer Stadt, die unverzichtbar sind und auch durch eine Neuinterpretation nicht ersetzbar sein können. Dazu gehört dieses Gotteshaus für die Stadt Dresden. Der Kontrahent von Bredenbeck innerhalb der in Rede stehenden Auseinandersetzung, Wilhelm von Boddien, bescheinigt der Frauenkirche hingegen Teil des Gedächtnisses europäischer Kultur-

Abb. 7 Luc Saalfeld, Kulturpalast und Frauenkirche in Dresden
Fotografie, 2015.

geschichte zu sein.[9] Hierin zeigt sich auch, dass Denkmalpflege eine komplexe Dimension umfängt, die das kulturelle Gedächtnis innerhalb der rein praktischen Substanzpflege mitdenken muss. *„Der Widerspruch, in den das Aufbauprojekt geraten ist, zeugt nicht etwa von seiner Zweifelhaftigkeit, sondern von seiner Bedeutung."* So schreibt es der Journalist und Architekturkritiker Dankwart Guratzsch.[10]

Frauenkirche im gesellschaftlichen Diskurs

Als der Neubau des Kulturpalastes rücksichtslos zur Seite der in Trümmern liegenden Frauenkirche gestellt und städtebaulich ausschließlich auf die moderne sozialistische Stadt ausgerichtet wurde, war das eine bewusste staatliche Abkehr von diesem Sakralbau und zugleich die Machtdemonstration des Profanbaus. Heute stehen beide Gebäude als Zeugnisse ihrer Zeit nebeneinander. Trotz ihrer völlig unterschiedlichen Formalästhetik sind sie Lehrbeispiele für die Vermittlung der Bau-, Orts- und Architekturgeschichte. *„Die wiederaufgebauten Baudenkmäler sind darin [im Stadtbild] wieder eingebettet. Alt und Neu sind verschmolzen, stehen aber genauso oft auch fremd nebeneinander."*[11] So beschreibt Jürgen Paul die neuen vollendeten Stadtbilder im ehemaligen Westdeutschland. Diese Ambivalenz trifft auf die Nachbarschaft von Frauenkirche und Kulturpalast in Dresden ebenso zu.

---

8 Hans-Joachim Neidhardt, Die neue Dresdner Frauenkirche. Anfänge, Risiken und Wirkungen. In: Der Wiederaufbau der Dresdner Frauenkirche. Botschaft und Ausstrahlung einer weltweiten Bürgerinitiative. Hrsg. v. Ludwig Güttler unter Mitarbeit von Hans-Joachim Jäger, Uwe John und Andreas Schöne. Regensburg 2006, S. 127–141, hier S. 129 und 307.
9 Wilhelm von Boddien, Martin Bredenbeck, Für und Wider von Rekonstruktionen. In: Monumente 30 (2021) 5, S. 26–29.
10 Dankwart Guratzsch, Der Wiederaufbau der Dresdner Frauenkirche im Spiegel der Öffentlichkeit. In: Die Dresdner Frauenkirche. Jahrbuch 2 (1996), S. 197–200.
11 Jürgen Paul, Der Wiederaufbau kriegszerstörter Baudenkmäler in der alten Bundesrepublik Deutschland. In: Die Dresdner Frauenkirche. Jahrbuch 9 (2003), S. 37–69, hier S. 40.

Abb. 8 Manaf Halbouni, MONUMENT
Temporäre Skulptur auf dem Neumarkt. Aufnahme Februar 2017.

Abb. 9 Manaf Halbouni, MONUMENT
Temporäre Skulptur aus dem Neumarkt. Aufnahme Februar 2017.

Geradezu als Paradoxon und zugleich mit großer Sensibilität fotografierte Luc Saalfeld die wiedererrichtete Frauenkirche in ihrer vollen Pracht aus der Kantine des leergezogenen Kulturpalastes vor dessen Sanierung und komplettem Umbau im Jahr 2015. Die strengen Streben der Aluminiumfenster im Gegensatz zu den organisch-geschwungenen Linien der Frauenkirche entwickeln eine Ästhetik, die nicht nur künstlerisch ausgewogen wirkt, sondern auch philosophisch ihre Bestimmung hat *(Abb. 7)*. Die Gegensätzlichkeit der beiden denkmalgeschützten Gebäude beziehen sich nicht nur auf die Architektursprache, wo Barock auf Nachkriegsmoderne trifft, sondern sie erzählen ebenso von gesellschaftlicher Akzeptanz, Ignoranz und Dominanz. Sie stehen für die Diskussionen, die in den 1970er Jahren geführt worden sind, und die mit der Errichtung des Kulturpalastes eine Gesellschaft widerspiegeln, die neue und von der Vergangenheit abgetrennte Werte hervorbringen wollte. Vor diesem Hintergrund wurde die Frauenkirchenruine auch zum Symbol der kirchlichen Friedensbewegung. *„Sie hat jetzt den Status des Memorials, des Mahnmals erhalten. Damit gewinnt sie eine neue Bedeutung besonders für die wachsende und vom Staat mißtrauisch beobachtete Friedensbewegung, denn nachdem die Reste der Frauenkirche unter der Rosenhecke jahrzehntelang hingedämmert hatten, trat das Bauwerk zu Beginn der achtziger Jahre wieder stärker in das öffentliche Bewußtsein. Die Gründe*

Abb. 10 Elfriede Jelineks „Wut"
Liturgisches Ritual – eine einmalige Aufführung in der Dresdner Frauenkirche. 17. Juni 2017.

dafür waren zwei internationale Entwurfsseminare zur Rekonstruktion des Neumarktes 1981 und 1983 sowie vor allem die von der nichtstaatlichen Friedensbewegung initiierte Demonstration mit brennenden Kerzen am 13. Februar 1982 vor der Ruine, die – alljährlich für die Kriegstoten zum Mahnzeichen für den Frieden und die verweigerten Menschen- und Bürgerrechte wurde. Damit stieg auch merkbar wieder das Interesse für die Frauenkirche als Motiv künstlerischer Darstellung."[12]

Die sekundäre Bestimmung der Frauenkirche sowohl als Mahnmal für Krieg, Menschenverachtung und Leid als auch als Hoffnungsspender für Wiederaufbau und Versöhnung kommt dem Bauwerk heute noch zu. Sie ist Anziehungspunkt für verschiedene Kunstaktionen, die sich mit Krieg, Hass und Feindseligkeit in unserer Gesellschaft auseinandersetzen. Exemplarisch dafür steht das aufsehenerregende Objektkunstwerk des syrisch-deutschen Künstlers Manaf Halbouni, der 2017 mit drei senkrecht nach oben ragenden Linienbussen, die die Barrikaden in Aleppo darstellen sollen, auf den verheerenden Bürgerkrieg in seiner Heimat aufmerksam machte *(Abb. 8, 9)*. Mit diesem aktuell-politischen Thema konzentrierte er sich nicht nur auf die Grausamkeit von Vertreibung, Angst und Tod, sondern griff zugleich den deutschen

[12] Neidhardt, „Geliebtester Trümmerhaufen" (wie Anm. 4), S. 182.

Umgang mit den Flüchtenden aus Kriegs- und Notstandsgebieten auf. Die Frauenkirche spielte dabei eine ganz besondere Rolle, zumal sie neben der eigenen Geschichte von Krieg und Zerstörung auch den Hoffnungsglauben auf Wiederentstehung und Frieden verkörpert. Sie hält uns aber ebenso den Spiegel vor Augen, dass sich vor weniger als 100 Jahren in Mitteleuropa zahlreiche Menschen auf der Flucht befanden, in der Sehnsucht nach Frieden und Alltag. Karlheinz Schmid, Chefredakteur und Herausgeber der „Kunstzeitung" beschreibt die Rolle der Künstler, die sich mit den politischen Entwicklungen auseinandersetzen und dabei häufig zu sehr drastischen Bildsprachen kommen, folgendermaßen: *„Die Zwiespältigkeit [der Kunst] resultiert aus einer zunehmend virulenten Bedeutung der Politik im gesellschaftlichen Kontext, wo Wirtschaft und Kultur, die beiden anderen Schwergewichte, derzeit weniger Bewegung in der allgemeinen Wahrnehmung auslösen. Dass 2017 die Konzentration aufs Politische weltweit derart zugelegt hat, ist kein Wunder, nehmen doch die Krisenherde mit rasanter Geschwindigkeit zu, und die diplomatischen Mittel, mithin Versuche, Eskalation zu verhindern, versagen immer häufiger."*[13]

Eine ähnlich aufrüttelnde Botschaft hatte die einmalige Aufführung von Elfriede Jelineks Gesellschaftsstück „Wut" in der Frauenkirche am 17. Juni 2017. Die Autorin hatte den Text kurz nach den Anschlägen auf Charlie Hebdo verfasst. In der bewegenden Inszenierung von Christian von Borries mit 24, in blauen priesterlichen Kitteln gekleideten Schauspielenden des Staatsschauspiels Dresden wurde eine Aufführung zwischen Liturgie, Theater und Andacht dargeboten (*Abb. 10*). *„Zum singulären Ereignis wird die Dresdner ,Theatermesse' allerdings nicht nur, weil es lediglich eine Aufführung und keine Wiederholung gibt, sondern vor allem durch den Ort, in dem ,Wut' erschallt: Die barocke Frauenkirche, ein Ort voll von Geschichte und Politik, vielleicht sogar der politisch umstrittenste sakrale Raum Deutschlands."*[14] So resümiert es der Literaturwissenschaftler und Theaterkritiker Bernhard Doppler.

Vor dem Hintergrund, dass am 24. Februar 2022 erneut ein Krieg in Europa ausgebrochen ist, der Leid und Tod provoziert und Menschen zur Flucht aus ihrer Heimat zwingt, wird es umso deutlicher, wie nötig vermittelnde und deeskalierende Aktionen sind. Der Wiederaufbau der Frauenkirche ist in diesem Sinn symbolhaft und als versöhnlicher Akt anzusehen. Er hat bis heute in keiner Weise an Brisanz eingebüßt und die Frauenkirche bleibt ein Monument, dass sich stets weiter fortschreibt.

Bildnachweis

Abb. 1: Privatsammlung; *Abb. 2–5, 7:* Luc Saalfeld, Dresden; *Abb. 6:* Archiv Fördergesellschaft vom Künstler; *Abb. 8, 9:* Ulrich Hübner, Dresden; *Abb. 10:* Matthias Horn, Berlin.

---

[13] Karlheinz Schmid, Identität vor Ideologie. In: Kunstzeitung, Juli 2017, S. 13.
[14] Bernhard Doppler, Elfriede Jelineks „Wut" in der Frauenkirche in Dresden. Ein neuer Blick auf Jelineks Theatralik. In: Deutschlandfunk Kultur, Lesart, Sendung vom 17.06.2017.

Zur Bürgerinitiative und Förderung des Wiederaufbaus

Musizieren für die Frauenkirche – ein persönlicher Erfahrungsbericht*

VON LUDWIG GÜTTLER

Einführung

Der Stellenwert, den die Frauenkirche in der Stadt Dresden wieder hat, ist nicht zu übersehen. Seit den Festtagen der Weihe Ende Oktober 2005 hat sich in ihr ein reiches geistliches und musikalisches Leben entfaltet. Sie ist der Jahrhunderte alten Bestimmung nach wieder Gottes Haus. Durch den Wiederaufbau ist sie aber mehr noch zum Symbol für die Heilung von Wunden geworden.

Die verschiedenen Aspekte ihrer nach wie vor großen Ausstrahlung und Bedeutung, die Erwartungen an das vielfältige Leben in ihr und an die dem gemäßen Aufgaben sind schon aufgezeigt worden.[1] Diese werden sich immer wieder dem öffentlichen Diskurs zu stellen haben.[2] Das Gotteshaus ist auch wieder ein Ort der Musik, besonders der Kirchenmusik.

Das Wiederaufrichten dieses christlichen Symbols benötigte Glaube, Liebe, Opfer und Hingabe, aber gerade auch Vertrauen, Hoffnung und Zuversicht, die es auf verschiedene Weise von Anfang an zu vermitteln galt. So sind die Würdigung und der Vergleich von Idee und Aufgabe des Wiederaufbaus[3] und das dabei mobilisierte außergewöhnliche bürgerschaftliche Engagement bemerkenswerte Themen mit vielfältigen Facetten, die immer wieder aufgreifenswert sein werden.[4]

Wenn in einer Stadt wie Dresden für den Wiederaufbau einer der heute weltweit bedeutendsten Kirchen geworben wurde, so erscheint es selbstverständlich, dass dabei entsprechend unserer Tradition auch die Musik eine herausragende Rolle spielte. Sie trug in Dresden, in Deutschland und darüber hinaus wesentlich zur Popularisierung und zur Unterstützung des Wiederaufbaus der Frauenkirche bei und brachte erhebliche Spendenbeiträge ein. In den öffentlichen Auseinandersetzungen zu unserem Wiederaufbaubegehren war 1989/90 und danach zu spüren, wie weit die Erinnerung an die Musikpflege in der Frauenkirche durch die Aura der schon jahrzehntelang anklagenden und mahnenden Ruine verblasst war. Auch hier galt es, das Wissen um das ehedem reiche Musikleben in der Frauenkirche aus den Trümmern wieder ins öffentliche Bewusstsein zu rücken, was später durch wissenschaftliche Arbeiten und Symposien auch erfolgte.[5]

---

* Für ihre Unterstützung beim Zustandekommen dieses Beitrags danke ich Dr. Hans-Joachim Jäger und Andreas Schone.
[1] Vgl. Christoph Münchow, Sebastian Feydt, „Friede sei mit euch!" Gottesdienste an und in der Frauenkirche Dresden seit 1993. In: Die Dresdner Frauenkirche. Jahrbuch 16 (2012), S. 11–33; Angelika Behnke, Die Dresdner Frauenkirche und ihr Genius Loci der Stadtidentität. In: Die Dresdner Frauenkirche. Jahrbuch 22 (2018), S. 9–24.
[2] Vgl. Hans Vorländer, Die Frauenkirche als Ort des gesellschaftlichen Diskurses – Reflexionen und Impulse. In: Leben in der Frauenkirche (2020) 3, S. 18–23.
[3] Vgl. Jochen Bohl, Idee und Aufgabe. Die Ziele des Wiederaufbaus der Frauenkirche und ihre Erfüllung. In: Die Dresdner Frauenkirche. Jahrbuch 25 (2021), S. 9–20.
[4] Vgl. Kurt Biedenkopf, Individuelles und bürgerschaftliches Handeln und Verantworten in unserer Gesellschaft am Beispiel der Gesellschaft zur Förderung des Wiederaufbaus der Frauenkirche Dresden e. V. In: Die Dresdner Frauenkirche, Jahrbuch 8 (2002), S. 39–46; Hans Joachim Meyer, Vom Wert des Gemeinsamen. Bürgerschaftliches Engagement und seine Wirkung auf die Gesellschaft am Beispiel der Dresdner Frauenkirche. In: Die Dresdner Frauenkirche, Jahrbuch 19 (2015), S. 13–22.
[5] Vgl. Hans John, Zur Musikpflege in der Dresdner Frauenkirche. In: Dresdner Hefte 10 (1992) 4, S. 48–54 (Dresdner Hefte 32); Matthias Hermann, Bemerkungen zur Musikpflege in der ersten Hälfte des 20. Jahrhunderts. In: Wissenschaftliches Symposion 1994 der Hochschule für Musik „Carl Maria von Weber" Dresden, der Gesellschaft zur Förderung des Wiederaufbaus der Frauenkirche Dresden e. V. und des Stadtmuseums Dresden zum Thema „Die Frauenkirche im Musikleben der Stadt Dresden". Hrsg. v. Hans John. Dresden 1994, S. 56–71 (Schriftenreihe der Hochschule für Musik „Carl Maria von Weber" Dresden, 25).

Immer wieder wurde der Wiederaufbau der Frauenkirche als Wunder wahrgenommen. Als faszinierende Bauaufgabe ist er in erster Linie eine allseits bewunderte ingenieurtechnische, handwerkliche und künstlerische Meisterleistung. Die Voraussetzung hierfür, seine Organisation und Finanzierung, ist allerdings das Werk langfristiger, harter und unermüdlicher Arbeit, in hohem Maße auch ehrenamtlich und gegen zahlreiche unerwartete Widerstände geleistet. Dies ist noch kein Wunder. 1989/90 waren wir eine kleine Zahl von Befürwortern des Wiederaufbaus. Wir sahen uns der Schwierigkeit ausgesetzt, uns öffentlich Gehör zu verschaffen und dabei geringschätzig belächelt und für größenwahnsinnig erklärt zu werden. Der Wiederaufbau ist Ausdruck und Ergebnis der Tätigkeit unserer Bürgerinitiative für den Wiederaufbau der Dresdner Frauenkirche[6], die winzig begann und unaufhaltsam zu einer singulären weltweiten Bewegung wuchs. Landesbischof Jochen Bohl wählte dafür in seiner Predigt im Weihegottesdienst am 30. Oktober 2005 das Gleichnis vom winzigen Senfkorn, das durch ungeahnten Wuchs eine große Wirksamkeit entfalten kann. Sein dort ausgesprochener Dank wirkte für das weitere Tätigsein, für das Leben in und an der Frauenkirche, unterstützend und war als weitere Motivation auch dringend benötigt.[7] Dabei haben wir – auch die Musikerinnen und Musiker – uns stets als Dienende an der einzigartigen, uns erfüllenden Aufgabe verstanden.

Nicht selten, und so auch beim Wiederaufbau der Dresdner Frauenkirche, begegneten wir oberflächlichen und somit unverantwortlichen Vorstellungen, die auf mangelhafter Kenntnis der Materie beruhen. Wenn auch verschiedene Aspekte zur Helferin Musik beim Wiederaufbau der Frauenkirche schon skizziert worden sind[8], bedarf es deswegen einer breiteren Ausführung auch mit dem zeitlichen Abstand zur Weihe

[6] Nachfolgend: Bürgerinitiative.
[7] Vgl. Jochen Bohl, In Zeiten des Wandels. Briefe, Predigten, Vorträge. Leipzig 2015, S. 45–52, bes. S. 45; Ludwig Güttler, So erlebte ich die Weihe. In: Rundbrief der Gesellschaft zur Förderung des Wiederaufbaus der Frauenkirche Dresden e. V. i. L. 16 (2006), S. 10–16, bes. S. 13–14.
[8] Vgl. Ludwig Güttler, Claus Fischer, Hans-Joachim Jäger, Bürgersinn und Bürgerengagement als Grundpfeiler des Wiederaufbaus der Frauenkirche. In: Die Frauenkirche zu Dresden. Werden, Wirkung Wiederaufbau. Dresden 2005, S. 145–169, bes. S. 161–165.

Abb. 1 Polling, ehemaliges Augustiner-Chorherrenstift, Bibliothekssaal

Leipziger Bach-Collegium nach dem Konzert (v. l.: Ludwig Güttler, Hans-Jürgen Schmidt, Friedrich Kircheis, Klaus-Peter Gütz, Karl-Heinz Passin, Eberhard Palm, Siegfried Park). Aufnahme 1989.

Abb. 2 Dresden, Theaterplatz, Haupteingang zum Opernhaus

Große Besetzung der Virtuosi Saxoniae. Aufnahme nach 1989.

im Jahr 2005. Um zu verstehen, wie es mir gelang, für den Wiederaufbau der Frauenkirche wirken zu können, ist es unerlässlich, einen Blick auf die dafür notwendigen Voraussetzungen zu werfen.

Voraussetzungen: Aufbau meiner Konzerttätigkeit, Repertoiregestaltung und Diskografie

Vom Beginn der Arbeit der Bürgerinitiative 1989/90 waren alle von mir gegründeten Ensembles einschließlich der Besetzung Trompete und Orgel für den Wiederaufbau der Frauenkirche mit vielen Konzerten aktiv.[9] Daher ist meine Arbeit für die Frauenkirche nicht vorstellbar ohne die vorher von mir aufgebaute Konzert- und Solistentätigkeit innerhalb der Deutschen Demokratischen Republik[10] und dann auch – sobald es möglich wurde – in der Bundesrepublik Deutschland[11].

Erklärtes Ziel der Gründungsmitglieder aller meiner Gruppen war es in den 1970er Jahren, mit Initiativgeist, Einigkeit und Begeisterung, auch unter schwierigsten Bedingungen in der DDR, ein Kammerorchester oder eine Musiziergruppe unter meiner Leitung und solistischer Präsenz zu schaffen. Uns alle verband die Lust am gemeinsamen, besonders ausgefeilten Musizieren. Von Anfang an war das Ensemblespiel ein wesentlicher Gedanke beim Zustandebringen der Gruppen.

Ich verfügte bereits über umfangreiche Kenntnisse im Umgang mit Kammerorchestern als Solist. Für den Aufbau meiner solistischen Präsenz spielte, bevor ich die Virtuosi Saxoniae gegründet hatte, das Musizieren im Neuen Bachischen Collegium Musicum eine große Rolle, welches letztlich auf dem Leipziger Bach-Collegium[12] *(Abb. 1)* aufgebaut worden war. Diese Rolle übernahmen ab 1985/86 vollkommen die Virtuosi Saxoniae *(Abb. 2)*.

Über 90 % meiner Verpflichtungen als Trompetensolist bei den Orchestern der DDR resultierten aus persönlichen Aktivitäten, aus der Bekanntschaft mit

---

[9] Die Virtuosi Saxoniae (Kammerorchester und Solistenensemble) wurden 1985 von mir als letzte Gruppe gegründet, das Blechbläserensemble Ludwig Güttler 1978. Das Leipziger Bach-Collegium konnte bereits seit 1976 auf stolze Jahre seiner Existenz zurückblicken. Nachdem ich mit Christoph Kircheis (1935–1979) seit Anfang der 1970er Jahre in der Besetzung Trompete und Orgel musizierte, fand diese Zusammenarbeit nach dessen Tod ab 1979 ihre Fortsetzung mit seinem jüngeren Bruder Friedrich. Alle diese Gruppen musizieren mit mir bis heute.
[10] Nachfolgend: DDR.
[11] Nachfolgend: Bundesrepublik.
[12] 1976 gegründete Kammermusikgruppe, die Trompete und Corno da caccia in ihrer Virtuosität in den Dienst der Kammermusik stellt.

Abb. 3 Dresden, Theaterplatz
Solistenbesetzung der Virtuosi Saxoniae ohne Viola (v. l.: Günther Müller, Friedrich Kircheis, Michael Eckoldt, Ludwig Güttler, Werner Zeibig, Roland Straumer, Andreas Lorenz, Hans-Werner Tast).
Aufnahme vor 1990.

Abb. 4 Blechbläserensemble Ludwig Güttler
(v. l.: Heinz Stiefel, Klaus Schweter, Paul-Gerhard Schmidt, Roland Rudolph, Istvan Vinze, Ludwig Güttler, Lothar Böhm, Kurt Sandau, Gerhard Eßbach, Hans Hombsch, Manfred Zeumer).
Aufnahme um 1990.

Kapellmeistern, Konzertmeistern und anderen führenden Musikern in den jeweiligen Orchestern, die mich als Trompetensolisten zu Trompetenkonzerten, z. B. von Joseph Haydn (1732–1809), Johann Nepomuk Hummel (1778–1835), Leopold Mozart (1719–1787), Georg Philipp Telemann (1681–1767) u. a. engagiert hatten.[13] Als Solotrompeter des Händel-Festspielorchesters Halle musizierte ich mit dem Collegium Instrumentale Halle[14] (Leitung: Konzertmeister Christian Redder) auch in einer Fernsehaufnahme.

Die Vielseitigkeit und der Kontrastreichtum der von mir gegründeten, geleiteten und gemanagten Ensembles gestattete uns bei allen Schwierigkeiten ein erfülltes Musizieren, da von den Virtuosi Saxoniae (Abb. 3), dem Blechbläserensemble (Abb. 4), dem Leipziger Bach-Collegium bis hin zu den Trompete-Orgel-Konzerten jede Besetzung und jede Raumsituation, kurz jede Nachfrage, durch uns beantwortet werden konnten. Durch erfolgreiches Konzertieren in der jeweils gewünschten Besetzung war oft das nächste Ensemble bereits de facto eingeladen.

Die ersten Konzerte meiner Ensembles fanden in mir durch langjähriges Musizieren verbundenen Kirchen, so zum Beispiel in Wittenberg, im Erzgebirge und letztlich offiziell 1986 in der Dresdner Kreuzkirche anlässlich der Dresdner Musikfestspiele statt. Bereits in den Folgejahren musizierten wir dann in der Bundesrepublik an herausragenden Orten, z. B. in Bad Salzuflen, Bruchsal (Abb. 5) oder Reinhardtshausen und erhielten den Zuschlag für eine Musikreise über das Mittelmeer auf dem Kreuzfahrtschiff MS Europa mit 15 Konzerten an Bord und an klug ausgewählten Orten an Land (Palermo, Santorin, Lissabon, Ephesos u. a.)

Bei allem konnte ich mich auf die Konzert- und Gastspieldirektion[15] nicht verlassen, da dort entweder kein Interesse vorhanden war, mich zu engagieren und zu fördern oder gar ein Auftrag, mich zu ignorieren.

---

[13] Die Akademischen Orchester Leipzig und Rostock, das Berliner Kammerorchester, die Camerata Musica Berlin, die Collegia Musica Dresden, Karl-Marx-Stadt und Schwarzenberg, die Orchester Magdeburg, Meiningen, Pirna, Riesa, Rudolstadt, Senftenberg und Wernigerode, das Philharmonische Orchester Gera, das Sinfonieorchester Aue, das Staatliche Sinfonieorchester Halle, das Telemann-Orchester Blankenburg und das Theaterorchester Annaberg.

[14] Die Gründung geht auf das Jahr 1959 zurück; es trat bei den Händel-Festspielen auf.

[15] Der VEB Konzert- und Gastspieldirektion [nachfolgend: KGD], gegründet 1953, war eine *„Organisation zur Entwicklung des sozialistischen Veranstaltungswesens in der DDR"* auf Bezirksebene. Meyers Neues Lexikon. Band 8. Leipzig ²1974, S. 35.

Abb. 5 Bruchsal, Schloss

Trompetenkonzert D-Dur von Johannes Matthias Sperger (1750–1812) mit den Virtuosi Saxoniae, Leitung und Solist Ludwig Güttler. April 1989.

Dies korrespondiert z. B. mit der Feststellung, dass ich, trotz Anfragen für eine solistische Verpflichtung in West-Berlin, dafür zehn Jahre gesperrt blieb. Die von mir in der Bundesrepublik persönlich ergriffene Initiative mündete letztlich in Verpflichtungen beim Münchener Bach-Orchester, beim Württembergischen Kammerorchester Heilbronn, bei der Württembergischen Philharmonie Reutlingen, in Göttingen und beim Litauischen Kammerorchester, wenn es in der Bundesrepublik und in Luxemburg gastierte. Zunehmend gastierte ich mit einem von mir zusammengestellten Trompetenensemble[16] bei oratorischen Aufführungen an herausragenden Orten in der Bundesrepublik. Dabei spielte München eine zentrale Rolle. Alle Verbindungen, die sich hieraus ergaben, nutzte ich für die Anbahnung von solistischen Engagements. Dafür bildete ein scheinbar unüberwindliches Hindernis, dass die einzig zuständige Künstleragentur[17] in der DDR nicht, wie es international üblich war, eine zunächst bekundete Zustimmung zu einem Engagement auch zeitnah durch einen Vertrag schriftlich bestätigte, sondern erst wenige Tage vor dem Konzert den westdeutschen Partner informierte (oder auch nicht) und den Vertrag uns Musikern bei der Anreise mitgab. Das stellte die Partner in der Bundesrepublik oft vor unbekannte und unerwartete Probleme, konnten sie doch teilweise bis zum Konzerttag nicht wissen, ob wir tatsächlich aus- und damit anreisen durften.

Bezeichnend war eine Einlassung vom zuständigen leitenden Mitglied des Politbüros des Zentralkomitees der Sozialistischen Einheitspartei Deutschlands, Prof. Kurt Hager (1912–1998), zu dem ich gebeten und von dem ich mit dem Vorwurf konfrontiert wurde, dass meine Verpflichtungen in der Bundesrepublik mengenmäßig zu viele seien. Außerdem, und das war diskriminierend, würden wir dort *„auf den Hinterhöfen"* musizieren. Da habe ich ihm erst einmal erläutern müssen, dass Landshut z. B. die Hauptstadt von

---

[16] Die Mitglieder waren Kurt Sandau, Heinz Stiefel (1932–2016), Lutz Randow und später Mathias Schmutzler sowie Roland Rodolph.

[17] Die „Künstler-Agentur der DDR" arbeitete mit der KGD zusammen und hatte u. a. das alleinige *„Recht, Künstler und künstlerische Ensembles aus der DDR in das Ausland […] zu vermitteln."* Meyers Neues Lexikon (wie Anm. 15), S. 255.

Niederbayern sei und dass eine Stadt wie Sindelfingen keine untergeordnete Rolle spiele, sondern als Große Kreisstadt in der Mitte von Baden-Württemberg auf ein hervorragendes Konzertleben verweisen könne. Trotzdem musste ich befürchten, dass seine Kritik Einschränkungen meiner Auftrittsmöglichkeiten in der Bundesrepublik zur Folge haben würde.

Ähnliches hatte mein Freund Peter Schreier (1935–2019) zur gleichen Zeit auf anderem Weg erlebt. Ich sagte ihm, und zwar bewusst in einem Telefonat, dass wir uns abstimmen müssten und ich nicht gewillt sei, unter diesen Umständen in der DDR zu bleiben. Das äußerte er ähnlich und bedeutete mir, dass ich erst einmal nichts unternehmen solle, da er am selben Abend aus anderem Anlass in Berlin auch ein Gespräch bei Kurt Hager haben würde. Er hatte unsere Haltung dort deutlich zum Ausdruck gebracht und unter Nennung auch meines Namens darauf hingewiesen, dass andere Künstler ähnlich denken würden. Am nächsten Morgen telefonierten wir und er sagte, er hätte das Gefühl, dass man es in Berlin verstanden habe und er nun wisse, dass die Kritik auf einen Befehl aus Moskau zurückzuführen wäre, wo man mit großer Sorge die Intensität des Kulturaustausches zwischen der Bundesrepublik und der DDR betrachte. Man wäre dort der Auffassung, dass dieser noch intensiver sei, als der Kulturaustausch der DDR mit der übrigen Welt. Ich konnte mir aber nicht vorstellen, dass die DDR bei ihrem sprichwörtlichen „Devisenhunger" Einschränkungen unserer Auftrittsmöglichkeiten gern umsetzen würde. Und tatsächlich blieben diese ohne eine weitere offizielle Erklärung aus. Dabei wurde mir umso deutlicher, dass ich, unter der Voraussetzung, in der DDR bleiben zu wollen, auf andere Art und Weise zu einer Absicherung meiner künstlerischen Tätigkeit kommen müsste. Dies habe ich dann folgendermaßen initiiert. Ich beschreibe das, weil die damit geschaffenen Verbindungen auch beim Werben und Agitieren für den Wiederaufbau der Frauenkirche wesentliche Bedeutung erlangten. Zusammen mit dem befreundeten Martin Braune (1934–2016), dem leitenden Diakon der Anstalten von Bethel, schufen wir eine Art „Briefkastenfirma", angeschlossen an die Volkshochschule Bielefeld. In einem Sechs-Augen-Gespräch mit deren damaligem Direktor vereinbarten wir, dass die Volkshochschule mit Briefkopf und einer Sekretärin als westdeutsche Agentur firmieren würde und dass Anrufe aus Ost-Berlin, und die sollten reichlich kommen, ausschließlich zu Martin Braune weitergeleitet wurden.[18] Dem Versuch von einigen DDR-Verantwortlichen, nach Bielefeld zu kommen, um die Agentur kennenzulernen, begegneten wir damit, dass Martin Braune den Tatsachen entsprechend ankündigte, seinen Bruder Pastor Werner Braune (Leiter der Stephanus-Stiftung in Ost-Berlin) in der kommenden Woche besuchen und dann auch der Künstleragentur der DDR einen Besuch abstatten zu wollen. Damit bekamen wir und die jeweiligen Partner in der Bundesrepublik einen schriftlichen Vorgang mit zitierfähigen Daten in die Hand, um abzusichern, dass ein geplantes Gastspiel stattfinden kann. Wir haben das klug angestellt und Martin Braune hatte als ehemaliger DDR-Bürger auch eine Vorstellung davon, welchen hinterhältigen Netzen wir entgehen mussten. Es war aber nicht nur unserer Findigkeit zuzuschreiben, sondern auch ein großes Glück, dass die in der DDR dafür zuständigen Institutionen von unserer „Briefkastenfirma" offensichtlich nichts erfahren haben. Auf der Grundlage dieser im Rahmen des Möglichen abgesicherten Verhältnisse konnte ich meine Tätigkeit in der Bundesrepublik erst richtig aufbauen. Die verschiedentlich geäußerte Vermutung, ich wäre dabei durch die DDR gefördert worden, ist unzutreffend. In keinem Förderprogramm – soweit es das überhaupt gab – kam ich vor. Noch nicht einmal zu einem Wettbewerb wurde ich ins westliche Ausland entsandt. Tatsächlich empfahl mich das DDR-Kulturministerium erst 1973, im Jahr meines 30. Geburtstages, für den Trompetenwettbewerb in Genf[19], der aber auf dieses Alter begrenzt war. Das war infam, weil die Vorbereitung auf so ein Wettbewerbsprogramm ein bis zwei Jahre in Anspruch nimmt und das Notenmaterial in der DDR nicht zu erhalten war. Die Teilnahme an diesem Wettbewerb war also nicht zu schaffen. So konnte man behaupten, dass man mich habe entsenden wollen, ich aber nicht gewollt habe. Ein weiteres Problem

---

[18] Vgl. Alexandra Gerlach, Ludwig Güttler. Mit Musik Berge versetzen. Hamburg 2011, S. 43–59. Dort auch Dokumente zu den hier skizzierten Vorgängen.

[19] Wettbewerb im Fach Trompete beim Concours international d'exécution musicale de Genève (CIEM-Genève).

stellte immer wieder der sogenannte Pflichtumtausch bei der Abrechnung der erzielten Honorare dar. Einen großen Teil der Honorare mussten die Künstler nämlich bei der Künstleragentur einzahlen. Sie wurden dann in Mark der DDR umgetauscht, obwohl man in der Bundesrepublik gespielt hatte. Dies alles haben wir bei den Verträgen mit der Volkshochschule Bielefeld in geschickter Weise zu umgehen gewusst, so dass auch die Musikerkollegen mit Begeisterung alle mit diesen Konzerten verbundenen Mühen auf sich nahmen, z. B. die späte Anreise nach einem abendlichen Dienst an der Dresdner Semperoper mit dem PKW zum Zielort in der Bundesrepublik. Die durch die Konzerte dort fundierten, mannigfaltigen persönlichen Beziehungen machten es letztlich möglich, erfolgreich für den Wiederaufbau der Frauenkirche zu wirken, zu werben und zu musizieren, z. B. bei unserem Geburtstagsständchen für Bundeskanzler Helmut Kohl (1930–2017) zu seinem 60. Geburtstag in der Beethovenhalle in Bonn am 3. April 1990.[20] Aus jeder dieser Verbindungen in die Bundesrepublik wurde mindestens ein Baustein für den Wiederaufbau der Frauenkirche.

Für Konzertprogramme ist die Repertoiregestaltung ein wichtiger Gesichtspunkt. In der DDR waren damals etwa 80 Kammerorchester am Markt. Für unser Blechbläserensemble gab es vier und für das Leipziger Bach-Collegium maximal drei konkurrierende Ensembles in ähnlicher Besetzung. Bei den Trompete-Orgel-Konzerten war die Konkurrenz unüberschaubar groß.

Für die Repertoiregestaltung bei den Virtuosi Saxoniae galt es, nicht nur die klassischen Werke, die – von Ausnahmen abgesehen – alle anderen Kammerorchester durchweg spielten, anzubieten. Hier habe ich geeignete Werke speziell ausgesucht und das Repertoire dann so gestaltet, dass die Veranstalter und auch das Publikum immer wieder neue alte Werke zu hören bekamen, die bei den anderen Kammerorchestern nicht gespielt wurden. Das war gleichzeitig ein Rückverweis auf die kulturelle Dichte der deutschen, speziell der sächsischen Musikkultur. Verstärkend kam hinzu, dass durch meine erfolgreiche Diskografie ein Großteil dieser Werke in ihrer Bekanntheit und Attraktivität Unterstützung erfuhr, weil sie auf Tonträgern verfügbar waren und so unsere Konzerte beförderten. Meine Recherchen in der Sächsischen Landesbibliothek[21], in der Deutschen Staatsbibliothek in Berlin[22], in der Wis-

Abb. 6 Ludwig Güttler und Friedrich Kircheis bei der Konzertabstimmung.

senschaftlichen Allgemeinbibliothek für den Bezirk Schwerin mit ihrer reichen Musikaliensammlung[23], in den Universitätsbibliotheken Lund (Schweden) und Salzburg (Österreich), in der Österreichischen Nationalbibliothek u. a. brachten viele sehr attraktive Werke wieder ans Licht.

Von Anfang an prägte unsere Konzerttätigkeit ein starker Dresden-Bezug mit einer demgemäß starken Akzentuierung von Bläserkonzerten. Darin unterschieden sich die Programme der Virtuosi Saxoniae von denen zahlreicher Kammerorchester in der Bundesrepublik und der DDR. Das klassische Repertoire integrierten wir später zwar ebenfalls in unsere Programme, aber von Anfang an war die o. g. besondere Programmauswahl wesentlich für unsere Attraktivität. Die Blechbläserprogramme waren mit Werken und Bearbeitungen allesamt von mir so konzipiert, dass

---

[20] Vgl. Dankwart Guratzsch, Interview mit Ludwig Güttler, Persönliche Erinnerungen an Bundeskanzler a. D. Dr. phil. Dr. h. c. Helmut Kohl (1930–2017) und bisher unbekannte Details seiner Beziehung zur Frauenkirche und zu Dresden. In: Die Dresdner Frauenkirche. Jahrbuch 21 (2017), S. 145–152, hier 146–147.
[21] Die Sächsische Landesbibliothek (SLB) wurde 1983 Zentralbibliothek der DDR für Kunst und Musik. Seit 1996: Sächsische Landesbibliothek – Staats- und Universitätsbibliothek Dresden (SLUB).
[22] Seit 1992: Staatsbibliothek zu Berlin – Preußischer Kulturbesitz.
[23] Mehrere Umbenennungen, seit 2015: Landesbibliothek Mecklenburg-Vorpommern Günther Uecker.

wir uns von den Ensembles unterschieden, die es (dem Beispiel englischer Kollegen folgend) zunehmend in der Bundesrepublik gab. Dies betraf die Werkauswahl und -ausführung, die Besetzung, das Klangbild, kurz die gesamte Dramaturgie. Die Trompete-Orgel-Programme waren zusammen mit Friedrich Kircheis entwickelt worden *(Abb. 6)*.

Es würde hier zu weit führen, auf alle diesbezüglichen Aspekte einzugehen. Das meiste kann auf CDs angehört werden. Etwas Besonderes ist allerdings die Programmdisposition des Leipziger Bach-Collegiums. Ich hatte Originalwerke in der Besetzung Trompete, Flöte, Oboe, Violine, Violoncello, Kontrabass und Cembalo aufgestöbert. Das war die Grundbesetzung. Die Programme konnten so disponiert werden, dass an einem Abend kein Klangbild dem anderen glich. So entstand der Eindruck einer Vielzahl von Registriermöglichkeiten, was die Programme in ihrem kammermusikalischen Gestus besonders erstrebenswert und für Kenner besonders interessant machte. Das konnten meine kammermusikalischen Ensembles ermöglichen. Das jahrzehntelange, erfolgreiche und publikumswirksame Agieren berühmter Trompeter von Adolf Scheerbaum (1909–2000) bis hin zu Maurice André (1933–2012) war eine wesentliche Voraussetzung für das erfolgreiche Annehmen meiner Programmangebote durch ein interessiertes, vorher bereits „angewärmtes" Publikum.

Das Repertoire spiegelte sich auch in meiner von der interessierten Öffentlichkeit erfolgreich wahrgenommenen und sich mit dem Konzertieren gegenseitig befruchtenden Diskografie wieder. Schon seit den 1970er Jahren verfügte ich mit dem Berliner Kammerorchester[24] oder später dem Neuen Bachischen Collegium Musicum[25] in Leipzig über Erfahrungen beim Einspielen von Schallplattenaufnahmen. Anknüpfend an meine Trompetenkonzert-Aufnahmen in der Christuskirche in Berlin, der Paul-Gerhardt-Kirche in Leipzig und nachfolgend überwiegend der Lukaskirche Dresden gelang es nahtlos, eine erfolgreiche Aufnahmetätigkeit aller meiner Ensembles zu etablieren, insbesondere der Virtuosi Saxoniae. Es bestätigte sich die Wechselwirkung

---

[24] Besteht in Berlin seit 1945, in den 1970er und 1980er Jahren mit Peter Schreier als Dirigent.
[25] Gegründet 1979 von Max Pommer und Walter Heinz Bernstein (1922–2014) zusammen mit Musikern des Leipziger Gewandhausorchesters und im Zusammenwirken mit dem Leipziger Bacharchiv mit dem Ziel, neueste wissenschaftliche Erkenntnisse zur historischen Aufführungspraxis auf moderne Instrumente zu übertragen.

Abb. 7 Dresden, Lukaskirche

Studioaufnahme mit Peter Schreier und den Virtuosi Saxoniae, Leitung Ludwig Güttler. Aufnahme 1987.

Abb. 8 Dresden, Kulturpalast
Studioaufnahme mit den Virtuosi Saxoniae, Leitung Ludwig Güttler. Aufnahme 1987.

zwischen einem Konzertbesuch und dem Wunsch nach einer Aufnahme und umgekehrt. Mit einer beachtlichen Anzahl von hochwertigen Schallplatten- und später weiteren Tonträgeraufnahmen *(Abb. 7, 8)*, konnten wir auf das Hörerinteresse motivierend einwirken. Diese besondere Beziehung ist erst jüngst eingehender wissenschaftlich untersucht und dargestellt worden.[26]

Von nicht zu überschätzender Bedeutung war es, dass noch zu Beginn der 1980er Jahre die westdeutsche Firma Capriccio sich nicht nur an den Verkaufsergebnissen meiner Schallplatten interessiert zeigte, sondern eine Zusammenarbeit mit dem VEB Deutsche Schallplatten auch erfolgreich initiierte. Das gesamte Repertoire wurde nach 1990 zwischen dem Label-Partner Capriccio und der Firma EDEL als Nachfolger des VEB Deutsche Schallplatten Berlin geteilt. Allein die Firma EDEL produzierte bis heute weit über 70 Alben. Hinzu kamen weitere bei anderen Firmen, besonders beim Carus Verlag, mit Bezug zu inhaltlichen Fragen beim Wiederaufbau und schließlich zum Musikleben in der Frauenkirche.

Erste Konzerte für den Wiederaufbau

In meine Bemühungen um den Wiederaufbau der Frauenkirche und seine Beförderung seit dem Jahr 1989 habe ich alle meine Ensembles einbezogen. Die ersten beiden Konzerte (Blechbläserensemble), in denen ich für den Wiederaufbau geworben habe, fanden unmittelbar nach der Konstituierung der Bürgerinitiative noch im November 1989 in der Kirche in Hartha (Erzgebirge) und im Dom zu Halle statt. Das dritte Konzert wurde von den Virtuosi Saxoniae am 8. Dezember 1989 in der traditionsreichen West-Berliner Philharmonie gegeben. Ich weiß nicht mehr jedes Einzelergebnis der Konzerte. Einige haben sich mir jedoch eingeprägt, so wie jenes im Dezember 1989 in West-Berlin, wo das Sammelergebnis von 7.000 DM von einem begeisterten Unternehmer auf 8.000 DM aufgestockt wurde. Jede Mark der DDR und jede D-Mark, die uns auf diesem Weg erreichte, stärkte unseren Willen und verlieh uns Kraft und Sicherheit beim weiteren Verbreiten der Idee des Wiederaufbaus.

In Dresden konnten wir unter den Bedingungen der ablehnenden öffentlichen Diskussion die Helferin Musik erst später sprechen lassen. In einer Zeit, in der sich die Mehrheit der Dresdner Stadtgesellschaft kritisch oder konträr zum Wiederaufbaubegehren stellte, war uns das aber wichtig, z. B. über das erste Konzert in Dresden am 22. Februar 1991, zu dem wir aus Anlass der

---

[26] Vgl. Peter Wicke, Der Tonträger als Medium der Musik. In: Handbuch Musik und Medien. Hrsg. v. Holger Schramm. Wiesbaden 2009, S. 49–87, bes. S. 64–68.

Abb. 9 Dresden, Ruine der Frauenkirche und Neumarkt
Konzert des Blechbläserensembles auf der Ruine. 31. August 1991.

wissenschaftlichen Tagung zum „Archäologischen Wiederaufbau der Frauenkirche" in die Diakonissenhauskirche eingeladen hatten. Es war auch das erste Trompete-Orgel-Konzert zugunsten der Bürgerinitiative.

Viele Freunde erinnern sich noch an den 1990 dringend formulierten Wunsch, den sakralen Ort, der 45 Jahre lang Ruine und später Baustelle war, von Anfang an mit Leben zu erfüllen. Ausdruck dessen war das erste Konzert mit meinem Blechbläserensemble am 31. August 1991 auf den Steinen des Trümmerbergs lange vor Beginn der archäologischen Enttrümmerung *(Abb. 9)*.

Ein weiterer früher Höhepunkt war das von Erika Leibfried und Gerhard Ringel (1943–2017) von unserem „Förderkreis zum Wiederaufbau der Frauenkirche Dresden e. V." in Gedern (Hessen) mit Hilfe der Zonta- und Rotary-Clubs am 15. März 1992 organisierte Benefizkonzert in Bad Nauheim mit den Virtuosi Saxoniae *(Abb. 10)*. Dort erzielten wir ein sensationelles Überschussergebnis von 60.000 DM. Damit wurde die Tradition der Benefizkonzerte in den westlichen Bundesländern begründet.[27] Trotz mancher Widersätze erhielten wir von resoluten Mitstreitern Unterstützung, die die Kraft der Musik in Benefizkonzerten sprechen ließen *(Abb. 11)*.

[27] Vgl. Rundbrief der Gesellschaft zur Förderung des Wiederaufbaus der Frauenkirche Dresden e. V. 2 (1992), S. 2–3; 60.000 Mark für die Frauenkirche. In: Kreis-Anzeiger 17.3.1992; Hilfe für Dresden. In: Frankfurter Allgemeine Zeitung 18.3.1992.

Abb. 10 Plakat, Benefizkonzert im Kurtheater Bad Nauheim.
15. März 1992.
(Stadtmuseum Dresden, SMD_SP_2022_00005)

Abb. 11 Burghardtswalde (Müglitztal), Dorfkirche
Nach dem Benefizkonzert mit Ludwig Güttler und Friedrich
Kircheis. 31. Mai 1992.

Besonders wichtig wurden unsere Konzerte mit den Virtuosi Saxoniae und – jeweils anlassbezogen und nach Abkömmlichkeit – meinen anderen Ensembles seit 1992 anlässlich der jährlichen Mitgliederversammlung und der Frauenkirchen-Festtage der „Gesellschaft zur Förderung des Wiederaufbaus der Frauenkirche Dresden e. V."[28] jeweils Ende Oktober. Wir waren zu Gast in Dresdens Kirchen, z. B. in der Dreikönigskirche *(Abb. 12)*, der Auferstehungskirche, der Christuskirche und der Annenkirche *(Abb. 13)*. Aber auch außerhalb Dresdens konnten wir Aufführungsmöglichkeiten erschließen *(Abb. 14)*.

In der Rückschau ist die motivierende Wirkung unserer Konzertreisen nach Österreich, Japan, Schweden, Finnland, in die USA, nach Belgien, Spanien, Luxemburg und in die Schweiz zu erwähnen. Herausragend waren hierbei die Konzerte mit zielgerichtet hergestelltem Frauenkirchen-Bezug: im Markusdom in Venedig, beim Bachfest in Schaffhausen, in der Kölner Philharmonie, in Bremen, Frankfurt am Main, Hamburg, München, Stuttgart, beim Rheingau Musik Festival, in Brüssel, Kopenhagen, London, Moskau, beim Festival

[28] Nachfolgend: Wiederaufbau-Fördergesellschaft.

Abb. 12 Dresden, Haus der Kirche – Dreikönigskirche, Kirchsaal

Konzert des Blechbläserensembles anlässlich der 2. Ordentlichen Mitgliederversammlung der Wiederaufbau-Fördergesellschaft. 31. Oktober 1992.

Abb. 13 Dresden, Annenkirche

Konzert der Virtuosi Saxoniae anlässlich der 11. Ordentlichen Mitgliederversammlung der Wiederaufbau-Fördergesellschaft. 26. Oktober 2001.

„Sandstein und Musik" und dies alles krönend seit ihrer Weihe 2005 in der Frauenkirche. Durch die absichtsvoll gehandhabte Programmauswahl haben wir Neugier auf die einzigartige Musik aus dem Dresdner Musikleben und auf ihr Erklingen in der Frauenkirche geweckt.

Jede in unserer Arbeit gefundene Antwort trat zuweilen so unerwartet an uns heran, hat uns so voranbringen können, wie wir es in vielen Konzerten dankbar und uns selbst bestätigend erfahren durften. Seit meinem 14. Lebensjahr bin ich der Musica sacra verbunden. Und so war es uns möglich und es erschien uns geboten, Chöre und Gesangssolisten zum Nutzen des späteren Musiklebens in der Frauenkirche heranzuziehen. Wir konnten mit persönlicher Überzeugung und Begeisterung einstehen für den Wiederaufbau der Frauenkirche, für Dresden, für Sachsen, für das, wofür wir vom Publikum wahrgenommen wurden.

In allen Konzerten habe ich stets nach der ersten Zugabe den Beifall unterbrochen und die Idee unseres Wiederaufbegehrens mit der Bitte an die versammelte Hörergemeinde gerichtet, bereits heute zu spenden, Mitglied der Wiederaufbau-Fördergesellschaft zu werden, Stifterbriefe, Uhren, CDs als Geschenk zu erwerben usw. Die Antwort auf die meisten Fragen, wie *„Wann können wir sie wieder hören? Wo spielen sie in Dresden? Wann spielen sie diese und jene Stücke?",* ließ wieder neue Fragen entstehen. Das war unsere erklärte Absicht. Wir wollten durch unser weiteres Musizieren zum Wiederaufbau beitragen. Den Dialog darüber haben wir an jedem Ort nach Kräften initiiert und befördert. Es war uns eine Selbstverständlichkeit, die – wo auch immer – anwesenden Hörer in die 1996 geweihte Unterkirche, über der der Sandsteinbau weiter in die Höhe wuchs, und später in die wieder aufgebaute Frauenkirche einzuladen.

Musiziert haben wir aber auch für besondere Anlässe, z. B. die Konstituierung des Kuratoriums der Stiftung Frauenkirche Dresden e. V.[29] im Schloss Albrechtsberg (17. November 1992), die Auszeichnungsveranstaltung der Wiederaufbau-Fördergesellschaft und des Stiftungsvereins mit dem Konrad-Adenauer-Preis im Dresdner Rathaus (12. Dezember 1992) *(Abb. 15),* die erste Steinversetzung (27. Mai 1994) *(Abb. 16),* die Weihe der Unterkirche (21. August 1996) und die Glockenweihe (4. Mai 2003) *(Abb. 17).*

Abb. 14 Plakat, Benefizkonzert in der Kreuzkirche Bonn
Solistenensemble der Virtuosi Saxoniae, Leitung und Solist Ludwig Güttler, am 10. Mai 1995.
(Stadtmuseum Dresden, SMD_SP_2022_00003)

Wiederaufbaukonzerte in der Unterkirche

Mit dem Schließen der Gewölbe über dem Kellergeschoss der Frauenkirche bot sich dort bereits 1996 die Möglichkeit, neben dem Wiederaufbaugeschehen das Wachsen des geistlichen und musikalischen Lebens motivierend erlebbar zu machen. Einen Tag nach der Weihe des eindrucksvollen Raumes zur Unterkirche der Frauenkirche begannen die Wiederaufbaukonzerte, die bis September 2005 erklangen. Unser Dank galt zuerst den Bauleuten, die das Werk vorangebracht und dadurch unser Musizieren dort ermöglicht hatten *(Abb. 18).* In der Unterkirche sind wir zuweilen wöchentlich aufgetreten. Die Leitung der Wiederaufbaukonzerte erfolgte in Organisation und Dramaturgie durch mich ehrenamtlich im Auftrag des Stiftungsrates der Stiftung Frauenkirche Dresden[30]. Beglückend war dabei, wie die Ausführenden sich mit dem Projekt Wiederaufbau identifiziert haben *(Abb. 19).* Das blieb

---

[29] Nachfolgend: Stiftungsverein.
[30] Nachfolgend: Stiftung.

Abb. 15 Dresden, Neues Rathaus, Ratssaal

Virtuosi Saxoniae bei der Übergabe des Konrad-Adenauer-Preises. 12. Dezember 1992.

Abb. 16 Dresden, Baustelle Frauenkirche

Bläser des Blechbläserensembles während der feierlichen ersten Steinversetzung, v. l.: Ludwig Güttler, Mathias Schmutzler, Volker Stegmann, Roland Rudolph. 27. Mai 1994.

nicht ohne Ausstrahlung auf die Hörer, die aufmerksam gemacht wurden, die Frauenkirche als unverwechselbar wahrzunehmen, zu helfen und sich zugehörig zu fühlen.[31] Unser damit verbundenes Bemühen, diese Konzerte in die liturgische und vor allem kirchenmusikalische Tradition der Frauenkirche hineinzuführen, fühlte sich Martin Luthers Musikverständnis verpflichtet, Gott zu loben und die Menschen zu erbauen, aber auch immer wieder anzuregen und zu motivieren.

Zunehmend fanden Kantaten bis hin zur Johannes-Passion von Johann Sebastian Bach (1685–1750) Eingang in unsere Programme in der Unterkirche.

---

[31] In den Berichten der Stiftung wurde seit 1997 immer wieder auf diese Konzerte in der Unterkirche eingegangen, vgl. z. B.: Heinz Wissenbach, 1996 – ein erfolgreiches Jahr für die Stiftung Frauenkirche Dresden. In: Die Frauenkirche Dresden. Jahrbuch 3 (1997), S. 211–219, bes. S. 215–217.

Abb. 17: Dresden, Schloßplatz

Weihe der Glocken der Frauenkirche mit Uraufführung der feierlichen „Musik für Kirchenglocken, Röhrenglocken, Gongs, Tamtam, Pauken, fünf Trompeten, Waldhorn, vier Posaunen und Basstuba" über den Choral „Jersualem du hochgebaute Stadt", Komposition und Leitung Ludwig Güttler. 4. Mai 2003.

Abb. 18 Dresden, Unterkirche der Frauenkirche

Dankkonzert für die Bauleute. 19. August 1996.

Dies weckte und verstärkte die Sehnsucht nach dem Erklingen dieser Musik so bald wie möglich im Hauptraum.

Die Wiederaufbaukonzerte und das musikalische Engagement in den Gottesdiensten und Andachten in der Unterkirche verdienen im Hinblick auf die Rückgewinnung des musikalisch-geistlichen Lebens in der Frauenkirche besondere Aufmerksamkeit und dankbare Erwähnung, ist es doch damit gelungen, den 1989/90 konzipierten Gedanken zur künftigen Nutzung des Gotteshauses schrittweise Wirklichkeit werden zu lassen *(Abb. 20)*. Die Wiederaufbaukonzerte luden auf ganz besondere Weise zum Spenden ein. Sie waren nicht selten Anlass und würdiger Rahmen für die Übergabe namhafter Spenden.

Die Reaktionen aus dem Publikum, mit Bewunderung und Begeisterung durchaus differenziert mitgeteilt, ermutigten uns, auf dem eingeschlagenen Weg

Abb. 19 Dresden, Unterkirche der Frauenkirche Wiederaufbaukonzert mit der Sächsischen Staatskapelle, Leitung Giuseppe Sinopoli. 27. März 1999.

Abb. 20 Plakat-Beispiel, Wiederaufbaukonzerte in der Unterkirche der Frauenkirche vom 29. Oktober bis 4. November 1999. (Stadtmuseum Dresden, SMD_SP_2022_00004)

initiativreich, unbeirrt und allen Störversuchen zum Trotz weiter zu gehen. Dabei haben wir Werke aufgeführt, die gerade nicht im allgemeinen Konzertbetrieb beheimatet waren. Dazu zählte z. B. die letzte Messe von Johann Adolph Hasse. Diese hatten wir bereits seit Mitte der 1980er Jahre propagiert und mit Leben erfüllt. Wir wurden dadurch belohnt, dass ihre Aufführung in Berlin, Hamburg, München, beim Rheingau Musik Festival und bei der Musikwoche Hitzacker möglich wurde. Eine erfolgreiche CD-Produktion brachte sie einer noch größeren Zuhörerschaft nahe und stellte die Sinnfälligkeit unseres Bemühens nicht nur künstlerisch unter Beweis.

Weihnachtliche Vesper

Unser Bemühen wurde von Anfang an durch die Weihnachtlichen Vespern jeweils am 23. Dezember befördert. Allen scheinbar wohlbegründeten und sachlich richtigen Argumenten zum Trotz fand am 23. Dezember 1993 an der Frauenkirche die erste mit 50.000 Besuchern statt. Sie war von mir zusammen mit Landesbischof Dr. Johannes Hempel (1929–2020) initiiert und von der Wiederaufbau-Fördergesellschaft und dem Stiftungsverein organisiert worden. Die Dussmann-Stiftung „Ascholdinger Nachmittag" gewährte diesem Open-Air-Gottesdienst großzügige personelle

Musizieren für die Frauenkirche – ein persönlicher Erfahrungsbericht 171

Abb. 21 Dresden, Baustelle Frauenkirche

Erste Weihnachtliche Vesper, v. l. u. a.: Gunther Emmerlich, Olaf Bär, Dresdner Kreuzchor, Leitung Gothart Stier, Blechbläserensemble, musikalische Gesamtleitung Ludwig Güttler. 23. Dezember 1993.

Abb. 22: Dresden, Augustusstraße/ Töpferstraße

Sechste Weihnachtliche Vesper. 23. Dezember 1998.

und finanzielle Unterstützung. Die vom Landesbischof im Kircheninneren vor dem bereits freigelegten, gebrochenen Altar gelesene Weihnachtsgeschichte berührte die Anwesenden, wie in besonderer Weise auch die vorweihnachtliche Bläsermusik. Uns war es gelungen, mit Solisten der Semperoper, dem Kreuzchor unter Leitung von Gothart Stier und meinem Blechbläserensemble *(Abb. 21)* die unterschiedlichsten, bisher

Abb. 23 Dresden, Semperoper

Eröffnung des Konzerts der Sächsischen Staatskapelle mit dem Blechbläserensemble Ludwig Güttler im Rahmen der Stifterbrief-Konzerte der Dresdner Bank AG. 5. November 1995.

nicht zusammenwirkenden Musiker und Ensembles für ein gemeinsames Wirken in den Dienst dieser weit ausstrahlenden Feier zu stellen und zu einem höchst sinnvollen und wirkmächtigen Gesamtspiel zu bringen, was nicht nur Dresdnerinnen und Dresdner, sondern auch Menschen von weither anzieht *(Abb. 22).*[32] Bläser der Sächsischen Posaunenmission waren aus ganz Sachsen gekommen, gestalteten die Vesper an der Frauenkirche mit und tun das seitdem bis heute jedes Jahr[33] wieder. Jedes Jahr am 23. Dezember treffe ich zur Weihnachtlichen Vesper Konzertbesucher, die weit anreisen, zum Beispiel von der Musikwoche Hitzacker.

Ausgewählte Konzerte

Von den immer zahlreicher werdenden Benefizkonzerten innerhalb und außerhalb Deutschlands bis zur Jahrtausendwende seien hier nur einige wenige Beispiele genannt:

Großartige Ergebnisse erzielten wir ab 1995 bei den Stifterbriefkonzerten zusammen mit der Dresdner Bank. Ein besonderer Höhepunkt der im gleichen Jahr von der Bank gestarteten mäzenatischen Stifterbrief-Spendenaktion war das Konzert am 5. November 1995 mit der Dresdner Staatskapelle, zu dem die Bank engagierte Spender in die Semperoper einlud und das durch mein Blechbläserensemble eröffnet worden war *(Abb. 23).* Es bot auch den festlichen Rahmen für die außergewöhnliche Spendenübergabe der Villum Kann Rasmussen-Stiftung aus Dänemark an die Stiftung. Weitere Stifterbriefkonzerte, insbesondere die im Mai 1996 im Schlosstheater Schwetzingen und im Konzerthaus Karlsruhe mit den Virtuosi Saxoniae, waren von besonderer Art und sind noch lebendig in Erinnerung. Sie wurden von allen, die sie gestalteten und erlebten, begeistert aufgenommen. Eine Vielzahl von solchen sehr erfolgreichen Konzerten sollte folgen.

Am 9. Januar 1999 gab es in Dresden ein glanzvolles Konzert der Sächsischen Staatskapelle unter ihrem Ehrendirigenten Sir Colin Davis in der Semperoper. Nach dem Konzert spendeten die Musiker aus ihren Einkünften 53.365 DM für die Frauenkirche.

Im Juli 2000 begrüßten die Lufthansa Technik AG und der Lions Club Hamburg Hansa bereits zum vierten Mal über 2.500 Gäste im Flugzeughangar 7 der Hamburger Lufthansa-Basis zum Benefizkonzert „Fas-

---

[32] Vgl. Ludwig Güttler, Meine Begegnungen mit Bruder Johannes Hempel (1929–2020). In: Die Frauenkirche Dresden. Jahrbuch 24 (2020), S. 229–264, bes. S. 262–264.

[33] Ausnahmen waren die Jahre 2020 und 2021, als die Weihnachtliche Vesper wegen der Corona-Pandemie in der Frauenkirche, ohne Besucher und nur für die Fernsehübertragung gefeiert wurde. Wegen der dort geltenden Beschränkungen konnten die Bläser der Sächsischen Posaunenmission nicht mitwirken.

Abb. 24 Hamburg, Lufthansa Technik AG, Hangar 7

Benefizkonzert. Juni 2000.

Abb. 25 Dresden, Frauenkirche, rohbaufertiger Hauptraum

Spendenübergabe durch die „Association Frauenkirche Paris" nach dem Konzert des Blechbläserensembles, v. l.: Brigitte Schubert Oustry, Malcolm Livsey, Gisela Paul vom Vorstand der „Association Frauenkirche Paris", Ludwig Güttler. 3. Dezember 2000.

zination Musik und Technik" *(Abb. 24)*. Den Schwerpunkt des klassischen Programms bildete der Auftritt der Virtuosi Saxoniae. Der tatkräftigen Unterstützung durch Helfer, Förderer, sächsische Firmen, Mitarbeiter und Auszubildende des Unternehmens, der Lufthansa Technik AG, sowie der Hamburger Lions Clubs war es zu danken, dass der Abend für alle Gäste zu einem nachhaltigen Erlebnis wurde und 40.000 DM an die Frauenkirche überwiesen werden konnten.

Ein von der Association Frauenkirche Paris veranstaltetes Benefizkonzert mit der Sopranistin Dame Felicity Lott und dem Pianisten Maciej Pikulski fand am 16. November 2000 in der Pariser Residenz des britischen Botschafters Sir Michael Jay, dem Hôtel de

Abb. 26 Dresden, Frauenkirche, rohbaufertiger Hauptraum

Konzert mit der Staatskapelle, Leitung Giuseppe Sinopoli. 3. Dezember 2000.

Charost, auf dessen und des deutschen Botschafters Dr. Peter Hartmann Einladung statt. Als Ehrengäste nahmen Edward Herzog von Kent in seiner Eigenschaft als Schirmherr des britischen Dresden Trust und Sachsens stellvertretender Ministerpräsident Dr. Hans Geisler teil. Das Konzert war auf dieses Datum gelegt worden, um der Zerstörung der englischen Stadt Coventry genau 60 Jahre zuvor durch einen deutschen Luftangriff zu gedenken. Daraus ergab sich eine direkte Verbindung zur Dresdner Frauenkirche, die im Zweiten Weltkrieg später ebenfalls in Trümmer fiel. Mit dem Konzert wurde ein beeindruckendes Zeichen der Mahnung vor den Schrecken des Krieges und für Versöhnung gesetzt. Die Association Frauenkirche Paris konnte wenig später in Dresden beim Konzert des Blechbläserensembles im rohbaufertigen Hauptraum der Frauenkirche in festlichem Rahmen den Erlös für den Wiederaufbau übergeben *(Abb. 25)*.

Große Bedeutung kam den Konzerten zum Jahrtausendwechsel in der Frauenkirche zu. Unter der Bezeichnung „Ein Paukenschlag – Jahrtausendwechsel in der Frauenkirche" vermittelten elf hochrangige Konzerte im rohbaufertigen Hauptraum bereits eine Vorstellung von dem wiedererstehenden Gotteshaus. Dieser Raum, in dem noch der Gerüstturm stand, war in der kurzen Zeit von Ende November bis Ende Dezember 2000 verfügbar. Ermöglicht wurde dies durch die Unterbrechung der Bautätigkeit. Mitgewirkt haben renommierte Ensembles, z. B. die Dresdner Staatskapelle und die Dresdner Philharmonie. Von großem Wert war es, dass Peter Schreier sich uns an die Seite stellte. Mit den Paukenschlagkonzerten haben wir den letzten entscheidenden Spendenaufruf gestartet. Ermöglicht wurden diese Konzerte im Ergebnis meiner engen Abstimmungen mit dem Vorsitzenden des Stiftungsrates, Bernhard Walter (1942–2015), dem Zweiten Deutschen Fernsehen mit seinem damaligen Intendanten Prof. Dr. h. c. Dieter Stolte und den gewünschten Partnern, vor allem der Sächsischen Staatskapelle und ihrem Orchestervorstand, ihrem Chefdirigenten Dr. Giuseppe Sinopoli (1946–2001) und ihrem Konzert-Dramaturgen Eberhard Steindorf.[34]

[34] Vgl. Ludwig Güttler, Ein Paukenschlag – Jahrtausendwechsel in der Dresdner Frauenkirche. In: Die Dresdner Frauenkirche. Jahrbuch 7 (2001), S. 77–96.

Die Konzerte hinterließen bei den begeisterten Besuchern tiefe Eindrücke, die in der Folgezeit zu einem besonders großen Spendenschub bei Wiederaufbau-Fördergesellschaft und Stiftung führten *(Abb. 26)*.

Die in- und ausländischen Förderkreise sowie einzelne Mitglieder unserer Wiederaufbau-Fördergesellschaft, mäzenatische Partner, Sponsoren sowie Lions Clubs innerhalb und außerhalb Deutschlands griffen bei Ihren Aktivitäten mit zunehmend veranstalteten Benefizkonzerten auch zur Helferin Musik. Dies geschah z. B. in Bad Elster, Bad Salzuflen, Köln-Düsseldorf *(Abb. 27)*, Lippstadt, München, Osnabrück und im Celler Land sogar mit einer ganzen Konzertreihe. Dort haben wir, ausgehend von Hermannsburg, dem Wohn- und Arbeitsort von Sigrid und Wolfgang Kühnemann (1931–2000), über viele Jahre unter dem Titel „Sachsens Glanz im Celler Land" mehrere Benefizkonzerte im Kloster Wienhausen *(Abb. 28)* und in verschiedenen Kirchen von Celle und Hermannsburg veranstaltet. Ein besonderes Beispiel ist unser Mitglied Rolf Herbst. Er gab von 1992 bis 2005 in seiner Heimatstadt Buchen 27 Benefizkonzerte. Seine Ziele zunächst bescheiden gesetzt, hatte er diese am Ende aber weit übertroffen *(Abb. 29)*. Das hat nicht nur bei der Wiederaufbau-Fördergesellschaft, sondern auch in seinem Umfeld, das er über viele Jahre musikalisch reich beschenkt hat, Freude und Dankbarkeit ausgelöst.

Während des Wiederaufbaus hat die Wiederaufbau-Fördergesellschaft mehrfach öffentliche Würdigungen erfahren, an die 15 Jahre vor der Weihe niemand zu denken gewagt hatte. Sichtbarer Ausdruck dafür war das im Konzerthaus Berlin (Schinkelsches Schauspielhaus) vom Freistaat Sachsen ausgerichtete Benefizkonzert am 28. April 2005 mit den Virtuosi Saxoniae. Der sächsische Ministerpräsident Prof. Georg Milbradt hatte dort das Wirken der Bürgerinitiative, die Bedeutung der von ihr wahrgenommenen Verantwortung und von Bürgersinn und -engagement gewürdigt. Die Wirkung dieses Konzerts wurde dadurch verstärkt, dass Bundespräsident Prof. Dr. Horst Köhler und seine vier Vorgänger, Dr. Walter Scheel (1919–2016), Dr. Richard von Weizsäcker (1920–2015), Prof. Dr. Roman Herzog (1934–2017) und Dr. Johannes Rau (1931–2006), die Schirmherrschaft gemeinsam ausübten.

Abb. 27 Plakat, Benefizkonzert mit Ludwig Güttler und Friedrich Kircheis in der Kirche St. Mariä Himmelfahrt, Köln, am 15. September 1999.
(Stadtmuseum Dresden, SMD_SP_2022_00002).

Beiträge zur Musica sacra

Bereits 1995 hatten wir eine Zusammenarbeit der Wiederaufbau-Fördergesellschaft mit dem Dresdner Zentrum für zeitgenössische Musik. Im Rahmen der 9. Dresdner Tage der zeitgenössischen Musik fand das zweite internationale Künstlersymposium zugunsten des Wiederaufbaus der Frauenkirche statt. Das Dresdner Zentrum für zeitgenössische Musik hatte unter der Überschrift „In memoriam" zur Erinnerung an die Zerstörung der Frauenkirche 50 Jahre zuvor Kompositionsaufträge an fünf Komponisten aus drei Ländern

Abb. 28 Wienhausen, evangelisches Frauenkloster, Klosterhof

Benefizkonzert mit dem Leipziger Bach-Collegium, Leitung Ludwig Güttler. Vor 1999.

vergeben.[35] Deren Kompositionen wurden am 5. und 6. Oktober 1995 in der Kreuzkirche uraufgeführt.

Es wird nicht verwundern, dass wir uns nach dem glücklichen Vollenden des Wiederaufbaus vorgenommen hatten, der Kirchenmusik im Rahmen der Lutherdekade (2007–2017) durch neue Schöpfungen etwas Wichtiges zurückzugeben.

Beziehungsreich wurden dafür zuerst die wahrhaft revolutionären Worte des neutestamentlichen Lobgesangs der Maria „*magnificat anima mea Dominum*" („*Meine Seele erhebt den Herrn.*") aus dem Lukasevangelium gewählt – das Magnificat. Der in Leipzig lebende Komponist Siegfried Thiele formte es zu der von ihm so genannten „Evangelienvesper". Er hatte unserem Wunsch nach der Vertonung dieser Worte entsprochen, sie aber musikalisch und inhaltlich eingebettet in die Texte des 113. und des 66. Psalms sowie die Erzählung von der Verkündigung an Maria und ihrer Begegnung mit Elisabeth. Das weit ausgreifende Werk für Solosopran, Chor und Orchester schließt mit der Bitte des Psalmisten: „*Gott sei uns gnädig und segne uns, er lasse sein Angesicht uns leuchten, daß man auf Erden erkenne seinen Weg, unter allen Völkern sein Heil.*" Es erklang anlässlich der Frauenkirchenfesttage 2008 in der Frauenkirche.[36]

Zwei Jahre später folgte das Oratorium „Von der Freiheit eines Christenmenschen" von Eckehard Mayer *(Abb. 30)*, der in Dresden lebt und wirkt. Hier bezogen wir uns auf eine der zentralen theologischen Schriften Martin Luthers (1483–1546). Das bedeutete für den Komponisten eine große Herausforderung, auch im Umgang mit dem Text. Er löste die Aufgabe durch eine lebendige Darstellung des den Text schreibenden Luther. Es entstand eine Musik für Bariton, Chor, Klavier und Kammerensemble nach dem Text Luthers. Dem historischen Text wurden keine heutigen Formulierungen gegenüber gestellt. Aufgrund seines zentralen theologischen Inhalts, der den allgegenwärtigen Begriff der Freiheit in besonderer Weise erhellt, ist das Werk aktuell und zeitbezogen.[37]

[35] Vgl. Rundbrief der Gesellschaft zur Förderung des Wiederaufbaus der Frauenkirche Dresden e. V. 6 (1995), S. 16.
[36] Vgl. Ludwig Güttler, Siegfried Thiele, Uraufführung der Evangelienvesper für Sopran, Chor und Orchester von Siegfried Thiele. In: Die Dresdner Frauenkirche. Jahrbuch 13 (2009), S. 177–184, Zitat S. 180.
[37] Vgl. Eckehard Mayer, „Von der Freiheit eines Christenmenschen". Über Text und Komposition. In: Die Dresdner Frauenkirche. Jahrbuch 15 (2011), S. 117–125.

Die nächste Uraufführung ließ sich zum Reformationsfest 2013 realisieren. Der seit vielen Jahren in New York lebende Schweizer Komponist Daniel Schnyder hatte unseren Kompositionsauftrag über den Choral „Ein feste Burg ist unser Gott" angenommen. Sein „Oratorium. ‚Eine feste Burg' (nach Texten aus der Lutherbibel)" schrieb er für Sopran, Bariton, gemischten Chor, große Orgel, Sopransaxophon, Violoncello-Quartett, Blechbläserensemble, Pauken und Schlagzeug. In dieser durchaus ungewöhnlichen, facettenreichen und klanglich opulenten Besetzung war der Komponist als Saxophonsolist selbst zu erleben. Er äußerte zur gewählten alten Gattung des Oratoriums: *„Das Ganze gleicht einem Gebet. Es ist ein Hilfeschrei des Menschen in Not. Ein Oratorium ist ein Gebet […]."* Dieser Haltung entspricht der Schluss des Textes: *„Sei uns ein starker Fels und eine feste Burg. Von einer Zeit zur anderen, immerdar. Amen."* Für das Libretto verwendete Daniel Schnyder den Lutherchoral wie wir ihn kennen, führt uns aber dramaturgisch zu diesem hin, indem er von ihm bearbeitete Texte aus dem Alten Testament (aus dem Psalter sowie den Büchern Jeremia, Daniel und Hiob) sowie von Martin Luther verwendete. Darüber hinaus schlug er die gedankliche Brücke von Martin Luther bis in die Gegenwart zu Martin Luther King (1929–1968).[38]

Mit dem Oratorium „Gott.Fried" des in Oberbayern gebürtigen Willi Vogl konnte die Reihe der Uraufführungen 2015 fortgesetzt werden. Dieses Mal sollten die reformatorischen Choräle „Erhalt uns, Herr, bei deinem Wort", „Nun freut euch, lieben Christen g'mein"; und „Verleih uns Frieden gnädiglich" zugrunde gelegt und einbezogen werden, stammen doch die Texte und die Melodien von Martin Luther. Diesen Texten setzte der Komponist eigene gegenüber. Er wollte damit einen unmissverständlichen Bezug zur Gegenwart herstellen. Über die Wirkungselemente seiner Komposition bemerkte er: *„Ein Oratorium ist nicht nur ein Klanggebilde, sondern soll auch eine über die Musik hinausreichende Botschaft transportieren. So hat das Werk bereits in seiner Textgestalt einen Mitteilungswert."* Der Komponist kennzeichnet den ambivalenten Ausgang des Oratoriums und regt den Hörer zum Nachdenken über unser Handeln in der Gegenwart an: *„Ob jedoch am Ende das Gute oder das Böse die Oberhand gewinnt, ob und wie der Mensch zum wahren Frieden findet, bleibt […] unentschieden."*[39]

Abb. 29 Plakat, Abendmusik zugunsten des Wiederaufbaus der Frauenkirche in der Stadtkirche St. Ostwald in Buchen am 9. Oktober [2004].

(Stadtmuseum Dresden, SMD_SP_2022_00001)

---

[38] Vgl. Ludwig Güttler, Gedanken zur Uraufführung von Daniel Schnyders „Oratorium ‚Eine Feste Burg' (nach Texten aus der Lutherbibel)" am 26. Oktober 2013 in der Dresdner Frauenkirche. In: Die Dresdner Frauenkirche. Jahrbuch 18 (2014), S. 45–54, Zitate S. 45–46, 49.

[39] Vgl. Willi Vogl, Klingendes Friedensfest. Der Komponist Willi Vogl über sein Oratorium Gott.Fried. In: Die Dresdner Frauenkirche. Jahrbuch 20 (2016), S. 207–216, Zitate S. 207, 212.

Abb. 30 Dresden, Frauenkirche
Uraufführung „Von der Freiheit eines Christenmenschen" von Eckehard Mayer. Solisten: Andreas Scheibner, Bariton; Jobst Schneiderat, Klavier; Sächsisches Vocalensemble; Solisten der Virtuosi Saxoniae; Blechbläserensemble Ludwig Güttler; Leitung Ludwig Güttler.
24. September 2010.

Weitreichende Helferin Musik

Das Bemühen um den Wiederaufbau der Frauenkirche hat mich gelehrt, dass die Helferin Musik über unermessliche Kräfte verfügt, deren Existenz ich wohl zu kennen glaubte. Jedoch hat das durch sie Bewegte alle meine optimistisch geprägten Annahmen weit übertroffen. Die zahlreichen Konzerte in Dresden und überall im Land haben über die materielle und ideelle Unterstützung des Wiederaufbaus hinaus bei Musikern, Sängern, Dirigenten, Solisten, Chören und Orchestern eine Identifikation mit diesem begründet.

Alle Musikerinnen und Musiker brachten sich so in das Geschehen um den Wiederaufbau ein. Dies wirkte und wirkt sich segensreich auf das kirchenmusikalische und auf das allgemeine musikalische Leben in der Frauenkirche aus.

Unsere Konzerte, insbesondere die Stifterbriefkonzerte und deren Echo, verursachten ein verstärktes, weil sich sicherer fühlendes Engagement zahlreicher Partner, Mäzene, Sponsoren und Spender, insbesondere der Verantwortlichen der Dresdner Bank, die wie wir selbst auch durch die Macht der Musik und jedes einzelne Ereignis beim Wiederaufbau weiter überzeugt, beschenkt und ermutigt wurden.⁴⁰ Zahlreiche Konzertbesucher ließen sich von uns erstmalig und darauffolgend wiederholt nach Dresden zu Konzerten und Gottesdiensten einladen. So ist es durch unser Musizieren gelungen, ein sich weit ausbreitendes Netz von Vertrauen, Erwartung, Hilfsbereitschaft und Tatkraft zu knüpfen, das sich beim Wiederaufbau der Frauenkirche und dem Leben in der Frauenkirche noch heute als fruchtbar, herzerfrischend und bewegend erweist.

Die mit Hilfe der Musik und der sie ausführenden engagierten Musiker erzeugte Wirkmächtigkeit half auch bei Strukturierung und Organisation der Stiftung. Fachlich begründeten Argumenten, dass wegen der ökonomischen Lage der Landeskirche nur ein Kirchenmusiker für die Frauenkirche engagiert werden dürfe, konnten die bei der Stiftung in Verantwortung und Entscheidung stehenden Personen dadurch sachlich begegnen. Die Finanzmittel der Landeskirche für die Kirchenmusikerstelle wurden auf zwei Stellen aufgeteilt und die jeweils andere Hälfte des Gehalts in Stiftungsverantwortung übernommen.⁴¹ Dadurch konnte neben dem Kantor auch ein Organist engagiert werden. So haben, wie Landesbischof Jochen Bohl in seiner Weihepredigt bemerkte, kleine Ursachen große Wirkungen. Nichts kann dies treffender zum Ausdruck bringen, als das Gleichnis vom Senfkorn.⁴²

Dank

Die Erinnerungen an die großen Anstrengungen des Wiederaufbaus der Frauenkirche sind bei uns, die wir diesen bewegten, noch sehr wach. Wir haben die Kraft der Musik erlebt und wirken lassen können. Beim Rückblick auf den Wiederaufbau der Frauenkirche und im Bewusstsein, dass uns diese Aufgabe geschenkt wurde und wir vor ihr bestehen konnten, erfüllt uns ein Gefühl großer Dankbarkeit. Dies trifft besonders auf die beim Wiederaufbau – in einer uns vorher nicht bekannten Weise – hilfreiche, aktivierende und begeisternde Rolle der Musik zu. Sie wurde durch uns zwar dargeboten, aber ihre besondere Wirkung hat sie aus einer Reihe wunderbar aufeinander bezogener Voraussetzungen erhalten, beginnend beim jeweiligen Komponisten bis hin zu ihrer vielhundertjährigen abendländischen Tradition, aber auch der Bereitschaft, ja Begeisterung der Ausführenden und der offenen Herzen der damit beschenkten Hörer.

Dass sich die Musik so entfalten konnte, ist den Musikern zu danken, die sich mit ihrem Können und ihrer Bereitschaft über die lange Zeit in den Dienst der guten Sache stellten: die Virtuosi Saxoniae, mein Blechbläserensemble, das Leipziger Bach-Collegium bis hin zu meinem Duo-Partner in der Besetzung Trompete und Orgel Friedrich („Frieder") Kircheis. Sie haben sich in einzigartiger Weise mit über 1.500 Konzerten von 1989 bis 2005 hervorgetan, in denen wir für den Wiederaufbau werben konnten, und das nicht selten für sehr geringe Honorare. Dankbar bin ich ihnen allen für die intensive Probenarbeit, deren künstlerische Ergebnisse, ob nun bei Aufnahmen oder Konzerten, uns im Dialog immer wieder bewusst werden ließen, welchen Schatz wir an unserem Zusammensein, unserer künstlerischen Begegnung haben. Diese Leistung bleibt unvergessen. Worte des Dankes, so tief empfunden sie auch sein mögen, können diesem Engagement nur annähernd gerecht werden. Ein besonderer Dank richtet sich an einzelne Kollegen, die durch ihre Qualität, ihre Motivation und durch ihr Ausdrucksvermögen als Solisten die Ensembles und die Programme bereicherten. Hier sind als Partner bei meinen Konzerten namentlich hervorzuheben: Andreas Lorenz, Kurt Sandau, Mathias Schmutzler und Roland Straumer.

Jedes für die Frauenkirche und den Wiederaufbau an einem bestimmten Ort erfolgreich initiierte Konzert setzte voraus, dass wir dort bereits jahrelang verlässlich und erfolgreich konzertiert hatten. Es setzte weiterhin voraus, dass die veranstaltenden und die verpflichtenden Agenturen (in manchen Fällen waren das dieselben) im betreffenden Jahr zugunsten

---

⁴⁰ Forscher versuchen in der Musik besondere Merkmale zu identifizieren, die bei den Menschen bestimmte Gefühle und Reaktionen auslösen. Vgl. Boris Luban-Plozza, Mario Delli Ponti, Hans H. Dickhaut, Musik und Psyche. Hören mit der Seele. Basel, Boston, Berlin 1988, passim.
⁴¹ Das ist eine Parallele zur zweiten Pfarrstelle der Frauenkirche. Nachdem die Landeskirche nur eine derartige Stelle zur Verfügung gestellt hatte, wurde durch die Stiftung auf eigene Kosten eine zweite eingerichtet.
⁴² Vgl. Bohl, In Zeiten des Wandels (wie Anm. 3).

des Wiederaufbaus (z. B. für ein Stifterbriefkonzert) von einem normalen kommerziellen Konzert Abstand nahmen. Das wiederum bedeutete, dass die Agenturen aus einem solchen Konzert natürlich keine Provision erhielten und keinen Gewinn aus einer Veranstaltung ziehen konnten. Gerade deshalb bin ich Gerhard Hahn (1924–2009) von der Münchner Konzertdirektion Hörtnagel dankbar, dass er durch seinen Verzicht einen wesentlichen Beitrag für das Zustandekommen, Gelingen und erfolgreiche Durchführen der Stifterbriefkonzerte geleistet hatte. Zusammen mit seiner Frau wurde er überdies Mitglied der Wiederaufbau-Fördergesellschaft.

Ähnliches trifft auf Martin Blankenburg zu, den Veranstalter der Kontrapunkt-Konzerte in Köln. Die Idee für diese Konzerte kam uns lange vor dem beginnenden Wiederaufbau. Bevor die Kölner Philharmonie gebaut wurde, haben wir damit in der Kirche Groß St. Martin begonnen. Jeder der hier stellvertretend genannten Partner hat mehr geleistet, als bei flüchtigem Hinschauen und ahnungslosem Urteil erkennbar wird. Die beiden genannten Namen stehen deshalb für viele, denen für ihren Beitrag herzlich zu danken ist.

Für die Konzertreihe „Sachsens Glanz im Celler Land" danke ich insbesondere Sigrid und Wolfgang Kühnemann, die diese Konzerte bis 2014 verantworteten, mit ihren vielen Freunden und Unterstützern durchgeführt und so die Idee des Wiederaufbaus verbreitet und mit unserer Hilfe wesentliche Spendenmittel dafür eingeworben haben.

Dankbar bin ich für so viel gewährte Unterstützung, Hilfe, Lernmöglichkeit, Bereicherung und Geschenk, welches mir durch die Musik, durch das Musizieren und das in unsere gemeinsame Aufgabe eingebrachte Engagement aller zuteil geworden ist. Das umfasst nicht zuletzt auch alle Organisatoren, Helfer und Sponsoren, die uns durch Unterstützung und Ermutigung die Aufführung manches Konzerts, Flüge zu Konzerten (z. B. nach Großbritannien) oder anderes ermöglichten.

Danke! Danke! Danke!

Alles erlebte, dankbar Wahrgenommene, Gelungene verpflichtet in hohem Maße all jene, die auf diesem Fundament aufbauend ihre Tätigkeit in und an der Frauenkirche beginnen konnten. Ich gebe allen den Rat, sich der Anfänge und der Schwierigkeiten zu erinnern. Nicht um jene zu würdigen, die diese durchkämpft und durchgestanden haben, sondern um für die eigene Arbeit Motivation, Sicherheit, Respekt, Gedankentiefe und Ernsthaftigkeit immer weiter zu erlangen. Als einst aus Leipzig nach Dresden kommendem Musiker sei mir deshalb am Ende dieses Stücks Leben für die Frauenkirche das Motto über dem alten und neuen Gewandhaus zu Leipzig gestattet: *„Res severa verum gaudium"*[43].

Bildnachweis

Abb. 1, 2, 5, 6: Archiv Ludwig Güttler; *Abb. 3, 4, 7, 8*: Matthias Creutziger, Dresden; *Abb. 9, 11*: Hans-Christian Hoch, Dresden; *Abb. 10, 14, 20, 27, 29*: Stadtmuseum Dresden/Philipp WL Günther; *Abb. 12, 13, 18, 21*: Manfred Lauffer/Archiv Fördergesellschaft; *Abb. 15*: Ralph Kukula/Archiv Fördergesellschaft; *Abb. 16, 25, 30*: Renate Beutel/Archiv Fördergesellschaft; *Abb. 17, 22, 26*: Jörg Schöner, Dresden; *Abb. 19*: Robert Grundig/Archiv Fördergesellschaft; *Abb. 23*: Archiv Fördergesellschaft; *Abb. 24*: Lufthansa Technik AG/Archiv Fördergesellschaft; *Abb. 28*: Archiv Sigrid Kühnemann.

---

[43] Nach Seneca, Epistulae morales, 23, 4. Dort: *„verum gaudium est res severa."* – „Wahre Freude ist eine ernste Sache." Für das Gewandhaus sind aber schon im 18. Jahrhundert Subjekt und Prädikatsnomen bewusst vertauscht sowie das Prädikat entfernt worden: *„Res severa verum gaudium"* – „Eine ernste Sache ist wahre Freude." Vgl. Wilhelm Seidel, Über den Wahlspruch des Gewandhauses in Leipzig. In: Die Musikforschung 50 (1997) 1, S. 1–9. Humor im Sinne Senecas haben auch die Erbauer des dritten Leipziger Gewandhauses bewiesen. Betritt er dieses durch den Künstlereingang, muss der Künstler zunächst an der Pförtnerloge vorbei. Ist das geschafft, nimmt er die Treppe ins erste Obergeschoss. Auf dem dortigen Treppenabsatz geht es rechts zum Garderobentrakt, überschrieben mit *„RES SEVERA"*, links aber zum Mitarbeiterrestaurant, überschrieben mit *„VERUM GAUDIUM"*.

Personalia

Im Dienste des Wiederaufbaus der Frauenkirche

Heinrich Magirius (1934–2021) zum Gedenken

VON HANS-JOACHIM JÄGER

Nach dem ans Wunderbare grenzenden Abschluss des Wiederaufbaus begann Heinrich Magirius seine denkmaltheoretischen Erfahrungen in einem Beitrag mit einer grundsätzlich zusammenfassenden Feststellung: *„Entscheidungen der Denkmalpflege werden zumeist in einem Abwägungsprozess getroffen, in dem die Zielstellung der zukünftigen Nutzung eine wesentliche Rolle spielt. Im Mittelpunkt der fachlichen Beratung durch den Denkmalpfleger steht dagegen der Aspekt der Erhaltung von möglichst vielen Geschichtsspuren im Denkmal."* Beim Finden des Weges, beim Suchen nach Maßstäben, bei der Vorbereitung, der Planung und Baudurchführung zum Wiederaufrichten der 1945 in Trümmer gefallenen Frauenkirche traten von 1990 bis 2005 *„derartige Abwägungen der Denkmalpflege in exemplarischer Weise in Erscheinung."*[1] Seit Juli 2004 steht nun die sandsteinerne Kuppel des Gotteshauses wie selbstverständlich wieder im Stadtbild Dresdens. Der neue Kirchenbau, getreu dem barocken Bau errichtet, erinnert mit seinen Spuren der Geschichte an den Willen zum Wiederaufbau und an die Heilung einer Wunde, die nach dem Ende des Zweiten Weltkrieges fast fünf Jahrzehnte offen lag. Mit weltweiter Spendenunterstützung gelang es, dass dieser Wiederaufbau zur „Weltangelegenheit" gestaltet werden konnte, so wie es noch vor Jahrzehnten der Dresdner Kunsthistoriker Fritz Löffler (1899–1988) beschwor. Das Werk war im Heute eine große Gemeinschaftsaufgabe und fand seine bauliche Vollendung mit der Weihe 2005. Mit diesem Werk konnte eine große *„handwerkliche und künstlerische Treue erreicht werden."*[2] Seither ist die Frauenkirche wieder als Bürgerkirche ein Ort der Verkündigung, der Andacht und der Musik, zu der Heinrich Magirius auch gern kam. Sie hat eine missionarische Wirkung und ist voller Leben.[3] Der Vorsitzende der Deutschen Stiftung Denkmalschutz und damalige Hessische Landeskonservator Gottfried Kiesow (1931–2011) resümierte im Oktober 2004 in Dresden, dass *„der Wiederaufbau der Frauenkirche in Dresden das denkmalpflegerische Engagement in Deutschland auf vielerlei Weise beförderte."*[4] Später hob Heinrich Magirius hervor, es sei nicht zu leugnen, dass *„der gelungene Wiederaufbau der Frauenkirche in Dresden als Modellfall für weitere Rekonstruktionen"*[5] angesehen werde. Die Debatten über das ambivalente Thema der Zulässigkeit von Rekonstruktionen in Denkmalpflege und Städtebau sind aber bei weitem nicht abgeklungen.[6] Einige Architekturkritiker und neuere Untersuchungen sprechen jetzt

---

[1] Vgl. Heinrich Magirius, Relikt, Reliquie und Gestalt. Der Wiederaufbau der Dresdner Frauenkirche als denkmalpflegerische Herausforderung. In: Der Wiederaufbau der Dresdner Frauenkirche. Botschaft und Ausstrahlung einer weltweiten Bürgerinitiative. Hrsg. v. Ludwig Güttler unter Mitarbeit von Hans-Joachim Jäger, Uwe John und Andreas Schöne. Regensburg ¹2006, S. 101–111, Zitate S. 101, 105.

[2] Ebd., S. 109.

[3] Vgl. Jochen Bohl, Idee und Aufgabe. Die Ziele des Wiederaufbaus der Frauenkirche und ihre Erfüllung. In: Die Dresdner Frauenkirche. Jahrbuch 25 (2021), S. 9–20, hier S. 17 und Anmerkungen.

[4] Gottfried Kiesow, Der Wiederaufbau der Frauenkirche Dresden im Kontext des denkmalpflegerischen Engagements in Deutschland. In: Die Dresdner Frauenkirche. Jahrbuch 10 (2004) S. 27–31, hier S. 31.

[5] Heinrich Magirius. Erinnerungswerte und Denkmalpflege. In: Die Dresdner Frauenkirche. Jahrbuch 18 (2014), S. 145–170, hier S. 157.

[6] Vgl. Johannes Habich, Zur Einführung: Worum es geht. In: Denkmalpflege statt Attrappenkult. Gegen die Rekonstruktion von Baudenkmälern – eine Anthologie. Hrsg. v. Adrian von Buttlar, Gabi Dolff-Bonekämper, Michael S. Falser, Achim Hubel, Georg Mörsch. Gütersloh, Berlin, Basel 2010, S. 9–18, hier S. 10, 17; Michael S. Falser, Die Erfindung einer Tradition namens Rekonstruktion oder Die Polemik der Zwischenzeilen. In: ebd., S. 206–219, hier S. 210; Wilhelm von Boddien und Martin Bredenbeck, Für und Wider von Rekonstruktionen. In: Monumente 30 (2021) 5, S. 26–29.

Abb. 1 Prof. Dr. phil. habil. Dr. h. c. Heinrich Magirius anlässlich seines 75. Geburtstages. Fotografie 2009.

von einer ausgelösten und in Bezug dazu gesetzten „Rekonstruktionswelle".[7] Die Würdigung und Auswertung der wissenschaftlichen, technischen und bürgerschaftlichen Anstrengungen in Dresden bleiben dabei wenig tiefgreifend. Was aber vor mehr als 30 Jahren noch unmöglich erschien, ist nun seit fast zwei Jahrzehnten Wirklichkeit. „[D]*ie ‚geistig-geistlichen' Ziele*" und „[d]*as Konzept für die Nutzung als Kirche erwies*[en] *sich als tragfähig, vieles gelang in bewegender Weise. […] Vor allem […] die festlich-anspruchsvollen Gottesdienste […] bestätigen die Entscheidung, die Kirche als Gotteshaus wiederaufzubauen.*"[8] Das Ergebnis war eine viel Kraft kostende, aber unermüdliche und langfristig angelegte Anstrengung aller daran Beteiligten. Damit verband sich auch außergewöhnlicher persönlicher Einsatz von Persönlichkeiten wie Landeskonservator a. D. Prof. Dr. phil. habil. Dr. h. c. Heinrich Magirius *(Abb. 1).* Er stellte sich in den Dienst des Wiederaufbaus auch über die Zeit seiner Emeritierung 1999 hinaus. Zu Jahresbeginn 2021 gab es eine Reihe von geplanten Beiträgen, auch in der Redaktion der Mitteilungen des Landesvereins Sächsischer Heimatschutz e. V. Darüber hinaus bewegte ihn noch manch anderes Thema. Allerdings war ihm mit einsetzender Krankheit die Weiterarbeit daran genommen. Am 13. Juni 2021 verstarb Heinrich Magirius. Ein Leben von einzigartigem Einsatz für die Kunstdenkmäler Sachsens hatte sich vollendet, und ein eindrucksvolles wissenschaftliches Werk ist abgeschlossen. Eine Vielzahl an Restaurierungsmaßnahmen an bedeutenden Bau- und Kunstdenkmalen, ausgeführt in hoher Qualität, ist ihm zu danken. Die Familie konnte für ihn, der er mit den Domen und Kirchen in Sachsen aus seiner Tätigkeit bestens vertraut war, für sein Leben, sein Wirken „*und alles, was wir ihm verdanken und für immer mit seinem Namen verbinden,*"[9] keine zutreffendere Überschrift wählen als den Psalmisten sprechen zu lassen: „*Wie lieb sind mir deine Wohnungen, Herr Zebaoth!*" (Psalm 84.2). Das Landesamt für Denkmalpflege Sachsen, die Fachöffentlichkeit, die Akademien in Sachsen, das Hochstift des Domes zu Meißen,

---

[7] Vgl. Positionen zum Wiederaufbau verlorener Bauten und Räume. Bearb. v. Uwe Altrock, Olaf Asendorf, Grischa Bertram, Henriette Horni. Berlin 2010, S. 4, 143–146 (Forschungen des Bundesministeriums für Verkehr, Bau und Stadtentwicklung 143).
[8] Bohl, Idee und Aufgabe (wie Anm. 3), S. 17.
[9] Christoph Heinze, Im Gedenken an Prof. Dr. Heinrich Magirius. Wie liebe ich deine Wohnungen. In: Gemeindebrief für das Kirchspiel Lößnitz, August / September 2021, S. 21.

Abb. 2 Dresden-Neustadt, Hotel Bellevue

Präsentation des Appells „Ruf aus Dresden – 13. Februar 1990. 12. Februar 1990.

die Vereine und Gremien, in denen er sich engagierte, würdigten sein Leben und Wirken. Seine umfängliche Bibliographie weist Hunderte wissenschaftliche Veröffentlichungen aus. Dazu kommen Pressebeiträge, Stellungnahmen und Gutachten, Vorträge in Akademien und Gremien, die Ausdruck seines außerordentlichen fachlichen und gesellschaftlichen Engagements, dabei immer mit hohem öffentlichkeitswirksamem Anspruch sind. Sein weitgreifendes wissenschaftliches, theoretisches und praktisches denkmalpflegerisches Wirken, sein auf humanistische Bildung und unser demokratisches gesellschaftliches Miteinander gerichtetes Engagement lassen sich hier kaum umfassend darstellen. In diesem Beitrag kann dies nur skizzenhaft für die Frauenkirche und damit verbundene persönliche Begegnungen beschrieben werden.

Engagement in der Bürgerinitiative

Nach der „Revolution der Kerzen" Ende November 1989 trafen wir uns in kleinem Kreis, den der Wille einte, den Wiederaufbau der Frauenkirche jetzt zu initiieren und Menschen für diese nur gemeinschaftlich

zu bewältigende Aufgabe zu gewinnen. Zahnarzt Günter Voigt, der Initiator, hatte sich zuvor ideelle Vergewisserung bei für ihn kompetenten Persönlichkeiten geholt, so auch bei Heinrich Magirius.[10] Den Denkmalpflegern Hans Nadler (1910–2005) und Heinrich Magirius stand der Anspruch eines nach archäologischen Gesichtspunkten zu verwirklichenden Wiederaufbaus vor Augen. Ein Gespräch mit Landesbischof Dr. Johannes Hempel (1929–2020), an dem auch Heinrich Magirius teilnahm, konnte stattfinden. Die Redaktion des entworfenen Aufrufs schlossen Pfarrer Dr. Karl-Ludwig Hoch (1929–2015) und Heinrich Magirius ab, der einen kurzen chronologischen Abriss der Baugeschichte beifügte.[11] Am Vorabend des 45. Jahrestages der Zerstörung Dresdens, dem 12. Fe-

---

[10] Vgl. Günter Voigt, Die friedliche Revolution von 1989 als Chance für den Wiederaufbau der Frauenkirche. In: Der Wiederaufbau der Dresdner Frauenkirche (wie Anm. 1) S. 154–157, hier S. 156.

[11] Vgl. Heinrich Magirius, Die Frauenkirche zu Dresden. Überblick zu ihrer Baugeschichte. 03.02.1990. In: Frauenkirche Dresden. Ruf aus Dresden – 13. Februar 1990. Sonderdruck [Dresden 1990], S. 8–10.

Abb. 3 Dresden-Altstadt, Neumarkt mit Rampische Straße und Landhausstraße
Baustelle des Hotels „Dresdner Hof" und Ruine der Frauenkirche nach Norden. Aufnahme 5. Mai 1989.

bruar 1990, wandte sich dann die Bürgerinitiative mit ihrem Appell „*Ruf aus Dresden – 13. Februar 1990*" an die Weltöffentlichkeit (*Abb. 2*).[12] Für das Evangelisch-Lutherische Landeskirchenamt Sachsens sprach Oberlandeskirchenrat Folkert Ihmels (1928–2019), der unsere Vorstellungen aber überhaupt nicht teilen konnte. Heinrich Magirius dagegen untermauerte in einem Zeitungsbeitrag den Wiederaufbauwillen und brachte seine Sorge um den Erhalt der Ruine zum Ausdruck, war ihm doch bekannt, wie „*vor allem aus Fachkreisen der Bundesrepublik, wo schwerst zerstörte Monumente längst wiederaufgebaut sind, die Warnungen vor einer Rekonstruktion laut*" artikuliert wurden. Er gab zu bedenken: „*Darin äußern sich unterschiedliche Lebenserfahrungen in den letzten 45 Jahren, in denen in Westeuropa Denkmale nur noch zu konservierende historische Dokumente darstellen, während bei uns die Monumente angesichts der großen geistigen Gefährdungen ihre sinnbildliche und für Gemeinschaft sinnbildende Kraft nicht verloren haben.*" Aber genauso aktuell wie der prinzipielle Diskurs war die Erörterung der Frage nach dem „Wie" des Wiederaufbaus. Hier sah Heinrich Magirius schon weiter voraus als andere. Er nahm bei seinen Artikeln den Zeitungsleser mit in seine Gedanken zur

---

[12] Vgl. Ludwig Güttler und Hans-Joachim Jäger, Die Bürgerinitiative für den Aufbau der Frauenkirche zu Dresden. Bericht über die ersten Zusammenkünfte bis zur Veröffentlichung des Appells „Ruf aus Dresden – 13. Februar 1991" In: Die Dresdner Frauenkirche. Jahrbuch 7 (2001), S. 195–211, hier S. 209–211.

Ruine und in die Argumentation zum Wiederaufbau hinein und führte aus, dass das Konzept der von der Landeskirche präferierten „Freiluftkirche" nicht überzeugend war, *„da die Entfernung des Schuttkegels die Ruine ihres in sich zusammengestürzten Charakters beraubt."*[13] Der Mahnmalcharakter sei durch die beabsichtigte Bebauung des Neumarktes und damit den Wegfall der Leere des Umfeldes bedroht *(Abb. 3)*. Die Reaktionen in der Öffentlichkeit waren heftig, von umfänglicher Ablehnung und mit vielfältigen, aber durchaus auch zu respektierenden Überlegungen verbunden.

Die weitere Arbeit der Bürgerinitiative verlangte daher rasch eine rechtsfähige Grundlage. So zählte Heinrich Magirius im März 1990 zu den Gründungsmitgliedern des „Förderkreises Wiederaufbau Frauenkirche Dresden e. V." Neben seinen beruflichen Verpflichtungen stellte er sich von Anfang an der Verantwortung. Er setzte sich mit Resonanzen und Dissonanzen aus Kreisen der Architektur- und Kunsthistoriker auseinander. Anstelle der Kirche, meinten viele von diesen, sollte ein zeitgemäßes Bauwerk entstehen, das unserer Zeit entspräche. Heinrich Magirius wie auch andere verdeutlichten wiederholt, dass solche Lösungen lediglich der Selbstverwirklichung dienen und mit den baukünstlerischen Leistungen, die in der Ruine untergangen waren, nicht standhalten können würden.

Erfahrungen und denkmalpflegerische Voraussetzungen

Alle in der Bürgerinitiative brachten ihre persönlichen Erfahrungen mit, ob im Entwurf und der Bauausführung, in der Denkmalpflege, der Bautechnologie und der Bauwirtschaft bis hin zu den Geisteswissenschaften und der Theologie. Als Heinrich Magirius – geboren am 1. Februar 1934 in Dresden – zur Initiative hinzukam, war er der anerkannte Kunsthistoriker und kenntnisreiche Denkmalpfleger, der wissenschaftliche Abteilungsleiter und Hauptkonservator in der Außenstelle Dresden des Institutes für Denkmalpflege der DDR. Als Hochschullehrer gab er seit 1982 seine Erfahrungen an die nachwachsende Generation von Restauratoren in der Hochschule für bildende Künste in Dresden weiter. Dabei verband er auf einzigartige

Abb. 4 Dresden-Altstadt

Frauenkirchen-Ruine von der Ruine des Coselpalais aus. Bleistiftzeichnung von Heinrich Magirius, um 1950.

Weise Denkmalpraxis und Denkmaltheorie, denn er hatte nach seinem Studium der Christlichen Archäologie und der Kunstgeschichte in Greifswald und Leipzig sowie der Promotion 1958 seiner inneren Berufung folgend – trotz einiger Widrigkeiten – die Tätigkeit als Denkmalpfleger in Dresden aufnehmen können. Anfang 1989 wurde er zum Professor berufen.

Die Zeit an der Dresdner Kreuzschule, die er bis 1952 besucht hatte und wie er unter Kreuzkantor Rudolf Mauersberger (1889–1971) den Wiederaufbau

---

[13] Heinrich Magirius, Die Dresdner Frauenkirche. Gedanken eines Denkmalpflegers zu ihrem weiteren Schicksal. In: Dresdner Neueste Nachrichten, 13.02.1990.

Abb. 5 Dresden-Wilsdruffer Vorstadt, Annenkirche

Nach Kriegsbeschädigungen 1945 bis 1950 wiederaufgebaut, seither Wirkungsstätte des Kreuzchores für Vespern und Gottesdienste. Aquarell von Heinrich Magirius, um 1953.

des Kreuzchores und die Gemeinschaft der Kruzianer erlebte, waren für ihn prägend. So resümierte er dazu später: *„Wichtige Aufgaben sind fast immer nur im gemeinschaftlichen Einsatz zu leisten. Und: Kunstwerke erschließen sich immer in zwei Schritten. Zuerst wird ihr ‚Klang' bewusst. Wird dieser nicht vernommen, ist jede weitere Mühe umsonst. Die Struktur eines Werkes richtig zu erfassen, bedarf es dann allerdings vieler Anstrengungen.“* [14] Wie sehr ihn die Eindrücke in Dresden mit seinen Ruinen, aber auch an den Orten berührten, an denen der Kreuzchor bei Chorreisen auftreten konnte, zeigen seine liebevollen, auf Karton oder Zeichenpapier eingefangenen Bilder, auch Ausdruck von Bildung *(Abb. 4, 5)*.

Seine Tätigkeit in der Dresdner Außenstelle des Instituts für Denkmalpflege war von Beginn an auf die wissenschaftliche Erforschung und Untersuchung der Objekte, der Originalbefunde an den Denkmalen und die historische Überlieferung als nötige kunstwissenschaftliche Grundlagen für denkmalpflegerische Entscheidungen bei zu ergreifenden Maßnahmen gerichtet *(Abb. 6, 7)*. Bauarchäologische Untersuchungen hatte er nicht nur angeregt, geleitet und dokumentiert, sondern er hatte die kunsthistorischen Ergebnisse publiziert und nötige denkmalpflegerische Entscheidungen auch verteidigt. Seine vielen Publikationen zeichnen sich durch ihre fachliche Kompetenz, ihre genauen Analysen und ihre anschauliche Sprache aus. Beeindruckend sind die immer zu findenden, von ihm aufgezeigten Zusammenhänge der Kunstwerke sowohl mit der europäischen Kunstgeschichte, als auch den jeweiligen darauf bezogenen geistesgeschichtlichen oder theologischen Inhalten. Die Arbeit an der „Geschichte der Denkmalpflege Sachsen"[15] konnte Heinrich Magirius nur deshalb leisten, weil er in seiner drei Jahrzehnten fortdauernden denkmalpflegerischen und wissenschaftlichen Tätigkeit die Gegenstände der Denkmalpflege in Sachsen auch in ihrem „Urbilde"

---

[14] Heinrich Magirius, Nachkriegszeit im Dresdner Kreuzchor. Erinnerungen an die Jahre 1945–1952. Beucha/Markkleeberg, 2015, S. 122.
[15] Heinrich Magirius, Geschichte der Denkmalpflege in Sachsen bis 1945. Dissertation B, Martin-Luther-Universität Halle Wittenberg. 1987. Veröffentlicht Berlin 1989.

Abb. 6 Freiberg, Dom

Dr. Elisabeth Hütter und Dr. Heinrich Magirius bei Farbuntersuchungen an der Goldenen Pforte. Aufnahme um 1960.

Abb. 7 Leipzig, Thomaskirche

Restaurator Erich Hennig, Restaurator Matthias Schulz, Dr. Elisabeth Hütter, Dr. Heinrich Magirius auf dem Gerüst im Inneren. Aufnahme um 1963.

umfänglich kennenlernt hatte, was unter den Leitern der Außenstelle des Instituts und Chefkonservatoren Hans Nadler (1910–2005) und ab 1982 unter Gerhard Glaser sowie dem im Hause waltenden Geist möglich war. Er kannte die Arbeitsweisen aller Architekten und Restauratoren, die in der sächsischen Denkmalpflege wirkten. Wenn auch nach den unermesslichen, schuldvollen Zerstörungen während des Zweiten Weltkrieges in Fachkreisen der Denkmalpflege und der Architektenschaft die Hoffnung auf Neuanfang unterschiedlich diskutiert und Rekonstruktionen, und so auch der Wiederaufbau der Frauenkirche, abgelehnt worden waren,[16] beschritten die Denkmalpfleger in Dresden einen anderen, wissenschaftlich und emotional begründeten Weg, um bedeutende Monumente für zukünftige Generationen zu bewahren. In der festen Überzeugung von der Möglichkeit des Wiederaufbaus gelang es in der Nachkriegszeit seit 1945/46 durch geduldiges Engagement, über politische und wirtschaftliche Widrigkeiten hinweg sowohl die Ruine und als auch den Trümmerberg vor der Beseitigung zu bewahren und somit die Möglichkeit des „archäologischen Wiederaufbaus" zu zeigen. *„Nie kamen Hans Nadler Zweifel auf, dass eines Tages ihr Wiederaufbau „kommen" werde. Von Skrupeln denkmalpflegerischer Methodik war man in Dresden nicht geplagt".*[17] Als Wissenschaftler sah Heinrich Magirius die Wichtigkeit der weiter zu ergänzenden Quellen zur Frauenkirche. Er regte Restaurator Erich Hennig († 1983) an, dessen Erinnerungen an die letzte Restaurierung der Farbfassung in der Frauenkirche bis 1943 zu dokumentieren.

Die am Original ausgerichtete Wiederherstellung des Opernhauses, das seit 1985 wieder Heimstatt der Sächsischen Staatsoper Dresden ist, und die Forschungen von Heinrich Magirius zum ehemaligen Hoftheater, zum Werk Gottfried Sempers und seiner Zeit hatten die denkmalpflegerische Konzeption zum Wiederaufbau maßgeblich mitgeprägt. Auch hier gab es für die Denkmalpfleger und Heinrich Magirius Abwägungsprozesse in Bezug zu den Anforderungen aus der Nutzung als modernes Opernhaus zu bewältigen. *„Nicht nur die Historizität, auch das ästhetisch Schöne ist und bleibt mit der Erfahrung des Denkmals verknüpft"* gab er zu bedenken. *„Wird [die] Suche nach der Wahrheit von der Denkmalpflege als verpflichtend angesehen, stellt sich Schönheit als Widerschein des Wah-*

ren ein, wie es schon immer den Humanisten in Europa vorschwebte."[18]

Die internationale Anerkennung, die diesem gelungenen und in intensiver Arbeit errungenen Wiederaufbau des Opernhauses entgegengebracht wurde und wird, gab die Bestätigung des beschrittenen Weges für die Vorhaben am Residenzschloss und der Frauenkirche.

Wenn auch die weitgehende Wiederauffindung der historischen Struktur des Neumarktquartiers für das Gebiet um die Frauenkirchen-Ruine im Ergebnis von zwei 1982 durchgeführten internationalen Entwurfsseminaren empfohlen und vom Wiederaufbau der Frauenkirche als entscheidendem Akzent der historisch gewachsenen Stadtsilhouette und Hauptdominante des Neumarktensembles für die Zukunft gesprochen wurde, betrachtete Heinrich Magirius diese Maßgaben skeptisch, da für die Architekten die denkmalpflegerischen Belange kaum von Bedeutung und zuerst einmal der städtebauliche Weg bei der weiteren Durchführung des Wohnungsbauprogramms zu finden war. Es hieß weiter, dass der Wiederaufbau der Frauenkirche der nächsten Generation vorbehalten sei. Das und die Ergebnisse einer Studie zum Umgang mit der Ruine[19] nahm Heinrich Magirius zum Anlass, sich persönlich an den Präsidenten der Landessynode der Ev.-Luth. Landeskirche zu wenden und zu fordern, dass, sollte bei der von der Landeskirche angestrebten „Freiluftkirche" *(Abb. 8)* eine Beräumung des Trümmerberges erfolgen, diese nach archäologischen Methoden vorgenommen werden solle.[20]

---

[16] Vgl. Stephan Hirzel, Wiederaufbau der Dresdner Frauenkirche. In: Zeitschrift für Kunst, 1 (1947) 1, S. 48–50, hier S. 50; Eberhard Hempel, Ruinenschönheit. In: Zeitschrift für Kunst. 2 (1948), S. 6–91, hier S. 91.

[17] Heinrich Magirius, Durchhalten, Inspirieren und Hoffen – Hans Nadlers Einsatz für die Ruine der Dresdner Frauenkirche. In: Die Dresdner Frauenkirche. Jahrbuch 12 (2008) S. 87–91, hier S. 89.

[18] Heinrich Magirius, Gottfried Sempers zweites Dresdner Hoftheater. Entstehung. Künstlerische Ausstattung. Ikonographie. Leipzig 1985, S. 291, 292.

[19] Vgl. Dieter Schölzel, Eine Studie zum Umgang mit dem Trümmerberg der Dresdner Frauenkirche aus dem Jahre 1988. In: Die Dresdner Frauenkirche. Jahrbuch 7 (2001), S. 185–193.

[20] Landesamt für Denkmalpflege Sachsen, Topographische Registratur [künftig abgek.: LfDS, Top. Reg.], An der Frauenkirche / Frauenkirche, bis 1994: Heinrich Magirius an den Präsidenten der Synode der Ev.-Luth. Landeskirche Sachsens. 27.03.1989.

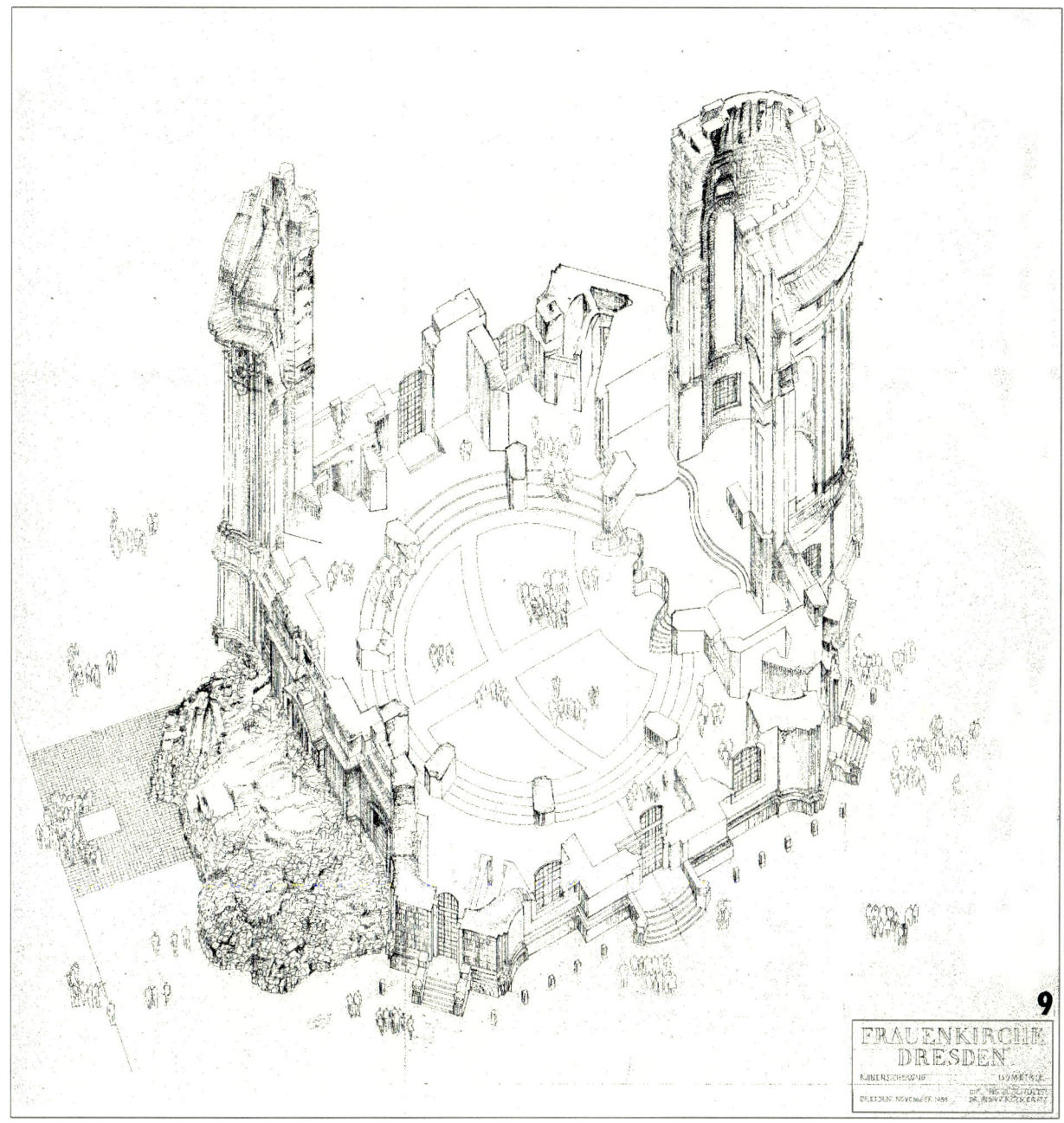

Abb. 8 Frauenkirche Dresden

Planungsstudie. Die enttrümmerte Ruine als Ort des Gedenkens. Isometrische Darstellung der beräumten Ruine. Zeichnung Dieter Schölzel, Walter Köckeritz. 1988.

Gegenwind und Übernahme von Verantwortung

Die seit Frühjahr 1990 gegen den Wiederaufbau der Frauenkirche immer wieder vorgetragenen Positionen kosteten wegen der aufgedrängten öffentlichen, teils polemisch geführten Auseinandersetzungen den Förderkreis viel Zeit und Kraft. Immer wieder ging Heinrich Magirius geduldig mit Sachkenntnis, mit fester Glaubensüberzeugung und unbeirrt auf die vorgetragenen Argumente ein,[21] genauso wie weitere Mitglieder des Förderkreises, Journalisten und Fachleute. Ulrich Böhme, Oberkirchenrat und Baureferent des Ev.-Luth Landeskirchenamts Sachsens, veröffentlichte im Januar 1991 eine von ihm persönlich verfasste, deutschlandweit verbreitete Denkschrift zur Frauenkirche Dresden und zum Erhalt von deren Ruine.[22] Die Bürgerinitiative hielt es für erforderlich, eine interdisziplinäre Tagung zum „Wie" des von ihr angestrebten, aber öffentlich bestrittenen Wiederaufbaus zu veranstalten. Unterstützung kam vom Institut für Denkmalpflege, Arbeitsstelle Dresden, und der Wüstenrot Stiftung. Namhafte Fachgelehrte verschiedener Generationen der Architektur-, Bau- und Kunstwissenschaften sowie der Denkmalpflege und ein Theologe, hatten ihre Mitwirkung zugesagt. Auf der dann in Zusammenarbeit mit dem Institut für Denkmalpflege, Außenstelle Dresden, vom 21. bis 23. Februar 1991 vom Förderkreis veranstalteten wissenschaftlichen Arbeitstagung „Die Dresdner Frauenkirche und ihr archäologischer Wiederaufbau" benannte Gerhard Glaser, Chefkonservator und Leiter der Außenstelle, die Verpflichtungen aus der Geschichte und die denkmalpflegerische sowie gesellschaftliche Verantwortung für den Wiederaufbau des Gotteshauses.[23]

Heinrich Magirius leitete den Themenkreis der Tagung, der das Baudenkmal und seine kunsthistorische, geistliche und bautechnische Bedeutung in den Blick nahm. Er zeigte die kulturhistorischen Leitbilder protestantischen Kirchenbaus im 18. Jahrhunderts, um den singulären Charakter der Frauenkirche einordnen zu können. Jürgen Paul, damals noch Ordinarius der Kunstgeschichte an der Eberhard-Karls-Universität Tübingen, wies eindringlich darauf hin, dass die städtebauliche Bedeutung der Frauenkirche oft als wichtigstes Ziel ihres Wiederaufbaus benannt werde, die kulturelle Bedeutung ihren Wiederaufbau nicht nur rechtfertige, sondern fordern müsse. Ulrich Böhme, der noch zur Tagung hinzukam, teilte mit, dass die Teilnehmer der Bauamtsleiterkonferenz, die zur gleichen Zeit von allen Evangelisch-Lutherischen Kirchen in Deutschland nach Dresden gekommen waren, gegen den Wiederaufbau der Frauenkirche votiert hatten. Nicht erwähnte er, dass die sächsischen Kirchenbauräte gegen diesen Beschluss protestiert hatten.[24] Die Arbeitstagung galt als äußerst wichtiger Schritt bei der Vorbereitung der archäologischen Rekonstruktion und bereitete in fachwissenschaftlicher Hinsicht den Boden für die wenig später zu treffenden Entscheidungen über die archäologische Enttrümmerung und den dann folgenden Wiederaufbau. Das von der Tagung verabschiedete Votum befürwortete den Wiederaufbau des Bauwerks als Kirche, der Konstruktionsidee von George Bähr (1666–1738) folgend, in originaler Form und originalem Material, dem sächsischen Sandstein, sowie unter Nutzung der neuen Erkenntnisse der Bauwissenschaften.[25]

Das lenkte in Dresdens Partnerstadt Hamburg die Aufmerksamkeit auch auf die dort über die Ruine der ehemaligen neogotischen Hauptkirche St. Nikolai geführte Debatte. So veranstaltete das Hamburger Denkmalschutzamt gemeinsam mit der Evangelischen Akademie Nordelbien und der Evangelischen Akademie Sachsen vom 31. Mai bis 1. Juni 1991 ein Kolloquium mit einer Ausstellung zum denkmalpflegerisch angemessenen „Umgang mit kirchlichen Ruinen" –

---

[21] Vgl. Heinrich Magirius, Ruinen bringen uns dem Himmel nicht näher. In: Der Sonntag, 03.03.1991, S. 8; Förderkreis Wiederaufbau Frauenkirche Dresden e.V. [H. M.]. Als Zeichen der Hoffnung auf Überleben. In: Die Union, 31.01.1991, S. 7.

[22] Vgl. Ulrich Böhme, „Denkschrift". In: Die Union, 26./27.01.1991; Auszüge davon auch in: Der Sonntag, 03.03.1991, S. 8.

[23] Vgl. Gerhard Glaser, Ermutigung und Aufgabenstellung zum Wiederaufbau der Frauenkirche zu Dresden. In: Die Dresdner Frauenkirche. Jahrbuch 8 (2002), S. 211–214.

[24] Vgl. Gerhart Pasch, Trauer um Prof. Dr. habil. Dr. h. c. Heinrich Magirius. In: Mitteilungen des Landesvereins Sächs. Heimatschutz e.V. (2021) 2, S. 40–44, hier S 44.

[25] Vgl. Aufbau der Frauenkirche nach genialen Ideen Bährs. Dresdner Förderkreis veranstaltete Arbeitstagung zu bautechnischen Fragen. In: Sächsische Zeitung, 02.03.1991, Ludwig Güttler, Hans Joachim Jäger, Votum der wissenschaftlichen Arbeitstagung: Zum archäologischen Wiederaufbau der Dresdner Frauenkirche. In: Die Union, 04.03.1991, S. 12.

gerade vor dem Hintergrund von Erfahrungen und Beispielen gestalteter Ruinen in anderen Bundesländern. Heinrich Magirius stellte sich der Frage „Frauenkirche in Dresden – Ruine oder Wiederaufbau?" und beleuchtete die Motivation der Bürgerinitiative zum Wiederaufbau der Frauenkirche, erörterte eingehend historische, kunsthistorische, städtebauliche, ethische und theologische Argumente und gab einen Einblick in die sich darstellenden Möglichkeiten zum Umgang mit der Ruine in Dresden. „Wenn wir von einer archäologischen Wiederherstellung sprechen, meinen wir, dass die Treue zum kunsthistorischen Werk oberstes Gebot sein soll" gab er den Tagungsteilnehmern zu bedenken. Er schloss hoffnungsvoll: „Nachdem sich die besseren Argumente durchgesetzt haben, ist auf die angebotene Unterstützung aus aller Welt zu hoffen".[26] Dass Gotteslob im Gebauten seinen Ausdruck findet, wollte einer der Referenten nicht gelten lassen und fragte nach dem Maßstab.[27] Auch thematisierten dann die Veranstalter der ersten Jahrestagung der Vereinigung der Landesdenkmalpfleger in der Bundesrepublik Deutschland (VdL) in Potsdam wenig später die Zulässigkeit von Rekonstruktionen mit Bezug auf die bekannten, vom österreichischen Kunsthistoriker und k.-k. österreichischen Generalkonservator Alois Riegl (1858–1905) zu Beginn des 20. Jahrhunderts formulierten Kriterien. Bei der von der Tagung verabschiedeten Entschließung gegen Rekonstruktionen war es den Dresdner Denkmalpflegern doch gelungen, dass als wichtiger Aspekt betont worden war: „Die Errichtung von Nachbildungen verlorener Baudenkmale kann also nur Bedeutung haben als Handeln der Gegenwart."[28] Schon Jürgen Paul, Vorstandskollege von Heinrich Magirius, hatte ein Jahr zuvor betont, dass der Wiederaufbau der Frauenkirche kein Leugnen der Geschichte ist, „weder was die Erinnerung an die Zerstörung Dresdens und deren Grund in der deutschen Verantwortung für den Zweiten Weltkrieg noch was die Historizität eines Kunstwerkes anbetrifft. Der Wiederaufbau wird eine Fortführung der Geschichte sein, die nichts auslöscht."[29] Die Rekonstruktionen ablehnende Haltung der Tagung ermunterte den Schleswig-Holsteinischen Landeskonservator Johannes Habich, nun auch gegen den beabsichtigten Wiederaufbau in Dresden öffentlich zu Felde zu ziehen. Der international anerkannte Architekt und Hochschullehrer Curt Siegel (1911–2004) aus Stuttgart, Mitglied der Bürgerinitiative, widersprach ihm leidenschaftlich und vehement in einem offenen Brief und sprang damit den Dresdner Denkmalpflegern und Heinrich Magirius zur Seite. Beim Lesen des Offenen Briefes von Johannes Habich verbleibe der Nachgeschmack, dass „die Denkmalpflege im Westen so etwas wie einen Alleinvertretungsanspruch für dieses Metier erhebt. Die Denkmalpfleger in Dresden tun sich schwer, solches Verhalten als Anmaßung zu empfinden. Jahrzehntelang haben sie unter widrigsten Umständen um die Rettung jedes einzelnen Steines gerungen."[30]

Heinrich Magirius begründete unablässig unser Wiederaufbaubegehren[31] nicht nur öffentlich, sondern auch persönlich als engagiertes Glied der Ev.-Luth. Kirche gegenüber von ihm geschätzten kirchlichen Amtsträgern, die das Vorhaben ablehnten.[32] Zum Beispiel waren es Heinrich Magirius und Ludwig Güttler, die sich im ersten deutschlandweit verbreiteten Magazin „Monumente" der Deutschen Stiftung Denkmalschutz dem „Dagegen" des rheinischen Landeskonservators Udo Mainzer stellten und emotional zur Unterstützung des Wiederaufbaus einluden. Der Hessische Landeskonservator und damals stellvertretende Vorsitzende der Deutschen Stiftung Denkmalschutz Gottfried Kiesow gab zu bedenken: „Liest

---

[26] Heinrich Magirius, Die Frauenkirche in Dresden – Ruine oder Wiederaufbau? In: Vom Umgang mit kirchlichen Ruinen. Symposium u. Ausstellung in Hamburg v. 31.05.–01.06.1991. Hamburg 1992, S. 9–23, hier S. 21–22 (Denkmalpflege Hamburg, 8).

[27] Vgl. Hermann Schleinitz, Kerzen sind stärker als Mauern. Acht theologische Anmerkungen für denkmalpflegerisches Handeln. In: Vom Umgang mit kirchlichen Ruinen. 1992, (wie Anm. 26), S. 25–26.

[28] Erklärung der Landesdenkmalpfleger am 11.6.1991 in Potsdam. In: Deutsche Kunst und Denkmalpflege, 49 (1991), S. 96; Kunstchronik, 44 (1991) 7, S. 391.

[29] Jürgen Paul, Eine Wiedergutmachung an Dresden. In: Frankfurter Allgemeine Zeitung, 13.02.1990.

[30] Curt Siegel, Neuaufbau der Frauenkirche in Dresden? [Leserbrief zu] Der Architekt 6 / 1991. Offener Brief. In: Der Architekt (1991) 9, S. 410–411.

[31] Vgl. Heinrich Magirius, Ulrich Böhme, Meinungsstreit: Wiederaufbau der Dresdner Frauenkirche oder Erhaltung der Ruine als Denkmal? In: Dt. Kunst- und Denkmalpflege. München 49 (1991) 1, S. 79–90.

[32] Vgl. LfDS, Top. Reg., Frauenkirche allgemein. 1990. Heinrich Magirius an Superintendent Dietrich Mendt. 26.02.1990; Dietrich Mendt, Mir gefällt die Ruine. In: Die Union, 19.02.1990.

Abb. 9 Dresden-Altstadt, Baustelle Frauenkirche

Besuch des Kuratoriums und des Vorstands der Stiftung Frauenkirche Dresden e. V., v. l. Dr. Peter Horn de la Fontaine, Martin Walser, Oberbürgermeister Dr. Herbert Wagner, Prof. Dr. Curt Siegel (verdeckt), Thomas Keller, Prof. Dr. Heinrich Magirius, Prof. Ludwig Güttler, Dieter Schölzel, 13. Februar 1994.

man vor diesem Hintergrund die einen Wiederaufbau befürwortenden Argumente von Heinrich Magirius, wird man sich ihnen nicht verschließen können." [33] In dieser Zeit benötigten wir eine kleine Schrift über die Frauenkirche als handliches Informationsmaterial und zur Spendenwerbung. Heinrich Magirius ergänzte den kleinen Kirchenführer, den einst Fritz Löffler verfasst und in der von ihm begründeten Reihe „Das christliche Denkmal" herausgegeben und auch so die Frauenkirche in der öffentlichen Erinnerung wachgehalten hatte, nun für den Verlag Schnell und Steiner mit dem Appell „Ruf aus Dresden – 13. Februar 1990." Er schloss hoffnungsvoll: „*Der Ruf ist nicht ungehört verhallt*".[34] Diese kleine Publikation diente in weiteren Auflagen und nach mehreren Überarbeitungen durch Heinrich Magirius bis nach der Weihe der wiederaufgebauten Frauenkirche als ein immer willkommenes Informationsmaterial und zur Mitgliederwerbung.

Dem Votum der Arbeitstagung vom Februar 1991 folgend, galt es Strukturen einer Bauherrschaft zu schaffen und die eigenen zu erweitern, um so den inhaltlich und organisatorisch gewachsenen Anforderungen zu entsprechen Heinrich Magirius stellte sich in der ersten Mitgliederversammlung des Förderkreises[35] der ihm angetragenen Vorstandsverantwortung. Weiter übernahm er im November 1991 auf der Gründungssitzung der Stiftung Frauenkirche Dresden e. V.[36], die vom Ev.-Luth. Landeskirchenamt Sachsens die Bauherrschaft für den Wiederaufbau übertragen bekam, das Vorstandsamt für den Fachbereich „Denkmalpflege". Er brachte den Anwesenden die „Die Bedeutung der Frauenkirche und daraus ableitbare Ansprüche an den Bauherren des archäologischen Wiederaufbaus" nahe[37] und leitete den danach berufenen Fachbeirat für Denkmalpflege, Kunstgeschichte und Archäologie. Die ge-

---

[33] Vgl. Mahnmal oder Wiederaufbau. Die Dresdner Frauenkirche im Streit der Experten. In: Monumente, Magazin für Denkmalkultur in Deutschland, Bonn 1 (1991) 1, S. 22; Ludwig Güttler, [ohne Titel]. In: ebd., S. 22; Udo Mainzer, „Dagegen". In: ebd., S. 23; Heinrich Magirius, „Dafür". In: ebd., S. 25.; Gottfried Kiesow, Was meint die Deutsche Stiftung Denkmalschutz?. In: ebd., S. 26.

[34] Fritz Löffler (†) mit einer Ergänzung von Heinrich Magirius, Frauenkirche Dresden. München / Zürich ¹1991, S. 23 (Schnell, Kunstführer, 1858).

[35] Die Mitgliederversammlung beschloss die Namensänderung in „Gesellschaft zur Förderung des Wiederaufbaus der Frauenkirche Dresden e. V.", nachfolgend: Wiederaufbau-Fördergesellschaft.

[36] Nachfolgend: Stiftungsverein.

[37] LfDS, Top. Reg., Frauenkirche bis 1994, Programm der Gründungssitzung der Stiftung Frauenkirche Dresden e. V. 23.11.1991.

Abb. 10 Dresden-Altstadt, Georgenbau im Residenzschloss, Geschäftsstelle der Stiftung Frauenkirche Dresden e. V.

Beratung des Vorstands mit dem Kuratorium, v. l. Präsident Hans-Dieter Hofmann, Landesbischof Dr. Johannes Hempel. Prof. Ludwig Güttler, Prof. Heinrich Magirius, 10. Mai 1993.

Abb. 11 Dresden-Hosterwitz, Webermuseum, Beratungsraum

Klausurberatung der Vorstände und Geschäftsführungen der Stiftung Frauenkirche Dresden e. V. und der Gesellschaft zur Förderung des Wiederaufbaus der Frauenkirche Dresden e. V., 27. November 1993.

bildeten Fachbeiräte berieten Vorstand und Geschäftsführung des Stiftungsvereins mit Baudirektor Eberhard Burger. Es waren die nötigen Voraussetzungen für die Vorbereitung von Planung und Ausführung der Enttrümmerung der Ruine nach archäologischen Methoden sowie zur Planung des Wiederaufbaus zu schaffen. Die Vorstandsarbeit von Wiederaufbau-Fördergesellschaft und Stiftungsverein verlangte Abstimmungen mit dem Kuratorium *(Abb. 9, 10)* oder zu gemeinsam abgestimmtem Handeln der Vorstände *(Abb. 11)*. Die denkmalpflegerisch begründeten Anforderungen an den Wiederaufbau setzten sich nicht im Selbstlauf durch. Heinrich Magirius trug im Ringen um verantwortbares Abwägen wesentlich zu deren Formulierung bei.

Mit der Errichtung der Stiftung Frauenkirche Dresden[38] im Juni 1994 hatte der Stiftungsverein ein wichtiges Ziel erreicht. Für die Kontinuität des Planungs- und Baugeschehens sorgte der weiterwirkende Baudirektor Eberhard Burger, der Pragmatiker mit reichen Bauherrenerfahrungen. Die bisherigen Fachbeiräte waren teils in neu gebildeten Kommissionen der Bauherrschaft oder aber auch wegen des gestiegenen Arbeitsumfangs bei der Fördergesellschaft weiterhin in Arbeitsgruppen des Vorstands tätig. Heinrich Magirius leitete jetzt die für den Vorstand gebildete Arbeitsgruppe „Archäolo-

gie, Kunstgeschichte, Denkmalpflege" und übernahm später noch Themen zur „Architektur" von seinem Vorstandskollegen Curt Siegel. Zur fachlichen Beratung berief der Stiftungsrat der Stiftung ihn in den dort gebildeten erweiterten Bauausschuss und die dortige Arbeitsgruppe „Innenraumfarbigkeit". Auf seinen Rat und seine Expertise griff die Bauherrschaft noch in weiteren ihrer Kommissionen und Gremien zurück. Viele von deren Mitgliedern und Angehörige der Bürgerinitiative zum Wiederaufbau der Frauenkirche konnten sich im Mai 2004 vor dem Aufsetzen der Turmhaube mit dem goldenen Turmkreuz treffen – gewiss in Dankbarkeit über das Geleistete *(Abb. 12)*.

Wissenschaftliche und praktische Begleitung des Wiederaufbaus

Heinrich Magirius äußerte später einmal dankbar, wie wichtig es war, dass die Baudirektion, die Planenden wie auch die Ausführenden sich dem bisher ohne Beispiel gewesenen Prozess der Enttrümmerung nach archäologischen Methoden stellten und diesen erfolg-

---

[38] Nachfolgend: Stiftung.

Abb. 12 Dresden-Altstadt, An der Frauenkirche

Mitglieder der Bürgerinitiative vor der mit Kupferblech fertig gedeckten Turmhaube und bekrönendem Kreuz, v. l.
Dr. Hans-Joachim Jäger,
Dr. Walter Köckeritz,
Prof. Dr. Hans-Nadler (vorn),
Prof. Ludwig Güttler,
Pfr. Dr. Karl-Ludwig Hoch,
Dr. Joachim Menzhausen,
Dr. Hans-Christian Hoch,
Prof. Dr. Heinrich Magirius,
Dieter Schölzel,
Dr. Günter Voigt,
30. Mai 2004.

Abb. 13 Dresden-Altstadt, Frauenkirche

Während der archäologischen Enttrümmerung freigelegter Altar. Aufnahme 30. November 1993.

Abb. 14 Dresden-Altstadt, Beratungsraum des Instituts für Denkmalpflege

Informationsveranstaltung zum Baugeschehen für Mitglieder der Wiederaufbau-Fördergesellschaft, während des Vortrages von Prof. Heinrich Magirius, 28. Oktober 1994.

reich mit der sorgfältigen Dokumentation der geborgenen Steinsubstanz abschließen konnten. Dabei trat 1993 der Altar in seiner Würde mit den Spuren des Gebrochenseins und des Brandes schrittweise wieder aus den Trümmern hervor. Ebenso konnten dazu noch über zweitausend Trümmerteile sorgsam geborgen und identifiziert werden *(Abb. 13)*.[39] Nach nur 17 Monaten der Enttrümmerung, die nicht nur die Steinsubstanz und eine Vielzahl an Fundstücken ans Tageslicht förderte, konnten auch wichtige Erkenntnisse zu den Handwerkstechniken des 18. Jahrhunderts und Belege zur statisch konstruktiven Sicherung von vor 1932 und 1942 gewonnen werden – alles Befunde für die Planung des werkgetreuen Wiederaufbaus.[40] Hierzu hatte Heinrich Magirius noch die Erforschung der sich im Dresdner Stadtarchiv befindenden Bauakten und Zeichnungen der barocken Frauenkirche, zu George Bähr (1666–1738), den beteiligten Meistern und Künstlern als weitere Erkenntnisquellen veranlasst.[41]

Zu Jahresbeginn 1994 und damit vor dem Abschluss der archäologischen Enttrümmerung wurden in der Öffentlichkeit „*schwerwiegende Bedenken gegen den archäologischen Wiederaufbau der Frauenkirche*"[42] Vorgetragen. Wieder war wenig begründet die Rede davon, dass sich Ratszimmermeister George Bähr bei der Konstruktion geirrt habe. Archäologisch errichtetes Wandmauerwerk könne mit einer Stahlbeton-Kuppelschale bekrönt werden, hieß es.[43] Nach der Gründung der Stiftung griffen nun Überlegungen seitens der sächsischen Staatsbauverwaltung Raum. Es solle von der Sandsteinkonstruktion der Bährschen Kuppel Abstand genommen und das Konzept des Wiederaufbaus neu bedacht werden. In Fachkreisen ging es bei der Diskussion um die erneute Infragestellung der Geschichtlichkeit des wieder errichteten Baus. Ihm wurde das Authentische abgesprochen und immer wieder die Sicherheit der Steinkonstruktion angezweifelt. Heinrich Magirius ließ nicht ab, sich in der Öffentlichkeit für die wichtigen denkmalpflegerischen Werte sorgfältig begründend und erklärend zu Wort zu melden: „*Was bis zum jetzigen Zeitpunkt Stiftung und Fördergesellschaft […] geleistet haben, ist beachtlich.[…] Der Wiederaufbau der Dresdner Frauenkirche ist vorrangig unter drei Gesichtspunkten zu begründen und zu ver-*

---

[39] Vgl. Heinrich Magirius, Neue Funde bei der archäologischen Enttrümmerung der Dresdner Frauenkirche. Der Hauptaltar von Johann Christian Feige (1733–1739) und die Figur eines Schmerzensmannes vom Nosseni-Epitaph des Sebastian Walther aus der Sophienkirche (1616). In: Kunstchronik 47 (1994) 6, S. 285–288.

[40] Vgl. Wolfram Jäger, Bericht über die archäologische Enttrümmerung 1993 / 94. In: Die Dresdner Frauenkirche, Jahrbuch 1 (1995), S. 11–64.

[41] Vgl. Gitta Kristine Hennig, Der Verlauf der Bautätigkeit an der Frauenkirche in den Jahren 1724–1727. Vorbereitungen, Baubeginn und erster Bauabschnitt. In: Die Dresdner Frauenkirche. Jahrbuch 1 (1995) S. 85–110; dies., Der Verlauf der Bautätigkeit an der Frauenkirche in den Jahren 1728–1729. Der zweite Bauabschnitt. In: Die Dresdner Frauenkirche. Jahrbuch 2 (1996) S. 33–70; dies., Der Verlauf der Bautätigkeit an der Frauenkirche in den Jahren 1730–1732. Der dritte Bauabschnitt. In: Die Dresdner Frauenkirche. Jahrbuch 3 (1997) S. 15–51; dies., Der Verlauf der Bautätigkeit an der Frauenkirche in den Jahren 1733–1736. Der vierte Bauabschnitt. In: Die Dresdner Frauenkirche. Jahrbuch 4 (1998) S. 59–99; dies., Der Verlauf der Bautätigkeit an der Frauenkirche in den Jahren von 1737 bis zum Bauende. In: Die Dresdner Frauenkirche. Jahrbuch 5 (1999) S. 35–62.

[42] Gernot Nieschler, Bährs Kuppel zu schwer und zu teuer. Zur Wechselwirkung von Baustoff und Konstruktion – Stahlbeton statt Einzelsteine? In: Dresdner Neueste Nachrichten, 12./13. Februar 1994.

[43] Vgl. ebd.

antworten. Die Abwägung dieser drei Aspekte ist nötig, um den für den Wiederaufbau richtigen Weg einzuhalten:" Es sind die denkmalpflegerisch bedeutenden Aspekte, wie der „Identität" für die Stadt Dresden, das Respektieren der „Authentizität" des einmaligen Kuppelbaus von George Bähr und die Berücksichtigung der „Historizität" als eine bleibende Verpflichtung.[44] Der Baudirektor dankte Heinrich Magirius für den Beitrag und glaubte, dass dieser wegen des spürbaren Engagements und Geistes *„seine Wirkung in der gegenwärtigen Diskussionsphase nicht verfehlen"*[45] werde. Den Mitgliedern der Fördergesellschaft als wichtigen Multiplikatoren für die Öffentlichkeit gab Heinrich Magirius in einem Vortrag mit: *„Erst Detailtreue sichert dem Werk den Respekt"* und erläuterte *(Abb. 14),* was unter dem archäologischen Wiederaufbau zu verstehen ist.[46] Bei der Idee des Tragwerksplaners Fritz Wenzel (1930–2020), einen zusätzlichen inneren Ringanker einzusetzen oder auch beim Vorschlag des international durch seine Spannbetonkonstruktionen bekannten Ingenieurs Fritz Leonhard (1909–1999), einen Ankerring aus Stahlbeton einzufügen, empfand Heinrich Magirius erhebliches Unbehagen wegen der für ihn erkennbaren Werkferne. Er nahm die Auseinandersetzung mit den Ingenieuren auf, um mit ihnen nach angemessenen Lösungen zu suchen. Mit der ersten offiziellen Steinversetzung im Mai 1994 wuchs erstes, in Sandstein gefügtes Probemauerwerk. Der Wiederaufbau begann. Das Internationale Kolloquium „Gemauerte Kuppelbauten und der Wiederaufbau der Frauenkirche zu Dresden" im November 1996 erlaubte eine eingehende fachliche Diskussion zu den bisher gewonnenen Erkenntnissen und den vorgeschlagenen Tragwerkskonzepten sowie den internationalen Erfahrungen beim Bewahren bedeutender Kuppelbauten in Europa. Die Denkmalpfleger Gerhard Glaser und Heinrich Magirius appellierten an die Ingenieure und Planer, sich bei den Maßstäben ihres Handelns am überlieferten Vorbild auszurichten.[47]

Die konkreten Fragen der planenden Architekten verlangten tiefere Einblicke in die plastische und farbliche Ausgestaltung des Innenraumes. Sowohl die kunsthistorischen und werktechnischen Fragen als auch die zur Ikonographie und Ikonologie waren Themen, denen sich Heinrich Magirius seit längerem zugewandt hatte.[48] Untersuchungen zur ursprüngli-

Abb. 15 Pulsnitz, Stadtkirche St. Nikolai
Visuelle Befundaufnahme zur Farbigkeit und plastischen Gestaltung, v. l. Prof. Heinrich Magirius und Architekt Uwe Kind, 15. Oktober 1998.

chen Farbfassung von Altar und Emporen führten zur Ausarbeitung eines Konzepts der Innenraumfarbigkeit als Versuch der Annäherung an die verlorene barocke Farbfassung im ursprünglichen Zustand zum Zeitpunkt der Kirchraumweihe 1734.[49] Die noch zu findenden Befunde der Farbfassung und die Anschauung

---

[44] Vgl. Heinrich Magirius, Identität, Authentizität und Historizität beim Wiederaufbau der Dresdner Frauenkirche. In: Mitteilungen des Landesvereins Sächsischer Heimatschutz e. V. (1994) 4, S. 65–68, Zitat S. 65.

[45] LfDS, Top. Reg., An der Frauenkirche/Akten Frauenkirche bis 1994, Eberhard Burger an Heinrich Magirius. 03.06.1994.

[46] Heinrich Magirius, Erst Detailtreue sichert dem Werk den Respekt der Zeit. Was die Öffentlichkeit beim Wiederaufbau der Frauenkirche erwarten darf. In: Sächsische Zeitung, 25. Juli 1994, S. 18; ders., Der archäologische Wiederaufbau der Dresdner Frauenkirche. In: Rundbrief der Gesellschaft zur Förderung des Wiederaufbaus der Frauenkirche Dresden e. V. 5 (1994), S. 13–15.

[47] Vgl. Internationales Kolloquium am 7. und 18. November 1995. Gemauerte Kuppelbauten. Dresden, 1996 (Wiss. Zeitschr. d. TU Dresden, 45 [1996] Sonderheft).

[48] Vgl. Heinrich Magirius, Zur Ikonographie und Ikonologie der Dresdner Frauenkirche. In: Die Dresdner Frauenkirche. Jahrbuch 1 (1995), S. 111–130.

[49] Vgl. Wolfgang Benndorf, Untersuchungen zur Farbfassung am Altar der Frauenkirche zu Dresden. In: Die Dresdner Frauenkirche. Jahrbuch 2 (1996) S. 213–229.

Abb. 16 Dresden-Altstadt, Frauenkirche

Detail aus der Probeachse mit Pfeilerkapitell und Anschluss der Empore. Aufnahme 31. Juli 2002.

Abb. 17 Dresden-Altstadt, Innenraum der Frauenkirche

Beratung der Arbeitsgruppe unter Leitung von Prof. Magirius, v. l. Dr. Walter Köckeritz, Prof. Hans Joachim Neidhardt (halbverdeckt), Dipl.-Ing. Dieter Schölzel, KBR Christian Möller, Prof. Heinrich Magirius, Prof. Helmut Heinze, Pfr. Dr. Karl-Ludwig Hoch, Prof. Jürgen Paul, Restaurator Wolfgang Benndorf. Aufnahme 2004.

angewandter historischer Techniken ließen Vergleiche für den Planer, die Restauratoren und den beratend wirkenden Wissenschaftler Heinrich Magirius zu (Abb. 15).

Eine bis zum November 2001 bis in Höhe der Innenkuppel ausgeführte Probeachse am nordöstlichen Pfeiler F ermöglichte die Beurteilung des Geplanten von plastischer Gestalt, von Stuck und Farbe des Innenraums sowie der Emporen und des Gestühls (Abb. 16). Die Arbeitsgruppe „Innenraumfarbigkeit" der Bauherrschaft unter Leitung von Architekt Thomas Gottschlich, in der auch Heinrich Magirius und weitere Fachleute des Landesamtes für Denkmalpflege und der Kunstwissenschaft mitwirkten, begleitete die Arbeit zur Farbgestaltung bis zum Abschluss des Wiederaufbaus. In den Niederschriften wird das schrittweise und vorsichtige Herantasten an die Aufgaben und die zu findenden Farbstimmungen, -fassungen und Techniken deutlich. Übereinstimmende Beurteilungen wie auch Kritik halfen beim Finden der dann als zutreffend erachteten Lösungen. In den Beratungen mit der Arbeitsgruppe erhielt Heinrich Magirius sowohl Rückversicherung als auch Hinweise und kritische Anmerkungen zu seinen Einschätzungen (Abb. 17).

Bis in den August 1998 waren die geborgenen originalen Fragmente des Altars von kundigen Händen erfolgreich konserviert, zugeordnet und wieder angefügt worden.[50] Vorsichtig arbeiteten sich Restauratoren und Bildhauer bei den nötigen Ergänzungen stofflich, ästhetisch und künstlerisch an die originale Altsubstanz heran – fehlende Teile behutsam ergänzend. Die Niederschriften in den Bauakten belegen diese intensive Arbeit, in die sich Heinrich Magirius nun auch nach seiner Emeritierung dienend einbrachte.[51] Ein ständiges Ringen um hohe Qualität ist aus allem ablesbar – auch die kritischen, oft sich einfühlenden oder bestätigenden Hinweise von Heinrich Magirius. Verschiedentlich wurde mit den Arbeiten zu weit gegangen, was zu Einwänden daran führte, sollten doch die Spuren der Geschichte auch im Innern ablesbar bleiben. Eine ständige Abstimmung zum behutsamen Herangehen war deshalb unverzichtbar. Beispielhaft kann hier die Modellentwicklung für die untergegan-

---

[50] Vgl. Hendrik Heidelmann, Christoph Hein, Konservierung und Zusammenbau der Originalfragmente des Altars der Frauenkirche in Dresden. In. Die Dresdner Frauenkirche. Jahrbuch 6 (2000), S. 217–229.

[51] Vgl. LfDS, Top. Reg., An der Frauenkirche/Frauenkirche Bauakten 1998/99, Protokolle zur Abnahme von Teilleistungen am Altar, Kommunikantenportal, den Figuren und Putzflächen. 16./17.07.99.

Abb. 19 Dresden-Altstadt, Frauenkirche

Ansicht des Altars. Zustand 31. Oktober 1999.

Abb. 20 Dresden-Altstadt, Frauenkirche

Arbeitsgruppe unter Leitung von Prof. Magirius vor dem noch eingerüsteten Altarprospekt. Aufnahme 2004.

Abb. 18 Dresden-Hosterwitz. Bildhaueratelier
Bei der Begutachtung des Modells der Gloriole und des kreuztragenden Engels, v. l. Prof. Heinrich Magirius, Architekt Thomas Gottschlich, Bildhauer Vinzenz Wanitschke, 20. September 1999.

Abb. 21 Dresden-Altstadt, Frauenkirche
Auf dem Gerüst vor dem Altar bei der Begutachtung von Vergoldungsarbeiten. Aufnahme 2004.

gene Gloriole, den herabschwebenden und den kreuztragenden Engel am Altarprospekt nach vorhandenen Abbildungen und historischen Abrechnungsunterlagen durch den Bildhauer Vinzenz Wanitschke (1932–2012) angeführt werden – von den Entwürfen bis zum Entstehen der endgültigen Formen als Wiedergewinnung des Geistes, der in diesen Detailformen aufgehoben war *(Abb. 18, 19)*. Dem gingen wissenschaftliche Untersuchungen von Heinrich Magirius voraus.[52] Die Begutachtung der Arbeiten am Altar führte die Arbeitsgruppe immer wieder vor Ort mit den Restauratoren zusammen *(Abb. 20, 21)*. Verschiedentlich gingen die Haltungen zu den Ergänzungen am Altar auseinander, worauf sich im Juli 2001 der Sächsische Landeskonservator Gerhard Glaser veranlasst sah, die Ergebnisse der bisherigen Arbeit in einer Stellungnahme zusammenzufassen. Wichtig war, „*die Narben nicht zu verbergen, aber die Wunden nicht künstlich offenzuhalten – dieses Wort von Landesbischof Johannes Hempel gilt auch für den Innenraum.*" Den Leitlinien der Stiftung für den Wiederaufbau gemäß, hatte „*sich die vollständige Rekonstruktion des Innenraumes von selbst ergeben*" und diese könne man nur wagen, „*wenn man sie ganz tut und in einer Qualität schafft, die vor der Nachwelt Bestand hat*" hieß es.[53] Heinrich Magirius betonte dann doch wieder die sich nicht deckenden Wahrnehmungen seitens der Arbeitsgruppe beim Fortgang der Rekonstruktionsarbeiten am Altar: „*Hier sollte durchaus ein ‚Bruch' der ästhetischen Anschauung darauf hinweisen, dass an dieser zentralen Stelle Beschädigungen eingetreten sind, die nicht vertuscht werden.*"[54] Die Arbeiten im Altarbereich dauerten noch bis kurz vor dem Abschluss des Baugeschehens im September 2005 *(Abb. 22)*.

Im Laufe des Planungsprozesses gab es Fragen der Nutzung des Chorraumes zu beantworten wie auch zur Kanzel. Heute nicht mehr in Erinnerung sind die Überlegungen, den Altarplatz zum Kirchraum zu öffnen. Danach betonte der Sächsische Landeskonservator gegenüber dem Stiftungsratsvorsitzenden, dass in Beratungen mit der Leitung der Landeskirche im Jahre 1999 das Landesamt für Denkmalpflege wiederholt die Bedeutung der Chorschrankenanlage zum Ausdruck gebracht hatte, die „*als ein konstitutives und daher unverzichtbares Element des Innenraumes der Frauenkirche*" anzusehen ist. Davon ausgenommen sei

---

[52] Vgl. Heinrich Magirius, Die Gloriole des Altars der Dresdner Frauenkirche als Zeichen der Theophanie. In: Die Dresdner Frauenkirche. Jahrbuch 7 (2001), S. 221–229.
[53] LfDS, Top. Reg., An der Frauenkirche / Frauenkirche Bauakten 1998 / 1999: Gerhard Glaser an Heinrich Magirius. 16.07.2001.
[54] LfDS, Top. Reg., An der Frauenkirche / Bauakten 2004, Heinrich Magirius an den Vorsitzenden des Stiftungsrates. 13.09.2004.

Abb. 22 Dresden-Altstadt, Frauenkirche

Ansicht des Altars vor dem Abschluss der Wiederherstellung. Aufnahme 31. Juli 2005.

die am nordöstlichen Pfeiler gewesene Kanzel, deren Standort nach dem Tode Bährs verändert worden war. Die durch die Baudirektion von der Fördergesellschaft erbetene Stellungnahme zum Umgang mit der Kanzel verfasste Heinrich Magirius für den Vorstand der Fördergesellschaft. Dieser lag die Quellenforschung von Gitta Kristine Hennig zugrunde. Im Ergebnis wurde die Rekonstruktion der Kanzel, ein Werk von Johann Christian Feige (1689–1751), am nordöstlichen Pfeiler befürwortet. *„Die reich geschmückte Kanzel bildete den Auftakt zu Feiges Chorgestaltung"*, die 1945 in den Trümmern untergegangen war, hieß es darin.[55]

Die besondere Bedeutung der farblichen und plastischen Gestaltung der Innenkuppel mit ihren Gemälden stellte Heinrich Magirius immer wieder heraus. Seit Juli 2003 koordinierte der erfahrene Restaurator Peter Taubert als künstlerischer Oberleiter die Arbeit der Künstler, Maler, Stuckateure und Tischler bei der plastischen und farblichen Gestaltung des Innenraumes. Er setzte die Ergebnisse der nunmehr in Farbe gestalteten Probeachse in Abstimmung mit der Arbeitsgruppe „Innenraumfarbigkeit" der Bauherrschaft in die endgültige Fassung um. Die erste Annäherung in einem Probefeld der Innenkuppelausmalung bedurfte eines weiteren Herantastens, weiterer bildkünstlerischer Abwägung. Eindrucksvoll waren die Besuche im Arbeitsatelier des Malers Christoph Wetzel, der nun mit der Aufgabe betraut worden war. Die überlieferten Abbildungen und die ersten Konzepte hinterließen, bezogen auf die kleinen ovalen, goldfarben gehaltenen Bildeinsätze bei Heinrich Magirius, der Arbeitsgruppe „Innenraumfarbigkeit" und auch der von ihm geleiteten Arbeitsgruppe der Wiederaufbau-Fördergesellschaft einen ästhetisch wenig befriedigenden Eindruck. Er wies darauf hin, dass es seit der Renaissance üblich war, farbigen Bildfolgen kameenartig gestaltete Bildeinsätze anzufügen, die der Erläuterung des jeweiligen Hauptthemas dienten – so auch noch im 18. Jahrhundert verbreitet. Er legte der Baudirektion nahe, *„dass auch in der Frauenkirche in Dresden die ovalen Felder über den Gemälden der Tugenden und unter den Gemälden der Evangelisten solche reliefartig gemalten Szenen"* enthalten hatten und diese wieder ausgeführt werden sollten. Er versuchte *„biblische Szenen ausfindig zu machen, die zu mindestens dem heutigen Christen geläufig und geeignet sind, das ikonographische*

Abb. 23 Dresden-Altstadt, Frauenkirche

Christoph Wetzel, Bildfeld mit Allegorie des Glaubens („fides"), darüber Kartusche mit Medaillon Gleichnis „vom bittenden Freund" (Lukas 11,5-13). Illusionistische Rahmenmalerei von Peter Taubert. Aufnahme 31. März 2005.

Programm der Kuppel der Frauenkirche besser zu verstehen." Er schlug vor, dass zu den vier Evangelisten und zu den Tugenden bekannte Szenen aus der Kindheitsgeschichte Jesu und Szenen der Epiphanie Christi treten könnten. Dazu nannte er die passenden biblischen Inhalte.[56] Wenn auch die Jury nicht allen seinen Vorschlägen folgte, so hatte er wesentliche Impulse zur Lösung dieser schwierigen Aufgabe gegeben und diese unterstützt.

Ende April 2005 fanden die Arbeiten an der Innenkuppel ihren Abschluss *(Abb. 23)*. Die Jury für die Kuppelgemälde, die die Arbeiten ständig begleitet hatte, begutachtete die rekonstruierte Ausmalung. Zu ihr gehörten neben dem Baudirektor und dem Architekten der Baudirektion die Sächsische Landeskonservatorin Rosemarie Pohlack, aber auch Heinrich Magirius und weitere Fachleute. Baudirektor Burger dankte Heinrich Magirius für seine Mitarbeit und sein Engagement. *„Ihr Anstoß, die Medaillons auch inhaltlich und damit bildhaft zu besetzen, wurde aufgenommen und ist* längst Bestandteil der Innenkuppelmalerei geworden."[57] Bei der Abnahme des wiederhergestellten Altars in seiner die erlittene Zerstörung nicht leugnenden Fassung und in seiner zurückgewonnenen plastischen Gestalt durch die Stiftung Ende September 2005 wirkten Landesbischof Jochen Bohl, Vorsitzender des Kuratoriums, die sächsische Landeskonservatorin Rosemarie Pohlack, der Baudirektor und der Architekt der Bauherrschaft mit. Damit war ein langes Ringen um die denkmalpflegerisch, ästhetisch-künstlerische

---

[55] LfDS, Top. Reg., An der Frauenkirche / Frauenkirche Bauakten 2001, Gerhard Glaser an den Vorsitzenden des Stiftungsrates, 02.04.2001.

[56] LfDS, Top. Reg., An der Frauenkirche / Frauenkirche Bauakten 2003, Innenkuppel, Heinrich Magirius, Vorschlag zur Darstellung von biblischen Szenen „en camayeux" in den Ovalfeldern über den Gemälden der Tugenden und unter den Gemälden der Evangelisten in der Kuppel der Frauenkirche zu Dresden. 10.02.2003.

Abb. 24 Dresden-Altstadt, An der Frauenkirche

Während des Presserundganges der „Gestaltungskommission kulturhistorisches Stadtzentrum", v. l. Prof. Dr. Gerhard Glaser, Prof. Dr. Heinrich Magirius, Dr. Joachim Kuke, Prof. Marina Stankovic, Baubürgermeister Raoul Schmidt-Lamontain, 31. März 2017.

und theologisch allseits vertretbare Lösung der zu bewältigenden Aufgaben abgeschlossen. Alle erlebten sehr bewegt die Weihe der wiederaufgebauten Frauenkirche am 30. Oktober 2005, bei der Landesbischof Jochen Bohl in seiner Predigt den Wiederaufbau als ein mutiges Unternehmen bezeichnete. Er erinnerte daran, dass die Wirklichkeit und die öffentlichen Debatten zunächst gegen ein solches Projekt gesprochen hatten und er verglich den Wiederaufbau mit dem in den Evangelien überlieferten Gleichnis vom winzigen Senfkorn, das, wenn es auf dem Acker gesät ist und aufgeht, zu einer großen Pflanze heranwächst.[58] Dieses Gleichnis erinnerte Heinrich Magirius daran, dass 1990 eben nur einige Wenige waren, die sich mit dem Ruf aus Dresden – 13. Februar 1990 den weltweiten Aufruf im Geist von Frieden und Versöhnung zugetraut hatten.

Zum Zeitpunkt der Weihe der Frauenkirche standen erste Gebäude am Neumarkt vor der Fertigstellung. Im Prozess der deutschen Wiedervereinigung und danach hatte sich Heinrich Magirius immer wieder mit städtebaulichen Fragen zur Bewahrung des bedeutenden Stadtbildes befasst. Bereits in den Begründungen für den Wiederaufbau der Frauenkirche war von ihm und den Mitgliedern der Bürgerinitiative der umgebende Stadtraum mitgedacht worden. Nach den Tagungen in Hamburg und Potsdam sowie den öffentlichen Debatten und Beobachtungen gab er den Vorstandsmitgliedern und dann auch der Öffentlichkeit die ihm wichtigen Argumente zur Gestaltung des Stadtraumes an die Hand, um der wiederaufgebauten Frauenkirche eine verständliche und erlebbare, maßstäbliche Fassung bürgerlichen Bauens zu geben.[59] Der von Hans Nadler formulierte maßstabsetzende Anspruch von „Leitbauten" in der Umgebung der Frauenkirche war schon den 1982 in Dresden durchgeführten städtebaulichen Wettbewerben durch das Institut für Denkmalpflege mitgegeben worden. Beharrlich verdeutlichte Heinrich Magirius die Standpunkte des Denkmalpflegers aus denkmaltheoretischer und planerischer Sicht.[60] Er betonte immer

[57] LfDS, Top. Reg., An der Frauenkirche / Frauenkirche Bauakten 2005. Eberhard Burger an Heinrich Magirius. 31.03.2005.
[58] Vgl. Jochen Bohl, In Zeiten des Wandels. Briefe, Predigten, Vorträge. Leipzig 2015, S. 45–52.
[59] Vgl. Heinrich Magirius, George Bährs Frauenkirche als Mitte der Bürgerstadt Dresden – eine Denkschrift. In: Dresdner Hefte 10 (1992) 4, S. 71–73 (Dresdner Hefte 32).
[60] Vgl. Heinrich Magirius, Denkmalpflegerische Aspekte zum Wiederaufbau des Neumarktbereiches in Dresden. In: In: Dresdner Hefte 13 (1992) 4, S. 104–108 (Dresdner Hefte 44).

wieder die große Bedeutung der anzustrebenden Einheit von funktionaler und gestalterischer Kleinteiligkeit am Neumarkt für den Erfolg des Wiederaufbaus dieses Stadtraumes.[61] Bürgerschaftliches Engagement und großes Interesse entwickelte sich in den Reihen der Fördergesellschaft zur Bebauung am Neumarkt, was sich auf ihren Mitgliederversammlungen zeigte. Die Arbeitsgruppe Archäologie/Kunstgeschichte/Architektur/Denkmalpflege verfasste eine Stellungnahme zu Wirken und Anliegen der 1999 gegründeten Gesellschaft Historischer Neumarkt Dresden e. V. Darin benannte Heinrich Magirius in Würdigung neuester Erkenntnisse alle bisherigen Aktivitäten und wissenschaftliche Grundlagen zur kunsthistorischen Singularität des „Ortes Neumarktbereich". Er unterstrich die Notwendigkeit zivilgesellschaftlichen Engagements.[62] Für den Neumarkt hatte der Dresdner Stadtrat inzwischen eine „Gestaltungskommission Kulturhistorisches Zentrum" als Beratergremium berufen, zu der auch Heinrich Magirius längere Zeit gehörte *(Abb. 24)*. Hier war er nicht nur Mahner und Denkmalpfleger, sondern auch Bürger, der sich dem entstehenden Stadtbild verantwortlich fühlte.[63] Kritisch wertete er als Denkmalpfleger mit dem Blick des Kunsthistorikers und Methodikers das konkrete Ergebnis.[64] Das Kräftespiel zwischen den Investoren, den Planern und Bauausführenden führte zu mancher Inkonsequenz im real Entstandenen. Die Gründe dafür sind so differenziert wie die komplizierten Bauaufgaben selbst auch.

Dokumentieren, publizieren und den Geist des Werkes nahe bringen

Die innere Ordnung aufspürend, den Geist und Klang eines Werkes suchend publizierte Heinrich Magirius. Einem humanistischen Bildungsideal folgend gab er bei Exkursionen, in Vorträgen, öffentlichen Debatten oder bei Ausstellungen gewonnene Erkenntnisse und Wissen weiter. Die Arbeit im Vorstand der Wiederaufbau-Fördergesellschaft und die eigenen Erfahrungen zeigten ihm, dass die hohen Ansprüche an die sorgfältig begründete Rekonstruktion nach den demgemäßen Planungsvorbereitungen und Untersuchungen als auch die Dokumentation der gewonnenen wissenschaftlichen Ergebnisse nach einer diesen Ansprüchen genügenden Form verlangten. So schlugen er und der Kunsthistoriker Hans Joachim Neidhardt vor, das Erarbeitete und die erspürten geistig-geistlichen Inhalte, die dem Wiederaufbau der Frauenkirche zugrunde lagen ebenso wie die Untersuchungen zur Frauenkirche und ihrer Geschichte in einem jährlich erscheinendem Periodikum herauszubringen. Namhafte Mitglieder der Fördergesellschaft und anerkannte Fachwissenschaftler, Theologen, Architekten und Ingenieure wirken seitdem mit. Nach intensiven Bemühungen von Heinrich Magirius, eine wissenschaftlich qualifizierte, in der Redaktions- und Publikationsarbeit erfahrene Persönlichkeit für das Jahrbuch zu finden, erklärte sich der Historiker und Archivar Manfred Kobuch (1935–2018) bereit, die Arbeit zu übernehmen. Damit begann eine fast ein Vierteljahrhundert während außerordentlich fruchtbare Zusammenarbeit, die in einem getrennten Beitrag bereits dargestellt wurde.[65] Der erste Band des Periodikums „Die Dresdner Frauenkirche. Jahrbuch zu ihrer Geschichte und ihrem Wiederaufbau" erschien 1995 im Verlag Hermann Böhlaus Nachfolger Weimar.

Die Jahrbücher spiegeln von Anfang an das unermüdliche Wirken für den Wiederaufbau wider und reflektieren nicht nur fachkundig den Stand der modernen kunsthistorischen Forschung. Sie führen auch die vielen bautechnischen, gestalterischen, künstlerischen und theologischen Themen nachvollziehbar vor Augen

---

[61] Vgl. Magirius, George Bährs Frauenkirche als Mitte (wie Anm. 59), S. 72.

[62] Vgl. Stellungnahme des Vorstands der Gesellschaft zur Förderung des Wiederaufbaus der Frauenkirche Dresden e. V. zum Anliegen und zu den Zielen der Gesellschaft Historischer Neumarkt [Dresden] e. V. In: In: Rundbrief der Gesellschaft zur Förderung des Wiederaufbaus der Frauenkirche Dresden e. V. 10 (2000), S. 46–47.

[63] Vgl. Heinrich Magirius, Der Wiederaufbau des Dresdner Neumarkts aus der Sicht eines Denkmalpflegers. In: Dresden. Der Wiederaufbau des Neumarkts. Herz und Seele der Stadt. Festschrift anlässlich des 20-jährigen Bestehens der Gesellschaft Historischer Neumarkt Dresden e. V., Petersberg 2019, S. 23–34.

[64] Vgl. Heinrich Magirius, Beim historischen Neumarkt ist viel Inkonsequenz im Spiel. In: Historisch contra modern? Erfindung oder Rekonstruktion der historischen Stadt am Beispiel des Dresdner Neumarktes. [Dresden 2008], S. 37–39, hier S. 37.

[65] Vgl. Hans-Joachim Jäger, Andreas Schöne, Manfred Kobuch (1935–2018). Historiker und Archivar im Dienste der Frauenkirche. In: Die Dresdner Frauenkirche, Jahrbuch 23 (2019), S. 259–266.

Abb. 25 Dresden-Neustadt, Haus der Kirche – Dreikönigskirche
Vorstellung des Frauenkirchen-Jahrbuchs, v. l. Prof. Ludwig Güttler
und Prof. Heinrich Magirius, 25. September 2010.

und lassen die vom fortschreitenden Baugeschehen ausgehende Faszination lebendig werden. Sie sind ein unschätzbares Zeitdokument. Der elfte Band erschien einen Tag vor der feierlichen Weihe der Frauenkirche im Jahr 2005 und dokumentierte eine Auswahl der den Bau abschließenden Themen. Etwas Wehmut verband sich für Heinrich Magirius aber mit diesem Band, waren doch noch viele Themen zur Frauenkirche, zum Verständnis ihrer Umgebung und ihrer gegenwärtigen Ausstrahlung bisher unbearbeitet. Nur kurze Zeit später zeigte sich das Bedürfnis, die Reihe fortzusetzen. Hierfür konnte als Partner der Schnell & Steiner Verlag Regensburg gewonnen werden, womit die Jahrbuchreihe ab 2008 in der Herausgeberschaft von Heinrich Magirius, nun im Auftrag der Gesellschaft zur Förderung der Frauenkirche Dresden e. V.[66] unter Mitwirkung der Stiftung jährlich weiter erscheinen konnte. Mit seinem Ideenreichtum, seinen akademischen Verbindungen und seinen tiefgehenden Kenntnissen schlug Heinrich Magirius immer wieder wissenschaftlich unbearbeitete oder noch nicht beachtete Themen vor und gewann dazu die Autoren. Er selbst trug wichtige grundsätzliche kunsthistorische und denkmaltheoretische Themen bei. Anläßlich der Mitgliederversammlungen während der Frauenkirchen-Festtage konnte er den jeweiligen neu erschienenen Band präsentieren (Abb. 25). Vor der Weihe der Frauenkirche legte Heinrich Magirius noch seine grundsätzliche, opulent mit umfangreichen Bild- und Plandokumenten ausgestattete Monographie über den aktuellen Forschungsstand zu Baugeschichte und Bedeutung von George Bährs Frauenkirche vor.[67] Ebenfalls erschienen von ihm auch Beiträge zur Baugeschichte der Frauenkirche in dem von der Stiftung Anfang Oktober 2005 herausgegebenen, umfangreich mit Bildmaterial ausgestatteten Sammelwerk „Die Frauenkirche zu Dresden. Werden, Wirkung, Wiederaufbau".[68]

Während zur Jahrtausendwende der Sandsteinbau im Verborgenen unter den Baugerüsten wuchs, galt es auch die öffentliche Aufmerksamkeit auf bau- und kunsthistorische Einblicke und auf das Wirken des Ratszimmermeisters George Bähr, die Frauenkirche und das bürgerliche Dresden zu lenken. So wirkte er im Ausstellungskomitee der Ausstellung der Staatlichen Kunstsammlungen Dresden und des Landesamts für Denkmalpflege Sachsen „George Bähr. Die Frauenkirche und das bürgerliche Bauen in Dresden" (21. Dezember 2000 – 4. März 2001) im Georgenbau des Dresdner Schlosses mit. Heinrich Magirius gehörte auch zum Kuratorium der Gemeinschaftsausstellung von Stadtmuseum Dresden und Stiftung „Die Frauenkirche zu Dresden. Werden – Wirkung – Wiederaufbau", die von 2005 bis 2010 zu sehen war, und war Autor und Initiator für Beiträge des gelungenen Ausstellungskatalogs. Das Kürzel „HM" steht auch hier für Heinrich Magirius als Autor vieler kunsthistorischer Beiträge. Intensiv bewegte Heinrich Magirius die Wirkung der Unterkirche und eine fehlende Präsentation für die Besucher am Ort. Im Vorstand der Fördergesellschaft gab er zu bedenken, dass die verschiedenen Raumteile ganz unterschiedliche Schichten des Seelischen im Besucher ansprechen sollten. Neugier auf

---

[66] Nachfolgend: Fördergesellschaft.
[67] Vgl. Heinrich Magirius, Die Dresdner Frauenkirche von George Bähr, Entstehung und Bedeutung. (Hrsg. vom Deutschen Verein für Kulturwissenschaft). Berlin 2005.
[68] Vgl. Heinrich Magirius, Die Frauenkirche von George Bähr. Neubauabsichten und -entwürfe bis 1726. In: Die Frauenkirche zu Dresden. Werden, Wirkung, Wiederaufbau. Dresden 2005, 33–44; ders., Der Neubau 1726–1743. Baugeschehen und Gestaltfindung. In: ebd., S. 45–55.

Abb. 26 Dresden-Altstadt, Gedenkstätte Busmann-Kapelle

Während einer Führung mit Prof. Magirius für Vertreter der Freundes- und Förderkreise der Fördergesellschaft, Gespräch mit Dr. Schumann, 25. September 2009.

Sachinformationen und innere Einkehr seien nicht als Gegensätze, sondern als Erlebnisschichten zu verstehen. Um dies erkennen zu können, benötige es entsprechende Erläuterungen. Inzwischen beherbergt das nördliche Außenbauwerk der Unterkirche auch einen diesem Zweck dienenden „Raum der Erinnerung".[69]

Bewundernswert war seine umfängliche Vortragstätigkeit, ob bei Mitgliederversammlungen während der Frauenkirchen-Festtage, bei Tagungen der Freundes- und Förderkreise, den Donnerstagsforen der Fördergesellschaft oder zu grundsätzlichen denkmalpflegerischen Themen bei den Plenarsitzungen der Akademie der Wissenschaften zu Leipzig. Die Erkenntnisse hatte er aus seiner wissenschaftlichen und praktischen Arbeit – nicht zuletzt gerade an der Frauenkirche gewonnen. So bekannte er, dass Rekonstruktion als Mittel der Denkmalpflege in sorgfältig begründetem Maße zu vertreten ist. Schon kurz nach der Weihe der Frauenkirche schärfte er den Blick auf die denkmalpflegerischen Herausforderungen, die mit dem Wiederaufbau verbunden waren.[70] In seinem Festvortrag anlässlich der Frauenkirchen-Festtage 1997 hatte er das heutige Baugeschehen mit dem aus der Zeit der ersten Hälfte des 18. Jahrhunderts verglichen und dabei betont, *„dass den jetzigen Erbauern auch unter den Planern und Handwerkern Kräfte künstlerischer Natur zur Seite stehen müssen. Auch die Statiker und Techniker müssen sich der einmaligen historischen Aufgabe bewusst sein. Der archäologische Wiederaufbau dient nicht einem wissenschaftlichen Selbstzweck, sondern der Darstellung der historischen Dimension des Bauwerkes einschließlich seiner Symbolfunktion nach dem Zweiten Weltkrieg."*[71]
Gern erinnern sich Teilnehmer von Exkursionen oder Führungen an seine profunden Erläuterungen *(Abb. 26)*. Wenn auch Gottfried Kiesow als Vorsitzender der Deutschen Stiftung Denkmalschutz den weltweit bürgerschaftlich unterstützten und vielschichtig begründeten Wiederaufbau als eine herausragende Leistung und die damit einhergehende Mobilisierung denkmalpflegerischen Engagements würdigte, so sah sich Heinrich Magirius doch von vielen Kolleginnen und Kollegen der Denkmalpfleger wenig verstanden.

---

[69] Vgl. Gerhard Glaser, Raum der Erinnerung. Zur neuen Ausstellung in der Dresdner Frauenkirche. In: Die Dresdner Frauenkirche. Jahrbuch 12 (2008), S. 93–96.
[70] Vgl. Magirius, Relikt, Reliquie und Gestalt (wie Anm. 1), S. 108.
[71] Heinrich Magirius, Das Ziel und seine Verwirklichung – ein Vergleich von Bau und Wiederaufbau der Dresdner Frauenkirche. In: Die Dresdner Frauenkirche, Jahrbuch 4 (1998), S. 215–221.

Abb. 27 Dresden, Residenzschloss, Kleiner Schlosshof

Die Landeskonservatoren Prof. Heinrich Magirius, Prof. Rosemarie Pohlack, Dipl.-Ing. Alf Furkert und Prof. Gerhard Glaser anlässlich des Schlosskolloquiums, 19. Juni 2019.

Außerhalb Dresdens sah er Unterstützung nur durch den bayerischen Generalkonservator Michael Petzet (1933–2019), der Rekonstruktion als ein denkmalpflegerische Aufgabe gerade in unserer Gegenwart erkannte,[72] sowie den polnischen Generalkonservator Andrzej Tomaszewski (1934–2010), der aus seinen internationalen Erfahrungen heraus die ideellen Werte gegenüber der Fixierung nur auf die materiellen herausgearbeitet hatte.[73] Dem ambivalenten Thema der Rekonstruktionen widmete sich Heinrich Magirius kenntnisreich im opulenten Katalogband der in München zur „Geschichte der Rekonstruktion – Rekonstruktion der Geschichte" 2010 veranstalteten Ausstellung.[74] Die danach folgenden Debatten berührten ihn unangenehm und veranlassten ihn zu weiteren denkmaltheoretischen Überlegungen. In einem Plenarvortrag in der Sächsischen Akademie der Wissenschaften arbeitete er die zu beachtenden „Erinnerungswerte" im Baudenkmal heraus, die der österreichische Kunsthistoriker und Generalkonservator Alois Riegl (1858–1905) bereits 1903 wissenschaftlich definiert hatte. Heinrich Magirius zeigte, dass diese vor 1990 wieder stärker ins Bewusstsein der Denkmalpflege getreten

waren. Aus den Erfahrungen beim Wiederaufbau des Dresdner Opernhauses und der Frauenkirche kam er zum Schluss, dass die mehr oder weniger vollständige Wiederherstellung zerstörter Baudenkmäler die Bewahrung von historischer, authentischer Substanz in heutigem Handeln am sichersten ermöglicht.[75] Auch im Landesamt für Denkmalpflege stellte er seine umfänglichen Erfahrungen bis zuletzt zur Verfügung, so

[72] Vgl. Michael Petzet, Rekonstruieren als denkmalpflegerische Aufgabe. In: Die Dresdner Frauenkirche. Jahrbuch 11 (2005), S. 29–36.

[73] Vgl. Andrzej Tomaszewski, Geistige und materielle Werte des Kulturdenkmals. In: Die Dresdner Die Dresdner Frauenkirche. Jahrbuch 7 (2001), S. 49–65; ders., Materielle und immaterielle Werte von Kulturgütern in der westlichen Tradition und Wissenschaft. In: Der Wiederaufbau der Dresdner Frauenkirche (wie Anm. 1), S. 90–100.

[74] Vgl. Heinrich Magirius, Rekonstruktion in der Denkmalpflege. In: Geschichte der Rekonstruktion. Konstruktion der Geschichte. Hrsg. v. Wilfried Nerdinger in Zusammenarbeit mit Markus Eisen und Hilde Strobl. München, Berlin, London, New York 2010, S. 148–155.

[75] Vgl. Heinrich Magirius, Erinnerungswerte und Denkmalpflege. In: Die Dresdner Frauenkirche. Jahrbuch 18 (2014) S. 145–170.

Abb. 28 Dresden-Altstadt, Hygienemuseum

Auszeichnung von Prof. Heinrich Magirius mit der Ehrenmedaille des Dresden Trust und der Britisch-Deutschen-Gesellschaft, überbracht durch Dr. Alan Russell (1932–2019), 27. September 2007.

bei der Herausgabe des umfänglichen wissenschaftlichen Werkes über das Dresdner Residenzschloss. Für die Mitwirkung an der denkmalpflegerischen Konzeption zu dessen Wiederaufbau stützte er sich insbesondere auf die akribische Erforschung des erhaltenen Baubestandes, die Analyse der Schrift- und Bildquellen sowie die Untersuchung der architekturgeschichtlichen und historischen Zusammenhänge über Jahrhunderte. Anlässlich des Kolloquiums des Landesamtes für Denkmalpflege Sachsen im Juni 2019, an dem die Landeskonservatoren teilnahmen *(Abb. 27)*, gab er Einblicke in die Ergebnisse langjähriger Forschungen zur Baugeschichte des Residenzschlosses im 18. und 19. Jahrhundert.

Im Ehrenamt und verdiente Ehrungen

Ohne kurz auf das ehrenamtliche Engagement von Heinrich Magirius einzugehen, bliebe die Würdigung seines Wirkens unvollständig. Nach den gesellschaftlichen Veränderungen 1989/1990 wandte er sich neben seinen dienstlichen Aufgaben auch Ehrenämtern zu, war er doch schon zuvor lange Zeit Kirchvorsteher in seiner Gemeinde, der Lutherkirche Radebeul. Bis zuletzt engagierte er sich in verschiedenen Gremien, so zum Beispiel als berufenes Mitglied und später als Ehrenmitglied des Sächsischen Denkmalrates, im Kuratorium der Gesellschaft Historischer Neumarkt Dresden e. V., im Verein für Denkmalpflege und neues Bauen Radebeul e. V., in der Jury für den Radebeuler Bauherrenpreis, als Vorstandsmitglied des Landesvereins Sächsischer Heimatschutz e. V. und bis zuletzt in der Redaktion von dessen Mitteilungen. Er hatte immer einen hohen Anspruch, sich als Bürger, in der Gemeinde, gestaltend in die Gesellschaft einzubringen um so für ein demokratisch verfasstes Gemeinwesen zu wirken.

Die außerordentlichen Leistungen beim Wiederaufbau des Dresdner Opernhauses waren 1985 Grund genug für die Verleihung des Nationalpreises II. Klasse für Kunst und Literatur in der DDR. Nach dem erfolgreichen Abschluss der Promotion B (1987) – nach neuem Recht als Habilitation anerkannt – berief ihn 1991 die Sächsische Akademie der Wissenschaften zu Leipzig als Ordentliches Mitglied. Hier wirkte er mehrere Jahre als Vorsitzender der Kommission für die Kunstgeschichte Mitteldeutschlands. Mit der 1993 vollzogenen Wiedereinrichtung des Landesamtes für Denkmalpflege Sachsen wurde er 1994 Landeskonservator. Im gleichen Jahr erhielt er für seine wissenschaftlichen Leistungen die Ehrendoktorwürde der Freien Universität Berlin verliehen. Anlässlich seines 60. Geburtstages ehrte ihn Sachsens kunsthistorische Fachwelt mit der Festschrift „Denkmalkunde und Denkmalpflege – Wissen und Wirken". Auch die Bundesrepublik Deutschland und der Freistaat Sachsen zeichneten ihn aus. Mit dem Andreas-Möller-Geschichtspreis wurde er 2007 in Freiberg und schließlich 2010 mit dem Kunstpreis in Radebeul ausgezeichnet. Ehrenmitgliedschaften verliehen ihm der Dombauverein Meißen – hatte er sich doch von 1994 bis 2012 als Domherr wieder besonders für die Erhaltung des ehrwürdigen Meißner Doms eingesetzt –, die Fördergesellschaft, der Landesverein Sächsischer Heimatschutz e.V., der Verein für Denkmalpflege und neues Bauen Radebeul e.V. Auch der Dresden Trust dankte ihm sein Wirken in der Bürgerinitiative für den Wiederaufbau der Frauenkirche 2007 mit seiner Ehrenmedaille *(Abb. 28)*. Das Ehrenkolloquium 2004 in Altzella[76] *(Abb. 29)* und die Tagung 2010 im Landesamt für Denkmalpflege Sachsen würdigten sein Wirken und führten Freunde und Weggefährten aus den vielen Jahrzehnten partnerschaftlicher Arbeit zusammen.

In dankbarem Gedenken

Dem Wiederaufbauwerk der Frauenkirche hatte Heinrich Magirius in Demut und Liebe gedient. Seine Stärke lag in vielfältiger Bindung an die Gegenstände der Denkmalpflege, die Sachzeugen aus tausendjähriger sächsischer Geschichte, Kunst, Kultur und der Leistungen der Menschen und Meister in zurückliegender Zeit. Er hat ein beeindruckendes Werk hinterlassen, das Erscheinungsbild der Denkmalpflege und das öffentliche Denkmalverständnis in Sachsen und darüber hinaus mitgeprägt. In Heinrich Magirius begegneten wir einem Denkmalpfleger, Wissenschaftler und Hochschullehrer, der sich einem Denkmal nicht von der abstrakten Theorie her näherte. Für ihn war wichtig, das Monument in seiner Gesamtheit zu erfassen, die ihm innewohnende Botschaft, die „*künstlerisch-ästhetische Qualität und Schönheit aufzuspüren, zu erkennen und wieder zum Klingen zu bringen.*" In dieser Sorge erlebten wir ihn „*uneigennützig fördernd, aber auch die ihm angemessen scheinende, notwendige Qualität einfordernd. Hier folgt*[e] *Heinrich Magirius unbeirrt seinem Ethos und wurde bekanntermaßen, wo geboten, auch einmal zur unbequemen, fachlich fundierten, moralischen Instanz.*"[77] Stark traf Heinrich Magirius die doktrinäre Verachtung jeglicher Restaurierungsmaßnahmen seitens einiger seiner westdeutschen Berufskollegen, die teils recht aggressiv in der Öffentlichkeit vor allem gegen den Wiederaufbau der Frauenkirche auftraten. Aus der Befundanalyse, der Begründung und dann zu verantwortender Rekonstruktionen oder Restaurierungen, die ihn im Beruf und darüber hinaus im Ehrenamt beschäftigten, zog er ein Fazit, das er uns allen dazu mitgab: „*Es gibt Fälle, wo die Erinnerung die physische Existenz von Bauwerken überlebt. In solchen Fällen setzt sich die öffentliche Meinung meist mehrheitlich für Rekonstruktionen ein. Diesen Wunsch prinzipiell mit bloß intellektuellen Argumenten infrage zu stellen, erscheint nicht zuletzt aus historischen Gründen ungerechtfertigt. Schon immer gab es architektonische Wahrzeichen, die man nicht preisgeben wollte. Inwieweit sich Rekonstruktionen letzten Endes wirklich bewähren, hängt von vielen, meist schwer voraus zu sehenden Faktoren ab.* [...] *Forschungen zum historischen Gegenstand* [stellen] *unabdingbare Voraussetzungen dar*" und vermögen Maßstäbe zu setzen. Dabei betonte er, dass das andererseits aber auch nicht heißt, „*dass in solchen Fällen der Bauhistoriker den Architekten ersetzen könnte. Ein architektonisches ‚Gedächtnis zu stiften', ist ein schwieriges, unterschiedliche Kräfte mobilisierendes Werk.*" Bezogen auf die erfolgreich wiederaufgebaute Frauenkirche erinnerte er, dass „*für alle Initiatoren der Bürgerinitiative von vornherein das Ziel der Wiedergewinnung der äußeren Gestalt der Frauenkirche und die von ihr ausgehende ‚Botschaft' klar*" gewesen war. „*Nur durch die Mitwirkung der Denkmalpfleger und der*

---

[76] Vgl. Würdigungen des Jubilars. In: Mitteilungen des Landesamtes für Denkmalpflege Sachsen. Jahrbuch (2004), S. 5–17.
[77] Rosemarie Pohlack, Im Dienste der Kunstgeschichte und der Denkmale. In: Dresdner Neueste Nachrichten, 31.01.2009.

Abb. 29 Altzella bei Nossen, romanisches Eingangsportal zum Areal des ehemaligen Zisterzienser-Klosters

Prof. Heinrich Magirius während der Führung nach dem Ehrenkolloquium, 14. Mai 2004.

Beachtung ihrer Prinzipien beim Wiederaufbau konnte die handwerkliche und künstlerische Treue erreicht werden, die nun viele anfängliche Zweifler überzeugt".⁷⁸ Er selbst erkannte nach dem mühevollen Weg des Wiederaufbaus – sich selbst zurücknehmend –, dass diesem „*keine Zwangsläufigkeit zugrunde* [lag], *auch nicht im denkmalpflegerischen Sinne. Die Hürde der in der Denkmalpflege geltenden ‚Normen' war hier nur durch einen sehr persönlichen Einsatz zu überwinden. Schließlich konnten aber doch immer wieder Brücken zwischen zunächst völlig konträr erscheinenden Auffassungen geschlagen werden, nicht allein durch unablässiges Infragestellen des Gegenübers, sondern vielmehr in der Gewißheit, daß das Trennende nichts Endgültiges sein muß.*"⁷⁹ Immer war es auch eine Suche nach dem richtigen Maß und so benötigt letztlich jede einzelne denkmalpflegerische Aufgabe ihren eigenen Maßstab. Mit der Geschichte der Denkmalpflege in Sachsen hat Heinrich Magirius eindrucksvoll zeigen können, auf welch unterschiedliche Weise in jeder Epoche diejenigen, die Verantwortung trugen und die Leistungen erbrachten, ihren Maßstab gefunden hatten. Einem Bekenntnis gleich hat er uns gelehrt: „*Kulturelle Fruchtbarkeit der Monumente hängt mit dem Eros zusammen, mit dem sie geliebt, erkannt und gepflegt werden. Solche Zuneigung ist eigentlich nicht vorrangig doktrinärer Art, so wichtig eine Bekenntnisformel zu bloßem Konservieren als ‚Beichtspiegel' für einen Denkmalpfleger auch sein mag. Sie hat vielmehr mit einem Taktgefühl zu tun, das nur sehr schwer anerzogen werden kann, aber immer wieder kultiviert werden muß. Dieses vorausgesetzt, können unterschiedliche Beweggründe, ja Maximen zu Lösungen führen, die für die Monumente heilsam sind.*"⁸⁰

Er hat in seiner Tätigkeit das Beobachtete stets historisch reflektiert. Dies hat es ihm ermöglicht, unter wechselnden politischen Systemen seine kritische Position zu bewahren. Um dies leisten zu können, bedurfte es aber mehr als des wissenschaftlichen Ethos. Mut, Moral und ein starker innerer Kompass mussten hinzukommen – eine der zeitaufwendigen Tätigkeit verständnisvoll gegenüberstehende Familie, die dies durch alle Fährnisse mitgetragen hatte. Er konnte nicht nur schlüssig und fundiert schreiben und argumentieren, er konnte zuhören und Argumente annehmen.

Er arbeitete konzentriert, mit Disziplin und ließ sich durch Hindernisse und Rückschläge nicht entmutigen. Als Wissenschaftler setzte er nach seiner Emeritierung unvermindert die wissenschaftliche Tätigkeit fort, gipfelnd in der Mitwirkung an dem dreibändigen Sammelwerk zum Dresdner Residenzschloss (2013–2020). Bewundernswert aktiv und beharrlich stellte er sich auch aktuellen denkmalpflegerischen Fragen, dabei das Bewahren mit dem Neuen zu verbinden suchend. Das geschah nicht nur in seiner Heimatstadt Radebeul, sondern auch andernorts in Sachsen. Er fühlte sich den „*Dingen in großer Treue verpflichtet*". Er fühlte sich den Kunstwerken, den Monumenten, den Kirchen, den Landschaften verbunden. „*Allem näherte sich Heinrich Magirius in Liebe, Demut, Respekt und Treue. [...] Alles war getragen von einer tiefen Frömmigkeit, von Liebe und Einfühlungsvermögen in Menschen, Wesen und Dinge.*"⁸¹

Bildnachweis

Abb. 1: Landesamt für Denkmalpflege Sachsen/Sebastian Kahnert; *Abb. 2, 17, 19, 21, 26, 29*: Hans-Joachim Jäger, Radebeul; *Abb. 3*: Bildarchiv Sächsische Zeitung Dresden, Reg. Nr. 345.9/Hans-Dieter Opitz; *Abb. 4, 5*: Privatbesitz; *Abb. 6, 7*: Landesamt für Denkmalpflege Sachsen, Bildsammlung; *Abb. 8*: Gesellschaft zur Förderung der Frauenkirche Dresden e. V./Walter Köckeritz, Dieter Schölzel; *Abb. 9–11*: Hans Christian Hoch, Dresden; *Abb. 12*: Harf Zimmermann, Berlin; *Abb. 13, 16, 18 22, 23*: Jörg Schöner, Dresden; *Abb. 14*: Gesellschaft zur Förderung der Frauenkirche Dresden e. V./Manfred Lauffer; *Abb. 15, 20*: Sächsische Landesbibliothek – Staats- und Universitätsbibliothek Dresden, Mediathek/Ernst Hirsch; *Abb. 24*: Peter Bäumler, Dresden; *Abb. 25, 28*: Gesellschaft zur Förderung der Frauenkirche Dresden e. V./Renate Beutel; *Abb. 27*: Landesamt für Denkmalpflege Sachsen/Wolfgang Junius.

---

78 Magirius, Erinnerungswerte und Denkmalpflege. (wie Anm. 75), S. 170.
79 Magirius, Relikt, Reliquie und Gestalt (wie Anm. 1), S. 108, 109.
80 Magirius, Geschichte der Denkmalpflege in Sachsen bis 1945 (wie Anm. 15), S. 8.
81 Pfarrarchiv Lutherkirche Radebeul, Pfarrer Christoph Heinze, Predigt. 21.06.2021.

Heinrich Magirius im Stadtarchiv Dresden
Eine Geschichte vieler Begegnungen

VON THOMAS KÜBLER und PATRICK MASLOWSKI

Die Berührungspunkte unseres Hauses und meiner Person selbst mit Heinrich Magirius sind weit zurückreichend in der Biographie Magirius und der Institutionsgeschichte des Stadtarchivs Dresden. Thematisch motiviert als wissenschaftlicher Mitarbeiter am Institut für Denkmalpflege / Arbeitsstelle Dresden, führen seine ersten Lesesaalbesuche schon 1958 in unser Haus. Der Abriß der Kunstgeschichte von Kloster Altzella als Dissertationsthema[1] berührt unsere Stadtgeschichte direkt, denn die Urkunde vom 21. Januar 1216 – in dieser überträgt Markgraf Dietrich das Landgut Zedele an das Kloster Zelle der Heiligen Maria – enthält die Formel „… *in civitate nostra Dresden* …" und dokumentiert so zum ersten Mal Dresden mit Stadtrecht.[2] Die spätmittelalterlichen Stadtbücher Dresdens, insbesondere das 4. und 5. Stadtbuch, tragen Ende der 50er Jahre des 20. Jahrhunderts schon erste Benutzungsnachweise von Magirius.

Paläographisch betrachtet, haben sich Schriftbild und Duktus (Notizen und Benutzungsanträge) in den folgenden sechzig Jahren kaum verändert. Diese Kontinuität ist für mich ein liebenswertes Detail im Rückblick. In den dreißig Jahren unseres kollegialen Miteinanders gab es viele Momente, in denen Heinrich Magirius die teils grotesken Benutzungsbedingungen im Stadtarchiv Dresden vor Jahrzehnten verschmitzt immer wieder in Erinnerung rufen konnte.

So detailgetreu stets mit leiser Stimme vorgetragen, dass die altvorderen Mitarbeiterinnen und Mitarbeiter des Lesesaales (diese Bezeichnung des Benutzungsraumes von damals entspricht keinesfalls unseren heutigen Vorstellungen von einem Lesesaal) sich intensiv an diese Zeit erinnern. Teils im Wintermantel saßen die Benutzerinnen und Benutzer in dem kleinen Raum, halfen nicht selten aktiv beim Heizen, brachten manchmal selbst Kohlen mit. Vertraut abgelegter Kaffee, freudvoll kredenzte Kuchenstücke, zweimal jährlich Pfannkuchen und andere kulinarische Kleinode schmiedeten zu der Zeit eine enge Bedarfsgemeinschaft im Stadtarchiv Dresden *(Abb. 1–3)*.

Die Freundlichkeit, die stundenlange unauffällige stille Lesesaalanwesenheit, bedächtiges, vorsichtsgewohntes Aktenstudium, pünktlichste Abgabe zur Reponierung von Akten, vorzeitiges Erscheinen folgetags zur freundlichen Entgegennahme der bestellten Akten, zeitgetreue Einnahme eines Pausenbrotes (sommers auf der ständig reparaturbedürftigen Parkbank vor dem Stadtarchiv auf der Marienallee) sowie beständiges Ausrichten bester Grüße an das Team des Hauses sind nur einige der herrlich erinnerlichen Eigenschaften des Benutzers „HM" über sechzig Jahre. Dieses Benutzerkürzel war jahrelang ein beliebtes personenbezogenes Synonym in unserem Haus. Zu bemerken ist noch die Eigenschaft von „HM", stets zu verweisen auf konservatorische Bearbeitungsnotwendigkeiten in und an den von ihm benutzten Quellen wie auch die zuverlässige Abgabe von Belegexemplaren und Sonderdrucken, sobald auch nur eine kleinste Quelle unseres Hauses zitiert war.

Die akkurate Zitierweise eben dieser sei (unnötigerweise) hier nur als Notiz beigefügt. Schließlich durfte ich [Thomas Kübler, Anm. d. Red.] diese Konsequenz im eigenen Studium der Paläographie bei „HM" vor dreißig Jahren selbst erfahren und das Bild der teils

---

[1] Heinrich Magirius, Kloster Altzella. Ein Abriß seiner Kunstgeschichte. Bd. 1–4. (Karl-Marx-) Universität Leipzig, Philosophische Fakultät, Dissertation vom 21. Juni 1958. [Maschinenschr.], dann veröffentlicht: Heinrich Magirius, Die Baugeschichte des Klosters Altzella. In: Abhandlungen der Sächsischen Akademie der Wissenschaften zu Leipzig, Philologisch-historische Klasse 53, 2. Berlin 1962.

[2] Monumenta Germaniae Historica, Chronica Boemorum III/47; siehe auch: „in civitate nostra Dreseden" – „in unserer Stadt Dresden". Verborgenes aus dem Stadtarchiv. [Hrsg.: Landeshauptstadt Dresden, Stadtarchiv. Projektltg.: Carola Schauer.] Stadtarchiv Dresden, 2017.

Abb. 1 Dresden-Albertstadt, Marienallee 3

Ehem. Heeresarchivgebäude mit Anbau, Sitz des Stadtarchivs von 1946/47 bis 1999/2000.

Abb. 2 Dresden-Albertstadt, Marienallee 3

Stadtarchiv von 1946/47 bis 1999/2000, Magazin.

Abb. 3 Dresden-Albertstadt, Marienallee 3

Stadtarchiv von 1946/47 bis 1999/2000, Lesesaal.

erhobenen Hand, verbunden mit dem Satz „ohne das kommen Sie nicht weit als Archivar", haben mich positiv geprägt.

Kurzum: Heinrich Magirius verkörperte für uns über sechzig Jahre DEN Benutzer-Ideal-Typ, zudem beliebt, nicht kopierbar.

Bis zur Übergabe seines wissenschaftlichen und teils privaten Vorlasses an unser Haus prägten auch sehr viele Begegnungen unser Stimmungsbild voneinander, dessen Ausdruck eben das hohe Vertrauen dokumentierte, uns persönlich diesen Bestand zu übergeben.

Wenn ich [Thomas Kübler, Anm. d. Red.] in diesem Beitrag die wichtigste Begegnung mit Heinrich Magirius beschreiben sollte, dann gilt es die Tatsache ins Gedächtnis zu rufen, dass die Standortwahl für den Sitz des Stadtarchives seit 2000 in der ehemaligen Heeresbäckerei hauptsächlich sein Verdienst ist und dass das Landesamt für Denkmalpflege uns bei der Umsetzung sehr flexibel unterstützte. Sein Plädoyer zur Nutzung des ehemaligen Mehlspeichers in der Heeresbäckerei für das Stadtarchiv Dresden initiierte wesentlich die Revitalisierung des benannten Gebietes als Teil der Albertstadt, wo schon mit dem Regierungspräsidium,

der Offiziersschule des Heeres und dem MDR wichtige Anker institutionell seit 1995 gesetzt worden waren.

Intensiv bemühte sich Heinrich Magirius um Alternativen in den verschiedenen Baukonzepten für unser Haus, das 2000 nach nur drei Jahren Umbauzeit eröffnet werden konnte *(Abb. 4, 5)*. Als wir neun Jahre später den Umbau des nördlichen Getreidespeichers in der Heeresbäckerei als zentrales Zwischenarchiv für die Stadt Dresden planten, war er – trotz Ruhestand – zur Stelle und setzte sich auch weiter in der Alternativdiskussion zum Standort vehement ein. Seine Argumente, mit der Nutzung zum Zwischenarchiv zugleich den Erhalt dieses Kornspeichers langfristig zu garantieren, überzeugte schließlich alle.

Mit der Eröffnung dieses Hauses im Mai 2012 war dann der wesentliche Teil der Heeresbäckerei als Areal erfolgreich umgebaut *(Abb. 6, 7)*.[3] Die ehema-

---

[3] Vgl.: Das „Neue Stadtarchiv Dresden". Festschrift aus Anlass der Einweihung des neuen Stadtarchivs in der Königlich-Sächsischen Heeresbäckerei. Landeshauptstadt Dresden, Stadtarchiv. (Hrsg. v. E.R.B. Grundstücksentwicklungs-GmbH, Dresden. Red.: Carola Schauer, Sylvia Ehrlich). Dresden 1999.

Abb. 4 Dresden-Albertstadt, Elisabeth-Boer-Straße 1

Ehem. Heeresbäckerei vor dem Umbau und der Restaurierung. Aufnahme 1999.

lige Mühle folgte schlussendlich 2015, privat genutzt. Mir ist es hierbei besonders wichtig, nochmals den entscheidenden Anteil von Magirius an der Revitalisierung der Albertstadt, im Besonderen der Heeresbäckerei und des Stadtarchivs hervorzuheben. Erinnerlich sind mir dabei seine „leisen" Wesenszüge zur Diskursbereitschaft und Alternativsuche beim Umbau dieses Dresdner Stadtteils, der bis dahin das topographische nördliche Ende Dresdens darstellte. Ohne IHN gäbe es uns dort nicht.

Weitere berufliche Berührungspunkte sind unbedingt zu nennen, so unter anderem seine Mitarbeit an der dreibändigen Dresdner Stadtgeschichte. Dieses Unternehmen wurde durch unser Haus 1995, nicht zufällig am 31. März, begründet und hatte zum Ziel, pünktlich zum 800. Stadtjubiläum 2006 ein stadtgeschichtliches Kompendium vorzulegen *(Abb. 8)*.

Seine Anregungen, statt einer zwölfbändigen wesentlich lexikalisch orientierten Ausgabe eine dreibändige, chronologisch und systematisch strukturierte Ausgabe herauszubringen, setzten sich schließlich durch und wurde dann auch realisiert. Über 3.000 Seiten wissenschaftlich fundierte Stadtgeschichte, annähernd achtzig Forschungsstipendien und über sechzig mitarbeitende Wissenschaftlerinnen und Wissenschaftler trugen dazu bei.[4] Magirius schrieb vor allem im ersten Band und im dritten Band zu kirchengeschichtlichen, baugeschichtlichen und denkmalpflegerischen Aspekten in der acht Jahrhunderte währenden Entwicklung unserer Stadt. In vielen Redaktionssitzungen, bei hunderten Streuselecken und Prasselkuchen, über zehn Jahre moderierten wir gemeinsam manchen, nicht selten persönlich konnotierten Diskurs gelassen und betont ruhig.

Nachdem das Stadtjubiläum gefeiert, die drei Bände schnell ausverkauft waren, ging sein Ruf sofort an unser Haus zum WEITERMACHEN und die Edition der Dresdner mittelalterlichen Stadtbücher und weiterer auch frühneuzeitlicher Quellen auf den Plan zu setzen.

[4] Geschichte der Stadt Dresden. Band 1: Von den Anfängen bis zum Ende des Dreißigjährigen Krieges. I. A. d. Landeshauptstadt Dresden hrsg. v. Karlheinz Blaschke unter Mitwirkung von Uwe John. Stuttgart 2005; Band 2: Vom Ende des Dreißigjährigen Krieges bis zur Reichsgründung (1648–1871). Im Auftrag der Landeshauptstadt Dresden hrsg. v. Reiner Gross unter Mitwirkung von Uwe John. Stuttgart 2006; Band 3: Von der Reichsgründung bis zur Gegenwart (1871–2006). Im Auftrag der Landeshauptstadt Dresden hrsg. v. Holger Starke unter Mitwirkung von Uwe John. Stuttgart 2006.

Abb. 5 Dresden-Albertstadt, Elisabeth-Boer-Straße 1

Ehem. Heeresbäckerei nach dem Umbau und der Restaurierung von Südosten. Aufnahme 2001.

Schon 2007 konnten wir gemeinsam mit Prof. Jörg Oberste den ersten Band vorlegen und damit die drei ältesten Stadtbücher (1404–1476) als Edition realisieren.[5] Bis heute ist diese auf acht Bände angewachsen. Den Stadtbüchern folgten die Kriminalregister und Ende 2022 erscheint der neunte Band und enthält die wissenschaftliche Edition des Alturteilsbuches aus dem spätmittelalterlichen Dresden. Auch in diesem wissenschaftlichen Projekt beriet uns Heinrich Magirius intensiv, war oft selbst Partner bei schwierigen paläographischen Problemstellungen und half kollegial Lücken zu schließen bei der Suche nach Komplementärquellen in den Beständen des Stadtarchivs *(Abb. 9)*. Seine Mitarbeit an unserem Prachtband „in civitate nostra Dreseden", den wir 2017 herausgeben konnten,[6] soll hier die wunderbare wissenschaftliche Zusammenarbeit über Jahrzehnte auszugsweise, beispielhaft abschließen *(Abb. 10)*.

Sein Beitrag darin zum Beschluss der Dresdner Stadtverordnetenversammlung zum Wiederaufbau der Dresdener Frauenkirche vom 29. Februar 1992 führt direkt zu einem weiteren wichtigen Kapitel unserer Zusammenarbeit. Schon in Vorbereitung der Ausstellung „George Bähr – Die Frauenkirche und das bürgerliche Bauen in Dresden",[7] die im Georgenbau von Dezember 2000 bis März 2001 ein wichtiges wissenschaftliches Forschungsprojekt von Heinrich Magirius darstellte und insbesondere seine Forschungen zu den Plänen in der ersten Hälfte des 18. Jahrhunderts beinhaltete, verwies er immer wieder auf die Wichtigkeit und Notwendigkeit der Überlieferung auch des Wiederaufbaus der Frauenkirche im Stadtarchiv Dresden.

---

[5] Vgl. Jens Klinger, Robert Mund (Bearb.), Die drei ältesten Stadtbücher Dresdens 1404–1476 (Die Stadtbücher Dresdens und Altendresdens, Band 1), hrsg. von Thomas Kübler, Jörg Oberste. [Leipzig] 2007; Jens Klinger, Robert Mund (Bearb.), Das vierte und fünfte Stadtbuch Dresdens 1477–1505 (Die Stadtbücher Dresdens und Altendresdens, Band 2), hrsg. von Thomas Kübler, Jörg Oberste. [Leipzig] 2008; Jens Klinger, Robert Mund (Bearb.), Die Stadtbücher Altendresdens 1412–1528 (Die Stadtbücher Dresdens und Altendresdens 4), hrsg. von Thomas Kübler, Jörg Oberste. [Leipzig] 2009.

[6] „in civitate nostra Dreseden" – „in unserer Stadt Dresden" (wie Anm. 2).

[7] George Bähr. Die Frauenkirche und das bürgerliche Bauen in Dresden. Ausstellung im Georgenbau des Dresdner Schlosses. 21. Dez. 2000 bis 4. März 2001 (Katalog – Hrsg. Staatliche Kunstsammlungen Dresden und Landesamt für Denkmalpflege Sachsen) [Dresden 2001].

Abb. 6 Dresden-Albertstadt, Elisabeth-Boer-Straße 7

Ehem. Getreidespeicher (Körnermagazin) vor der Herrichtung und Restaurierung. Aufnahme um 2009.

Hier forschte er ja auch zwei Jahrzehnte in den Beständen des Stadtarchivs zum Objekt. Sein Anteil daran, dass wir dann nach 2005 nahezu vollständig die Bestände zum Wiederaufbau übernehmen konnten, ist nicht übertrieben als der Entscheidende zu benennen und nicht nur deshalb war es fast folgerichtig, dass er anlässlich einer großen Übergabe der Bestände der Fördergesellschaft uns avisierte, seinen Vorlass in das Stadtarchiv Dresden zu übergeben. Dieser Prozess soll im Folgenden beschrieben werden.

Die Übergabe seines umfangreichen Vorlasses, der nicht einmal ein Jahr später zu seinem Nachlass werden sollte, fand an zwei Tagen im Oktober 2020 in seinem Haus in Radebeul statt. Beginnend mit der freundlichen Einladung zum Tee, begleitet von einer netten Unterhaltung und der nochmaligen genauen Durchsicht der Inhalte des üblichen Übernahmevertrages, führte er uns schließlich in sein Arbeitszimmer, dessen Boden fast vollständig mit Mappen, Heftern und Umschlägen aufgetürmt zu Stapeln unterschiedlicher Höhe bedeckt war. Von Unordnung konnte jedoch keine Rede sein. Alles lag sorgfältig vorsortiert da. Jede Mappe, jeder Umschlag trug einen Titel und war mit einer Jahresangabe versehen.

Nicht das Weggeben an sich – diesen Entschluss hatte er schon längst getroffen – aber, dass nun der Zeitpunkt gekommen war, sich von seinen Unterlagen zu trennen, das fiel ihm sichtlich nicht leicht, was uns wachsame und auch vereinzelt wehmütige Blicke, unter denen verpackt und abtransportiert wurde, verrieten. Welche Gedanken mögen einem feinsinnigen Geist wie ihm durch den Kopf gegangen sein? Das Lebenswerk, was einen jahrelang umtrieb, wo Herz, Verstand und Leidenschaft drinstecken, gibt man im physischen Sinne nun einfach aus der Hand, in andere, in unsere, für andere. Letztlich aber war er seinem Bekunden nach froh, Dinge abgeben zu können und sie bewahrt und wünschenswerterweise künftig von Forschenden genutzt zu wissen. Allein schon diese wenigen Momente während der Übergabe zeigten den Mensch Heinrich Magirius – höflich, überlegt, gründlich und bestimmt.

Abb. 7 Dresden-Albertstadt, Elisabeth-Boer-Straße 7
Ehem. Getreidespeicher (Körnermagazin) nach der Restaurierung zum Zwischenarchiv von Südosten. Aufnahme 2012.

Mit derselben Akribie, mit der er seine Arbeit verrichtete, bewahrte er auch seine über die Jahre angesammelten Unterlagen auf. Diese spiegeln nahezu lückenlos die Schwerpunkte seines beruflichen Wirkens wie auch privaten Engagements von Mitte der 1950er Jahre an bis zuletzt wieder. So existieren viele Aufzeichnungen seiner archäologischen Untersuchungen zur Baugeschichte des Zisterzienserklosters Altzella, die er 1958 als Dissertation in Leipzig einreichte. Zu diesem Zeitpunkt hatte er bereits eindrückliche Jahre hinter sich, zum einen die Schulzeit an der Kreuzschule Dresden und die Mitgliedschaft im Kreuzchor unter Rudolf Mauersberger, von dem er laut eigener Aussage „eine entscheidende Prägung empfing", sowie die Studienzeit in Greifswald und Leipzig, und zum anderen entwickelte sich in ihm seit der Zerstörung Dresdens 1945 zunehmend der Wunsch, „Denkmalpfleger zu werden". Schließlich begann er am Institut für Denkmalpflege in Dresden zu arbeiten, wo er zusammen mit seiner von ihm sehr geschätzten Kollegin Dr. Elisabeth Hütter „zur Verwissenschaftlichung der Denkmalpflege [...], die bis dahin noch stark emotional bestimmt war", beigetragen hat.[8] Vor allem gelang es ihm, kunstwissenschaftliche Untersuchungen für die Praxis der Denkmalpflege nutzbar zu machen. Er verfasste zahlreiche Studien besonders zu kirchlichen Restaurierungs- und Wiederaufbauprojekten, an denen er beteiligt war, wie zum Beispiel zur Thomaskirche und Nikolaikirche in Leipzig, zum Freiberger Dom, zur Annenkirche in Annaberg oder zur St. Wolfgangskirche in Schneeberg sowie zum Meißner Dom und zum Wechselburger Lettner. Ferner betreute er beginnend in den 1980er

[8] Diese Zitate entstammen einem ausführlichen Lebenslauf von Heinrich Magirius; Stadtarchiv Dresden, 16.1.26 Heinrich Magirius, Nr. 301.

Abb. 8 Stadtgeschichte Dresdens in drei Bänden

Abb. 9 Stadtbücher und Kriminalregister.

Jahren mit der Semperoper, der Gemäldegalerie, dem Schloss und später der Frauenkirche einige der kulturhistorisch bedeutendsten Wiederaufbauten Dresdens. Darüber hinaus widmete er sich der Geschichte der

Abb. 10 Buch „In civitate nostra Dreseden" Einband. Aufnahme 2017.

Denkmalpflege in Sachsen, zugleich Thema seiner 1988 in Halle eingereichten Dissertation B.[9] Zu all diesen und vielen anderen Themen aus Kunst- und Baugeschichte, aus Denkmalpflege und Archäologie entstand insgesamt ein umfangreiches Konvolut an Veröffentlichungen, Manuskripten, Vorträgen, Ausarbeitungen, Notizen und dergleichen mehr.

Ergänzt werden diese bau- und kunstgeschichtlichen Ausführungen durch zahlreiche Korrespondenzen, wissenschaftlichen Schriftverkehr, Gutachten, betreute Dissertationen, Seminararbeiten und Vorlesungsmaterial aus seiner ab 1980 andauernden Lehrtätigkeit an der Hochschule für Bildende Künste Dresden. Die Breite seines Wirkens unterstreichen unter anderem die Mitgliedschaft in der Sächsischen Akademie der Wissenschaften zu Leipzig seit 1991 sowie seine Tätigkeit als Landeskonservator im Landesamt für Denkmalpflege von 1994 bis 1999. Dabei spiegelt sich auch die unleidlich geführte Kontroverse um die Besetzung letztgenannter Stelle, verbunden mit der neuerlichen Etablierung des Lehrstuhls für Mittlere und Neuere Kunstgeschichte an der Technischen Universität Dresden, in den überlieferten Dokumenten wieder.

[9] Heinrich Magirius, Geschichte der Denkmalpflege in Sachsen bis 1945. Martin-Luther-Universität Halle-Wittenberg, Philosophische Fakultät, Dissertation B, Halle 1987. [Maschinenschr.], veröffentlicht im Verlag für Bauwesen Berlin 1989.

Abb. 11 Dresden-Albertstadt Stadtarchiv, Unterlagen von Heinrich Magirius. Aufnahme 2022.

Selbst lange nach seinem Ausscheiden aus dem Berufsleben sah sich Heinrich Magirius der Denkmalpflege verpflichtet, seine Meinung sowie seine feinsinnigen und präzisen Studien waren in Fachkreisen stets geschätzt. Viele Unterlagen ab den 2000er Jahren zeugen davon. Außerdem betätigte er sich für seine Heimatstadt Radebeul im Bereich des kulturellen Erbes, etwa mit Ausführungen zur bedeutsamen Friedenskirche, zu historischen Dorfkernen oder auch zum Neuen Bauen.

Schließlich umfasst der Bestand Magirius neben beruflichen auch etliche private Dinge, wie Fotos, Briefe, Einladungen, Glückwunschschreiben und einiges mehr.

Insgesamt waren es um die fünfzig Umzugskartons beziehungsweise dreißig laufende Meter Unterlagen, die im Stadtarchiv ankamen und der weiteren Bearbeitung harrten *(Abb. 11)*. Wie sich zu einem Besuch unseres Hauses mit seiner Frau im März 2021 bestätigte, hatte Heinrich Magirius nicht nur ein breites Wissen im Archivwesen, sondern generell ein gutes Gespür für die Arbeit im Archiv. Vieles – kurz: die Abläufe und Gegebenheiten im Archiv – ließ er sich erklären, er zeigte sich interessiert, wo und wie aufbewahrt wird, wie die Erschließung und technisch-konservatorische Bearbeitung erfolgt und die spätere Benutzung vonstattengeht. Detaillierte Ausführungen unsererseits etwa zu Temperatur und Luftfeuchte in den Magazinräumen oder zu den sogenannten säurefreien, basisch gepufferten Verpackungen vernahm er mit Kennermiene. Er wollte seine Aufzeichnungen gut aufbewahrt wissen – wiederum ein Ausdruck seiner Professionalität. Als wir schließlich die Unterschriften unter den Archivvertrag setzten, blickte Heinrich Magirius wohlwollend auf die Anordnung der Vertragsinhalte. Natürlich war alles korrekt – so hatten wir es ja auch gelehrt bekommen im Archivwissenschaftlichen Kolleg in Leipzig dreißig Jahre zuvor.

Gleichwohl sich seine Verdienste besonders um die Denkmalpflege und Kunstgeschichte in Sachsen nicht allein im Papierenen messen lassen, zeugen die überlassenen Unterlagen doch zum einen von seiner Beharrlichkeit, auf die zur Erledigung drängenden Angelegenheiten immer wieder hinzuweisen und sie so ins Gedächtnis zu rufen, und zum anderen von einer Vielfalt an Aufgaben, denen er sich über Jahre mit Ausdauer und Hingabe gewidmet hatte.

Heinrich Magirius war eine herausragende Persönlichkeit, wovon sein Nachlass zeugt. Und obwohl er nie im Vordergrund stehen wollte, ist das Bewahren seiner Überlieferung letztlich auch ein Teil der Würdigung seines Lebenswerkes.

Bildnachweis

Abb. 1, 3, 5–7, 10, 11: Stadtarchiv Dresden / Elvira Wobst; *Abb. 2:* Stadtarchiv Dresden / Frank Höhler; *Abb. 4:* Stadtarchiv Dresden / Jörg Schöner; *Abb. 8, 9:* Stadtarchiv Dresden / Jörn Levenhagen.

Vereinsbericht

Bericht der Gesellschaft zur Förderung der Frauenkirche Dresden e. V.[1] von Juli 2021 bis Juni 2022

VON ANDREAS SCHÖNE

unter Mitwirkung von Manfred Busch, Stefan A. Busch, Thomas Gottschlich, Hans-Joachim Jäger, Grit Jandura, Otto Stolberg-Stolberg, Heike Straßburger, Gunnar Terhaag und Susanne Tharun[2]

Einführung

Im Spätsommer 2021 bestanden noch Hoffnungen, dass es im Winter 2021/22 nicht wieder zu Einschränkungen durch die Corona-Pandemie kommen würde. Allerdings hatte sich die Lage kurz nach Erscheinen des letzten Berichts[3] so verschärft, dass erneut Teile des privaten, gesellschaftlichen, kulturellen, wirtschaftlichen und sonstigen Lebens in Deutschland erheblich eingeschränkt oder zum Erliegen gebracht wurden, wenn auch nicht so sehr wie ein Jahr zuvor. Dies betraf auch die Frauenkirche. Zwar konnten die Gottesdienste und Andachten in Abhängigkeit vom Infektionsgeschehen mit wechselnden Einschränkungen wenigstens noch stattfinden, aber Konzerte mussten ausfallen, der Kuppelaufstieg geschlossen bleiben. Die Besichtigung der Kirche war wieder nur sehr verkürzt möglich. Umso erfreulicher war es, als das Leben in der Frauenkirche seit Frühjahr 2022 wieder in kleinen Schritten ausgeweitet werden konnte. Unklar ist, was der Herbst und Winter 2022/23 bringen werden.

Auch die Fördergesellschaft konnte nicht alle ihrer geplanten Veranstaltungen und Projekte umsetzen, aber immerhin mehr, als im vorherigen Berichtszeitraum. So fanden die Frauenkirchen-Festtage 2021 in vollem Umfang statt und auch die Vortragsreihe „Donnerstagsforum" hatte keine Absagen zu beklagen. Bis zum Redaktionsschluss konnten bereits sieben von zehn wegen der Corona-Pandemie abgesagte Vorträge aus den Jahren 2020 und 2021 nachgeholt werden. Unser Helfersommerfest 2021 musste wegen der Vorlaufzeit zwar verschoben werden, fand aber im Spätsommer 2021 statt. Hinter uns liegt auch schon das Helfersommerfest 2022.

Ein großer Einschnitt war, dass nach der 28. auch die 29. Weihnachtliche Vesper 2021 nicht wie gewohnt vor, sondern nur in der Frauenkirche und auch nur fürs Fernsehpublikum möglich war. Zum Gedenktag am 13. Februar 2022 war die Fördergesellschaft hingegen fast wieder mit dem gewohnten Angebot präsent.

Dankbar sind wir, dass der von Sigrid Kühnemann von unserem Celler Freundeskreis bereits für 2020 vorbereitete und schon einmal auf 2021 verschobene 14. Frauenkirchentag vom 27. bis 29. Mai 2022 in Hildesheim stattgefunden hat. Leider gilt dies nicht für die geplante Vereinsexkursion nach Griechenland, die mittlerweile ihre endgültige Absage erlebte. Schwerwiegende Auswirkungen hatte die Corona-Pandemie auch für die Frauenkirchen-Lotterie, die mittlerweile beendet werden musste.

Bestürzung und Trauer, aber auch nicht selten Wut, löste der Angriff Russlands gegen die Ukraine am 24. Februar 2022 aus. Seit diesem Tag fällt es schwer,

---

[1] Nachfolgend: Fördergesellschaft.
[2] Die Beiträge von Manfred Busch* (MB), Dr. Stefan A. Busch* (SB), Architekt Dipl.-Ing. Thomas Gottschlich (TG), Dr. Hans-Joachim Jäger* (HJJ), Grit Jandura M. A. (GJ), Andreas Schöne M. A.* (AS), Dipl.-Geogr. Heike Straßburger (HS), Otto Stolberg-Stolberg* (OST), Ass. iur. Gunnar Terhaag LL.M.* (GT) und Susanne Tharun M. A.* (ST) sind gezeichnet. Die mit * gekennzeichneten Autoren sind Mitglieder der Fördergesellschaft.
[3] Vgl. Andreas Schöne, Bericht der Gesellschaft zur Förderung der Frauenkirche Dresden e. V. von Juli 2020 bis Juni 2021. In: Die Dresdner Frauenkirche. Jahrbuch 25 (2021), S. 227–239.

Abb. 1 Dresden, Frauenkirche
Transparent mit der biblischen Botschaft aus Matthäus 5,9
von Südwesten. 13. April 2016.

alltäglichen Aufgaben nachzugehen. Denn nach fast achtzig Jahren tobt in der Mitte Europas ein brutaler Krieg. Unsere Gedanken und Gebete sind bei den Opfern und den zerstörten Orten. Auch unsere Frauenkirche wuchs aus Trümmern empor. Ihre Friedensbotschaft *(Abb. 1)* ist so wichtig wie nie zuvor. Damit sie in die Welt ausstrahlen kann, engagieren wir uns unvermindert dafür, unsere Frauenkirche zu erhalten. Wir sind dankbar für das hohe Maß an Vertrauen, das uns dabei durch unsere Mitglieder, Spenderinnen und Spender entgegengebracht wird. Wir spüren weiterhin eine sehr große Bereitschaft, unsere Frauenkirche und ihre Friedensbotschaft in vielerlei Hinsicht aktiv zu unterstützen. So ist es uns auch 2021/22 wieder gelungen, das Leben an und in der Frauenkirche sowohl durch eigene Projekte als auch durch Zuwendungen an die Stiftung Frauenkirche Dresden[4] zu fördern. Die hierzu eingeworbenen Spenden sind das Resultat zielgerichteter intensiver Spendenwerbung. Die tiefe Verbundenheit unserer Mitglieder und Spender bildet das tragfähige Fundament unserer gemeinsam wiederaufgebauten Frauenkirche, die zu Frieden und Versöhnung mahnt. (AS)

Bauwerkswartung

Im Anschluss an den letzten Bericht[5] folgte als weitere Baumaßnahme im Jahr 2021 die Reparatur der Luke im Außenbauwerk Ost. Diese im Straßenpflaster am Chor sichtbare, aber vielen nicht auffallende Öffnung ist mehrstufig aufgebaut und bei Bedarf von mehreren Partnern zu warten. Die Stadt Dresden ist für das Pflaster, das Pflasterbett und die Verfugung verantwortlich, die Stiftung für die Gusseisenkonstruktion, die von oben nicht sichtbare, aber mit dem Außenbauwerk darunter verbundene Betonkonstruktion sowie die Wasserableitung nach innen. Die Luke bestimmt mit ihrem Öffnungsmaß die maximale Bau- oder Anlagenteilgröße, die ins Außenbauwerk hinein- oder hinausgebracht werden kann. Die Konstruktion unterhalb des Pflasters ist die dichtschließende Ebene aus Aluminiumbauteilen und einer umlaufenden Rinne, die das Kondenswasser zwischen der Pflaster- und der Aluminiumebene ins Gebäudeinnere und in den Ablauf führt. Darunter befindet sich zum Innenraum noch eine Dämmschicht. Die Betoninnenwand unterhalb der Gusseisenkonstruktion wurde mit Reparaturspachtelmasse ausgebessert, der Wandanschluss zur Rinne mit Abdichtungsmasse erneuert und die Wasserableitung durch Hinzufügung weiterer Abläufe verbessert. Diese an sich nicht komplizierte Aufgabe wird dadurch zur Herausforderung, dass das Zeitfenster eng ist, mehrere Gewerke auf einer kleinen Fläche abhängig voneinander arbeiten müssen und der Ein- und Ausbau der ersten und zweiten Ebene mit einem Ladekran und mindestens drei Mitarbeitern jeweils mehr als einen

[4] Nachfolgend: Stiftung.
[5] Vgl. Schöne, Bericht (wie Anm. 3), S. 228–230.

Abb. 2 Dresden, Frauenkirche
Restauratorin Susan Nitsche bei Arbeiten am Taufstein.
13. Januar 2022.

halben Tag dauert. Da die Luke dann geöffnet ist und gegen Wind und Wetter sowie Einbruch geschützt werden muss, ergibt sich eine verhältnismäßig aufwendige Aufgabe. Zuletzt war die Luke 2008 geöffnet worden.

Das Thema „Putz und Mörtel" war über die Jahre immer wieder behandelt worden. Nun wurden weitere Versuche an der kleinen Kuppelgaupe G unternommen. Die Putzflächen der kleinen Kuppelgaupen sind wie die des oberen Abschnitts der Wendelrampe wegen der starken Durchfeuchtung des noch jungen, saugfreudigen Sandsteins 2006 entfernt worden. Seit mehr als zehn Jahren ist das Wasseraufnahmeverhalten aber wieder normal und daher könnten diese Flächen wieder verputzt werden. Vorbereitend werden Versuche mit verschiedenen Sorten von Putzmörteln unternommen, um herauszufinden, ob der Einsatz des damaligen Putzes oder aber eines neuartigen zu empfehlen ist. Daher haben wir auf der Innenfläche der Gaupe G mittig geteilt zwei aktuelle Putzentwicklungen aufgebracht, um über die nächsten zwei Winter herauszufinden, welche sich unter Beachtung verarbeitungsrelevanter Faktoren als dauerhafter erweist.

Zur Zeit des Wiederaufbaus war das Angebot an verfügbaren, gut gestalteten Leuchten relativ überschaubar. Für Sonderbauten wurden daher in der Regel mit teilweise sehr hohem Aufwand Sonderleuchten geplant und hergestellt. Eine solche in der Frauenkirche ist die sogenannte Aposteleuchte, die in der Sakristei und der Taufkapelle hängt. Das damals zur Verfügung stehende Leuchtmittel schaffte es nicht, die ganze Leuchtröhre auszuleuchten. Mit einer ortsansässigen und u. a. auf den Umbau von Bestandsleuchten orientierten Firma haben wir mittels LED-Technologie diesem gestalterischen Mangel nun endlich Abhilfe schaffen können.

Im elektrischen Bereich ist wie immer viel passiert; notwendige Erneuerungen fanden begleitend statt: Die Schaltschränke im Tonstudio wurden teilerneuert, die Zentralen in der Rauchwarnanlage ausgetauscht und notwendige Akkutausche durchgeführt. Selten auszuführende Wartungsarbeiten wie die an den acht Warmluftstationen im Hauptkuppelraum konnten erledigt werden.

Anfang 2022 wurde die fünfzehnte Schließwoche in Folge mit den üblichen Arbeiten durchgeführt. Zur Zeit ihrer Einführung war sie die Lösung für das dringende Problem, Arbeiten tagsüber und zusammenhängend zu leisten. Schaut man sich um, wird diese Form der Instandhaltung mittlerweile an vielen Gebäuden deutschlandweit praktiziert, auch mit dem Nachteil der für Besucher geschlossenen Türen.

Abb. 3 Dresden, Frauenkirche
Begehung der Laterne. 8. Juni 2022.

Der von der Stadt Freiberg ausgeliehene Taufstein muss vertragsgemäß durch den Nutzer gepflegt werden. Für uns hat die bereits bei der Altarrestaurierung beteiligte Restauratorin Susan Nitsche diese Aufgabe in diesem Jahr durchgeführt. Sie bestand aus der Reinigung aller Oberflächen sowie der Retusche der Farb- und Vergoldungsflächen (Abb. 2).

Im Januar 2022 wurde in der Vorhalle D durch den Einbau von LED-Lichtstreifen die Ausleuchtung erheblich verbessert.

Alle Jahre wieder müssen an bestimmten Fenstergewänden Schmutz und evtl. auch Schimmelbefall entfernt werden. Diese sich durch die jeweilige Mikroklimalage ergebenden bauphysikalischen Mängel werden von Zeit zu Zeit überprüft und gegebenenfalls nach Probenentnahme mit einem Gutachten untersetzt, um Gefährdungen für Besucher, Mitarbeiter und Ausführende auszuschließen. Im April und Mai 2022 konnten diese Maßnahmen in den Turmstuben der Treppenhäuser A und G ausgeführt werden. Abschließend wurde auf wenigen Wandflächen anstatt der Kalkfarbe ein großporiger, biologischer Anstrich aufgetragen mit dem Ziel, durch das extrem stark erweiterte Porenvolumen auf der Fläche mehr Feuchtigkeit aufnehmen zu können und damit auf lange Sicht eine Verbesserung des Mikroklimas zu erreichen.

Eine vergleichbare Aufgabe besteht in der Beobachtung des Klimas in den Kuppelanlaufgaupen. Dort kann über längere Zeit Kondenswasser sowohl auf der Wandfläche als auch an den Fenstergewänden stehen. Durch den Diffusionsprozess im Sandstein wird allerdings auch der Entsalzungsprozess gefördert und so ist bei der Beurteilung der Fläche sowohl eine Mikrodampfreinigung als auch eine eventuelle mehrstufige Entsalzung einzuplanen. Erfreulicherweise war aber nur ein Entsalzungszyklus notwendig, und so konnte nach einer erneuten Reinigung die Farbretusche umgesetzt werden.

Mit der ersten Begehung seit 15 Jahren (Abb. 3) konnte bestätigt werden, dass der Oberflächenzustand der Laterne sehr gut ist und dass sich die Falzverbindungen wie auch der Blitzschutz in einem sehr ordentlichen Zustand befinden. Mängel waren nicht festzustellen. Auffallend war ein Kuriosum: Ein Spinnennetz zog sich, scheinbar unbeeindruckt von Wind und Wetter, von den äußeren Kreuzarmen zum oberen durch.

Die Auffrischungsarbeiten am Fußboden wurden in der zweiten Empore weiter durchgeführt, so dass dieser fast fertig bearbeitet werden konnte. Die Restarbeiten sollen im vierten Quartal 2022 noch folgen.

Normalerweise einfach auszuführende Arbeiten sind in und an der Frauenkirche häufig kompliziert. Für das Wechseln des Abgasrohres der Netzersatzanlage auf der Rückseite des Treppenturms A waren neue Rückverankerungen im Mauerwerk des Turms notwendig, damit zwei Bergsteiger den Wechsel, durch das Ovalfenster steigend und am Turmmauerwerk gesichert, vornehmen konnten.

Abb. 4 Dresden, Frauenkirche

Befahrung des Treppenturms A. 14. Juni 2022.

Abb. 5 Dresden-Hosterwitz, Ev.-Luth. Kirche „Maria am Wasser"

Frauenkirchenpfarrer Markus Engelhardt während der Andacht zum Helfersommerfest. 16. September 2021.

Die angekündigte Befahrung der Frauenkirche konnte bei erträglichem Wetter im Juni 2022 innerhalb von drei Tagen absolviert werden *(Abb. 4)*. Sämtliche Fassaden, der Kuppelanlauf und die Kuppel bis zu den Kuppelstufen konnten vom Hubsteiger aus begutachtet werden, die gesamte Laterne von der höchsten Hubsteigerposition aus per Fernglas. Vorläufig bewertet und zusammengefasst haben sich die bereits bekannten Phänomene verstetigt.

Auch im Jahr 2021 und dem ersten Halbjahr 2022 konnten wir auftragsgemäß für die Erhaltung des Kirchgebäudes kontinuierlich und nachhaltig sorgen.

Die Fördergesellschaft hat den Bauerhalt der Frauenkirche 2021 mit 113.044 € unterstützt. Dies war durch hunderte Einzelspenden im Rahmen mehrerer Spendenaktionen ermöglicht worden. Auch im Jahr 2022 wird sie der Stiftung für diesen Zweck wieder einen nennenswerten Betrag zuwenden, wenn die dafür initiierte Spendenaktion abgeschlossen sein wird. Allen Spenderinnen und Spendern ist herzlich zu danken. (TG)

Die Fördergesellschaft und ihre Aktivitäten

Helfersommerfeste 2021 und 2022

Es ist uns ein großes Anliegen, unseren rund 100 Freiwilligen für ihr Engagement ganz besonders zu danken. Sie unterstützen uns teilweise schon seit Jahrzehnten bei unserer Arbeit zur Förderung der Dresdner Frauenkirche.

Nachdem wir das Helfersommerfest 2020 aufgrund der Corona-Pandemie absagen mussten, stand es auch 2021 auf der Kippe und musste verschoben werden. Umso mehr freuten wir uns, als wir am 16. September 2021 endlich unsere Gäste im Garten der Ev.-Luth. Kirchgemeinde Dresden-Hosterwitz begrüßen durften.

Nach dem Kaffeetrinken fanden sich alle in der Kirche „Maria am Wasser" zur Andacht ein. Diese hielt Frauenkirchenpfarrer Markus Engelhardt *(Abb. 5)*. Er führte unter dem Bibelwort *„Seht die Vögel unter dem Himmel an: Sie säen nicht, sie ernten nicht, sie sammeln nicht in die Scheunen; und euer himmlischer Vater ernährt sie doch. Seid ihr denn nicht viel kostbarer als sie?"* (Mt 6,26) durch ein Thema, das wohl fast jeden betrifft: Sorgen, die ganz unterschiedlicher Art sein können. Mit dem bekannten Lied „Wer nur den lieben Gott lässt walten" gingen wir hoffnungsvoll wieder in den Garten der Kirchgemeinde, wo uns das Abendessen erwartete. Pfarrer Engelhardt ließ es sich nicht nehmen, im Laufe des Abends noch mit Helferinnen und Helfern ins Gespräch zu kommen.

Am 21. Juni 2022, dem Tag der Sommersonnenwende, folgte an gleicher Stelle das nächste Helfersommerfest. Die Andacht hielt Frauenkirchenpfarrerin Angelika Behnke über die Schöpfungsgeschichte (Gen 1,1–2,3). Bei herrlichem Mittsommerwetter wurde auch dieses Fest zu einer herzlichen und geselligen Begegnung *(Abb. 6)*.

Die Sommerfeste bieten viel Zeit zur Besinnung und zum Gespräch, was sonst leider oft zu kurz kommt. Alle haben sich sehr über die lang ersehnte Gemeinschaft gefreut. Wir danken herzlich der Ev.-Luth. Kirchgemeinde Dresden-Hosterwitz und ihren Mitarbeitern für die gastfreundliche Aufnahme, den Mitgliedern und Helfern, die uns mit leckerem Kuchen und bei der Ausrichtung des Festes unterstützten und den Organisten Marc Holze (2021) und Friedrich Sacher (2022) für ihr Orgelspiel. (AS, HS)

Frauenkirchen-Festtage 2021 und 16. Kirchweihfest

Vom 21. bis 24. Oktober 2021 lud die Fördergesellschaft zu den Frauenkirchen-Festtagen ein. Anders als im Vorjahr mussten wegen der Corona-Pandemie keinerlei Programmpunkte abgesagt werden.

Den Auftakt bildete am 21. Oktober 2021 der Eröffnungsvortrag der Festtage im Rahmen des Donnerstagsforums. Regiekameramann Ernst Hirsch und Dr. Hans-Joachim Jäger erinnerten an Dr. Alan Russell (1932–2019) *(Abb. 7)*.

Am 22. Oktober 2021 trafen sich nachmittags Vertreter der Freundeskreise und des Vorstands der Fördergesellschaft zum Informationsaustausch im Haus der Kirche – Dreikönigskirche.

Am gleichen Abend fand im Restaurant „Kobers Chiaveri" im Sächsischen Landtag der festliche Empfang statt. Immer wieder ein Erlebnis ist der Blick von dort aus über das Altstadtpanorama zur Kuppel der Frauenkirche.

Abb. 6 Dresden-Hosterwitz, Ev.-Luth. Kirchgemeinde „Maria am Wasser"

Teilnehmer des Helfersommerfests. 21. Juni 2022.

Abb. 7 Dresden, Frauenkirche, Unterkirche

Nach dem Vortrag im Rahmen des Donnerstagsforums, v.l.: Ernst Hirsch, Dr. Hans-Joachim Jäger. 21. Oktober 2021.

Am 23. Oktober 2021 folgte die 18. Ordentliche Mitgliederversammlung.

Geistlicher Höhepunkt der Festtage war der Festgottesdienst zum 16. Kirchweihfest mit den Frauenkirchenpfarrern Angelika Behnke und Markus Engelhardt am 24. Oktober 2021.

Weitere Konzert- und Gottesdienstbesuche sowie thematische Führungen in der Synagoge und auf dem Dresdner Neumarkt gehörten zum Programm der Festtage. (AS)

18. Ordentliche Mitgliederversammlung

Am 23. Oktober 2021 fand die nun schon 18. Ordentliche Mitgliederversammlung unserer Fördergesellschaft im Haus der Kirche – Dreikönigskirche in Dresden statt. Ähnlich wie 2020 gab es Besonderheiten: Die Stühle mussten wegen der Corona-Pandemie auf Abstand stehen *(Abb. 8)* und alle Teilnehmer waren mit Masken unterwegs. Zu den Rahmenbedingungen gehörten die Einhaltung der einschlägigen gesetzlichen Regelungen, aber auch des Hygienekonzepts im Haus der Kirche.

Am Anfang hielt Frauenkirchenpfarrer Markus Engelhardt die Andacht. Danach begrüßte unser Vorsitzender Otto Stolberg-Stolberg die 110 erschienenen Mitglieder und Gäste, eröffnete die Versammlung und stellte deren ordnungsgemäße Einberufung sowie die Anwesenheit von weit mehr als den satzungsgemäß verlangten Vorstands- und Vereinsmitgliedern fest.

Nun folgte der Rechenschaftsbericht. Aus aktuellem Anlass berichtete der Vorsitzende zunächst wieder über die Auswirkungen der Corona-Pandemie auf die Arbeit der Fördergesellschaft im aktuellen Jahr. Die letzten Monate seien mittlerweile Routine gewesen und sowohl Vorstand als auch Geschäftsstelle hätten alles getan, um angepasst an die außergewöhnliche Situation in der Krise das Bestmögliche zu bewerkstelligen.

Er verwies auf die Satzung der Fördergesellschaft und auf ihre Hauptzielsetzung: das Einwerben von Spenden. Mit Blick auf die Spendenentwicklung seit 2015 zeigte er sich zuversichtlich, bis 31.12.2021 das Ergebnis des Jahres 2020 zu halten und verwies auf die vier durchgeführten Spendenaktionen.

Eine besondere Herausforderung sei 2020 die Durchführung der Weihnachtlichen Vesper gewesen. Im Anschluss an ein Video mit Ausschnitten davon sprach er seinen Dank an die Stiftung, die Mitwirkenden und die Mitglieder aus.

Er zeigte eine Auflistung der durchgeführten Vorhaben und der wesentlichen Projekte der Fördergesellschaft. Bei allen habe es mit Bezug auf die gesellschaftliche Verantwortung immer ein Ringen um die beste Lösung gegeben. Hartnäckigkeit und Konsequenz seien die DNA der Fördergesellschaft.

Neben dem „Stillen Gedenken" und dem „Dresdner Gedenkweg" am 13. Februar ging er auf das „Donnerstagsforum" ein. Er verwies auf den Frauenkirchentag in Hildesheim unter der Federführung von Sigrid Kühnemann, der coronabedingt auch 2021 abgesagt werden musste, jedoch Ende Mai 2022 nachgeholt werden soll, sofern dann die Voraussetzungen dafür gegeben seien. Besonders betonte er die Bedeutung der ehrenamtlichen Helfer und den Helferdank.

Dr. Hans-Joachim Jäger stellte den nunmehr 25. Band des Jahrbuchs vor und betonte in diesem Kontext die außergewöhnliche Bedeutung des verstorbenen Prof. Heinrich Magirius, der aus dem Wiederaufbaugeschehen nicht wegzudenken sei. Danach folgte ein Verweis auf den neuen Rundbrief Nr. 31.

Otto Stolberg-Stolberg erinnerte an die Verleihung des „Päpstlichen Silvesterordens" an Prof. Ludwig Güttler und die damit auch verbundene Reputation für die Fördergesellschaft.

Den Abschluss seines Rechenschaftsberichts widmete er Dr. Hans-Joachim Jäger. Er dankte ihm für seine 30-jährige Tätigkeit als Geschäftsführer und charakterisierte ihn als eine Persönlichkeit, die damit eine ganze Epoche geprägt habe. Er würdigte die Mitarbeiterinnen und Mitarbeiter der Geschäftsstelle und dankte den Vorstandsmitgliedern für ihre Tätigkeit, aber auch für ihre Loyalität.

Der Bericht des Schatzmeisters Ulrich Blüthner-Haessler für das Jahr 2020 schloss sich an. Er dankte den Mitgliedern des Finanzbeirats und erläuterte ausführlich die wirtschaftliche Lage des Vereins. Dabei konnte er ein insgesamt positives Ergebnis für das Jahr 2020 vorlegen. Besonders betonte er das trotz der Corona-Pandemie sehr gute Spendenergebnis und die sehr gute Zusammenarbeit mit der Stiftung. Ergänzend wies er auf die geleistete ehrenamtliche Arbeit hin, die neben den rein finanziellen Posten stehe.

Bericht der Gesellschaft zur Förderung der Frauenkirche Dresden e. V. von Juli 2020 bis Juni 2021

Abb. 8 Dresden, Haus der Kirche – Dreikönigskirche

18. Ordentliche Mitgliederversammlung unter den Bedingungen des Corona-Hygienekonzeptes, auf dem Podium v. l.: Dr. Stefan A. Busch, Martina de Maizière. 23. Oktober 2021.

Die folgenden Berichte des Abschlussprüfers BDO AG Wirtschaftsprüfungsgesellschaft (Ramona Assmann) und der ehrenamtlichen Rechnungsprüfer (Jens Beyer und Giselher Vadder) bestätigten die Ordnungsgemäßheit des vorgelegten Jahresabschlusses und der Arbeit des Vorstandes. Die ehrenamtlichen Rechnungsprüfer empfahlen zudem die Entlastung des Vorstandes.

In der anschließenden Aussprache zu den Berichten kam es zu einer Wortmeldung über den kontinuierlichen Verlust von Mitgliedern in den letzten Jahren. Vorgeschlagen wurde, mehr mit Vereinen zusammen zu arbeiten (z. B. dem CVJM), und so neue Mitglieder zu gewinnen. Otto Stolberg-Stolberg bedankte sich und betonte, dass vor der Lösung die Analyse stünde. Hier sei festzustellen, dass der überwiegende Teil der Mitglieder 1989 ca. 50 Jahre alt gewesen und nunmehr 30 Jahre älter seien. Er unterbreitete mehrere Überlegungen zu diesem Thema.

Den Berichten des Vorsitzenden und des Schatzmeisters wurde ohne Gegenstimmen und bei zwei Enthaltungen Zustimmung erteilt. Der Vorstand wurde für seine Tätigkeit ebenfalls ohne Gegenstimmen und bei sechs Enthaltungen entlastet.

Auf Antrag des Vorstandes bestellte die Mitgliederversammlung bei drei Enthaltungen die BDO AG Wirtschaftsprüfungsgesellschaft für das Jahr 2021 zum Abschlussprüfer. Zuvor gab es Vorschläge, über einen Wechsel nachzudenken und über die Frage, ob ein externer Prüfer überhaupt notwendig sei.

Im Jahr 2021 war wieder ein neuer Vorstand zu wählen. Zunächst votierte die Mitgliederversammlung dafür, den Vorstand um zwei Mitglieder im erweiterten Vorstand zu ergänzen. Danach folgte die Vorstandswahl. Folgendes Wahlergebnis ist (bei 98 anwesenden stimmberechtigten Mitgliedern) festgestellt worden:

– Vorsitzender: Otto Stolberg-Stolberg, Dresden (92 Stimmen)
– Erster Stellv. Vorsitzender: Jochen Bohl, Landesbischof i. R., Radebeul (90 Stimmen)
– Zweiter Stellv. Vorsitzender: Dr. Stefan A. Busch, Steinfurt (92 Stimmen)
– Schatzmeister: Ulrich Blüthner-Haessler, Dresden (91 Stimmen)
– Schriftführer: Gunnar Terhaag, Dresden (83 Stimmen)
– erweiterter Vorstand: Martina de Maizière, Dresden (85 Stimmen) und Heiko Günther, Dresden (88 Stimmen)

In einem eigenen Tagesordnungspunkt erfolgte die Ehrung von vier sehr verdienten Mitgliedern.

Den Festvortrag zum Thema „Orte der Erinnerung – Gedenken in der und um die Frauenkirche aus historischer und aktueller Sicht" hielt Dr. Joachim Klose, Landesbeauftragter der Konrad-Adenauer-Stiftung für den Freistaat Sachsen.

In seinem Schlusswort dankte Otto Stolberg-Stolberg den Mitgliedern für das durch die Wahl ausgedrückte Vertrauen und betonte, dass er das Ergebnis auch als Auftrag verstehe, die Fördergesellschaft vor allem durch die Einleitung einer Strukturreform fortzuentwickeln, um zukünftigen Herausforderungen gerecht werden zu können. Die Mitgliederversammlung wurde wieder per Livestream im Internet übertragen. Schon während ihres Ablaufs hatten sie bis zu 20 Zuschauer gleichzeitig verfolgt. In den darauffolgenden Monaten gab es noch mehr als 600 weitere Zugriffe.
(SB, AS)

Fürchtet euch nicht! – Die weihnachtliche Vesper 2021

Unsere Berichte über die Weihnachtliche Vesper 2020 schlossen stets mit der Bemerkung, dass uns alle die Hoffnung verbinde, die Weihnachtliche Vesper 2021 wieder vor der Frauenkirche zu feiern, so wie wir es seit 1993 jedes Jahr getan haben. Nun, diese Hoffnung wurde nicht erfüllt. Zum zweiten Mal wurde die Tradition unterbrochen, dass die Weihnachtliche Vesper unter freiem Himmel vor der Frauenkirche gefeiert wird und dass hierzu bis zu 20.000 Menschen auf den Neumarkt strömen. Die Corona-Pandemie ließ es nicht zu.

„Fürchtet euch nicht!" So begann Frauenkirchenpfarrer Markus Engelhardt die Weihnachtliche Vesper 2021 und nahm damit den Ruf der Engel in der Heiligen Nacht auf. Weil wir uns nicht fürchten und weil die Weihnachtsbotschaft in so schwierigen Zeiten von umso größerer Bedeutung ist, haben wir die Vesper auch 2021 in den Innenraum der Frauenkirche verlegt. So wurde ein zweites Mal vermieden, dass die langjährige Tradition abbricht.

Zur 29. Weihnachtlichen Vesper befanden sich nur die Mitwirkenden in der Frauenkirche *(Abb. 9)*. Aufgrund der Hygienebestimmungen waren Besucher nicht dabei. Allerdings konnten etwa 218.000 Zuschauer allein im Sendegebiet des MDR die Vesper in der Fernsehdirektübertragung verfolgen. Sie erlebten, dass der Ablauf im Großen und Ganzen dem der vergangenen 28 Jahre entsprach. Insbesondere hielt wiederum der Landesbischof die Predigt, richtete der Sächsische Ministerpräsident in einer Ansprache das Wort an die Zuhörer und beteiligte sich der Dresdner Oberbürgermeister an den Fürbitten. Die Vesper wurde auch wie immer von einem anspruchsvollen musikalischen Programm begleitet.

„Fürchtet Euch nicht!" Mit dieser Botschaft der Engel an die Hirten auf dem Felde bei Bethlehem eröffnete der im Mai 2021 neu in sein Amt eingeführte Pfarrer an der Frauenkirche Markus Engelhardt seine Begrüßung. Superintendent Christian Behr las das Weihnachtsevangelium. Landesbischof Tobias Bilz richtete das geistliche Wort an die Gemeinde vor den Bildschirmen. Himmel und Erde hätten in Bethlehem in der Weihnachtsnacht zusammengefunden. Die Weihnachtsbotschaft werde dringend gebraucht, die Botschaft, dass Gott als Kind kommt. Der Sächsische Ministerpräsident Michael Kretschmer stellte die Pandemie in den Mittelpunkt seiner Ansprache. Er warb um Vertrauen. Wir sollten dem Rat der Ärztinnen und Ärzte vertrauen. Impfungen hätten Menschenleben retten können. In diesem Zusammenhang warnte er vor *„falschen Propheten"*. Frauenkirchenpfarrerin Angelika Behnke flocht Gebetsanliegen, die in den sozialen Medien unter dem Hashtag „Meine Weihnachtsfürbitte" gesammelt wurden, in die Fürbitten ein. Landesbischof Tobias Bilz spendete den Segen.

Es spielte das Blechbläserensemble Ludwig Güttler unter dessen Leitung. Es sangen das Sächsische Vokalensemble unter der Leitung von Matthias Jung sowie als Solisten Romy Petrick (Sopran), Annekathrin Laabs (Mezzosopran), Egbert Junghanns (Bariton) und Gunther Emmerlich (Bass). Die musikalische Gesamtleitung lag bei Ludwig Güttler. (OST)

Gedenken an der Frauenkirche am 13. Februar 2022

Erinnern, um für die Zukunft zu lernen – das war die Botschaft der Frauenkirche in den Tagen rund um den 13. Februar 2022. *„Frieden entsteht nicht von selbst. Ihn zu schaffen ist harte Arbeit, jeden Tag, mit Leidenschaft und Augenmaß. Wie wertvoll er ist und wieviel Leid sein Fehlen bewirkt, lehrt uns die deutsche Geschichte ebenso wie die von Krisen und Konflikten gezeichnete Gegenwart in vielen Teilen dieser Welt"*, so Frauenkirchenpfar-

Abb. 9 Dresden, Frauenkirche
Blechbläserensemble Ludwig Güttler zur 29. Weihnachtlichen Vesper. 23. Dezember 2021.

rer Markus Engelhardt. Er rief auf, ein Miteinander in Frieden zu suchen. *„Die Zerstörung Dresdens ist der Ausgangspunkt, aber nicht der alleinige Inhalt dieses Gedenktages. Das Schicksal unserer Stadt steht emblematisch für viele Orte, an denen Menschen einander Schreckliches antun, aber auch über tiefe Gräben hinweg neu zueinander finden. Hierauf wollen wir den Blick weiten."*

Am 12. Februar 2022 flossen Erinnerungen an die Zerstörung Dresdens im Jahr 1945 in die von Frauenkirchenpfarrerin Angelika Behnke gestaltete Mittagsandacht ein. Am Abend erklangen in einem Gedenkkonzert Werke von Michael Praetorius (1571–1621). Das Konzert verband das Erinnern an den berühmten frühbarocken Komponisten mit dem Gedenken der Stadt an Leid durch Krieg und Hass.

Am 13. Februar 2022 lenkte der Gottesdienst den Blick auf ein weiteres prägendes Ereignis dieses Datums: 2022 jährte sich der stille Kerzenzug von der Kreuzkirche zur Ruine der Frauenkirche zum 40. Mal.

Inmitten der DDR-Diktatur hatten tausende, vor allem junge Menschen mutig ihre Opposition zur Aufrüstung und ihren Willen zum Frieden zum Ausdruck gebracht. Der Gottesdienst erinnerte an jenes Friedensforum.

Vom Nachmittag bis in die Abendstunden konnten an der Kirche auf eigens eingerichteten Flächen Kerzen abgestellt werden. Die Fördergesellschaft ermöglichte das „Stille Gedenken vor der Frauenkirche". Es bot Raum für Gespräche und Begegnungen, aber auch für schweigendes Erinnern. Die Kerzenaufstellflächen an der Frauenkirche wurden wieder von Mitarbeitern der Bau Dresden-Gruna GmbH ausgeführt. Beim Zusammenschluss der Menschenkette stimmten die Glocken der Frauenkirche in das stadtweite Geläut ein.

Danach begann der durch die Fördergesellschaft organisierte „Dresdner Gedenkweg – unterwegs zur Versöhnung". Vom Innenhof der Synagoge führte er an ausgewählte Orte, die an die Schuld der Deutschen und das Leid im Zweiten Weltkrieg sowie an Zerstörungen in der Nachkriegszeit erinnern. *„Zugleich werden aber auch der Hoffnung vermittelnde Wiederaufbau in der Stadt, die Sehnsucht nach Frieden, die friedliche Revolution von 1989 sowie der Wunsch und der anstrengende Weg der Menschen zur Versöhnung thematisiert"* so Projektleiter Dr. Hans-Joachim Jäger. Mit authentischen und zeitbezogenen Textlesungen führte der Gedenkweg an ausgewählte Orte wie die Gedenkstätte auf dem Altmarkt, die Trümmerfrau vor dem Rathaus und die Frauenkirche. An den Textlesungen war u. a. Daniel Schieferdecker vom britischen Dresden Trust beteiligt.

Nach dem stadtweiten Geläut öffnete die Frauenkirche ab 22 Uhr zur traditionellen Nacht der Stille. In Wort und Klang, aber auch mit bewussten Momenten der Stille wurde der Erinnerung an die zerstörerische Kraft des Krieges und dem Ruf nach einem versöhnten Miteinander Raum gegeben. (GJ, AS)

14. Frauenkirchentag in Hildesheim

„Endlich!" – das war wohl das am häufigsten benutzte Wort bei der Begrüßung der Teilnehmer des 14. Frauenkirchentages in Hildesheim. Dieser Frauenkirchentag war für das Jahr 2020 geplant und musste sowohl 2020 als auch 2021 wegen der Corona-Pandemie abgesagt werden. Mehr als 30 Vertreter der Freundeskreise der Frauenkirche trafen sich vom 27. bis 29. Mai 2022 im Hildesheimer Lüchtenhof, dem ehemaligen Priesterseminar. Sie waren aus ganz Deutschland angereist und gespannt, was die anderen Freundeskreise in den letzten beiden Jahren rund um die Frauenkirche veranstaltet und erlebt hatten.

Die Organisatorin dieses Frauenkirchentages, Sigrid Kühnemann, freute sich über die große Resonanz. Wie bereits bei den von ihr durchgeführten Frauenkirchentagen 2013 in Hermannsburg und 2017 in Wittenberg war ein buntes, vielseitiges Programm vorbereitet.

Einen breiten Raum haben die gemeinsamen Abende eingenommen. In zwangloser Runde tauschten sich die Teilnehmer über ihre durchgeführten und geplanten Aktivitäten aus.

Am Sonnabend stand die Erkundung der Stadt Hildesheim im Vordergrund. Während einer Stadtführung konnte die wunderbar erhaltene bzw. wieder aufgebaute Altstadt im Bereich der St. Godehard-Basilika bestaunt werden. Im Hildesheimer Dom St. Mariä Himmelfahrt, UNESCO-Welterbe, konnten zahlreiche Schätze bewundert werden, so die Bernwardtür (1015), der Heziloleuchter (1061), das spätromanische Taufbecken (1226) und die Christussäule (Bernwardsäule, um 1000). Ein weiterer Höhepunkt für alle war zweifelsohne der in voller Blüte stehende tausendjährige Rosenstock am Dom. Im Dommuseum konnten neben dem Domschatz weitere bedeutende sakrale Schätze bewundert werden.

Den musikalischen Höhepunkt am Abend bildete in der Andreaskirche das Konzert mit Ludwig Güttler, Thomas Irmen (beide Trompete und Corno da caccia) und Friedrich Kircheis (Orgel) mit Werken barocker Komponisten. Das Hildesheimer Konzert war zugleich Teil von Ludwig Güttlers Abschiedstour. Es erbrachte durch Honorarverzicht eine Spende von 2.000 € an die Fördergesellschaft. Schon 2013 und 2017 hatte Sigrid Kühnemann jeweils ein Konzert mit Ludwig Güttler während des Frauenkirchentages organisiert.

Sonntäglicher Höhepunkt war in der UNESCO-Welterbe-Kirche St. Michaelis der Festgottesdienst mit Michaelispastor Dirk Woltmann (Liturgie) und Frauenkirchenpfarrerin Angelika Behnke (Predigt) *(Abb. 10)*. Im sich anschließenden „KirchenCafé" vor der Kirche kam es mit den Gottesdienstteilnehmern zu intensiven Gesprächen über die Frauenkirche. Einige Besucher waren nur wegen der Gäste von der Frauenkirche in die Michaeliskirche gekommen.

Besondere Bewunderung fand die Holzdecke (um 1130) der Michaeliskirche. Sie besteht aus 1.300 Holzteilen, ihre Malerei aus acht Hauptfeldern. Abgebildet ist der sogenannte Jessebaum, der die Abstammung Jesu darstellt.

Die Michaeliskirche ist eine Simultankirche. Sie wird sowohl von der evangelischen als auch von der katholischen Kirche genutzt. Das Hauptschiff ist evangelisch, die Krypta katholisch.

Den Abschluss des 14. Frauenkirchentages bildete eine Gesprächsrunde mit geistlichem Abschluss von Pfarrerin Behnke in der Seminarkirche des ehemaligen Priesterseminars.

Für Sigrid Kühnemann, Vorsitzende des Celler Freundeskreises zur Förderung der Frauenkirche, war auch dieses Mal die Organisation der Tage eine Herzensangelegenheit – sowohl für ihre geliebte und von

Abb. 10 Hildesheim, Burgstraße
Teilnehmer des 14. Frauenkirchentages vor der Kirche St. Michaelis, vorn r. u. l.: Frauenkirchenpfarrerin Angelika Behnke, Michaelispastor Dirk Woltmann. 29. Mai 2022.

ihr unermüdlich unterstützte Frauenkirche als auch im Gedenken an ihren verstorbenen Ehemann Wolfgang (1931–2000). Ihr und allen, die zum Gelingen der Tage in Hildesheim beigetragen haben, sei herzlich gedankt. (MB)

Die Freundeskreise

Auch diesmal ist der Rückblick auf die Aktivitäten unserer Freundeskreise immer noch von den Auswirkungen der Corona-Pandemie geprägt. Er bleibt daher leider wieder recht kurz. Die Redaktion gibt trotzdem die Hoffnung nicht auf, im kommenden Jahr wieder über mehr Aktivitäten berichten zu können. Ein herzliches Dankeschön geht an alle, die der Frauenkirche und der Fördergesellschaft auch in diesen schwierigen Zeiten treu zur Seite gestanden haben.

Bad Elster
Auch 2022 konnte die erste Orgelvesper in der St. Trinitatiskirche im April mit Frauenkirchenkantor Matthias Grünert stattfinden. Im Juni 2022 schloss sich ein Besuch in Dresden (eine gemeinsame Veranstaltung der Elsteraner Fördervereine Kirchenmusik und Bademuseum) an.

Celle
Das besondere Ereignis in Celle war der zweimal verschobene Frauenkirchentag. Doch auch darüber hinaus war der Freundeskreis unter Sigrid Kühnemann wieder sehr aktiv. So organisierte er zwei Orgelkonzerte im Oktober 2021 mit Matthias Eisenberg in Celle und Sülze. Zudem nahm er an der Eröffnung des Festivals „Sandstein und Musik" im März 2022 in Lohmen teil.

Abb. 11 Babenhausen, Streichholzwelt

Aus Streichhölzern gefertigte Frauenkirche.
16. Dezember 2021.

Abb. 12 Werder/Havel, Marktplatz

Exkursionsteilnehmer des Osnabrücker Freundeskreises Frauenkirche Dresden (OS-FK FK-DD). 23. September 2021.

Darmstadt/Mühltal
Henrike-Viktoria Imhof konnte im Dezember 2021 nach der Pandemiepause 2020 wieder zu ihrem Adventskaffeetrinken in gemütlicher Runde, natürlich mit Dresdner Stollen, einladen. In diesem Rahmen wurde mit dem Abendlied von Christian Heinrich Rinck (1770–1846) der verstorbenen Mitglieder gedacht. Eher ungewöhnlich war ein Besuch in der Streichholzwelt in Babenhausen im Dezember 2021. Unter den mehr als 60 Nachbildungen historischer Bauwerke aus Streichhölzern befindet sich auch die Frauenkirche *(Abb. 11)*. Dieses Motiv zierte dann auch die Weihnachtskarte des Freundeskreises. Im Juni 2022 folgte eine Veranstaltung über die Kulturstadt Dresden beim Kunstkreis der Darmstädter „Aka55+" zusammen mit Prof. Raimund Herz. Neben der Vorstellung seines Buches „Canaletto malt Dresden", das u. a. Canalettos Verbindungen zur Frauenkirche thematisiert, berichtete Henrike-Viktoria Imhof über die zahlreichen Projekte der Fördergesellschaft, beginnend beim „Ruf aus Dresden". Der Freundeskreis konnte auch wieder an den Frauenkirchen-Festtagen und dem 14. Frauenkirchentag in Hildesheim teilnehmen.

Köln-Düsseldorf
Der Köln-Düsseldorfer Freundeskreis war wieder schwer von der Corona-Pandemie gebeutelt. Wieder mussten viele schon traditionelle Veranstaltungen entfallen, z. B. das Konzert im Altenberger Dom und die Anzeigenaktion. Zudem konnte auch die nicht minder traditionelle Adventsbriefaktion 2021 nicht stattfinden.

Osnabrück
Der Osnabrücker Freundeskreis konnte und kann mit einem stabilen Kern von rund 25 Personen seine Stammtische abhalten. Nur der Februartermin 2022 fiel der Corona-Pandemie zum Opfer. Auch die Reisen konnten 2021 fortgesetzt werden. Diesmal waren Potsdam und das Havelland das Ziel *(Abb. 12)*. Im Jahr 2022 geht es wieder nach Dresden. Besonders erfreu-

lich: der Überschuss der Reisen gelangt als Spende an die Frauenkirche, 2021 immerhin 500 €. (GT)

Frauenkirchen-Lotterie

Die Frauenkirchen-Lotterie hat ihre Ursprünge bereits im 18. Jahrhundert und damit eine lange Geschichte. 1991 gab es vielfältige Überlegungen und Initiativen, Mitglieder zu gewinnen und das Spendenaufkommen für den Wiederaufbau der Frauenkirche zu erhöhen. Dabei wurde auch an die Wiederaufnahme der Lotterie gedacht, die dann seit 1993 ununterbrochen durchgeführt werden sollte.

Leider musste die Bargeld-Losbrieflotterie nun beendet werden, da sie sich unter den gegebenen pandemischen Bedingungen, damit verbunden gesunkener Nachfrage und den kaum noch erfüllbaren Genehmigungsauflagen, wie des sparsamsten Mitteleinsatzes, für das Lotterietreuhandbüro Miene, Berlin, nicht mehr durchführen ließ. 2019 waren über die vertriebenen Losbriefe entsprechend den gesetzlichen Vorgaben noch rund 18.000 € zugunsten der Frauenkirche erzielt worden. Bis Ende Juli 2021 konnte hingegen trotz zweimaliger Verlängerung der 2020 beantragten und durch die Aufsichtsbehörden genehmigten Lotterie nur noch ein Bruchteil dieses Ergebnisses erzielt werden. Dr. Hans-Joachim Jäger, Projektleiter und Geschäftsführer der Fördergesellschaft erklärte: *„Seit Jahrzehnten wurden die Losbriefe, zuletzt an drei dafür genehmigten Standorten, im Stadtzentrum erfolgreich vertrieben. Für dieses Engagement sind wir den Standbetreuern und dem Lotterieunternehmen sehr dankbar. Jedes Los unterstützte unsere Arbeit und der Reinertrag wurde für die Weihnachtliche Vesper vor der Frauenkirche jedes Jahr am 23. Dezember verwendet."* (HJJ, AS)

Spenden

In den letzten zehn Jahren erschütterten Unwetter- und humanitäre Katastrophen nicht nur Deutschland. Die Flut im Juli 2021, aber auch der Beginn des Ukraine-Krieges im Februar 2022 beeinflussten die Spendenbereitschaft deutschlandweit. Laut „GfK Charity Panel" sind Spenden für die humanitäre und Notfallhilfe 2021 die Gewinner in der deutschen Spendenlandschaft.[6] Obwohl Spenden für die Kultur und für die Denkmalpflege in den letzten zehn Jahren im deutschen Vergleich stark nachließen, konnten wir die Arbeit der Stiftung im Jahr 2021 mit einer um 81 Prozent höheren Spendensumme unterstützen als zehn Jahre zuvor. Trotz sinkender Mitgliedszahlen stellt unsere Arbeit eine wichtige Säule für den Bauerhalt der Frauenkirche dar. Unter Berücksichtigung der Altersstruktur unserer Unterstützer werden wir zukünftig jüngere Zielgruppen identifizieren. Ein gezielter Beziehungsaufbau, die Implementierung sozialer Medien und digitale Spendenangebote sind dafür unerlässlich. (ST)

Personalia

Vorsitzender: Otto Stolberg-Stolberg, Rechtsanwalt, Dresden
Erster Stellv. Vorsitzender: Landesbischof i. R. Jochen Bohl, Radebeul
Zweiter Stellv. Vorsitzender: Dr. Stefan A. Busch, Manager, Steinfurt
Schatzmeister: Dipl.-Kfm. Dipl.-Ing.-Ök. Ulrich Blüthner-Haessler, Kaufmann, Dresden
Schriftführer: Ass. iur. Gunnar Terhaag LL.M., Referatsleiter, Dresden
Erweiterter Vorstand: Martina de Maizière, Diplom Supervisorin und Coach, Dresden, Dipl.-Ing.-Päd. Heiko Günther, Lehrer, Dresden

Geschäftsführer: Dr. Hans-Joachim Jäger, Andreas Schöne M.A.

Ehrenvorsitzender: Prof. Ludwig Güttler, Dresden

Ehrenmitglieder:
Renate Beutel, Dresden
Arnd Böhme, Rösrath
Dr. Dieter Brandes, Dresden
Eva-Christa Bushe (†)
Evline Eaton, Weybridge (Großbritannien)
Pfr. i. R. Gotthelf Eisenberg, Bad Wildungen

---

[6] Vgl. https://www.spendenrat.de/wp-content/uploads/Downloads/Bilanz-des-Helfens/bilanz-des-helfens-2022-deutscher-spendenrat.pdf (18.7.2022).

Gerlind Fichtner, Bad Kreuznach
Dr. Claus Fischer (†)
Hans-Achaz Freiherr von Lindenfels, Oberbürgermeister a. D. (†)
Günther Haug (†)
D. Dr. h. c. Johannes Hempel, Landesbischof i. R. (†)
Ernst Hirsch, Dresden
Dr. Hans-Christian Hoch, Dresden
Pfr. i. R. Dr. Karl-Ludwig Hoch (†)
Henrike-Viktoria Imhof, Mühltal/Traisa
Dr. Manfred Kobuch (†)
Dr. Walter Köckeritz, Dresden
Volker Kreß, Landesbischof i. R., Dresden
Sigrid Kühnemann, Celle
Dr. Udo Madaus (†)
Prof. Dr. Dr. h. c. Heinrich Magirius, Landeskonservator a. D. (†)
Prof. Dr. Hans Nadler, Landeskonservator a. D. (†)
Prof. Dr. Hans Joachim Neidhardt, Dresden
Prof. Dr. Jürgen Paul, Dresden
Dr. Alan Keith Russell OBE (†)
Paul G. Schaubert (†)
Dieter Schölzel (†)
Martin Schwarzenberg, Bad Elster
Pfr. Stefan Schwarzenberg, Großröhrsdorf
Prof. em. Dr. Curt Siegel (†)
LKMD i. R. Gerald Stier (†)
Dr. Herbert Wagner, Oberbürgermeister a. D., Dresden
OKR i. R. Dieter Zuber, Dresden

In memoriam

Wir gedenken in Dankbarkeit unserer zwischen Juni 2021 und Mai 2022 verstorbenen Mitglieder:

Anni Aengenheyster, Bad Wildungen
Sabine R. Althoff, Hilden
Dr. Evdokimos Arzimanoglou, Altena († März 2021)
Michael Baumann, Erkrath
Dr. Agnes Blüthner-Haessler, Dresden
Dr. Lothar Böhme, Hannover († Januar 2021)
Karl-Heinz Borghoff, Krefeld
Dorothea Brandes, Braunschweig
Eva-Christa Bushe, Würzburg

Anna Dettmar, Bad Wildungen
Klaus F. Dingler, Pfullingen
Annerose Dorn, Dresden
Peter-Jens Edye, Hamburg
Rotraut Einert, Stuttgart
Heinz Engelhard, Nürnberg († Dezember 2020)
Heinz Engels, Kreuztal
Ingrid Freund, Dresden
Anneliese Frömming, Mülheim
Prof. Dr. Rosemarie Gläser, Dresden
Dr. Günter Glauch, Iserlohn
Gertraud Karla Gnauk, Hamburg
Dieter Grimm, Haan
Dr.-Ing. Alexander Haltmeier, Kronberg
Annelies Haubold, Wilhelmshaven
Elvira Hertel, Ruhland
Michael Hertel, Ruhland
Bernd Hockemeyer, Bremen
Doris Jödicke, Bad Wildungen († Dezember 2020)
Christa Kannegießer, Neukirchen
Günther Kannegießer, Neukirchen
Elisabeth Karls, Isenbüttel
Dr. Klaus Kerger, Schwalbach
Werner Krull, Dortmund
Erika Lindner, Dortmund († Januar 2021)
Bernhard Liscutin, Duisburg
Jörg Mangelsdorf, Mühltal
Dr. med. vet. Klaus Mayer, Mannheim
Dieter Monstadt, Bad Wildungen
Stefan Müller, Albbruck
Friedrich Wilhelm Neuner, Giengen
Alfred Penckwitt, Hirschberg
Dr. Hans Rehme, Unterhaching
Armin Rühl, Düsseldorf
Annelies Sander, Osterhofen
Dr. med. Helmut Schaub, Neuenstein
Ingeborg Scheike, Dresden († November 2020)
Prof. Dr. Harry Schilka, Kesselsdorf
Peter Schultheis, Bad Wildungen
Helmut Skade, Rostock
Ingeborg Stipp, Dieburg
Dieter Stöcker, Düsseldorf († Mai 2021)
Horst-Hermann Süssmilch, Bonn
Prof. Dr. Günter Tamme, Bad Abbach
Bernd Thaldorf, Lippstadt
Dr. Erika Thiele, Dresden

Abb. 13 Dresden, Haus der Kirche – Dreikönigskirche
Nach der Verleihung der Ehrenmitgliedschaft, v. l.: Arnd Böhme, Otto Stolberg-Stolberg. 23. Oktober 2021.

Abb. 14 Dresden, Haus der Kirche – Dreikönigskirche
Nach der Verleihung der Ehrenmitgliedschaft, v. l.: Otto Stolberg-Stolberg, Eveline Eaton. 23. Oktober 2021.

Manfred Thiruck, Dresden
Eberhard von Freymann, Lüneburg
Dr. Christoph Wetzel, Dresden
Prof. Leopold Wiel, Dresden
Louis Wirion, Köln
Gerhard Zeretzke, Soest
Edith Zumpe, Garmisch-Partenkirchen

Nachruf

Wir trauern um unser Ehrenmitglied Landeskirchenmusikdirektor i. R. Gerald Stier, geboren am 17. September 1940, gestorben am 7. April 2022. Von Anfang an unterstützte er den Wiederaufbau der Frauenkirche vielfältig, z. B. indem er der Gesellschaft zur Förderung des Wiederaufbaus der Frauenkirche Dresden e. V. 1995 in der Auferstehungskirche in Dresden-Plauen ein eindrucksvolles Gedenkkonzert ermöglichte. Engagiert wirkte er in den Kommissionen der Stiftung zur Bestellung der Kirchenmusiker der Frauenkirche mit. Überzeugend vermittelte er die der Musik innewohnende Kraft, den Glauben zu stärken und Freude zu schenken.

Wir werden das Andenken der Verstorbenen stets in Ehren halten. Unser aufrichtiges Mitgefühl gilt ihren Angehörigen. (AS)

Ehrungen

Auf der 18. Ordentlichen Mitgliederversammlung am 23. Oktober 2021 wurden in Würdigung ihres Engagements zu Ehrenmitgliedern ernannt:

Arnd Böhme *(Abb. 13)*
– als Mitglied der Fördergesellschaft seit 1991,
– als Gründungsmitglied des Freundeskreises Köln-Düsseldorf der Frauenkirche zu Dresden im Jahr 1996,
– als Initiator der Übergabe eines Altsteins der Frauenkirche als Geschenk an den Kölner Dom zu dessen 750. Jubiläum, der dort in der Krypta eingesetzt wurde

und dem später als Gegengabe ein Stein des Kölner Doms zum Einbau in der Frauenkirche folgen sollte,
– als der Stadt tief verbundener, gebürtiger Dresdner und Zeitzeuge ihrer Zerstörung im Februar 1945,
– bei zahlreichen Spendenprojekten im Raum Köln-Düsseldorf, wobei er seine vielfältigen beruflichen Erfahrungen einbrachte und für die nötigen Vernetzungen mit vielen Partnern aus Wirtschaft und Industrie sorgte,
– bei der Vorbereitung und Organisation von Spendenkampagnen und Benefizkonzerten, vor allem mit Künstlern aus Sachsen,
– sowie des 5. Frauenkirchentages in Köln 2011.

Eveline Eaton *(Abb. 14)*
– als Vorsitzende des britischen Dresden Trust von 2013 bis 2019, die den Trust in der Nachfolge seines Gründungsvorsitzenden Dr. Alan Russell gut aufgestellt und erneuert sowie neue Mitglieder hinzugewonnen hatte,
– als Kunsthistorikerin, die auf Vorträgen, Seminaren und Exkursionen in Großbritannien, Kontinentaleuropa und darüber hinaus für Dresden und die Frauenkirche sowie deren Auftrag warb und wirbt,
– bei der von Dr. Alan Russell vorbereiteten Übergabe der Archivbestände des Dresden Trust an das Stadtarchiv Dresden,
– für die Ermöglichung und Unterstützung wesentlicher Veröffentlichungen von Dr. Alan Russell,
– für das fortgesetzte Versöhnungswerk des Dresden Trust,
– für die Finanzierung des Projekts „Grünes Gewandhaus", der begrünten Aufenthaltsfläche auf dem Dresdner Neumarkt gegenüber der Frauenkirche.

Gerlind Fichtner *(Abb. 15)*
– als Mitglied der Fördergesellschaft seit 1993,
– als gebürtige Dresdnerin, die zahlreiche Menschen von der Mitgliedschaft in der Fördergesellschaft überzeugte,
– als Gründerin und Vorsitzende der Interessengemeinschaft „Mandelzweig" in der Ortsgemeinde Mandel bei Bad Kreuznach im Jahr 1993, in der sie, getragen von ihrem Glauben und ihrer Berufung als Lehrerin, junge und alte Menschen für die Frauenkirche begeisterte und erfolgreich Spenden sammelte,
– als Initiatorin und Organisatorin der Fahrten mit Schülern und deren Eltern nach Dresden unter dem von Erich Kästner entlehnten Titel „Das fliegende Klassenzimmer", auf denen sie den Teilnehmern die friedliebende Botschaft der Frauenkirche näherbrachte.

Abb. 15 Reipoltskirchen, Wasserburg

Besprechung zur Vorbereitung des Gottesdienstes im Rahmen der Aktion „Kunst im Grünen", 3. v. l.: Gerlind Fichtner, 2009

Eine besondere Würdigung erhielt posthum der bereits 2010 verstorbene Albert Boos
- als Gründungsmitglied des Freundeskreises Köln-Düsseldorf der Frauenkirche zu Dresden im Jahr 1996,
- als Ideengeber und Mitorganisator einer Vielzahl von Benefizveranstaltungen, mit denen er neben dem Spendensammeln auch geistige und kulturelle Brücken zwischen Köln und Dresden, vor allem auf dem Gebiet der Musik, gebaut hat,
- als Mann der Tat, der weder Kraft noch Mühe scheute und selbst Hand anlegte, um Veranstaltungen inhaltlich und organisatorisch zum Erfolg zu führen,
- als engagierter Christ und überzeugter Verfechter der Ökumene, der die Begeisterung auch der katholischen Kirche im Rheinland für das Projekt des Wiederaufbaus mit dem Wirken des Freundeskreises verband und kirchlicherseits dafür Herzen und Türen, einschließlich des Kölner Doms, öffnete. Er stellte sein kirchliches Netzwerk in den Dienst des Freundeskreises.
- als geradlinige Persönlichkeit, die mit rheinischer Fröhlichkeit und Zuversicht als starker Motivator bei der Arbeit des Freundeskreises wirkte. (AS)

Bildnachweis

Abb. 1–3: Stiftung Frauenkirche Dresden/Grit Jandura; *Abb. 4, 6, 10:* Gesellschaft zur Förderung der Frauenkirche Dresden e. V./Susanne Tharun; *Abb. 5, 8, 13, 14:* Renate Beutel, Dresden; *Abb. 7:* Jörg Linsel, Markkleeberg; *Abb. 9:* Mitteldeutscher Rundfunk; *Abb. 11:* Freundeskreis Darmstadt/Mühltal – Initiative in der Gesellschaft zur Förderung der Frauenkirche Dresden e. V.; *Abb. 12:* Osnabrücker Freundeskreis Frauenkirche Dresden (OS-FK FK-DD); *Abb. 15:* Kreisverwaltung Kusel.

Bibliographie

Die Dresdner Frauenkirche
Jahrbuch zu ihrer Geschichte und Gegenwart

Bibliographie des Inhalts Band 21 (2017) bis Band 26 (2022)

Bearbeitet

VON ANDREAS SCHÖNE

Vorbemerkung, Benutzungshinweise

Das von der „Gesellschaft zur Förderung des Wiederaufbaus der Frauenkirche Dresden e. V." von 1995 bis 2005 und von der „Gesellschaft zur Förderung der Frauenkirche Dresden e. V." von 2008 bis 2022 herausgegebene Jahrbuch „Die Dresdner Frauenkirche" findet mit dem vorliegenden Band seinen Abschluss. Bisher sind zwei Bibliographien des Inhalts der Bände 1 (1995) bis 20 (2016) gedruckt worden.[1] Für die seitdem erschienenen sechs Bände soll die weitere bibliographische Auflistung aller darin enthaltenen Beiträge eine Hilfe bieten. Die vorliegende Bibliographie knüpft an die vorangegangenen an. Dabei wurde die in der letzten Bibliographie modifizierte Systematik erneut angepasst. Bei sachlicher Zugehörigkeit zu mehreren Systematik-Stellen wird immer darauf verwiesen. Das Register führt in alphabetischer Form Verfasser und beteiligte Personen mit gekürzten Titeln sowie die Sachtitel aller verfasserlosen Beiträge an.

1. Frauenkirche

1.1. Frauenkirche: Allgemeines, Nutzung

01
Behnke, Angelika: Die Dresdner Frauenkirche und ihr Genius Loci der Stadtidentität. In: Jahrbuch 22 (2018), S. 9–24: Ill., Lit., Anm.
Vortrag in der Vortragsreihe „Donnerstagsforum" am 22.02.2018

02
Berichtigungen zu Band 23 (2019), Band 24 (2020) und Band 25 (2021). In: Jahrbuch 26 (2022), S. 256

03
Errata zum letzten Band. In: Jahrbuch 22 (2018), S. 272

Gottschlich, Thomas; Kummer, Samuel: Zur Gedenkveranstaltung anlässlich des 350. Geburtstages von George Bähr (1666–1738) in der Frauenkirche Dresden → 64

04
Gottschlich, Thomas: George Bähr und die Dresdner Frauenkirche heute. Ein Deutungsversuch zum Innenraum. In: Jahrbuch 21 (2017), S. 157–160: Ill.
Vortrag am 26.08.2016

05
Hilbert, Dirk: Zum Geleit: Kunstwerk, Gotteshaus – Mahnung, Versöhnung. In: Jahrbuch 24 (2020), S. 7–8

06
Köckeritz, Walter: Das Donnerstagsforum in der Un-

---

[1] Die Dresdner Frauenkirche. Jahrbuch zu ihrer Geschichte und zu ihrem archäologischen Wiederaufbau. Bibliographie des Inhalts Band 1 (1995) – Band 11 (2005). Bearb. von Ulrich Voigt. Weimar 2005; Die Dresdner Frauenkirche. Jahrbuch zu ihrer Geschichte und Gegenwart. Bibliographie des Inhalts Band 12 (2008) – Band 20 (2016). Bearb. von Ulrich Voigt. In: Die Dresdner Frauenkirche. Jahrbuch 21 (2017), S. 187–198.

terkirche der Dresdner Frauenkirche 2010 bis 2019. In: Jahrbuch 23 (2019), S. 223–234: Ill., Lit., Anm.
    Enth. Veranstaltungsliste 2010–2019 S. 229–234

07
Kolbe, Uwe: Janus und die Frauenkirche zu Dresden. Szenen aus der jüngeren Geschichte. In: Jahrbuch 24 (2020), S. 9–20: Ill., Lit., Anm.

08
Rentzing, Carsten: Zum Geleit. In: Jahrbuch 22 (2018), S. 7

09
Schöne, Andreas: Bericht der Gesellschaft zur Förderung der Frauenkirche Dresden e. V. über Vereinsarbeit, Spenden, Sponsoren und Personalia in der Zeit von Juli 2016 bis Juni 2017. In: Jahrbuch 21 (2017), S. 166–186: Ill., Lit., Anm.
    Enth. Spenderliste 2016/17 (Auszug), S. 183

10
Schöne, Andreas: Bericht der Gesellschaft zur Förderung der Frauenkirche Dresden e. V. von Juli 2017 bis Juni 2018. In: Jahrbuch 22 (2018), S. 253–270: Ill., Lit., Anm.

11
Schöne, Andreas: Bericht der Gesellschaft zur Förderung der Frauenkirche Dresden e. V. von Juli 2018 bis Juni 2019. In: Jahrbuch 23 (2019), S. 271–286: Ill., Anm.
    Dazu Berichtigung. In: Jahrbuch 26 (2022), S. 256

12
Schöne, Andreas: Bericht der Gesellschaft zur Förderung der Frauenkirche Dresden e. V. von Juli 2019 bis Juni 2020. In: Jahrbuch 24 (2020), S. 273–286: Ill., Lit., Anm.

13
Schöne, Andreas: Bericht der Gesellschaft zur Förderung der Frauenkirche Dresden e. V. von Juli 2020 bis Juni 2021. In: Jahrbuch 25 (2021), S. 227–239: Ill., Lit., Anm.

14
Schöne, Andreas: Bericht der Gesellschaft zur Förderung der Frauenkirche Dresden e. V. von Juli 2021 bis Juni 2022. In: Jahrbuch 26 (2022), S. 225–244: Ill., Lit., Anm.

15
Zum Geleit. In: Jahrbuch 25 (2021), S. 7–8

16
Zum Geleit. In: Jahrbuch 26 (2022), S. 7–8: Lit., Anm.

1.2. Frauenkirche: Baugeschichte

Dürre, Stefan: Grabmale der alten Frauenkirche zu Dresden → 55

17
Hasse, Hans-Peter: Die Inschrift der Marienglocke (1518) der Frauenkirche. Marienfrömmigkeit in der alten Frauenkirche zu Dresden im Spätmittelalter und in der Zeit nach der Einführung der Reformation. In: Jahrbuch 23 (2019), S. 23–36: Ill., Lit., Anm.

Magirius, Heinrich: Zu einer Glocke der Dresdner Frauenkirche und anderem Kunstgut aus dem Zisterzienserkloster Altzella → 59

18
Magirius, Heinrich: Mittelkanzel und Chorbalustrade in der Dresdner Frauenkirche. Werke von George Bähr und Johann Christian Feige d. Ä. In: Jahrbuch 26 (2022), S. 9–18: Ill., Lit., Anm.

19
Titze, Mario: Die Kanzel der Dresdner Frauenkirche. George Bährs und Johann Christian Feiges Anteile an der Gestaltung des Altarraums. In: Jahrbuch 22 (2018), S. 25–56: Ill., Lit., Anm.

20
Witzmann, Peter: Kostproben lateinischer Versinschriften aus der Alten Frauenkirche und von ihrem Kirchhof. In: Jahrbuch 22 (2018), S. 159–178: Ill., Lit., Anm.

1.3. Frauenkirche: Wiederaufbau

21
Bindenagel, James D.: An Appeal from Dresden, February 13, 1990. An American's Remembrance of the Frauenkirche Reconstruction and Reconciliation. In: Jahrbuch 24 (2020), S. 207–216: Ill., Lit., Anm.

22
Bohl, Jochen: Idee und Aufgabe. Die Ziele des Wiederaufbaus der Frauenkirche und ihre Erfüllung. In: Jahrbuch 25 (2021), S. 9–20: Ill., Lit., Anm.

Dazu Berichtigung. In: Jahrbuch 26 (2022), S. 256

Brödel, Christfried: Die einigende und innovative Kraft der Musik → 63

23
Glaser, Gerhard: Gottfried Ringelmann (1936–2019) zum Gedenken. In: Jahrbuch 23 (2019), S. 253–258: Ill., Lit., Anm.

24
Güttler, Ludwig: Meine Begegnungen mit Bruder Johannes Hempel (1929–2020). In: Jahrbuch 24 (2020), S. 259–264: Ill., Lit., Anm.

25
Güttler, Ludwig: Musizieren für die Frauenkirche – ein persönlicher Erfahrungsbericht. In: Jahrbuch 26 (2022), S. 155–180: Ill., Lit., Anm.

26
Hirsch, Ernst: „Das Auge von Dresden" und der Blick auf den Wiederaufbau der Frauenkirche. In: Jahrbuch 24 (2020), S. 229–236: Ill., Lit., Anm.

27
Hodick, Horst: Die Silbermann-Orgel der Dresdner Kathedrale und die Kern-Orgel der Dresdner Frauenkirche. In: Jahrbuch 22 (2018), S. 57–66: Ill., Anm.

28
Jäger, Hans-Joachim: Günter Blobel (1936–2018). Leidenschaftlicher Forscher und Mäzen. In: Jahrbuch 22 (2018), S. 237–252: Ill., Lit., Anm.

29
Jäger, Hans-Joachim; Schöne, Andreas: Manfred Kobuch (1935–2018). Historiker und Archivar im Dienste der Frauenkirche. In: Jahrbuch 23 (2019), S. 259–266: Ill., Lit., Anm.

30
Jäger, Hans-Joachim: „Sein Einsatz für Versöhnung und Verständigung kam von Herzen". Erinnerungen an Alan Keith Russell (1932–2019). In: Jahrbuch 24 (2020), S. 237–258: Ill., Lit., Anm.

Dazu Berichtigung. In: Jahrbuch 26 (2022), S. 256

31
Jäger, Hans-Joachim; Schöne, Andreas: Karlheinz Blaschke (1927–2020) und der Wiederaufbau der Dresdner Frauenkirche. In: Jahrbuch 25 (2021), S. 221–226: Ill., Lit., Anm.

32
Jäger, Hans-Joachim: Im Dienste des Wiederaufbaus der Frauenkirche. Heinrich Magirius (1934–2021) zum Gedenken. In: Jahrbuch 26 (2022), S. 181–214: Ill., Lit., Anm.

33
Jäger, Wolfram: Eberhard Burger zum 75. Geburtstag. In: Jahrbuch 23 (2019), S. 235–252: Ill., Lit., Anm.

34
Jäger, Wolfram: Fritz Wenzel (1930–2020) zum Gedenken. In: Jahrbuch 25 (2021), S. 203–220: Ill., Lit., Anm.

35
Kreß, Volker: Professor Ludwig Güttler zu seinem 75. Geburtstag. In: Jahrbuch 22 (2018), S. 223–228: Ill.

Kübler, Thomas; Maslowski, Patrick: Heinrich Magirius im Stadtarchiv Dresden. → 73

36
Persönliche Erinnerungen an Bundeskanzler a. D. Dr. phil. Dr. h. c. Helmut Kohl (1930–2017) und bisher unbekannte Details seiner Beziehung zur Frauen-

kirche und zu Dresden. Interview mit Ludwig Güttler. In: Jahrbuch 21 (2017), S. 145–152: Ill., Lit., Anm.
Die Fragen stellte Dankwart Guratzsch.

Schmidt, Frank: Der Wiederaufbau der Frauenkirche und die Frage nach zeitgenössischer bildender Kunst → 61

37
Schoenholtz, Michael: Zu meiner Arbeit in der Unterkirche der Dresdner Frauenkirche. In: Jahrbuch 21 (2017), S. 103–110: Ill., Lit., Anm.

38
Stolte, Dieter: Ein Forum für die Frauenkirche. Das Zweite Deutsche Fernsehen und sein Einsatz für den Wiederaufbau des Wahrzeichens für Frieden, Völkerverständigung und Einheit – zehn Jahre Medienpartnerschaft. In: Jahrbuch 24 (2020), S. 217–228: Ill., Lit., Anm.

39
Wagner, Herbert: Bürgerschaftliches und institutionelles Engagement beim Wiederaufbau der Frauenkirche. In: Jahrbuch 23 (2019), S. 7–22: Ill., Lit., Anm.
Dazu Berichtigung. In: Jahrbuch 26 (2022), S. 256, Vortrag bei der Mitgliederversammlung am 27.10.2018

2. Denkmalpflege, Kunstgeschichte

2.1. Denkmalpflege, Kunstgeschichte: Rekonstruktionen, Stadtbaugeschichte

40
Guratzsch, Dankwart: „Das Neue stürzt, und altes Leben blüht aus den Ruinen." Die Wiederauferstehung der Frankfurter Altstadt im Spiegel der Geschichte. In: Jahrbuch 23 (2019), S. 143–164: Ill., Lit., Anm.

Guratzsch, Dankwart: Die Großstadt, der „Neue Mensch" und die Auferstehung der Frauenkirche → 72

41
Sigel, Paul; Paul, Jürgen: Berliner Schloss – Humboldt-Forum. Ein Sonderfall zeitgenössischer Rekonstruktionsprojekte? In: Jahrbuch 22 (2018), S. 203–222: Ill., Lit., Anm.

42
Sulzer, Jürg: Die Bedeutung von Rekonstruktion im zukünftigen Städtebau. In: Jahrbuch 23 (2019), S. 165–182: Ill., Lit., Anm.

2.2. Denkmalpflege, Kunstgeschichte: Kirchenbau

43
Hertzig, Stefan: Die Kirche zu Dresden-Loschwitz und ihre Erbauer Johann Michael Fehre und George Bähr. In: Jahrbuch 24 (2020), S. 21–44: Ill., Lit., Anm.

44
Klatte, Gernot: Die Kirche zu Großröhrsdorf – Eine kunsthistorische und bautypologische Würdigung. In: Jahrbuch 22 (2018), S. 147–158: Ill., Lit., Anm.

45
Littig, Norbert: Der Neubau der Großröhrsdorfer Kirche und seine Beziehung zur Residenzstadt Dresden. In: Jahrbuch 22 (2018), S. 135–146: Ill., Lit., Anm.

Magirius, Heinrich: Zu einer Glocke der Dresdner Frauenkirche und anderem Kunstgut aus dem Zisterzienserkloster Altzella → 59

46
Magirius, Heinrich: Der Altar der Schlosskapelle zu Dresden von Wolf Caspar von Klengel und seine Nachfolge. In: Jahrbuch 23 (2019), S. 57–70: Ill., Lit., Anm.

47
Magirius, Heinrich: George Bähr und die Waisenhauskirche in Dresden. In: Jahrbuch 24 (2020), S. 45–54: Ill., Lit., Anm.

48
Magirius, Heinrich: Zur kunst- und stadtgeschichtlichen Bedeutung der im Zweiten Weltkrieg zerstörten

Dresdner Kirchen. In: Jahrbuch 25 (2021), S. 21–54: Ill., Lit., Anm.

49
Neustadt, Cornelia: Spurensuche zu Kirche und Kirchhof St. Johannis vor dem Pirnaischen Tor in Dresden. In: Jahrbuch 24 (2020), S. 55–74: Ill., Lit., Anm.

50
Reimann, Cornelia: Die Christuskirche in Dresden-Strehlen – ein Bau von Schilling & Graebner – mit einem Blick auf die Frauenkirche als dem Symbol evangelischen Kirchenbaus. In: Jahrbuch 24 (2020), S. 161–188: Ill., Lit., Anm.

51
Reimann, Cornelia: Richard Schleinitz (1864–1916) und die evangelische Kirche in Moritzburg. In: Jahrbuch 26 (2022), S. 51–82: Ill., Lit., Anm.

52
Thümmel, Rainer: Glocken in Sachsen. Klang zwischen Himmel und Erde. Leipzig: Evangelische Verlagsanstalt GmbH (2011) 2. Aufl. 2015, 432 S., zahlreiche Abb.
  Rez.: Sebastian Ruffert. – In: Jahrbuch 23 (2019), S. 267–270: Ill.

2.3. Denkmalpflege, Kunstgeschichte: Baumeister, Architekten, Bildhauer

Hertzig, Stefan: „Schöner denn je!" – Der Wiederaufbau des Quartiers VII.2 am Dresdner Neumarkt → 77

Hertzig, Stefan: Die Kirche zu Dresden-Loschwitz und ihre Erbauer Johann Michael Fehre und George Bähr → 43

Hertzig, Stefan: Die Bauprojekte Augusts des Starken für Dresdens „Neue Königsstadt" → 86

Knobelsdorf, Tobias: Das Gewandhausareal am Dresdner Neumarkt – Geschichte und Bedeutung → 80

Knobelsdorf, Tobias: Die ehemalige Hauptwache am Dresdner Neumarkt – ein Bau von Johann Christoph Naumann (1664–1742) → 81

Knobelsdorf, Tobias: Das Dresdner Zeughausareal – Umgestaltungsplanungen des 18. Jahrhunderts → 82

Magirius, Heinrich: Der Altar der Schlosskapelle zu Dresden von Wolf Caspar von Klengel und seine Nachfolge → 46

Magirius, Heinrich: George Bähr und die Waisenhauskirche in Dresden → 47

Magirius, Heinrich: Zur kunst- und stadtgeschichtlichen Bedeutung der im Zweiten Weltkrieg zerstörten Dresdner Kirchen → 48

Magirius, Heinrich: Mittelkanzel und Chorbalustrade in der Dresdner Frauenkirche → 18

Reimann, Cornelia: Die Christuskirche in Dresden-Strehlen – ein Bau von Schilling & Graebner – mit einem Blick auf die Frauenkirche als dem Symbol evangelischen Kirchenbaus → 50

Reimann, Cornelia: Richard Schleinitz (1864–1916) und die evangelische Kirche in Moritzburg → 51

Titze, Mario: Die Kanzel der Dresdner Frauenkirche → 19

53
Titze, Mario: Johann Heinrich Böhm d. J. aus Schneeberg – „Vornehmer Bildhauer Zu Dreßden". In: Jahrbuch 24 (2020), S. 105–146: Ill., Lit., Anm.

54
Titze, Mario: Die künstlerischen Wurzeln des Dresdner Barockbildhauers Paul Heermann (1673–1732). In: Jahrbuch 25 (2021), S. 55–88: Ill., Lit., Anm.

Zumpe, Manfred: Hochhäuser im Stadtbild Dresdens → 75

3. Bildende Kunst

55
Dürre, Stefan: Grabmale der alten Frauenkirche zu Dresden. In: Jahrbuch 23 (2019), S. 37–56: Ill., Lit., Anm.

56
Fröhlich-Schauseil, Anke: Der Künstler Johann Carl Baehr (1801–1869), Urenkel George Bährs, des Erbauers der Dresdner Frauenkirche. In: Jahrbuch 24 (2020), S. 147–160: Ill., Lit., Anm.

Herz, Raimund: Auf Bellottos Spuren im Coselpalais Dresden → 78

Hübner, Thomas: Luthers Drachenkampf – die reformatorische Deutung der Georgslegende → 67

57
Hübner, Ulrich: Ein Brunnen für den Reformator – Das Lutherdenkmal in Mansfeld. In: Jahrbuch 21 (2017), S. 61–82: Ill., Lit., Anm.

58
Hübner, Ulrich: Die Frauenkirche als Inspiratorin für die Kunst. In: Jahrbuch 26 (2022), S. 145–154: Ill., Lit., Anm.

59
Magirius, Heinrich: Zu einer Glocke der Dresdner Frauenkirche und anderem Kunstgut aus dem Zisterzienserkloster Altzella. In: Jahrbuch 22 (2018), S. 67–82: Ill., Lit., Anm.

60
Roberts, Daniela: In der Nachfolge Luthers – Pastorenbildnisse im Kontext der Konfessionalisierung und des Reformationsjubiläums 1617. In: Jahrbuch 21 (2017), S. 15–32: Ill., Lit., Anm.

61
Schmidt, Frank: Der Wiederaufbau der Frauenkirche und die Frage nach zeitgenössischer bildender Kunst. Der Altar von Anish Kapoor in der Unterkirche. In: Jahrbuch 21 (2017), S. 93–102: Ill., Lit., Anm.

Schöne, Andreas: Ein Bildnis des Superintendenten und Frauenkirchenpfarrers Benz (1839–1919) in der Frauenkirche → 70

Schöne, Andreas: Dresden und die Frauenkirche im Guckkasten des 18. und frühen 19. Jahrhunderts – ein Beitrag zur populären Rezeptionsgeschichte → 74

Schoenholtz, Michael: Zu meiner Arbeit in der Unterkirche der Dresdner Frauenkirche → 37

Titze, Mario: Die Kanzel der Dresdner Frauenkirche → 19

62
Wetzel, Christoph: Dazwischen. Gemälde, Zeichnungen, Druckgrafik, Skulpturen. [Mit Beiträgen von Harald Marx und Norbert Conrads]. Lindenberg im Allgäu: Kunstverlag Josef Fink 2017, 256 S., 230 Abb.
Rez.: Heinrich Magirius. – In: Jahrbuch 21 (2017), S. 161–165: Ill.

4. Musik

63
Brödel, Christfried: Die einigende und innovative Kraft der Musik. In: Jahrbuch 22 (2018), S. 229–236: Ill., Lit., Anm.

64
Gottschlich, Thomas; Kummer, Samuel: Zur Gedenkveranstaltung anlässlich des 350. Geburtstages von George Bähr (1666–1738) in der Frauenkirche Dresden. In: Jahrbuch 21 (2017), S. 153–156: Ill., Lit., Anm.

Güttler, Ludwig: Musizieren für die Frauenkirche – ein persönlicher Erfahrungsbericht → 25

Hodick, Horst: Die Silbermann-Orgel der Dresdner Kathedrale und die Kern-Orgel der Dresdner Frauenkirche → 27

Kreß, Volker: Professor Ludwig Güttler zu seinem 75. Geburtstag → 35

65
John, Hans: Dresdner Musikstätten zur Zeit Robert und Clara Schumanns im Umfeld der Frauenkirche. In: Jahrbuch 24 (2020), S. 189–206: Ill., Lit., Anm.

5. Kirchengeschichte

66
Bohl, Jochen: 500 Jahre Reformation – was wir feiern. In: Jahrbuch 21 (2017), S. 7–14: Ill.
> Vortrag bei der Mitgliederversammlung am 29.10.2016

Hasse, Hans-Peter: Die Inschrift der Marienglocke (1518) der Frauenkirche → 17

67
Hübner, Thomas: Luthers Drachenkampf – die reformatorische Deutung der Georgslegende. In: Jahrbuch 21 (2017), S. 33–60: Ill., Lit., Anm.
> Dazu Berichtigung. In: Jahrbuch 22 (2018), S. 272

68
Misterek, René: Zum Wirken des Armenschullehrers, Frauenkirchners und Aufklärungspädagogen Johann Wilhelm Schwartz (1751–1822). In: Jahrbuch 22 (2018), S. 179–202: Ill., Lit., Anm.

69
Münchow, Christoph: Der Lutherweg in Sachsen. In: Jahrbuch 21 (2017), S. 83–92: Ill., Lit., Anm.

Roberts, Daniela: In der Nachfolge Luthers – Pastorenbildnisse im Kontext der Konfessionalisierung und des Reformationsjubiläums 1617 → 60

70
Schöne, Andreas: Ein Bildnis des Superintendenten und Frauenkirchenpfarrers Benz (1839–1919) in der Frauenkirche. In: Jahrbuch 25 (2021), S. 195–202: Ill., Lit., Anm.

6. Dresden

6.1. Dresden: Allgemeines

71
Bretschneider, Harald; Glaser, Gerhard; Güttler, Ludwig; Jäger, Hans-Joachim: Der Dresdner Gedenkweg – 10 Jahre unterwegs zur Versöhnung. Die acht Stationen des Weges. In: Jahrbuch 23 (2019), S. 209–222: Ill., Lit., Anm.
> Dazu Berichtigung. In: Jahrbuch 26 (2022), S. 256

72
Guratzsch, Dankwart: Die Großstadt, der „Neue Mensch" und die Auferstehung der Frauenkirche. In: Jahrbuch 25 (2021), S. 163–194: Ill., Lit., Anm.

John, Hans: Dresdner Musikstätten zur Zeit Robert und Clara Schumanns im Umfeld der Frauenkirche → 65

73
Kübler, Thomas; Maslowski, Patrick: Heinrich Magirius im Stadtarchiv Dresden. Eine Geschichte vieler Begegnungen. In: Jahrbuch 26 (2022), S. 215–224: Ill., Lit., Anm.

74
Schöne, Andreas: Dresden und die Frauenkirche im Guckkasten des 18. und frühen 19. Jahrhunderts – ein Beitrag zur populären Rezeptionsgeschichte. In: Jahrbuch 26 (2022), S. 125–144: Ill., Lit., Anm.

75
Zumpe, Manfred: Hochhäuser im Stadtbild Dresdens. Ein persönlicher Erfahrungsbericht. In: Jahrbuch 23 (2019), S. 183–196: Ill., Lit., Anm.

6.2. Dresden: Neumarktviertel

76
Glaser, Gerhard: Zur Wiedergewinnung eines historischen Ortes. In: Jahrbuch 21 (2017), S. 111–118: Ill.
> Vorrede zum Vortrag von Raimund Herz → 78 am 06.07.2017

77
Hertzig, Stefan: „Schöner denn je!" – Der Wiederaufbau des Quartiers VII.2 am Dresdner Neumarkt. In: Jahrbuch 23 (2019), S. 123–142: Ill., Lit., Anm.

78
Herz, Raimund: Auf Bellottos Spuren im Coselpalais Dresden. In: Jahrbuch 21 (2017), S. 119–138: Ill., Lit., Anm.

Vortrag am 06.07.2017

79
Knobelsdorf, Tobias: Zur Geschichte des Kurländer Palais in Dresden bis zum Ende des 18. Jahrhunderts. In: Jahrbuch 22 (2018), S. 83–134: Ill., Lit., Anm.

80
Knobelsdorf, Tobias: Das Gewandhausareal am Dresdner Neumarkt – Geschichte und Bedeutung. In: Jahrbuch 23 (2019), S. 71–122: Ill., Lit., Anm.

81
Knobelsdorf, Tobias: Die ehemalige Hauptwache am Dresdner Neumarkt – ein Bau von Johann Christoph Naumann (1664–1742). In: Jahrbuch 24 (2020), S. 75–104: Ill., Lit., Anm.

82
Knobelsdorf, Tobias: Das Dresdner Zeughausareal – Umgestaltungsplanungen des 18. Jahrhunderts. In: Jahrbuch 25 (2021), S. 89–128: Ill., Lit., Anm.

83
Kulke, Torsten: Herz und Seele der Stadt – die Planungen und der Wiederaufbau am Dresdner Neumarkt in den Jahren 1990 bis 2000. In: Jahrbuch 26 (2022), S. 83–124: Ill., Lit., Anm.

84
Magirius, Heinrich: Ein Rückblick zum Wiederaufbau des Coselpalais. In: Jahrbuch 21 (2017), S. 139–144: Ill.

6.3. Dresden: Weitere Bauwerke

85
Heitmann, Steffen: Ein Solitär in Dresden-Tolkewitz. Löschckes Villa Emmaus. In: Jahrbuch 26 (2022), S. 19–50: Ill., Lit., Anm.

86
Hertzig, Stefan: Die Bauprojekte Augusts des Starken für Dresdens „Neue Königsstadt". In: Jahrbuch 25 (2021), S. 129–162: Ill., Lit., Anm.

87
Hertzig, Stefan; Friedrichs, Kristina; Karge, Henrik: Das Japanische Palais in Dresden: Porzellanschloss – Staatsmonument – Museum. Konzeption und Baugeschichte. Petersberg: Michael Imhof Verlag 2019, 736 S., 906 Farb-Abb.

Rez.: Hans-Joachim Kuke. – In: Jahrbuch 24 (2020), S. 265–272: Ill.

88
Kolbe, Uwe: Stadthaus, „Plaisir" und Gruft – die Schönheit einer Hinterlassenschaft. 20 Jahre Förderverein Eliasfriedhof. In: Jahrbuch 23 (2019), S. 197–208: Ill., Lit., Anm.

Vortrag am 25.11.2018

Magirius, Heinrich: Zur kunst- und stadtgeschichtlichen Bedeutung der im Zweiten Weltkrieg zerstörten Dresdner Kirchen → 48

Neustadt, Cornelia: Spurensuche zu Kirche und Kirchhof St. Johannis vor dem Pirnaischen Tor in Dresden → 49

Reimann, Cornelia: Die Christuskirche in Dresden-Strehlen – ein Bau von Schilling & Graebner – mit einem Blick auf die Frauenkirche als dem Symbol evangelischen Kirchenbaus → 50

7. Verfasser- und Sachtitelregister

Behnke, Angelika: Die Dresdner Frauenkirche **01**
Berichtigungen (23, 2019; 24, 2020; 25, 2021) **02**
Berliner Schloss – Humboldt-Forum **41**
Bindenagel, James D.: An Appeal from Dresden **21**
Bohl, Jochen: 500 Jahre Reformation **66**
– Idee und Aufgabe (Ziele des Wiederaufbaus) **22**
Bretschneider, Harald: Der Dresdner Gedenkweg **71**
Brödel, Christfried: Die einigende und innovative Kraft der Musik **63**
Der Dresdner Gedenkweg **71**
Dürre, Stefan: Grabmale der alten Frauenkirche **55**
Errata zum letzten Band (21, 2017) **03**
Friedrichs, Kristina: Das Japanische Palais in Dresden (Rez.) **87**
Fröhlich-Schauseil, Anke: Der Künstler Johann Carl Baehr **56**
Glaser, Gerhard: Der Dresdner Gedenkweg **71**
– Gottfried Ringelmann **23**
– Zur Wiedergewinnung eines historischen Ortes **76**
Gottschlich, Thomas: George Bähr und … heute **04**
– Zur Gedenkveranstaltung (350. Geburtstag von George Bähr) **64**
Güttler, Ludwig: Der Dresdner Gedenkweg **71**
– Meine Begegnungen mit … Johannes Hempel **24**
– Persönliche Erinnerungen an … Helmut Kohl (Interv.) **36**
– Musizieren für die Frauenkirche … Erfahrungsbericht **25**
Guratzsch, Dankwart: Die Großstadt … und die Auferstehung der Frauenkirche **72**
– „Das Neue stürzt, und altes Leben blüht aus den Ruinen." (Frankfurter Altstadt) **40**
Persönliche Erinnerungen an … Helmut Kohl (Interv.) **36**
Hasse, Hans-Peter: Die Inschrift der Marienglocke **17**
Heinrich Magirius im Stadtarchiv Dresden **73**
Heitmann, Steffen: Ein Solitär in Dresden-Tolkewitz (Villa Emmaus) **85**
Hertzig, Stefan: Die Bauprojekte („Neue Königsstadt") **86**
– Das Japanische Palais in Dresden (Rez.) **87**
– Die Kirche zu Dresden-Loschwitz und ihre Erbauer **43**

– „Schöner denn je!" (Quartier VII.2 am Dresdner Neumarkt) **77**
Herz, Raimund: Auf Bellottos Spuren **78**
Hilbert, Dirk: Zum Geleit **05**
Hirsch, Ernst: „Das Auge von Dresden" … Blick auf den Wiederaufbau **26**
Hodick, Horst: Die Silbermann-Orgel … Dresdner Frauenkirche **27**
Hübner, Thomas: Luthers Drachenkampf (Georgslegende) **67**
Hübner, Ulrich: Ein Brunnen für den Reformator (Mansfeld) **57**
– Die Frauenkirche als Inspiratorin für die Kunst **58**
Jäger, Hans-Joachim: Der Dresdner Gedenkweg **71**
– Günter Blobel **28**
– Karlheinz Blaschke **31**
– Manfred Kobuch **29**
– „Sein Einsatz für Versöhnung…" (Alan Keith Russell) **30**
– Im Dienste des Wiederaufbaus der Frauenkirche (Heinrich Magirius) **32**
Jäger, Wolfram: Eberhard Burger **33**
– Fritz Wenzel **34**
Das Japanische Palais in Dresden (Rez.) **87**
John, Hans: Dresdner Musikstätten **65**
Karge, Henrik: Das Japanische Palais in Dresden (Rez.) **87**
Karlheinz Blaschke **31**
Klatte, Gernot: Die spätbarocke Kirche zu Großröhrsdorf **44**
Kolbe, Uwe: Janus und die Frauenkirche **07**
– Stadthaus, „Plaisir" und Gruft (Eliasfriedhof) **88**
Köckeritz, Walter: Das Donnerstagsforum **06**
Knobelsdorf, Tobias: Das Dresdner Zeughausareal **82**
– Die ehemalige Hauptwache **81**
– Zur Geschichte des Kurländer Palais **79**
– Das Gewandhausareal **80**
Kreß, Volker: Professor Ludwig Güttler **35**
Kübler, Thomas: Heinrich Magirius im Stadtarchiv Dresden **73**
Kulke, Torsten: Herz und Seele der Stadt (Planungen Neumarkt) **83**
Kummer, Samuel: Zur Gedenkveranstaltung (350. Geburtstag von George Bähr) **64**
Littig, Norbert: Der Neubau der Großröhrsdorfer Kirche **45**

Manfred Kobuch **29**

Magirius, Heinrich: Der Altar der Schlosskapelle zu Dresden **46**
- George Bähr und die Waisenhauskirche **47**
- Ein Rückblick (Coselpalais) **84**
- Zu einer Glocke der Dresdner Frauenkirche **59**
- Zur kunst- und stadtgeschichtlichen Bedeutung (Dresdner Kirchen) **48**
- Mittelkanzel und Chorbalustrade in der Dresdner Frauenkirche **18**

Maslowski, Patrick: Heinrich Magirius im Stadtarchiv Dresden **73**

Misterek, René: Zum Wirken des Armenschullehrers … Johann Wilhelm Schwartz **68**

Münchow, Christoph: Der Lutherweg in Sachsen **69**

Neustadt, Cornelia: Spurensuche (St. Johannis in Dresden) **49**

Paul, Jürgen: Berliner Schloss – Humboldt-Forum **41**

Persönliche Erinnerungen an … Helmut Kohl (Interv.) **36**

Reimann, Cornelia: Die Christuskirche in Dresden-Strehlen **50**
- Richard Schleinitz … Kirche in Moritzburg **51**

Rentzing, Carsten: Zum Geleit **08**

Roberts, Daniela: In der Nachfolge Luthers (Pastorenbildnisse) **60**

Schmidt, Frank: Der Wiederaufbau der Frauenkirche (Altar von Anish Kapoor in der Unterkirche) **61**

Schöne, Andreas: Bericht der Gesellschaft **09**
- Bericht der Gesellschaft **10**
- Bericht der Gesellschaft **11**
- Bericht der Gesellschaft **12**
- Bericht der Gesellschaft **13**
- Bericht der Gesellschaft **14**
- Ein Bildnis des Superintendenten … Benz **70**
- Dresden und die Frauenkirche im Guckkasten **74**
- Karlheinz Blaschke **31**
- Manfred Kobuch **29**

Schoenholtz, Michael: Zu meiner Arbeit **37**

Sigel, Paul: Berliner Schloss – Humboldt-Forum **41**

Stolte, Dieter: Ein Forum für die Frauenkirche (ZDF) **38**

Sulzer, Jürg: Die Bedeutung von Rekonstruktion **42**

Thümmel, Rainer: Glocken in Sachsen (Rez.) **52**

Titze, Mario: Johann Heinrich Böhm **53**
- Die Kanzel der Dresdner Frauenkirche **19**
- Die künstlerischen Wurzeln des … Paul Heermann **54**

Wagner, Herbert: Bürgerschaftliches … Engagement **39**

Wetzel, Christoph: Dazwischen (Rez.) **62**

Witzmann, Peter: Kostproben lateinischer Versinschriften (Frauenkirche) **20**

Zum Geleit **15**

Zum Geleit **16**

Zumpe, Manfred: Hochhäuser im Stadtbild Dresdens **75**

Zur Gedenkveranstaltung (350. Geburtstag von George Bähr) **64**

Autorenverzeichnis

Prof. Ludwig Güttler
Ehrenvorsitzender der Gesellschaft zur Förderung der Frauenkirche Dresden e. V.
Georg-Treu-Platz 3, 01067 Dresden

Staatsminister a. D. Dr. iur. h. c. Steffen Heitmann,
Oberkirchenrat i. R.
Tolkewitzer Str. 73, 01277 Dresden

Dr. phil. Ulrich Hübner
Martin-Luther-Platz 5, 01099 Dresden

Dr.-Ing. Hans-Joachim Jäger
Geschäftsführer der Gesellschaft zur Förderung der Frauenkirche Dresden e. V.
Georg-Treu-Platz 3, 01067 Dresden

Prof. Thomas Kübler, Leitender Archivdirektor
Landeshauptstadt Dresden, Geschäftsbereich Kultur und Tourismus, Amtsleiter Stadtarchiv
Elisabeth-Boer-Str. 1, 01099 Dresden

Torsten Kulke
Vorstandsvorsitzender der Gesellschaft Historischer Neumarkt Dresden e. V. und der Kulturstiftung Historisches Bürgerhaus Dresden
Rampische Str. 29, 01067 Dresden

Prof. Dr. phil. habil. Dr. h. c. Heinrich Magirius (†)
Sächsischer Landeskonservator a. D.

Patrick Maslowski
Landeshauptstadt Dresden, Geschäftsbereich Kultur und Tourismus, Stadtarchiv, Abt. Auswertung und Benutzerberatung, SB Magazinmanagement
Elisabeth-Boer-Str. 1, 01099 Dresden

Cornelia Reimann M.A.
Beilstr. 16, 01277 Dresden

Andreas Schöne M.A.
Geschäftsführer der Gesellschaft zur Förderung der Frauenkirche Dresden e. V.
Georg-Treu-Platz 3, 01067 Dresden

Berichtigungen

zu Band 23 (2019)

Seite 22, Bildnachweis, statt *Richard Peter* lies *Robert Peter*.

Seite 210, Abbildung 2, statt *5. November* lies *9. November*.

Seite 276, linke Überschrift, statt *zwölftes* lies *13*.

zu Band 24 (2020)

Seite 241, linke Spalte, statt *vor 55 Jahren* lies *vor 50 Jahren*.

zu Band 25 (2021)

Seite 20, Abbildung 15, statt *Matthäus 5,9* lies *1 Mose 12,2*.